民国时期审判机关研究丛书

新中国司法制度的基石

陕甘宁边区高等法院（1937—1949）

第二版

汪世荣　刘全娥　王吉德　李娟　著

商務印書館 The Commercial Press 创于1897

2018年·北京

总　序

对于中国而言，审判机构是一个舶来品。传统中国，司法行政合一，并无专司诉讼的审判机构，国人对此习以为常。

明清之际，西人东来，平静的中国不再平静。已完成了工业革命和经过了近代人文主义熏陶的西方人对于中国传统的纠纷诉讼处理方式极不适应，中国司法制度成了远道而来的西方人诟病最多的问题之一。鸦片战争后，西方列强借助坚船利炮、通过不平等的条约在中国获得了治外法权，陆续在各自的租界内设立了一些领事法院、会审公廨等审判机构。这些审判机构在帮助列强实现其经济目的的同时，亦向国人展示了专业和文明的一面。20世纪初，危机四伏的清廷被迫开启自救之路，对国家权力体系进行重构，专司诉讼的审判机构由此正式出现。民国以降，尽管审判机构的发展几经波折，以至于南京国民政府的司法院院长居正(1876—1951)说，在中国设立新式法院是最为困难的事情。但与清末民初许多转瞬即逝的组织不同，新式审判机构毕竟顽强地生存了下来，并被国人所接受，在保护公民权益、维护社会秩序方面发挥着越来越大的作用，仅此一点，足以说明审判机构之重要。

但令人遗憾的是，在相当长的时间内有关新式审判机构的研究却未能引起学术界的重视。到目前为止，坊间以近现代中国审判组织为对象的研究作品尚不多见。其结果，不要说是普通读者，即便是学术界对审判组织在中国的产生、发展及演变过程，特别是其内部结构和运行状况亦所知甚少。晚近以来，伴随着中国法学的发展和学者学术旨趣的转变，法史学界逐渐将研究的领域从立法转向于司法，审判机构也开始进入一些学者关注的视野。为此，有必要编辑出版中国近现代审判机构研究书系。考虑到近现代中国审判机构的构成较为复杂，因而无论是针对新式法院，还是处于新旧过渡之中的司法处，乃至作为治外法权产物的领事法院、会审公廨等审判组织的研究成果均在编辑荟萃之列。希望通过对中国近现代审判机构的系统研究和深度描绘，以此拓展既有学术研究的范围和领域，并以审判机关为平台，将立法、司法以及法律与社会的研究有机结合，真实地观察法律的实施过程，丰富人们对中国近代法制史和社会史的认知。当然，编辑这样一套书系，也是为了适应当下中国法治建设的需要。回眸审判机构在中国存在的世纪历程，其中既有成功的经验，也有沉痛的教训。

党的十八大以来，中国的司法体制改革正在有序地展开，亦希望通过学术界联合，就此专题进行深入研究，努力为法治中国的建设提供一些本土资源。

侯欣一

2017 年 3 月 23 日

目 录

组织机构图

Contents

序

三年前，大约是2007年的9月，世荣等同志的国家社科基金项目《陕甘宁边区高等法院研究》初稿完成，他们邀请了西安四、五所高校的十几位研究者召开讨论会，希望听到各方的批评与建议，也邀请了我。当时，我说他们的这部著作是有所“企图”的，几位年轻作者都会心地笑了。的确，我从手里沉甸甸的稿件感到了分量，尽管，当时稿件的内在逻辑关系不很严密，但全书近千个注释和大量原始档案史料的运用，使这部初稿显出厚重和扎实，从中我也感到了他们试图融合法学、史学、社会学等研究方法所做的诸多努力，看到了他们力图从史料出发，在内容选择、论证方法以及体例设计方面的开拓尝试。后来，得知这一成果经数月修改后结项，并在2008年6月的全国社科规划办结项鉴定中获得优秀。作为西北政法大学革命根据地法律研究中心的创建者之一，在我和方克勤教授合著的《陕甘宁边区法制史稿·诉讼狱政篇》出版20载后，喜看中心的发展和年轻一代研究者的成长，由衷地感到欣慰！

三年后，世荣他们再次将上述成果的修改稿《新中国司法制度的基石——陕甘宁边区高等法院》(1937—1949)送到我家。花了一周多的时间，我又一次阅读了这本著作。我最直接的感觉是研究陕甘宁边区高等法院的意义非常重大，而且，他们抓住了根据地法律史研究的核心问题。1941年11月，林伯渠在陕甘宁边区政府对第二届参议会的工作报告中说：“独立、自由、幸福的三民主义新中国，亦即新民主主义的共和国，已经在陕甘宁边区安放下第一块基石。”[①]我也可以有根据地说，陕甘宁边区高等法院的建立和成就，也为新中国的司法制度奠定了基石。研究陕甘宁边区的司法制度以至于革命根据地的法律制度，其核心就是边区高等法院。在陕甘宁边区司法制度的发展中，边区高等法院起着核心作用，这是其它任何司法机构都不能替代的。其原因主要基于以下两点：

其一，陕甘宁边区的特殊性。第五次反围剿失败后，党中央和红军主力开始了具有重大历史意义的长征，这是一次大规模的、悲壮的历史转移。第五次反围剿的失败，使中共中央丧失了在南方的最后一块根据地。长征之艰难，不仅在于国民党几十万军队的围追堵截，还在于直至1935年9月之前都没有固定的落脚点。1935年9月18日，红军长征的先头部队到达甘肃南部的哈达铺(今陇南市宕昌县境内)。随后，毛泽东、张闻天、周恩来、博古等领导人相继到达。先头部队从邮局得到了一沓当年7、8月间的天津《大公报》，上面刊登着红军在陕甘活动的消息。[②] 这一消息对处于困境中的中央及红军来说极为重要，并最终决定了中央及红军的去向，从而使陕甘革命根据地成为红军长征的落脚点和抗日战争的出发点，使中国革命出现了崭新的局面。在陕甘革命根据地基础上发展、壮大、统一的陕甘宁边区根据地，不同于党的其它根据地，它是所有根据地中唯一完整历经新民主主义革命全过程的根据地(10年内战，抗日战争和解放战争)，领略了不同的政权形态(苏维埃时期的工农民主政权，抗日战争时期的抗日民主政权以及解放战争时期的人民民主政权)，从而具备三个时期、三种政权形态的司法经验。因此，陕甘宁边区高等法院不同于其它根据地，其司法经验是全面的、

---

① 林伯渠：“边区政府工作报告”，中国科学院历史研究所第三所：《陕甘宁边区参议会文献汇辑》，科学出版社，1958年，第99—100页。

② 据刘英回忆，张闻天1935年9月22日在哈达铺曾写了一篇“读报笔记”《发展着的陕甘苏维埃革命运动》，刊登在9月28日出版的《前进报》第3期上，文中详细地摘引了1935年7月23日、7月29日、7月31日、8月1日《大公报》上关于红军在陕甘活动的消息。见1993年3月29日的《新闻出版报》。

系统的和完整的。

其二,延安的特殊性。延安是陕甘宁边区的首府。李维汉在《回忆与研究》中提到,1942 年 9 月中央准备调他任边区政府秘书长兼政策研究室主任时,毛泽东找他谈话,临别时"特别叮咛他说:'罗迈,延安好比英国的伦敦。'我体会这句话的意思是说,伦敦是英国的首都,它的政策影响着英国的众多的殖民地。我们当时也有很多根据地,根据地当然不是殖民地,但需要一个'首都'作为政策中心,则是一样的。毛泽东是要求陕甘宁边区在执行党的政策中带个头,自觉承担试验、推广、完善的任务"。[①] 毛泽东与李维汉的对话从三个方面说明了延安的特殊性,或者说重要性:第一,陕甘宁边区是重要的根据地,延安是抗日根据地的首善之地。抗战胜利时,中国共产党领导的根据地已经发展到 19 块,陕甘宁边区是其中最小的一块,但因为党中央在延安,使它成为所有根据地的核心。第二,延安是中国的政治中心。中共中央和军委的诸多重大决策都在这里做出,这不仅使延安成为中国革命胜利的策源地和军事核心,也成为中国革命的大本营。第三,延安是中国革命的试验田。中国共产党革命时期的很多政策包括法律法规,都是在陕甘宁边区首先提出、试行,并取得经验后,再推广到其它的根据地。

因此,研究陕甘宁边区的司法制度,特别是边区高等法院,意义重大。因为,边区司法制度的成就、经验,不是一个狭小革命区域的,而是中国革命发展过程中的成就和经验。同时,它的成就和经验,不仅应归功于边区政府,更应归功于党中央。

基于以上原因,这本书的问世,不仅具有一定程度再现边区法律史的学术意义,同时还具有为今天的法治建设提供借鉴的实践意义:

首先,这本书是填补空白之作。研究陕甘宁边区的学者不少,除了西北政法大学外,其他院校不同学科的老专家、同志们都从不同角度进行了诸多

① 李维汉:《回忆与研究》(下),中共党史资料出版社,1986 年,第 499 页。

有益探索，但围绕司法制度核心进行理论挖掘的，本书当属第一。这本书抓住空白，并比较充分地填补了空白。

其次，这本书是创新之作。因为：

之一，体例新。这本著作紧扣陕甘宁边区高等法院的重大事件和组织职能，全面分析、论述了边区的司法制度。第一章，对于边区法律史已有的研究成果进行了系统综述，在此基础上，导出高等法院研究的必要性。作者查阅了大量司法档案，对其进行了细致的梳理、分类。第二章到第六章是这本著作的主干内容，作者以史实为根据，从司法机构的置废沿革、人事更迭、审判职能等角度完整展示边区高等法院的历史面貌并分析其特征。第七章新民主主义司法道路之探索，是总结性篇章，点出作者从司法实践到理论总结的研究路径。参考文献，仅原始档案就涉及4个全宗，100多卷。可见，这本书建立在扎实的史料基础上，大胆尝试史论结合的新途径。

之二，考证新问题。作者用了大量史料对边区法律史上学术界有争议、有猜想，乃至于今天还没有弄清楚的一些问题做了考证，下功夫不少。比如，边区高等法院历任院长的更迭。院长问题，不仅是人事更迭，更是涉及边区司法制度的命运问题。边区高等法院院长涉及的人多、变动频繁。其中最值得考虑的有三个人：雷经天、李木庵和马锡五。作者抓住这几个关键性人物，并见微知著，从人事更迭来展现边区司法发展的轨迹。对于雷经天的离职与重新复职，学界看法不一。1941年从国统区来了一批具有法律知识的人士，对陕甘宁边区的游击作风提出批评，成为雷、李更迭的导火索。但是，作者忽视了另外一个原因，即从边区第二届参议会开始，边区进入了民主政治大发展的阶段。第二届参议会通过了《陕甘宁边区保障人权财权条例》，林伯渠在对第二届参议会的政府工作报告中指出：边区在三年来虽然取得了巨大的成就，“但是边区的民主制度还没有达到应有的高度，各级参议会尚未能全部按期开会；各种成文的法规还很不完备，因而保障人民权利的标准还不够明确，个别干部未能充分依照法治精神尊重人民的民权，又表现在人民还没有完全养成民主的习惯，对政府工作的监督还十分不够”。[①] 因此，报告中提出政府今后的政治建设的中心任务在于要健全民主机构，发扬民主作风，提高民主政治。在这样的大背景下，作为一名来自国统区的知识分子，一个法学家，主张在司法方面讲求规范，主张援引国民政府的法律制度，李木庵的去职是必然的。

之三，理论有创建。

第一，对于马锡五审判方式这一老话题的新研究。马锡五审判方式，从产生到现在存有不同的认识，但哪一种认识更符合马锡五所在的边区历史和环境，谢觉哉、林伯渠及马锡五自己的说法都不完全相同。应该说，对于马锡五审判方式特点的概括，1945 年 12 月王子宜在边区推事审判员联席会议上的总结比较符合实际。本书作者认为，马锡五审判方式的核心特点，是其作为审判方式本身的特点，不同意一些研究将之归结为“调解”或“群众路线”的观点，因为“调解”与“审判”是两种不同的纠纷解决方式，而群众路线是政治术语，不具有审判方式的独特性，边区的许多制度都具有群众路线的特点，只能说马锡五审判方式的总精神是联系群众。作者提出马锡五审判方式的核心特点是“就地审判”，比较客观。同时，作者也指出马锡五审判方式不具有普遍适用性，今天借鉴的意义在于联系群众的路线，就地审判的原则。

第二，调解制度的实证研究。毛主席曾经说过，陕甘宁边区在法律制度上有两个创造：民间调解和改造犯人。作者具体分析了边区民间调解制度的兴起、发展，以及纠纷调解的过程，实证案例的解剖条分缕析。如对于民间调解兴起原因的分析，作者认为，政治革命与社会变革所引起的政治、经济、文化领域的巨大变化是导致纠纷大量出现的首因，已有的诉讼模式在解

---

① 林伯渠：“边区政府工作报告”，中国科学院历史研究所第三所：《陕甘宁边区参议会文献汇辑》，科学出版社，1958 年，第 89 页。

决纠纷时表现出的效率低下，纠纷的民间性与琐碎性，以及边区特殊地理环境与民众生存状况等，对纠纷解决方式的选择，都具有直接影响。所以，边区民间调解的兴起，是当时环境和条件的现实选择。这一分析深入也切合实际。我认为，调解的提倡和推行，与国共合作、共同抗战这一大的历史背景有关。1941 年的“五一施政纲领”的核心就是“团结、抗战、救中国”，调解的推行与边区讲团结、实行民主政治的良好氛围也分不开。

第三，两种司法理念的交锋。作者从不同法治理念出发，对苏维埃法制传统的代表人物雷经天、西方法制传统的代表人物李木庵，在政府司法工作检讨会议上的争论进行了分析，选择了至今仍有重要理论和现实意义的话题，历史镜鉴的价值明显。如王子宜的报告，大量采纳了外来知识分子的主张，强调边区司法体制的建设，在边区高等法院办司法训练班的同时，延大设立法学院，业务课以边区现行政策法令为主，并批判地接受民国法律在历史上和法律技术层面上的经验，揭示李木庵等主张的西方现代司法理念派在边区法制建设中的影响与复苏。我认为，当时争论的原因，表面上看，是要不要实行三级三审、培养专业化司法人员及如何培养等，实际上，是两种法治理念的交锋，其核心是司法独立。当时的司法人员还能够、还敢于直言提出：为保障司法独立，必须实行人员、经费、审判独立，与当时宽松的政治环境不无关系。这次争论影响深远。1946 年 4 月，林伯渠在第三届参议会政府工作报告中明确提出：边区政府今后的“第二个重要任务，是健全法律制度，加强公务人员奉公守法的观念与习惯。一、边区人民已经到了应有自己的‘省宪’，以代替三十年(即 1941 年)通过的‘边区施政纲领’的时候了。提议大会责成本届参议会常驻委员会限期完成起草工作，经人民讨论后，提交下届大会通过之。二、依据边区情况和已有的经验，制定或修正各种必要的单行法规，逐渐促进法律的完整性和固定性。三、健全司法机关和检察机关，司法机关对法律负责，进行独立审判，不受任何地方行政的干涉；赋予检察机关监督检察公务人员违法行为之职权。四、依民主集中制与新的社会环境，改进某些行政制度，如财务、税收、人事、奖惩、公安等，尤其是财务、税收制度必须自上而下地统一起来。五、在公务人员中进行奉公守法教育，做到以身作则，如有犯法行为，必须依法办理，不容有任何徇私偏袒。”[①]这届参议会通过的《陕甘宁边区宪法原则》司法部分的第一项明确规定：“各级司法机关独立行使职权，除服从法律外，不受任何干涉。”在法院与政府关系上，达到了边区历史上的最高点。在某种程度上，陕甘宁边区时代的法治理念与敢于创新的精神，至今难以企及。可惜的是，由于内战的爆发，导致这一发展进程被迫中断。

当然，这本著作也有不足之处，但瑕不掩瑜，几位年轻学者花费六年时间完成的著作，体现了他们作为研究者的执着与脚踏实地，在今天尤其难能可贵。因此，我期待这部作品早日面世，也真诚地祝愿他们继续前行，回报中国法律学界。

杨 永 华

2010 年 6 月 29 日于西安

① 林伯渠：“边区建设的新阶段——林主席关于政府工作的报告”，中国科学院历史研究所第三所：《陕甘宁边区参议会文献汇辑》，科学出版社，1958 年，第 294 页。

绪论

一、 研究对象及意义

陕甘宁边区(除引用原文外,以下简称“边区”)成立于1937年9月6日,由中华苏维埃共和国西北办事处改制而成,1937年12月时辖区为26县,面积12.9万平方公里,人口200万。陕甘宁边区高等法院(除引用原文,以下简称“边区高等法院”)成立于1937年7月12日,[①]在1949年3月

① 关于陕甘宁边区高等法院的成立时间有三种说法:(1)1937年7月12日。这是通说,支持这一说法的著作和史料包括:杨永华、方克勤:《陕甘宁边区法制史稿·诉讼狱政篇》,法律出版社,1987年,第20页;延安市中级人民法院审判志编委会编:《延安地区审判志》,陕西人民出版社,2002年,第45页;榆林市中级人民法院:《榆林地区审判志》,陕西人民出版社,1999年,第18页;雷云峰主编、张宏志副主编:《陕甘宁边区大事记》,三秦出版社,1990年,第104页;西北五省区编纂领导小组、中央档案馆:《陕甘宁边区抗日民主根据地·回忆录卷》,中共党史资料出版社,1990年,第515页。(2)1937年7月9日。支持这一说法的,主要是张世斌主编:《陕甘宁边区高等法院史迹》,陕西人民出版社,2004年,第3页。(3)1937年9月20日。支持这一说法的主要是《榆林地区审判志》,第18页。在关于边区高等法院成立的三种说法中,9月20日一说显然是与边区政府成立的时间相混淆了。国共双方曾决定于9月6日正式更名改制,后边区政府发出的训令称9月20日正式更名改制。见房成祥、黄兆安主编:《陕甘宁边区革命史》,陕西师范大学出版社,1991年,第80页。7月12日与7月9日两种说法的根据都是雷经天的报告。雷经天在抗战伊始便被调往司法部工作,边区高等法院成立之时任庭长,其记述应为依据。7月9日一说,见雷经天1940年的报告:“两年半来陕甘宁边区的司法工作”,《陕甘宁边区高等法院史迹》(第63页);7月12日一说,见《雷经天院长在边区参议会上关于司法工作的报告和改造边区司法工作的意见》,全宗15—88;又见雷经天:“在陕甘宁边区司法工作会议上的报告”(1941年10月),韩延龙主编:《法律史论集》第5卷,法律出版社,2004年,第385页。至于为什么同一个人的报告中有如此差别,目前尚不得而知。鉴于此,本书仍然采用7月12日的通说。

8日边区政府的第9号通令中改称为“边区人民法院”，直至1950年1月19日边区建制撤销。① 边区高等法院主要行使二审终审职能，②并领导边区的司法审判及司法行政工作。1949年3月8日之后，随辖区的扩展，边区人民法院成为包括陕甘宁、晋南、晋西北行政区在内的最高司法审判及司法行政机关。因此，本书的研究时段纵跨1937年至1949年，并以边区高等法院的机构沿革、审判实践、工作绩效为主要内容，尤其以抗日战争时期为侧重点。

边区高等法院的研究，对考察中国法律现代化进程，深化革命法制史研究，梳理新中国司法制度的沿革，并为当代司法改革提供历史借鉴，具有重要的意义。

边区高等法院虽为国民政府辖下的地方司法机关，但实际上独立于国民政府的司法体系，受中国共产党和边区政府的领导，在司法的理念、体制及实践上均有自己鲜明的特色，为新中国司法制度奠定了基石。

边区法制相比于其它根据地具有完整性和典型性。边区是中国现代史上唯一经历了新民主主义革命的三个时期（土地革命时期、抗日战争时期和解放战争时期）、三种政权形态（工农民主政权、抗日民主政权和人民民主政权）的革命根据地③，也是抗日战争和解放战争时期所有根据地的政治核心和政策策源地。这一特殊的时代背景，使边区高等法院成为革命根据地司法机关的典型代表。

尤为重要的是，中国法制的现代化转型过程虽肇始于清末，但至今尚在

---

① 大行政区级的西北军政委员会于1950年1月19日在西安成立，是中央人民政府在西北地区实行军事管制的代表机关，并代行西北人民政府的职权，统一领导陕、甘、宁、青、新5省及西安市的政权工作。1月25日，西北军政委员会通过了永久纪念陕甘宁边区的决议。自此，“陕甘宁边区”一词作为历史地理名词被载入史册。见房成祥、黄兆安主编：《陕甘宁边区革命史》，陕西师范大学出版社，1991年，第62页，第594—595页。

② 1942年8月至1944年2月期间，设立了陕甘宁边区政府审判委员会（除引用原文，以下简称“边府审委会”），审理不服边区高等法院判决所提起的上诉和申诉。

③ 李智勇：《陕甘宁边区政权形态与社会发展》（1937—1945），中国社会科学出版社，2001年，序言，第2页。

进行之中，对边区高等法院司法实践的研究，有助于为当代的司法改革提供借鉴。边区高等法院自始至终处于一个极为复杂的历史环境之中。① 这种环境的复杂性不仅体现在它一直处于民族战争与社会革命交织的时代，还体现在其现代民主法治的建设须立足于落后的乡村社会基础。边区是全国进步青年向往的革命圣地，被誉为民主政治的模范区域，但在社会发展阶段上则大致可归属于经济落后的前工业化社会。边区地跨陕西、甘肃、宁夏三省，其主要辖区为沟壑纵横的黄土高原，道路崎岖，交通不便，同时灾害频仍，人口稀少。② 在边区政府建立之前，其经济发展主要以粗放型的种植农业为主，文化落后，文盲充斥，人口死亡率极高。边区政府成立后，在发展经济、提高人民文化素质等方面做了许多工作，使上述局面有很大改观。但边区主要是迫于生存压力而发展起来的战时计划经济，是一种将经济与政治高度整合在一起的战时模式，旨在解决边区的生存问题和支持抗战。③ 因而，抗战时期的边区仍是一个农业占绝对优势的区域，人口的非农化程度较低。④

---

① 作为处于特定时空下的司法机关，边区高等法院充分关注到了边区独特的自然环境、人文地理、风土民情、政治经济等现状。因而，这里对边区的创建历史、地理人文环境、社会状况等的交代性叙述似乎是必不可少的内容。但考虑到本书研究领域的专门性和以专题为主的内容结构，在相关章节论述中围绕各自的主题，对涉及的背景知识分别侧重加以论述，因而，在此仅略述其要。

② 边区的人口及辖区，前后有变动。据 1944 年 6 月李维汉的《陕甘宁边区建设简述》，1937 年边区初建时面积 12 万 9 千余平方公里，人口 200 万。抗战一年后，因部分地区被侵占，至 1944 年 6 月时边区百姓人口为 148 万，面积 9 万 9 千平方公里，加上部队、机关、学校人员，则为 158 万。见李维汉：《回忆与研究》(下)，中共党史资料出版社，1986 年，第 608—609 页。

③ 李维汉在回忆中曾写道：1943 年“边区广大群众基本上做到了‘足食’，而部分群众开始有了余粮”；“棉布的自给率已达到 73%”。也就是说边区生产建设主要解决了“糊口”问题。为此，我们也不妨将边区经济称为“糊口型”经济。

④ 参见严艳相关论述，见严艳：《陕甘宁边区经济发展与产业布局研究》(1937—1950)，中国社会科学出版社，2007 年，第 245 页。1944 年 6 月时，边区 158 万总人口中，军队、机关、学校等人口数量仅为 10 万。边区工业、商业主要以公营工业、商业为主，这意味着他们主要来自 10 万非农业人口中，原有农业人口的非农业化程度很低。同时，边区人口的文化素质也很低。李维汉回忆中提到当时文盲的比例仍达 93%—95%，见李维汉：《回忆与研究》(下)，中共党史资料出版社，1986 年，第 566 页。

如此一来，边区高等法院便处于一个多种观念并存、交织乃至碰撞的环境之中。一方面，由于自然环境以及落后的经济发展水平的制约，传统的思想观念、落后习俗在边区仍然占据着相当地位；另一方面，在苏维埃体制上发展起来的边区司法，仍然延续着一些"左倾"的观念和方式；同时，随着边区民主政治的建立，大批知识分子由国统区甚至国外进入边区，各种思想观念亦纷至沓来。

边区高等法院成为了各种冲突的聚合点。比如，司法中民族利益与个人利益的冲突；战时强调集中与效率的一元化政治体制与近代以来司法独立理念的冲突；注重诉讼程序的正规化与纠纷解决效率的冲突；以工业化和市民社会为基础的法律规则与边区风俗习惯的冲突，等等。正是各种冲突的对立与妥协，塑造着边区司法发展的方向、道路和品格。而在这一过程中，边区高等法院起了至关重要的作用。在以两级两审制为主的审级结构中，边区高等法院既居于金字塔的顶端，又贴近基层；不仅承担二审、终审，还负有一审、再审等多重职责；既是边区司法的领导者，又是践行者。这一特殊性，使其不仅负有影响以至决定边区司法发展的重任，也同样负有通过自身的司法活动实现司法功能的职责。

面对冲突，如何定位自身的角色？如何通过司法活动，实现化解纠纷、推动社会改革以及服务于革命政权的需要？边区高等法院在"两权半"型的政权结构下①，集审判、检察、狱政管理、司法行政等职能于一身，关注中国现实，适应战时环境，勇于开拓创新，实现了法律与社会的良性互动。

边区曾被当作新中国的"试验田"，是新中国的雏形。这一直接的渊源关系使得边区的某些法律理念、机构设置甚至审判方式成为一种经验和传统，在新中国得以延续和发展。因而，研究边区的司法制度，尤其是边区高

---

① 指在国家权力机构的配置中，司法机关不与立法、行政并立，而是配置于行政权之下，与政府其它部门并列，在政治上、行政上受政府领导，独立行使司法职能。

等法院的历史和发展，不单能展现一个层次分明、个性显著的革命政权成长中的司法面貌，还是洞察中国法制变迁、重新审视当代法制的绝好视角。

因此，对于边区高等法院的研究，具有学术和实践的双重意义。

二、使用的材料

本书运用的原始司法档案绝大部分来源于陕西省档案馆，主要包括两个部分：一为边区高等法院档案。原档现存于中央档案馆，陕西省档案馆保存有全套复印件。该部分档案编号为全宗第15号，共1733卷，时间跨度为1937年至1950年。二为边区政府秘书处（主要是其中的综合类、司法类、司法监察类）档案。该部分档案编号为全宗第2号，共2037卷，时间跨度同上。这些档案资料中，包括立法资料、司法统计资料、人事机构资料、会议资料、完整的案件卷宗资料、司法文书汇编资料，等等。此外，也涉及少量其它全宗如第1全宗（中华苏维埃西北办事处）的档案资料、甘肃省庆阳地区档案馆的部分资料等。

目前，著述中关于档案资料的引注方式尚无统一规范。同时，边区司法档案数量浩繁，有的案卷中手写页码和打印页码并存，且不一致；有的案卷中页码标注不完整；也有的案卷无页码。故为统一起见，本书中亦不列页码。

为了方便读者查阅，我们在注释中标明了所引用档案资料的全宗号、案卷号、分卷号、案卷标题及文件名。如“刑事案件处理办法摘引”，《边区高等法院1938年至1944年刑事判决书汇集》（一），全宗号：15—28—1，陕西省档案馆。即指为陕西省档案馆所藏档案的第15全宗第28卷第1分卷，案卷标题：《边区高等法院1938年至1944年刑事判决书汇集》（一），文件名：“刑事案件处理办法摘引”。为节省篇幅，除非特别注明，本书引用的档案资料均来源于陕西省档案馆，注释中不再一一列明。

对档案中缺失字等的标注方法为：缺失、空字及难以辨认的字，一律以数目大致相同的“□”号代替；错字、别字和掉字，用“【 】”标注改正；作者对资料的说明置于“( )”之中。另外，原文中的“×”予以保留。

三、 研究方法与结构安排

本书的研究始于对边区高等法院司法档案的整理。在充分掌握和研读大量档案史料的基础上，展开对边区高等法院的考察：首先，从边区社会出发，描述边区的法律和司法活动，将动态的法和静态的法结合，法律和社会结合，史和论结合。其次，将边区高等法院研究纳入中国法律现代化的视野中予以观察和思考，宏观研究与微观研究结合，透过边区高等法院的司法实践揭示其与中国法律现代化的关联。第三，借鉴相关学科的研究成果，尝试从法律社会史的角度，①解读边区高等法院，揭示其在推动边区法律发展和构建边区新型社会秩序中的作用。

面对近两千卷的边区高等法院司法档案，意图在一个较短的时段和一部著作中展开面面俱到的研究是不现实的。因而，本书围绕边区高等法院这一中心论题，采用了专题结构，各章节的内容既相对完整又具有内在的逻

① 社会史作为一门学科，西方学者对其研究对象有如下六种不同观点：其一，社会史以社会生活为研究对象；其二，社会史以社会的历史为研究对象；其三，社会史的研究对象是经验而不是行为；其四，社会史的研究对象是社会关系的历史；其五，社会史的研究中心活动是重建社会结构大变动中普通人的历史；其六，社会史的研究对象是全面的历史。详细的讨论，参见蔡少卿、孙江：“回顾与前瞻——关于社会史研究的几个问题”，载《历史研究》1989 年第 4 期，第 88—96 页。作为一种研究方法，国内有学者对其独特之处进行了描述：“社会学向史学学习，主要是学习它在研究取向上必须从经验和对象出发，用事实说话；而史学向社会学学习，主要是学习它不就事论事，而是在对经验和现象的分析中获得对它们的一般性解释。”翟学伟：《中国社会中的日常权威》，社会科学文献出版社，2004 年，第 14 页。本书所谓法律社会史方法，是指将法律置于特定历史场景中予以考察，反映法律所赖以存在的社会环境和条件，反映法律所调整的普通当事人的生产和生活背景，反映法律的社会效果。

辑联系。具体章节安排如下:第一章,研究条件与基础。对边区高等法院的研究历史和现状加以回顾、审视和总结。然后,对边区高等法院档案进行详细的统计分析,勾勒出其轮廓。第二章,边区司法机构的设置与特点。在既有研究的基础上,充分利用档案资料所提供的信息,尽可能清晰地梳理边区司法机构沿革的脉络,并分析其在政权结构、审级制度、机构设置方面的特点。第三章,边区高等法院的职能体现与院长更迭。通过宏观与微观、制度与实践等不同视角,展现了边区高等法院的外相与图景。第四章,边区高等法院编制判例的实践。以边区高等法院准立法职能的体现为内容,以《陕甘宁边区判例汇编》为切入点,探讨边区高等法院如何通过编制判例来弥补立法的不足,并为司法人员提供生动而形象的司法教材。第五章和第六章,刑事审判和民事审判。以审判职能为视角:在刑事领域,选取黄克功因逼婚未遂枪杀刘茜案(以下简称黄克功案)、镇压与宽大相结合政策,展现边区高等法院在法律原则的发展和刑事政策的调整中所扮演的角色。在民事领域,选取风俗习惯调查、婚姻自由原则、李莲与抗日军人赵怀珍离婚案(以下简称"李莲案")为对象,探讨边区高等法院如何在国家法与民间习惯、国家利益与个人利益的碰撞中艰难取舍,从而展现司法在解决立法与社会的冲突、推动社会发展与法制进步等方面的巨大作用。第七章,新民主主义司法道路之探索。在司法观念这一少有人涉猎的领域,充分研读史料的基础上,对1943年司法检讨中所提出的各种观点进行详细的分析。对马锡五审判方式、民间调解等边区司法实践中的创举,立足于当时的社会条件和战时环境,给予重新审视。最后,结语部分,总结了边区高等法院的司法成就。

四、 章节分工

本书是在西北政法大学承担的国家社会科学规划基金资助项目《陕甘宁边区高等法院研究》(批准号为05BFX007)结项成果的基础上修改而成。

结项成果在2008年6月被评定为优秀等级。项目主持人为西北政法大学教授、吉林大学法学院兼职教授、博士生导师汪世荣，项目组成员有西北政法大学副教授、吉林大学理论法学研究中心2008级博士生刘全娥，陕西省政协副秘书长、陕西省档案局研究员王吉德，西北政法大学讲师、法学博士李娟。此外，本书的部分章节曾以论文形式在《法学研究》、《中国法学》、《政法论坛》、《法律科学》等期刊发表，编入本书时均有较大改动。

具体分工如下：

汪世荣：第一章第一节，第四章第二节，第五章第一节，第六章第一节、第二节，第七章第二节，结语。

刘全娥：绪论，第一章第二节，第二章，第三章，第四章第一节，第五章第二节，第六章第三节，附表20—24。

王吉德：第三章第二节。

李娟：第七章第一节、第三节。

全书统稿、校勘：汪世荣、刘全娥。

第一章　边区高等法院研究的条件与基础

第一节　学术回顾与前瞻

费正清曾说,“除非站在前辈人的肩上、面上,人类又如何能向上发展呢?”①虽然本书以边区高等法院为研究对象,但以往的研究中往往将边区高等法院的研究融入于边区法律史的整体研究之中,因而,对于边区法律史研究的回顾和审视,十分必要。

一、边区法律史研究综述

边区既是中国走向独立自主的革命过程中的辉煌阶段,又是新中国法律制度的直接源头,它的若干法律原则和制度在今天仍有重要的影响。边区法律史是法学、史学、社会学等诸多领域的研究者关注的对象,研究成果丰富多彩,增加了本综述写作的难度。不过,已有的法律史学论文索引、部分研究者在正论之前的研究回顾和学术论著所附的文献目录,为我们提供了便利。此外,网络因其提供的文献信息量大、获取便捷,也成为我们检索

① [美]柯文:《在中国发现历史——中国中心观在美国的兴起》,中华书局,2002年,第51页。

资料的重要途径。

(一) 本综述使用的主要资料与方法

已有的索引主要有:1.邱远猷编选的《中国法制史论文资料索引》(1949—1979)①;2.何勤华、王立民编选的《新中国成立以来发表的法律史论文目录一》(1949—1989),《新中国成立以来发表的法律史论文目录二》(1990—1999)②;3.阮晏子主编的《问题点与文献源——法理学与法史学》(文献目录,涉及1992—2002)③;4.《2000年法律史论文索引》《中国法史学论文精萃》(2001—2003年卷)附录④;5.《中国法律期刊文献索引》(2001,2002,2003)⑤;6.赵九燕撰写的《2000年法律史论文索引》⑥;7.1996—2005年人大复印资料《法理学与法史学》所附录的中国法律史论文索引;8.《法律史论集》第5卷后附的《2002年法律史论文索引》⑦;9.西北政法学院图书馆主办的《法学情报资料》中国法律史2001—2006年6月的各期;10.其他较多涉及边区史研究的刊物,包括创刊以来的《西北政法学院学报》(现名为《法律科学》)、《延安大学学报》(哲学社会科学版),近10年以来的《西北大学学报》(哲学社会科学版),近20年来的《历史档案》等。依据上述索引,笔

① 中南财经大学法律文化研究院主办:法律史学术网,网址:http://jyw.znufe.edu.cn/flsxsw/articleshow.asp? id=698。检索时间:2010-5-10。

② 何勤华主编、王立民副主编:《法律史研究》(第一辑)、《法律史研究》(第二辑),中国方正出版社,2004年、2005年。

③ 阮晏子主编:《问题点与文献源——法理学与法史学》,中信出版社,2004年。

④ 法苑精萃编辑委员会编:《中国法史学论文精萃》(2001—2003年卷),高等教育出版社,2004年。

⑤ 邹育理主编:《中国法律期刊文献索引》(2001年)、《中国法律期刊文献索引》(2002年)、《中国法律期刊文献索引》(2003年),法律出版社,2002年、2003年、2004年。

⑥ 中国社会科学院法学研究所图书馆,网址:http://www.iolaw.org.cn/library/showNews.asp? id=6426。检索时间:2010-5-10。

⑦ 中国法律史学会主办,韩延龙主编:《法律史论集》,法律出版社,2004年,第616—654页。

者收集到了专门或相关论文百余篇。此外,收集到相关论著20余部。这些成果大致可以代表边区法律史研究的状况。

建国(新中国成立的简称)以来,边区法律史的研究按时间顺序可大致划分为四个阶段,我们先对每一阶段的成果进行概述,然后从两个方面入手进行分析:其一,是研究成果的外在标识。所谓外在标识,是指能从研究成果的形式上衡量的内容。在某种程度上,产品的外在标识也是测度产品质量的一个方法。① 之所以采用这一方法,是因为笔者深信在大多数的论著中形式和内容具有统一性。这些外在标识包括:1.题目。题目能提供给我们的信息首先是研究领域,其次是研究主题。研究的领域和主题不仅标识研究的深度和广度,也是对成果进行学科分类的基础。2.注释。注释表明了作者论证的基础、史料的来源以及学术借鉴的程度等,从中还可了解与该论题相关的法律史料的挖掘状况及学术规范的发展轨迹。这些也是学术传统的一部分。其二,是研究成果的内在品质。内在品质包括研究方法、论文的写作风格及主要贡献。不同方法的研究会展示研究对象的不同侧面,而研究方法的具体运用及效果蕴涵着一定时期的学术氛围和学术传统。论文的写作风格是学术传统的组成部分,研究的贡献体现的是学术进展的程度。

(二) 边区法律史研究的发展阶段与主要成果

1.从1949年到1978年:萌芽时期

由于政权初建、研究人员缺乏及"文革"的影响,这一时期边区法律史的研究成果寥寥无几。1953年,魏宏运发表了"抗日战争时期革命根据地的民主选举"一文,②此外,我们收集到的还有罗世英的"中华人民共和国成立

---

① 苏力:"法学论文的产出",苏力:《也许正在发生 转型中国的法学》,法律出版社,2004年,第84页。

② 魏宏运:"抗日战争时期革命根据地的民主选举",《历史教学》1953年第9期,第5—6页。

前革命根据地选举制度的特点”、[①]张希坡的“继承和发展我国民主革命时期依靠群众对敌专政的革命传统”、[②]郑朴的“彻底摧毁旧法制，肃清资产阶级法律思想——重读《中共中央关于废除国民党的六法全书与确定解放区的司法原则的指示》”等。[③] 论题涉及民主政权、选举、土地立法及刑法几个方面，这些研究拉开了边区法律史研究的序幕，而且对于通过选举体现出来的边区民主宪政制度进行了初步论述。另外，马锡五的“新民主主义革命阶段中陕甘宁边区的人民司法工作”一文，[④]一般索引也将其列在法律史论文中。上述论文共计 6 篇。

这一时期的研究成果不仅量微，还受到意识形态的影响，个别文章中更是以政治观点代替了学术分析，隐隐透漏出在阶级斗争的夹缝中搞学术的艰难。从引注看，笔者搜集到的 4 篇文章中，1 篇无注释，另 3 篇共 27 个注释中，引用马、恩、毛著作的占 14 个，其中 10 个为《毛泽东选集》[⑤]，“对这些，我们一方面感到强烈的政治色彩，另一方面，又为处在这个特殊社会发展历程中的学者，为使中国法律史的研究不至于完全中断，用心良苦所找的‘正当理由’而感叹”。[⑥] 从 1966 年直至 1978 年，则是学术史上的空白时

---

① 罗世英：“中华人民共和国成立前革命根据地选举制度的特点”，《政法研究》1957 年第 4 期，第 23—28 页。

② 张希坡：“继承和发展我国民主革命时期依靠群众对敌专政的革命传统”，《政法研究》1965 年第 4 期，第 10—14 页。

③ 郑朴：“彻底摧毁旧法制，肃清资产阶级法律思想——重读《中共中央关于废除国民党的六法全书与确定解放区的司法原则的指示》”，《政法研究》1964 年第 2 期，第 15—20 页。

④ 马锡五：“新民主主义革命阶段中陕甘宁边区的人民司法工作”，《政法研究》1955 年第 1 期，又见张希坡：《马锡五审判方式》，法律出版社，1983 年，该书附录，第 80—100 页。

⑤ 从建国初期到 1980 年代的边区法律史论文中，引用《毛泽东选集》是最常见的现象。笔者并不是排斥这些引用，相反，这类著作是我们的必读书籍，尤其对于研读中国现代史的学者，《毛泽东选集》的作用更是不容忽视。毫无疑问，毛泽东的思想对革命法制有重大的影响。问题是，对于学术研究来说，毛泽东的思想与革命法制之间的关系是我们的研究领域，而不是现成的结论，所以笔者不赞同将《毛泽东选集》等不加分析地作为先见引用。

⑥ 陈晓枫、柳正权：“中国法律史研究世纪回眸”，《法学评论》2001 年第 2 期。

代，边区法律史的研究也不例外。

2.从 1979 年到 1989 年：奠基时期

这一时期发表的边区法律史论文有近 30 篇。寂寥了 10 余年之后，仅 1979 年就有 5 篇。这一现象无疑是学术机遇到来的征兆。20 世纪 80 年代的研究者虽然不多，但成绩斐然。杨永华、张希坡、韩延龙、方克勤等老一辈学者是中坚力量，大多数的论文出自他们之手，如“论陕甘宁边区法制建设的原则”①、“统一战线中的法律问题——边区法律史料的新发现”②、“抗日战争时期陕甘宁边区的选举制度”③，等等。另外，杨永华、方克勤在 1984 年至 1986 年间，于《西北政法学院学报》上，发表了关于边区法律史的系列研究论文，如“陕甘宁边区调解原则的形成”、“延安时代的法制理论与实践”、“陕甘宁边区调解工作的基本经验”、“试论抗日民主政权法律中的人权问题——为抗日战争四十周年而作”、“抗日战争时期陕甘宁边区司法工作中贯彻统一战线政策的几个问题”、“陕甘宁边区惩治贪污罪的立法与实践”，等等。④ 这些文章史论结合，对边区法律中的一些重大问题如选举、人权、调解等进行了总结分析。不仅奠定了边区法律史研究的基础，也使之一

---

① 杨永华、王天木、段秋关：“论陕甘宁边区法制建设的原则”，《法学研究》1984 年第 5 期，第 87—96 页。

② 杨永华、段秋关：“统一战线中的法律问题——边区法律史料的新发现”，《中国法学》1989 年第 2 期，第 120—126 页。

③ 方克勤、杨永华、李文彬：“抗日战争时期陕甘宁边区的选举制度”，《人文杂志》1979 年第 1 期，第 33—40 页。

④ 杨永华、方克勤：“陕甘宁边区调解原则的形成”，《西北政法学院学报》1984 年第 1 期，第 91—94 页；杨永华、方克勤：“陕甘宁边区调解工作的基本经验”，《西北政法学院学报》1984 年第 2 期，第 55—62 页；杨永华、方克勤：“抗日战争时期陕甘宁边区司法工作中贯彻统一战线政策的几个问题”，《西北政法学院学报》1984 年第 4 期，第 67—72 页；杨永华：“试论抗日民主政权法律中的人权问题——为抗日战争四十周年而作”，《西北政法学院学报》1985 年第 3 期，第 63—66 页；杨永华：“延安时代的法制理论与实践”，《西北政法学院学报》1986 年第 3 期，第 83—88 页；方克勤：“陕甘宁边区惩治贪污罪的立法与实践”，《西北政法学院学报》1987 年第 4 期，第 81—85 页。

度成为西北政法学院（现名“西北政法大学”）法律史学科的研究特色和优势领域。

另外，张希坡的论文主要有“学习马锡五同志的审判方式”①、“革命根据地的科技政策与法规”②、“革命根据地关于保护儿童、禁止弃婴溺婴的法令”等③。其主要侧重于马锡五审判方式和边区立法沿革的研究。韩延龙等教授也有不少相关论文④，其关注的角度亦是宏观论述。此外，还有李立刚的“陕甘宁边区判决书理由的写作技法”⑤、任中和的“陕甘宁边区抗日民主政权的建立及其特点”⑥，等等。

这一阶段的研究主体以法律史学者为主，研究领域比较集中，侧重于立法的文本分析和对重大法律问题的讨论。在研究方法上，主要采用历史唯物主义和辩证唯物主义方法，以宏观性的描述与归纳为主，多采用历史沿革、特点总结、作用影响、原因或经验分析的研究模式。注释少，引证内容较单调。如在笔者手头的 17 篇论文中，有 4 篇无注释，有 6 篇的注释在 4 个以下，最多的为 16 个，引证内容中仍以《毛泽东选集》为最多。

这一阶段的边区法律史研究总体上仍处于拓荒时期，缺乏学术借鉴的条件。不过，有必要说明的是，这一时期论文注释少的主要原因在于刚刚复苏的学术界缺乏研究积累，也缺乏明确、统一的学术规范。

---

① 张希坡：“学习马锡五同志的审判方式”，《法学研究》1979 年创刊号，第 41—44 页。

② 张希坡：“革命根据地的科技政策与法规”，《法学杂志》1988 年第 2 期，第 38—41 页。

③ 张希坡：“革命根据地关于保护儿童、禁止弃婴溺婴的法令”，《西北政法学院学报》1983 年创刊号，第 37—42 页。

④ 韩延龙、刘海年、常兆儒关于边区法律史的论文，如“我国人民调解制度的历史发展”（常兆儒）、“革命根据地法制建设基本原则初探”（韩延龙）、“革命法制保障人民权利的传统及其历史经验”（刘海年）等，分别载于中国社会科学出版社的《法律史论丛》（一）第 252—270 页；（二）第 96—115 页；（三）第 251—269 页，1981 年、1982 年、1983 年。

⑤ 李立刚：“陕甘宁边区判决书理由的写作技法”，《西北政法学院学报》1987 年第 4 期，第 91—93 页。

⑥ 任中和：“陕甘宁边区抗日民主政权的建立及其特点”，《历史档案》1987 年第 3 期，第 113—120 页。

学术著作4部,最值得关注的是杨永华、方克勤的《陕甘宁边区法制史稿·诉讼狱政篇》及《陕甘宁边区法制史稿·宪法政权组织法篇》。[①] 这两部著作的重要性首先在于,作者挖掘出了边区法律史研究的丰富内涵,使之成为独立的研究领域。其次,这两部著作建立在翔实的史料基础上,在论述中兼顾到了规范分析和实证分析两个层面。前者对边区宪法中的政权组织,从其沿革、内容等方面进行了详细的叙述分析,后者对边区司法机构设置的目的、指导思想以及演变,诉讼与狱政制度的内容,调解制度的历史、法规、原则、方式及经验作了详细论述。语言质朴、叙述细致,成为边区法律史研究的奠基之作。张希坡的《马锡五审判方式》,[②]对马锡五审判方式出现的背景、特点、主要案例进行了叙述、总结和分析。另有张希坡、韩延龙主编的《中国革命法制史》(上、下),以部门法(经济立法除外)为线索[③],叙述了从中国共产党诞生到建国之前的革命根据地法制的整体发展。这部带有通史性质的断代专门史,是边区立法史的重要作品。

3.20世纪90年代:拓展时期

这一时期发表在各种刊物上的论文在30篇以上,其显著特点是论题涉猎广泛,不仅法律思想的研究受到重视,部门法研究的范围也有很大拓展。

法律思想方面的研究成果,如高广瑞的"毛泽东法律思想述略",论述了毛泽东法律思想的形成、主要成就和贡献,认为毛泽东的人民法制、宪政理论、立法应科学性与革命性一致等思想对我国法制产生了重要影响,并认为对毛泽东思想的评价既应客观、公允又须顾及时代缺陷:"毛泽东法律思想的主要缺陷在于传统负荷太重,政治斗争环境给予毛泽东丰富的军事斗争实践,但不足的是不能适应经济建设要求深入法制建设实践,政治意识胜于

---

① 杨永华、方克勤:《陕甘宁边区法制史稿·诉讼狱政篇》,法律出版社,1987年。杨永华:《陕甘宁边区法制史稿·宪法政权组织法篇》,陕西人民出版社,1992年。

② 张希坡:《马锡五审判方式》,法律出版社,1983年。

③ 张希坡、韩延龙主编:《中国革命法制史》(上、下),法律出版社,1988年、1992年。

法律意识，重政策而轻法律，在处理法与经济、政治三者关系上有失误，自50年代后期不适当地夸大阶级斗争，冲击了经济和法制的应有发展。”①杨永华在“李鼎铭的法律思想”一文中指出，李鼎铭的法律思想有三点：精兵简政、改革行政体制的行政立法思想，实行和平改革的土地立法思想和实行镇压与宽大相结合的轻刑主义思想，这些思想对于边区立法产生了重要的影响。② 此外，还有高海清的“李鼎铭的行政立法思想初探”，③等等。这些文章探讨了部分领导人的法律思想在边区法制建设中所起的作用。

边区法律的整体性研究，成果主要包括杨永华等的“边区民主政治建设与净化执法环境”④和“根据地时期法律平等原则的历史回顾”⑤、徐增满的“延安时期法制建设的概况和主旨”⑥、黄力平的“建国前中国共产党的民主法治综述”⑦、文胜的“论中国共产党在土地革命时期的法制理论与

---

① 高广瑞：“毛泽东法律思想述略”，《政治与法律》1996年第6期，第17—22页。

② 杨永华：“李鼎铭的法律思想”，《法律科学》1998年第1期，第71—75页。李鼎铭(1881—1947)，陕西米脂人，原名丰功，辛亥革命后，拥护孙中山的主张，在家乡提倡放足、剪辫、禁赌，破除迷信和兴办学校。长期从事教育事业，兼业中医。中国工农红军长征到达陕北后，拥护中国共产党的政治主张。1941年被选为米脂县参议会议长。在1941年及1946年的边区第二届、第三届参议会上，当选为边区参议会议员、副议长(坚辞此职)，边区政府副主席、政府委员。1942年8月至1944年2月任边府审委会副委员长。曾在边区第二届参议会第一次会议上提出了“精兵简政”提案，受到毛泽东的称赞。1946年主持起草了《陕甘宁边区政府征购地主土地条例》。1947年病逝。其详细生平参见李泽民：《李鼎铭先生》，三秦出版社，2005年，附录“李鼎铭年表”，第439—453页。

③ 高海清：“李鼎铭的行政立法思想初探”，《榆林高等专科学校学报》2001年第4期，第50—53页。

④ 杨永华、木可：“边区民主政治建设与净化执法环境”，《甘肃政法学院学报》1998年第1期，第63—67页。

⑤ 杨永华、木可：“根据地时期法律平等原则的历史回顾”，《法律科学》1993年第6期，第64—69页。

⑥ 徐增满：“延安时期法制建设的概况和主旨”，《延安大学学报》1999年第3期，第49—52页。

⑦ 黄力平：“建国前中国共产党的民主法治综述”，《甘肃理论学刊》1999年第5期，第56—58页。

实践”[①]，等等。这些论述大都将着眼点放在制度分析和基本原则的概括上。

立法方面的研究成果，有张希坡的“资治新鉴：陕甘宁边区参议会‘提案汇录’评介”[②]、宇赟的“民意的结晶，政策的定型：刍议陕甘宁边区参议会的立法特点”等[③]。前者简要介绍了边区三次参议会提案的概况和特点，认为提案工作是充分发挥人民民主制度优越性的重要环节。后者认为参议会遵循实事求是、依靠群众和保障民主的基本原则，在立法中以反帝反封建为主求实创新，建立了初具规模的法律体系。

宪政方面的研究仍以人权问题最为集中，发表有 10 余篇论文。如杨永华的“陕甘宁边区人权立法”[④]、肖周录的“延安时期边区的人权与法律保障”[⑤]、王立民的“试论抗日根据地的人权法”等[⑥]。这些成果分别从不同角度论述了边区人权法的历史、主要内容、原则及实效等，总结了民主政权重视并尽力保障人权的经验。

婚姻法方面的研究成果，有谭双泉等的“根据地婚姻立法与权利保护”[⑦]，主要分析和探讨了根据地对妇女婚姻自主权、人格权、财产权诸权利的法律保障。

行政法方面的研究成果，有张希坡的“陕甘宁边区征粮法规及有关史实

---

① 文胜：“论中国共产党在土地革命时期的法制理论与实践”，《党史纵横》1996 年第 12 期，第 36—39 页。

② 张希坡：“资治新鉴：陕甘宁边区参议会‘提案汇录’评介”，《法学家》1994 年第 6 期，第 18—24 页。

③ 宇赟：“民意的结晶，政策的定型：刍议陕甘宁边区参议会的立法特点”，《延安大学学报》1998 年第 2 期，第 55—59 页。

④ 杨永华：“陕甘宁边区人权立法”，《法律科学》1992 年第 1 期，第 13—17 页。

⑤ 肖周录：“延安时期边区的人权与法律保障”，《法律科学》1992 年第 2 期，第 27—33 页。

⑥ 王立民：“试论抗日根据地的人权法”，《政治与法律》1994 年第 3 期，第 44—47 页。

⑦ 谭双泉、李招忠：“根据地婚姻立法与权利保护”，《湖南师范大学学报》1998 年第 3 期，第 66—72 页。

考辨”[①]、杨永华的“陕甘宁边区公文制度的改革”[②]、邱远猷的“革命根据地民主政权的反贪倡廉立法”等[③]，论述了边区从实际出发，正确处理国家需要与人民生活的矛盾，建立并逐渐完善征粮及公务人员管理法规，建设廉洁政府的经验和教训。

商法方面的研究成果，以肖周录的“陕甘宁边区的破产立法”一文最为重要[④]，详细论述了《陕甘宁边区破产办法》及相关法规制定的背景、指导思想、主要内容及现实意义，认为其适时立法的思想和实践对告别我国破产立法的滞后具有借鉴意义。

经济法方面的研究成果，有宇赟的“试论土地革命时期几部土地法规的立法意义”[⑤]、章蓬等的“陕甘宁边区农业税收的特点与作用”[⑥]，等等。前者论述了不同阶段的土地法规对保障边区政权和革命发展的重要作用。后者认为，边区农业税收以兼顾国家与农民利益为出发点和宗旨，既保证了财政收入，又发展了生产。

社会改革、社会保障等方面的研究成果，有齐霁的“陕甘宁边区禁烟禁毒运动初探”[⑦]，论述了边区政府禁烟禁毒的系列举措及经验；肖周录的“陕甘宁边区科技立法与知识分子的权益保障”[⑧]，指出边区党及政府认识到知

---

① 张希坡：“陕甘宁边区征粮法规及有关史实考辨”，《法律科学》1993年第5期，第84—88页。

② 杨永华：“陕甘宁边区公文制度的改革”，《甘肃政法学院学报》1996年第3期，第42—48页。

③ 邱远猷：“革命根据地民主政权的反贪倡廉立法”，《中州学刊》1997年第6期，第135—140页。

④ 肖周录：“陕甘宁边区的破产立法”，《法学研究》1999年第6期，第135—141页。

⑤ 宇赟：“试论土地革命时期几部土地法规的立法意义”，《延安大学学报》1997年第1期，第64—69页。

⑥ 章蓬、齐矿铸：“陕甘宁边区农业税收的特点与作用”，《人文杂志》1998年第4期，第103—106页。

⑦ 齐霁：“陕甘宁边区禁烟禁毒运动初探”，《甘肃社会科学》1999年第4期，第58—60页。

⑧ 肖周录：“陕甘宁边区科技立法与知识分子的权益保障”，《法律科学》1994年第3期，第78—82页。

识分子在社会发展中的重要地位和作用，并以立法加以保障；陆玉等的“论抗日根据地的军事社会保障”[1]，则论述了边区对军人及其家属实行的各种优抚措施和制度在推动敌后抗日军队发展壮大中的作用。

比之于80年代，90年代的研究既承继了前期研究的基本范式和论题侧重，又具有新的特点。致力于边区法律史研究的学者除法学界外，还有史学、社会学、政治学等学科，研究领域大大拓宽，从立法及重大法律问题延伸到婚姻法、行政法、商法、经济法等领域，对法律思想也有所关注，对立法史的研究亦从法律文本深入到了立法的过程。另外，由于研究者切入的角度及学科知识背景不同，及受到中国知识产出方式的影响，对边区部门法史的研究显得宽泛有余而深度不足。就史料运用而言，不少文章无注释或注释极少；多数文章的注释少于10个，有篇文章的注释虽多达36个，但其中29个为同一文献；所有作品中使用的文献也仅11种。而且，绝大多数的注释都出自公开出版的以立法文献为主的史料集，仅有4篇文章中使用了未出版的民国时期的史料。此外，引用他人著述的较少。

论著方面，张希坡对边区立法史进行了大量的汇集、整理、分析，其独著或作为第一作者的著作有《革命根据地法律史》[2]、《中国法制通史》第10卷[3]、《革命根据地的工运纲领和劳动立法史》[4]，以及《中华人民共和国刑法史》[5]、《革命根据地经济立法》等[6]。在这些著作中，边区立法史是其中的重要组成部分。另外，在《延安地区审判志》、《榆林地区审判志》及《陕西

① 陆玉、徐云鹏：“论抗日根据地的军事社会保障”，《抗日战争研究》1997年第2期，第92—106页。

② 张希坡主编、韩延龙、杨永华副主编：《革命根据地法制史》，法律出版社，1994年。

③ 张希坡：《中国法制通史》（第10卷：新民主主义时期），法律出版社，1998年。

④ 张希坡：《革命根据地的工运纲领和劳动立法史》，中国劳动出版社，1993年。

⑤ 张希坡：《中华人民共和国刑法史》，中国人民公安大学出版社，1998年。

⑥ 张希坡：《革命根据地经济立法》，吉林大学出版社，1994年。

省志·审判志》中均有对边区司法制度的专门论述①,利用了不少档案资料,属于司法简史。

4.新世纪以来:深入时期

这一时期发表的论文已达40篇以上,边区法律史领域成为法史研究的热点之一,研究者在史料运用、研究方法及结论方面均有突破。而且,边区高等法院成为这一时期研究者关注的重要对象之一。

法律思想方面的研究成果,陈金钊的"从革命法制到社会主义法治——马克思主义法制(治)观在中国的成长"一文最为重要。该文提出中国共产党的集体法制观,是以打破反动政府所制定的法律对人民行为的约束与限制、批判并蔑视反动政府的法律为核心的革命法制观。② 革命法制观的提出对理解边区法制建设中继承与创新的关系问题提供了启示。此外,有梁剑锋等的"民主革命时期毛泽东在劳动法制建设上的贡献"、"民主革命时期毛泽东在经济和诉讼法律制度建设上的贡献"③、梁凤荣的"谢觉哉对陕甘宁边区民主选举制度建设的贡献"④,等等。探讨了边区某些领导人对法制原则形成的重要影响,揭示了他们在推动边区法制建设中的作用。对废除"六法全书"这一重大历史事件的研究,也有两篇重要的文章:李龙等的"废除'六法全书'的回顾与反思"⑤、范进学的"废除南京国民政府'六法全书'

---

① 焦朗亭主编:《陕西省志·审判志》,陕西人民出版社,1994年。

② 陈金钊:"从革命法制到社会主义法治——马克思主义法制(治)观在中国的成长",《法学评论》2001年第4期,第5—13页。

③ 梁剑锋、唐艾苓:"民主革命时期毛泽东在劳动法制建设上的贡献",《山西高等学校社会科学学报》2000年第3期,第6—7页;梁剑锋:"民主革命时期毛泽东在经济和诉讼法律制度建设上的贡献",《山西高等学校社会科学学报》2000年第6期,第9—10页。

④ 梁凤荣:"谢觉哉对陕甘宁边区民主选举制度建设的贡献",《河南大学学报》2003年第5期,第22—24页。

⑤ 李龙、刘连泰:"废除'六法全书'的回顾与反思",《河南省政法管理干部学院学报》2003年第5期,第39—50页。

之思考”[1]。前者认为废除六法全书有一个漫长的酝酿过程，从部分废除到全面废除，从有限承认到全盘否定，经历了一个缓慢升级的过程。对废除六法全书应进行一分为三的评价：从政权的政治斗争及政治合法性上来说，必然要废除其中的公法。但全盘废除国民政府“六法全书”中的私法虽具有必然性，却不具有正当性。因为私法具有强烈的社会性，六法中的私法部分是整个大陆法系知识传统在中国演变、生根、发芽的结果。同时，刑事法律中的普通刑事规范应保持基本稳定。不加区别的废除，必然导致“倒洗澡水的时候连孩子也倒出去了”。后者认为，废除“六法全书”是由共产党人的法律观、马克思主义的国家观以及中国传统法律文化等方面的原因决定的。这一废除，对新中国法制建设产生了深远的影响，其最大危害是中断了中国法制现代化的历史进程，强化了中国社会蔑视法律的民族传统心理，为政策治国、以党代政、以党治国开了方便之门。侯欣一的“法学的中国学派：原因、方法及后果——以延安新法学会为中心的考察”一文[2]，以延安新法学会为中心，分析了边区法学的形成及特点，认为边区法学过分强调中国国情和中国问题的特殊化，反而使源于西方的现代法治理念成了人们刻意回避的对象，加之泛政治化和大众化语言的大量使用，逐渐使边区的法学成了一种过于“地方化”的知识系统，失去了与根据地以外学术界交流、对话的可能和机会，成了一种独特、但缺乏被关注的知识系统。郑春梅的“近十年来毛泽东法律思想研究综述”一文，认为在毛泽东法律思想的发展过程中，边区时代是其进一步丰富和发展时期，主要集中于对政策与法律关系的论述。认为党的政策对法律起着指导作用，不仅表现在法律的制定过程上，也表现在法

---

① 范进学：“废除南京国民政府‘六法全书’之思考”，《法律科学》2003年第4期，第38—45页。

② 侯欣一：“法学的中国学派：原因、方法及后果——以延安新法学会为中心的考察”，《政法论坛》2006年第6期，第13—16页。

律的实施上。法律是实现党的政策的一种方式，而且是一种主要的方式。[①]

对法律制度的总体论述有张希坡的“中国共产党开创了社会主义中华法系的新纪元”[②]、何平等的“抗战时期的‘一国两制’”[③]、付子堂、胡仁智的“新中国建立前中国共产党的法律探索”[④]，等等。其中，张希坡提出了社会主义中华法系的概念，认为以人民利益为宗旨、以保障革命事业为主要内容的革命根据地法制，是新民主主义法制的立法体系（包括政权组织体制、刑事、民事、劳动、财政经济及司法诉讼制度）的萌芽与雏形。

宪政方面的研究主要集中于人权领域。韩大梅的“《陕甘宁边区宪法原则》论析”[⑤]，分析了这一宪法性文件产生的历史背景、内容特点及地位与作用，指出它把在根据地已经实行的政权组织、人民权利、司法制度及经济文化政策等，用法律的形式固定下来，确立了新民主主义宪政的基本模式。杨永华的“陕甘宁边区人权法律的颁布和实施”[⑥]、宋四辈的“新民主主义革命时期的人权法制建设及其特点”[⑦]、范广军的“浅析抗战时期陕甘宁边区政府的人权保障”[⑧]、刘文娟的“抗战时期陕甘宁边区保障人权的思想

---

① 郑春梅：“近十年来毛泽东法律思想研究综述”，《毛泽东思想研究》2004 年第 1 期，第 155—156 页。

② 张希坡：“中国共产党开创了社会主义中华法系的新纪元”，《法学家》2001 年第 4 期，第 37—46 页。

③ 何平等：“抗战时期的‘一国两制’”，《延安大学学报》2003 年第 6 期，第 69—73 页。

④ 付子堂、胡仁智：“新中国建立前中国共产党的法律探索”，《学习与探索》2001 年第 4 期，第 1—6 页。

⑤ 韩大梅：“《陕甘宁边区宪法原则》论析”，《中共中央党校学报》2004 年第 1 期，第 106—110 页。

⑥ 杨永华：“陕甘宁边区人权法律的颁布和实施”，《兰州大学学报》2003 年第 3 期，第 86—90 页。

⑦ 宋四辈：“新民主主义革命时期的人权法制建设及其特点”，《郑州大学学报》2000 年第 6 期，第 23—27 页。

⑧ 范广军：“浅析抗战时期陕甘宁边区政府的人权保障”，《延安大学学报》2003 年第 6 期，第 65—68 页。

与实践”[①]，等等。对边区的人权立法及其实施状况、作用与效果，进行了细致的考察。

土地法、农业法方面的研究进展显著。论文主要有宇赟的“延安时期土地法制的基本思想”[②]、阎庆生等的“论《陕甘宁边区征购地主土地条例草案》”[③]、龚大明的“抗战时期中共土地政策的制定、实施和作用”等[④]，集中论述了边区土地法制的思想及其实施，指出随着党的策略路线的转变，从没收地主土地到减租减息，再到没收地主土地，贯穿了反对封建土地所有制和提倡“耕者有其田”的思想。对农业税收的研究有魏秀玲的“论陕甘宁边区税收法律制度的产生及基本原则”[⑤]、黄正林等的“抗战时期陕甘宁边区的农业税”[⑥]、张海荣的“抗日根据地农业立法中‘三农’战略的历史考察”[⑦]、李翔的“陕甘宁及华北抗日根据地代耕问题初探”[⑧]，等等，主要论述了边区农业税法的立法宗旨、原则与实施及对于农民、农业与农村问题的重视和解决措施。其中，黄正林的文章论述了与农民利益休戚相关的农业税改革的经验教训，史料丰富，发人深思。

---

① 刘文娟：“抗战时期陕甘宁边区保障人权的思想与实践”，《广西民族学院学报》2002 第 3 期，第 145—148 页。

② 宇赟：“延安时期土地法制的基本思想”，《延安大学学报》2000 年第 1 期，第 19—23 页。

③ 阎庆生、黄正林：“论《陕甘宁边区征购地主土地条例草案》”，《西北师大学报》2000 年第 6 期，第 14—17 页。

④ 龚大明：“抗战时期中共土地政策的制定、实施和作用”，《贵州师范大学学报》2003 年第 4 期，第 64—67 页。

⑤ 魏秀玲：“论陕甘宁边区税收法律制度的产生及基本原则”，《政法论坛》2001 年第 6 期，第 117—121 页。

⑥ 黄正林、文月琴：“抗战时期陕甘宁边区的农业税”，《抗日战争研究》2005 年第 2 期，第 34—65 页。

⑦ 张海荣：“抗日根据地农业立法中‘三农’战略的历史考察”，《河北师范大学学报》2002 年第 1 期，第 92—95 页。

⑧ 李翔：“陕甘宁及华北抗日根据地代耕问题初探”，《抗日战争研究》2005 年第 2 期，第 90—106 页。

行政法方面的研究成果，主要有张文琳的“延安时期陕甘宁边区廉政建设的经验”[①]、梁凤荣的“论陕甘宁边区政府的廉政建设”[②]，论述了边区廉政建设的立法和实践，指出加强廉政法制，实行民主监督等是其成功的经验。齐霁的“抗日根据地禁毒问题研究”[③]、温金童等的“抗战时期陕甘宁边区的防疫”[④]，论述了边区在改革社会风俗及卫生防疫方面的法规及成效。

对边区婚姻法的研究呈现出繁荣景象。史学、法学及社会学学者均有参与。主要成果有崔兰萍的“陕甘宁边区婚姻制度改革探析”[⑤]和“我党引导陕甘宁边区妇女争取经济独立的重要实践”[⑥]、岳珑等的“论陕甘宁边区婚俗改革与妇女地位的转变”[⑦]、张秀丽等的“试论抗战时期陕甘宁边区妇女思想观念的解放”[⑧]，等等。认为：边区政府领导妇女积极投身生产，改变经济处境，制定新的婚姻法等实践，促进了妇女主体意识的萌生，使边区的婚姻风俗发生了巨大的变化。此外，段皎琳的“简评民主革命时期中国共产党的几部婚姻法”，分析了几部婚姻法之间的承继和变革；欧阳曙的“南京国民政府与革命根据地婚姻家庭法制比较研究”[⑨]，在比较分析的基础上，指

---

① 张文琳：“延安时期陕甘宁边区廉政建设的经验”，《甘肃政法学院学报》2002年第1期，第96—99页。

② 梁凤荣：“论陕甘宁边区政府的廉政建设”，《当代法学》2003年第3期，第137—150页。

③ 齐霁：“抗日根据地禁毒问题研究”，《抗日战争研究》2005年第1期，第127—154页。

④ 温金童、李飞龙：“论陕甘宁边区政府的廉政建设”，《抗日战争研究》2005年第3期，第153—173页。

⑤ 崔兰萍：“陕甘宁边区婚姻制度改革探析”，《西北大学学报》2000年第4期，第96—99页。

⑥ 崔兰萍：“我党引导陕甘宁边区妇女争取经济独立的重要实践”，《西北大学学报》2004年第1期，第84—87页。

⑦ 岳珑、秦方：“论陕甘宁边区婚俗改革与妇女地位的转变”，《西北大学学报》2004年第1期，第79—83页。

⑧ 张秀丽、李梅：“试论抗战时期陕甘宁边区妇女思想观念的解放”，《延安大学学报》2004年第3期，第58—61页。

⑨ 中南财经政法大学主办：法律史学术网，法史文库。网址：http://flwh.znufe.edu.cn/article_list.asp? c_class=1&c_id=1&c_page=1，检索时间：2007-11-23。

出根据地婚姻法在立法原则上超前但立法技术则逊于国民政府的法律。吕虹的“陕甘宁边区司法机关处理婚姻纠纷的几项变通原则”①，利用了不少档案史料对婚姻法的文本与婚姻现状之间的冲突及司法实践中的变通作了探讨。

黄克功案是边区历史上最著名、也是研究者关注最多的案件。主要论点包括：其一，边区通过该案的审理，废止了苏维埃时期法律适用中的唯成分论，同时确立了法律面前人人平等的原则；其二，体现了边区反腐倡廉、从严治党、从严治军的思想和决心；其三，体现了罪刑相应的现代法治理念。②

司法制度的研究异军突起。论文主要有强世功的“权力的组织网络与法律的治理化——马锡五审判方式与中国法律的新传统”③、范愉的“简论马锡五审判方式——一种民事诉讼模式的形成及其命运”④等。前者的价值在于其理论范式的自觉运用，即将“国家与社会”范式、程序主义的法制观和国家治理概念贯穿于对马锡五审判方式的分析之中，抽象出革命根据地“法律的治理化”理论，认为它构成了中国法律的新传统，即政法传统。认为体现现代法律理念和制度的边区法律在深入传统法观念仍占主导地位的乡村社会时遭遇到了困境，“现代国家如何在传统的乡村社会中建立起合法性

① 吕虹：“陕甘宁边区司法机关处理婚姻纠纷的几项变通原则”，《西北法律评论》2006 年第 1 卷，第 247—254 页。

② 杨永华：“根据地时期法律平等原则的历史回顾”，《法律科学》1993 年第 6 期，第 64—69 页。张希坡主编：《革命根据地法律史》，法律出版社，1994 年，第 524—526 页。张希坡：“革命法制史上的一封重要复信——读毛泽东同志‘给雷经天的信’”，《法学杂志》1981 年第 6 期，第 24—27 页。方克勤、杨永华、马朱炎：“当年延安一件凶杀案的审理”，《民主与法制》1980 年第 10 期，第 28—30 页；钟庆祥：“从黄克功案的处理看陕甘宁边区加强民主法制建设的特点”，《延安大学学报》1987 年第 4 期，第 35—38 页；温卫东：“黄克功事件真相”，《湘潮》2001 年第 1 期，第 30—31 页。

③ 强世功：“权力的组织网络与法律的治理化——马锡五审判方式与中国法律的新传统”，《北大法律评论》2001 年第 2 辑，第 8—61 页。

④ 范愉：“简论马锡五审判方式——一种民事诉讼模式的形成及其命运”，《清华法律评论》1999 年第 2 期，第 221—231 页。

并与此同时实现传统社会的改造，就成为现代中国的主要问题”。认为马锡五审判方式在这种背景下出现，它作为一种偶然的司法实践之所以取得巨大的成果，并成为共产党的法律原则或制度的象征，其原因就在于它解决了上述问题。而且，这种司法技术与权力的组织网络结合在一起，产生了一种独特的效果，成为一种新的权力组织技术，这种技术被纳入权力机器的配置中，成为共产党治理社会的重要工具，从而导致了法律的治理化，创设了中国法律的新传统。后者分析了马锡五审判方式产生的历史，并在与西方近现代民事诉讼模式对比的基础上探讨了这一方式的特征和性质：“马锡五审判方式并不是马锡五个人的发明，而是在当时的司法理念、制度和经验的基础上总结、提炼和发展出来的较系统的民事诉讼模式或其雏形。其中许多具体原则和做法以后被直接运用于中国的民事诉讼制度。”马锡五审判方式的研究成果还有沙阳等的“马锡五审判方式与现代法治”①，论述了马锡五审判方式与现代法治的冲突。喻中的“吴经熊与马锡五：现代中国两种法律传统的象征”，②分析了两种具有代表性的人物经历与活动及各自法律传统的形成，认为西方化的法律传统与乡土化的法律传统，两者各有其空间与领域，应建立互相对话与尊重的关系。

司法制度的研究论文还有宋四辈的“新民主主义革命时期的民主司法制度建设及启示”③、吴泽勇的“新民主主义革命根据地的民事诉讼制度”④、王

---

① 见沙阳、雪飞、陈轶凡、曹呈宏、李永红、游振辉：关于“马锡五审判方式与现代法治”的讨论，《福建法学》2001年第1期，第50—54页。

② 喻中：“吴经熊与马锡五：现代中国两种法律传统的象征”，《法商研究》2007年第1期，第134—139页。

③ 宋四辈：“新民主主义革命时期的民主司法制度建设及启示”，《中国社会科学院研究生院学报》2004年第2期，第39—45页。

④ 吴泽勇：“新民主主义革命根据地的民事诉讼制度”，《烟台大学学报》2002年第4期，第409—415页。

长江的“边区法院两则判决书的特点及启示”①、于树斌等的“新民主主义革命时期根据地监所制度的建立与发展简介”②、律璞的“陕甘宁边区法官队伍建设”③，等等。

新世纪以来研究边区的法律史专著有6部。侯欣一的《从司法为民到为民司法——陕甘宁边区大众化司法制度研究》，④勾勒了边区大众化司法形成、演变和发展的历史，阐述了大众化司法的基本特点和主要内容：边区大众化的司法制度，较好地实现了司法服务于政治的功能，但同时也滋长了民众对于司法的过度参与热情；生于斯、长于斯的边区司法工作者充分发挥了本土的经验知识在法律实践中的作用，在因陋就简的背景下实现了公正地解决纠纷、恢复和维系社会秩序的目的；但同时，这种司法制度是以全社会力量的动员为后盾，对司法主体注重道德上的约束和精神上的追求，过于强调政治标准和民众的意愿，使这一制度发展中呈现出非制度化的倾向，忽视了程序和制度的完善，从而呈现出某种文化上的回归，使司法的公正更多

① 王长江：“边区法院两则判决书的特点及启示”，《河南省政法干部管理学院学报》2003年第3期，第77—79页。

② 于树斌、彭晶：“新民主主义革命时期根据地监所制度的建立与发展简介”，《公安大学学报》2001年第4期，第24—31页。

③ 律璞：“陕甘宁边区法官队伍建设”，《宁夏社会科学》2006年第3期，第22—27页。

④ 侯欣一：《从司法为民到为民司法——陕甘宁边区大众化司法制度研究》，中国政法大学出版社，2007年。该书出版前后，作者先后发表了相关主题的论文9篇，分别是：(1)“陕甘宁边区高等法院司法制度改革研究”，《法学研究》2004年第5期，第129—143页；(2)“陕甘宁边区司法的理念、技术及原则”，《法学家》2005年第4期，第40—51页；(3)“中国近现代史上的法官职业”，《法学》2006年第10期，第3—16页；(4)“论陕甘宁边区法治实践的构建和谐社会之维”，《上海师范大学学报》2006年第4期，第42—48页；(5)“法学的中国学派：原因、方法及后果——以延安新法学会为中心的考察”，《政法论坛》2006年第6期，第13—16页；(6)“陕甘宁边区司法制度的大众化特点”，《法学研究》2007年第4期；(7)“陕甘宁边区人民调解制度研究”，《中国法学》2007年第4期，第104—116页；(8)“试论革命根据地法律制度”，《法学家》2008年第3期，第24—31页；(9)“札记：关于中国近现代法律史史料使用中的几点体会”，《环球法律评论》2005年第2期，第252—256页。

地与个人联系，成为一种青天式的司法制度。张希坡的《中国婚姻立法史》[①]，是婚姻立法史料的系统化，其中收录了边区在婚姻立法方面的较多史料。杨永华等的《中国共产党廉政法制史研究》[②]，史论结合，论述了边区廉政法制思想、制度及其实践。指出：提高思想教育素质、培养守法意识、公开公正执法是边区廉政取得巨大成就的重要经验。黄正林在陕甘宁边区经济史研究方面发表有相关的论文近 30 篇[③]，专著则有《陕甘宁边区经济史研究》（合著）[④]、《陕甘宁边区社会经济史》（1937—1945）[⑤]，以一个新兴国家雏形的边区为视角，系统全面地研究了抗战时期中共经济政策的演变和边区经济建设的成就。认为边区的法律制度在表述与实践之间存在着一定的距离；边区的一些政策并没有完全被民众所接受。国家政权在制定行政法律制度时，如果不考虑民间社会传统，必然和民间固有的、约定俗成的惯行发生矛盾和冲突，只有当这种矛盾和冲突得到调适，国家政策被民间社会所接受，才能有效推行。此外，张希坡、韩延龙主编的《中国革命法制史》在重新校订后再版。[⑥]

在史料辑录方面，值得一提的是《陕甘宁边区高等法院史迹》，该书以大量的图片和文字资料记录了边区高等法院 13 年的发展历史，主要包括边区

---

① 张希坡：《中国婚姻立法史》，人民出版社，2004 年。

② 杨永华主编：《中国共产党廉政法制史研究》，人民出版社，2005 年。

③ 黄正林：《陕甘宁边区乡村的经济与社会》，人民出版社，2006 年，收入作者的论文 17 篇。此外，黄正林独著或与他人合作发表的相关论文还有多篇，如：(1)“20 世纪 80 年代以来国内陕甘宁边区史研究综述”，《抗日战争研究》2008 年第 1 期，第 218—253 页；(2)“社会教育与抗日根据地的政治动员——以陕甘宁边区为中心”，《中共党史研究》2006 年第 2 期，第 47—55，65 页；(3)“1937—1945 年陕甘宁边区的乡村社会改造”，《抗日战争研究》2006 年第 2 期，第 48—80 页；(4)黄正林、文月琴：“抗战时期陕甘宁边区对乡村社会问题的治理”，《河北大学学报》2005 年第 3 期，第 50—55 页。

④ 阎庆生、黄正林：《陕甘宁边区经济史研究》，甘肃人民出版社，2002 年。

⑤ 黄正林：《陕甘宁边区社会经济史》（1937—1945），人民出版社，2006 年。

⑥ 张希坡、韩延龙：《中国革命法制史》，中国社会科学出版社，2007 年。

高等法院概况、组织机构、重要人物、司法实践以及边区高等法院大事记，形象、生动地展示了边区高等法院的部分史料。[①]

新世纪以来的边区法律史研究，出现了一些大的变化：第一，档案史料的整理和运用受到重视。如强世功、侯欣一等利用了不少尚未公开出版的档案史料，使其分析建立在厚实的史料基础上，论述更为深入细致，结论也更有说服力。第二，价值观的反思。长期以来，由于边区与新中国的渊源关系，对边区法律史的研究在价值观上"一边倒"，如关于废除"六法全书"的问题，多年来的研究结论均持正面积极肯定的态度，而李龙、范进学等关于废除"六法全书"的论述，实则是对新中国的立法理念和法律价值观提出了反思，开始从多元价值观的角度研究边区法律史。第三，补白研究。这一时期，对边区的破产法、科技法等新领域，进行了卓有成效的开拓性研究。而且，新世纪以来的研究对一些敏感问题也有涉及。第四，方法论的多元化。20世纪90年代以前的研究主要是规范分析方法和历史分析方法，研究的领域主要局限于立法层面，而新世纪以来学者开始从比较的角度、法律社会学及政治学的角度进行分析，深入到了法律实施领域。第五，学术规范的加强。著述的引证率大大提高，引证的资料丰富多样。上述简要分析表明，边区法律史研究，在拓展了研究领域的同时，成果的品质也得到了提升。

从总体上看，边区法律史的研究，尚待深入展开[②]：研究基础薄弱，对于史料的挖掘、利用远远不够；视域不够开阔，较少把边区法律置于近现代中国法律发展的长时段、大时空背景下展开；分析方法有待改进，规范分析、价值评判有余，实证分析不足，对司法功能与实效关注不够；宏观性论述较多，

---

① 张世斌主编：《陕甘宁边区高等法院史迹》，陕西人民出版社，2004年。

② 柳正权认为：中国法律史的研究，一是通过历史透视，知道传统法制是什么；二是在此基础上，研究为什么是此非彼，为什么是这样；三是意义探究，挖掘中国传统法制之意义。柳正权："中国法律史研究方法之探讨"，《法史思辨——2002年中国法律史年会论文集》，法律出版社，2004年，第25页。夏锦文也有相近的概括，见"21世纪中国法律史学研究的基本思路"，《学习与探索》2001年第1期。

而微观考察不足;不同学科间的交流对话缺乏,较少关注相关学科的进展;文风上粗疏有余而细腻欠缺;论题、史料运用及结论上的重复现象严重,对边区独特的自然条件和战争环境,关注不够。

但是,我们有理由相信:随着学术环境的改善和学者问题意识的增强,对于史料的挖掘和整理将愈来愈受到重视,学术视野将随之拓展,研究方法将不断丰富,对既有的研究框架进行反思和重构,更高起点的、原创性的边区法律史研究成果一定会出现。

二、 边区高等法院研究综述

边区高等法院研究的代表性成果,一是杨永华、方克勤的专著《陕甘宁边区法制史稿·诉讼狱政篇》;二是张世斌主编的史料集《陕甘宁边区高等法院史迹》;三是侯欣一的论文"陕甘宁边区高等法院司法制度改革研究"[①]。这些著作从不同侧面对边区高等法院的历史沿革、主要活动和重大改革进行了讨论。

首先,《陕甘宁边区法制史稿·诉讼狱政篇》研究和关注的内容,虽然远远超出了边区高等法院,但边区高等法院研究仍然是该书的核心部分。在"诉讼篇"的第二章即"陕甘宁边区司法机关的组织及其职权"中,专节分别介绍了"高等法院的组织及其职权"、"高等法院分庭的建立及其职权";在第五章"陕甘宁边区的诉讼制度"中,通过"审级与管辖制度"、"上诉制度"、"死刑复核制度"、"审判监督制度"和"判决及执行制度"等专节,论述了边区高等法院的重要作用。在"狱政篇"部分,分为四章分别论述了"陕甘宁边区狱政指导思想和监所的组织机构"、"陕甘宁边区监狱的犯人自治组织"、"陕甘

① 侯欣一:"陕甘宁边区高等法院司法制度改革研究",《法学研究》2004年第5期,第129—143页。该文后收入其专著:《从司法为民到为民司法——陕甘宁边区大众化司法制度研究》,中国政法大学出版社,2007年,第124—180页。

宁边区监所犯人的教育"、"陕甘宁边区监所管理制度"。其中，第一章"陕甘宁边区狱政指导思想和监所的组织机构"部分，专节论述了"边区高等法院领导监所的工作制度"。

在"高等法院的组织及其职权"部分，论述了边区高等法院成立后，《陕甘宁边区高等法院组织条例》的颁布，"三三制原则"对边区高等法院组织建设的影响，"精兵简政"在精简机构与人员、提高工作效率和促进边区高等法院组织建设中的作用。"高等法院分庭的建立及其职权"，对设立边区高等法院分庭的原因、各个分庭的设立时间等，进行了说明。与同时期的其他论著一样，作者主要通过《陕甘宁边区高等法院组织条例》和《陕甘宁边区高等法院分庭组织条例草案》的规范分析，阐释了边区高等法院及其分庭的组织与职权。

在"陕甘宁边区的诉讼制度"部分，作者结合司法档案资料，介绍了边区司法制度设计、实施中的许多重要环节和做法。例如，在"审级与管辖"部分，作者认为，不仅边区群众缺乏审级的观念，即便司法人员，对审级制度也缺乏正确的认识。① 而且，边区实行三审终审还是两审终审的审级制度，以李木庵和雷经天为代表，双方进行了激烈的争论。认为："两审终审与三审终审相比较，有更多的优越性。她能使法院迅速及时地惩治汉奸、反革命和其他破坏边区分子；在地广人稀、交通不便的地区，少一个审级能及时终止诉讼，为群众解决问题，防止人力和财力的浪费，少误生产和工作；又可避免少数当事人因纠缠不休，使正确的裁判得不到及时确定执行，使当事人的合法权益得不到保障。另外，为使案件正确解决，保障人民的诉讼权和'希望

① "在执行中，审级比较混乱，表现在：有的不服县裁判员判决的，到专员公署上诉；有的未经县裁判员处理，直接到专署诉讼；有的经县裁判员调解不服者，也送高等法院；也有的当事人不管案情大小，径直跑到高等法院起诉；甚至有的县裁判员把区乡政府也当成一级司法机关，未经区乡处理，他不受理。"杨永华、方克勤：《陕甘宁边区法制史稿·诉讼狱政篇》，法律出版社，1987年，第112页。

权’，关键不在于增加一个第三审，更重要的是加强第一审级的工作，因为初审机关便于对案件事实就近调查，和依靠群众进行处理，较之距离发案地较远的第三审级有着无比优越的条件。”①对边区法律制度的论述，立足于当地的自然环境状况，强调制度的目的和效果，强调在当时条件下基层司法的重要作用，超越了单纯进行制度分析的观察和思考。又如，在“上诉制度”部分，作者对边区高等法院采取的简单、便捷的诉讼程序与送达方式，给予了高度评价，认为：“在司法实践中，对于民事上诉案件，延属分庭不采取传案方式，而是通过批答方式加以解决，只须问明上诉人案情及上诉理由，即令其回家生产，等候批答。这样做，不因来回往返或寄宿旅店，而浪费钱财和耽误生产，群众称便。”②

在“狱政管理”部分，对边区高等法院在狱政管理方面所采取的指导思想、方法、制度、规范、措施等，进行了详细的描述和说明，对监所改造的效果，也进行了实事求是的分析和评价。边区高等法院从成立时，就建立了看守所。边区高等法院不仅对其所属的看守所和监狱负有领导责任，③而且对各县监狱、看守所的工作给予积极的指导和监督。通过批答制度和报告制度，边区高等法院“不仅解决了监所工作中提出的迫切问题，而且能随时防止错误倾向的出现，贯彻政策法令，补充监狱法规之不足，保证监狱工作沿着新民主主义政策和法律的轨道前进”；“报表所提供的统计资料，正是边

---

① 杨永华、方克勤：《陕甘宁边区法制史稿·诉讼狱政篇》，法律出版社，1987年，第116页。

② 同上，第162页。延属分庭指边区高等法院延安分区分庭，设立于1947年9月，见本书第二章第一节各级司法机构的设置。

③ 1939年4月4日公布的《陕甘宁边区高等法院组织条例》第22条规定：“高等法院看守所所长及看守员服从法院院长之领导，执行其职务”；第11条规定：“高等法院设立劳动感化院，其组织及工作另定之。”

区高等法院决定教育改造犯人的政策和方法的依据”。①

《陕甘宁边区高等法院史迹》是一本史料辑录。编者以保护和修复边区高等法院旧址、建设边区审判史陈列馆为契机，通过“光辉见证篇”、“重要人物篇”、“司法实践篇”和“两个建设篇”，客观、全面地展现了边区高等法院历史沿革和原址修复的概况。图文并茂，实物与资料并重，图片与表格结合，生动形象，重点突出。其中，“陕甘宁边区高等法院组织系统（1940 年）”、“抗日战争时期陕甘宁边区司法组织机构序列表（1937.7—1945.8）”、“解放战争时期陕甘宁边区司法组织机构序列表（1945.8—1949.9）”，以简捷明快的图表方式，对边区高等法院的组织机构进行了介绍。对边区高等法院院址的变迁，也通过图表的方式给以清晰的说明。对历任边区高等法院院长的贡献，选择其本人经典性的言论，予以体现。对边区高等法院的主要工作和成就，尤其是新闻媒体的报道，通过图片的方式，进行了准确的反映。

“陕甘宁边区高等法院司法制度改革研究”是边区高等法院研究的专题论文。作者通过对 1942 年 5 月至 1943 年 12 月李木庵任边区高等法院院长期间，所推行的一系列改革措施的研究，认为这一改革是失败的。中国共产党对未来新型国家政权体制的探索和设想、李木庵等专业司法人员的到来、时任参议会副议长和政府党团书记的谢觉哉等对现行司法制度的批评、现行司法制度本身的不足，是这次改革发生的主要背景。改革失败的表面原因包括：原有人员的不满和反对、失去了谢觉哉的支持、缺乏专门的司法人员。深层原因包括：不堪重负的司法和缺乏足够的社会氛围。

从总体上看，边区高等法院的研究成果，虽然数量不足，但讨论问题的深度和广度，达到了相当的水准。这些成果对边区高等法院的建立、发展，边区高等法院的主要职能和重要活动等等，都有揭示。但是，对边区高等法

① 杨永华、方克勤：《陕甘宁边区法制史稿·诉讼狱政篇》，法律出版社，1987 年，第 278、280 页。

院所审理的重要的、有影响力的典型案件的深度分析、边区高等法院在推动边区社会发展、维护边区社会稳定中所发挥的作用，边区高等法院在边区法制建设中所扮演的独特角色，未给予充分的关注。而且，在某些具体事件的叙述上，诸如边区高等法院院长的任职时间，不同作品相互之间存在着矛盾。对边区高等法院院长更迭的原因，缺乏必要的分析和说明，等等。

三、 法律社会史方法的运用

中国业已建立了现代化的法律体系。但是，在中国当代，“书本中的法律”与“事实运作中的法律”之间的落差，表现得突出而巨大。[①] 法律的实际效用，司法在当代社会中的功能发挥，难尽如人意。因此，对边区高等法院的研究，弥足珍贵。

应当实现从制度分析到价值和功能分析的转变。仅仅立足于对制度文本的考察，缺乏对制度实施环境、制度实际运作、制度发挥的作用等方面的分析和讨论，难以反映制度的真实面貌和其命运。况且，任何制度都有其存在的社会、政治、经济和文化的根源。价值和功能的分析，有助于正确理解制度设计与制度实施之间的关系，为法律的改革与完善，提供借鉴。司法档案的整理、使用，为法律价值和功能的研究，提供了丰富而又翔实的资料。法律社会史研究，为这一转变提供了方法论基础。[②]

边区高等法院是在特殊的环境和条件下建立的，在边区政权体系中处于独特的位置，形成了综合性的职能和健全的内部组织系统。对这一司法

---

① “‘书本中的法律’永远不会等同于‘事实运作中的法律’，两者间总是会有落差。即使所谓的先进法治国家亦然，只是在法治发展较落后的国家中，这个落差可能更大。”刘宏恩：“侧写傅利曼教授其人及其主要思想”，[美]劳伦斯·傅利曼：《二十世纪美国法律史》，吴懿婷译，(中国台湾)商周出版社，2005年。

② “法社会学的出现改变了法律本身。”载[美]唐布莱克：《社会学视野中的司法》，郭星华译，法律出版社，2002年，第103页。

体制的解释、说明，尤其是评价，必须充分考虑当时的战争环境和国内复杂、激烈的民族矛盾和阶级斗争。离开中国共产党领导中国人民革命斗争的实践，离开清末以来中国法律改革陷入的困境，离开对民国时期司法腐败的客观评估，离开对司法体制赖以存在的政治、经济、文化条件的充分介绍和说明，单就法律文本讨论其是否科学、是否进步，很难得出客观的结论。司法制度的研究，不仅应当考察其对具体纠纷的解决效果，而且应当考察其与当时、当地社会生活条件、现行政治制度的适切程度。① 对典型案件的深度描述和分析，②正确认识边区高等法院在司法体制中实际发挥的作用，有助于揭示司法活动的社会效果，客观、真实地反映边区法制不断发展、完善的进程。

---

① 大陆已有学者提出了类似的主张，有学者在进行南京国民政府与革命根据地婚姻家庭法制比较后提出，虽然难度很大，但不能仅仅停留在制度层面的对照，还应深入到法律颁布后的具体实施情况："仅仅停留在法条上的比较显然是浅薄的，如果能对法规起草前的立法考虑、立法意图以及颁布后法规的具体实施情况进行立体、全方位的切实观察和比较，也许能够对双方的婚姻家庭法制可以有一个更全面深刻的认识，并得出一些更具意义的结论和启示。但这样做的工作量肯定是庞大的，仅仅是本文所作的纯法条的比较已经超出写作前的想象，而成一篇较长的论文。"欧阳曙："南京国民政府与革命根据地婚姻家庭法制比较研究"，中南财经政法大学主办的法律史学术网，法史文库。美国学者关于法律史研究的方法，则更加明确。如劳伦斯·傅利曼认为：对于法律的研究和讨论，必须把问题放在社会文化及经济政治情势的脉络当中，不能够只讨论法律（法条或判例）本身。他认为法律是人为的产物，会受到不同社会的不同条件及需求的制约；即使是同一社会，在不同的时代通常也会产生不同的法律。就算某些法律条文的文字相同、保持不变，对于该条文的解释及适用，却几乎总是随着不同时空背景或需求而改变，并没有所谓的"唯一正确的解释或通用方式"。因此他反对仅仅使用抽象的法律专有术语讨论问题，不喜欢单单研究"书本中的法律"。他主张真正重要的是"事实运作中的法律"，因为书本中的法律跟现实生活中的运作往往不一致，概念上的讨论或法条、判例为主的研究方式，常常没有办法正确理解或处理属于事实层面的问题。相关的介绍，参见刘宏恩："侧写傅利曼教授其人及其主要思想"，[美]劳伦斯·傅利曼：《二十世纪美国法律史》，序，吴懿婷译，（台湾）商周出版社，2005年。

② 深度描述是对个人经历中的问题进行详细的描写，这类描写必须能将行为背后的意图和意义揭示出来。与之相比，浅度描述不涉及细节，只是简单地报道事实。深度描述能够刻画栩栩如生的活动场景，这一现实主义的描述方式能让读者身临其境地体会其所描述的经历与事件。优秀的深度描述绝不是概括性的、插入式的和不完整的。深度描述的详细介绍，参见[美]诺曼·邓金：《解释性交往行动主义》，周勇译，重庆大学出版社，2004年，第104—125页。

边区的政权建设，取得了举世公认的成就。① 边区的社会改造、经济建设、民主政治等等，无不体现了边区人民的聪明和才智，体现了中国共产党作为一个人民政党的历史功绩。边区高等法院通过对重大案件的公正审理，有力地推动了边区的法制发展和社会进步。而且，边区高等法院在新民主主义司法道路的探索中，从理论到实践，作出了积极的尝试，尽管也充满了艰辛。

边区司法不仅为当时陈腐的民国司法吹皱了一池清水，也对当代中国的司法改革，提供了可资借鉴的历史经验。

第二节　司法档案的梳理与分析

一、 保存现状与整理设想

（一）保存现状

边区政府曾一度设立三审机关——边府审委会，作为边区的最高审级。所以，除专门司法机关边区高等法院的档案之外，还有相当数量的司法档案包含在政府各部门的档案之中，如边区政府秘书处档案内的边府审委会档案、陕北区行政主任公署（1949—1950 年）档案中的司法类档案等。即使同一部分档案也可能分散在不同的全宗里。例如，第 2 全宗第 680 卷《雷经天

① 边区所推行的民主选举、土地革命、税制改革、减租减息、扫除文盲、鼓励互助等政策，以消除极富和赤贫、缩小收入与财富差距，实现平等为目标，有效地改良了人际关系，推动了社会重建，成效明显。相关的论述参见：[美]马克·赛尔登著，魏晓明、冯崇义译：《革命中的中国：延安道路》，社会科学文献出版社，2002 年；李智勇：《陕甘宁边区政权形态与社会发展》（1937—1945），中国社会科学出版社，2001 年。

同志的司法工作检讨及绥德县 1944 年司法工作总结报告》与第 15 全宗第 96 卷《高等法院李木庵、雷经天院长关于司法工作的检讨会议发言记录》，这两卷时间相继，为同一次会议的发言记录，却分别置于两个全宗中。

陕西省档案馆保存的革命历史档案共计 58 个全宗，19488 卷。其中司法档案包括边区高等法院档案、边府审委会档案及检察机关档案、边区高等法院三边及延安分庭档案、陕北区行政主任公署司法档案等。[①] 这里只介绍边区高等法院（不包括分庭）司法档案的概况。

1954 年 7 月西北行政委员会撤销后，为了确保档案的完整和安全，成立了临时性的档案清理委员会，负责接收撤销后的大区级机关档案，不久，该委员会改名为西北区临时档案保管处，是为陕西省档案馆的前身。[②] 由此可以推断，边区高等法院的档案在 1954 年时即已由西北区临时档案保管处接收，成捆成捆堆积在库房中，直到 20 世纪 80 年代。由于当时的条件所限，这些档案多手写或油印在质量低劣的纸张上，加上战争年代的辗转迁移，损坏严重，有些档案的字迹已逐渐消退。为了妥善保存这批珍贵的资料，陕西省档案馆于 1982 年底开始抢救，整理、装订案卷，编写标题，编制检索工具，并对外开放利用。据档案馆工作人员介绍，经过初步整理的这批档案的原件于 1989 年全部调至中央档案馆，陕西省档案馆保存了全部复印件。这些复印件纸张规格一致，装订整齐，大部分字迹清晰，有少数案卷因原件被损及字迹扩散、褪色而较难辨认。

从边区高等法院到西北区临时档案保管处，再到陕西省档案馆，移交手

---

① 陕西省档案馆保存有：陕甘宁边区高等法院档案，第 15 号全宗，共 1733 卷。陕甘宁边区政府秘书处下属之司法档案（1941—1945）、司法检察档案（ 1943—1950 ），共 83 卷，属第 2 号全宗。两个分庭档案：边区高等法院三边分庭（1941—1949），第 26 号全宗，共 155 卷。边区高等法院延安分庭（1939—1955），第 49 号全宗，共 58 卷。陕北区行政主任公署下属之司法档案，第 19 号全宗，约 223 卷等。

② 陕西省档案馆：《陕西省档案馆指南》，西北大学出版社，1998 年，第 4 页。

续清楚，包括了边区高等法院留存下来的全部资料。而且，原边区辖地内的地方档案馆所存的分庭、县司法处的档案资料，可以与边区高等法院档案相互印证、补充。①

边区高等法院的司法档案全宗号为15，案卷号从1到1725，共1733卷，②文献形成时间从1937年至1950年。所有案卷均有标题。据1983年曾参加这批档案整理、现仍在陕西省档案馆工作的陈子平先生介绍，整理之前的档案较乱，是一捆一捆存放的；在整理中，案卷标题除原文标题及根据熟悉边区历史的老同志的回忆拟写外，大多数标题为整理人员根据卷中内容编写。为查阅方便，同时编写了手写目录20册，按卷号排列，有案卷标题及细目，与案卷内目录一致。另外，还编有相关的文件目录、检索卡片等。

完整的案卷包括卷封及案卷内容。卷封上标有全宗号、目录号、卷号、案卷标题、案卷内容所涉及的起止时间及页数。诉讼类案卷内容依次为：目录、判决书、起诉书、介绍信函、证据材料（如勘验笔录、契约、当事人信件、证人证言、化验单、票据、账目）、传票、送达证书、审问笔录、宣判笔录、重要函件、上下级呈文及批示等。综合类案卷内容单一，一般包括目录及与标题相应的内容。案卷页数从几页到一百多页不等。最后一页为页码总计、立卷时间及立卷人签名。

案卷内容大多数以毛笔或钢笔书写，少量为油印。字体各异，繁体字、简化字并存，行书、草书兼具，大多数竖排，少量横排。行文中一般有少量标点，但与现行规范的标点符号差异较大。

---

① 原陕甘宁边区辖地的县市级档案馆中大多收藏有部分革命历史档案。见齐俊岐主编：《陕西各级各类档案馆》，陕西人民出版社，1993年。

② 为弄清案卷号与卷数不一的原因，笔者走访了档案馆工作人员并查阅了档案目录，发现多出的8卷为同一部分内容被装订为两卷，但使用同一卷号。

（二）整理设想

边区高等法院的档案共1733卷，字数大约3000万字，[①]要全部整理出版，不仅过于耗费人力、财力和时间，事实上亦没有必要。笔者建议，在档案馆整理的基础上，精选精编。在资料的选编方式上，若以时间顺序编辑，可能会因数量巨大、内容复杂而使同一主题的内容分散，查找不便。因此，切实可行的步骤是，按主题分类编辑，从点上突破，进而带动规模性整理。

整理的重点：一是尚未面世出版的立法文献及其它规范性文献。除基本政策和法律50多个外，[②]还有大量法律解释，包括边区政府、边区高等法院的命令、批示、批答等。二是报告集。例如，1945年召开的推事、审判员联席大会长达两个月，案卷有10余卷；领导人发布带总结性质的报告在20卷以上，而分庭、县司法处及地方法院的总结报告、日常司法报告更是不计其数。这些报告内容涉及对法律理论的探讨、对司法工作的总结及反思、相关的统计资料等。三是判决书汇编。边区高等法院司法档案中不仅存留有各级司法机关的判决书，还编有少量判决书汇集。判决书中往往将当事人简况、事实经过、判决理由、法律依据及处罚或处理结果等集中在一起，是浓缩性的史料。四是以案件性质分类的详细资料汇集。应选择具有代表性且案卷较为完整的案例，进行分类汇编，包括起诉答辩书状、审讯笔录、证据系列、宣判笔录及判决书等。如此选编的史料，既有针对性又涵盖面广，可以满足不同层次的研究需要。

---

① 这是笔者的估计，边区司法档案少则十几页，多则百余页，以每卷30页或40页，每页500字计算，字数约在2500万到3500万之间。这是保守的估计。

② 延安市中级人民法院审判志编委会编：《延安地区审判志》，陕西人民出版社，2002年，第64—66页。又参见《边区高等法院：自苏维埃时期起到1948年12月整司法工作总结报告草稿》（1948年12月10日）。“法律根据”一节，列举了边区颁布的各种法令、条例、指示等“共50余种，作为审理民刑案件的依据”，全宗15—205。

为便于利用，宜以系列资料汇编、简化汉字排版的形式出版，而不宜制作影印件。因为，边区司法档案主要为手写件，书写工具为毛笔或钢笔；书写者水平参差不齐，错别字较多；原件大小不一；书写格式不一（横排竖排均有）；字迹颜色深浅不一；标点不同于现行规范。凡此种种，都影响影印件的质量和效果。

二、 主要内容

边区高等法院的司法档案，依其内容，可分为综合类档案和诉讼类档案两类。[①] 兹分别介绍如下：

（一）综合类档案

综合类档案包括从卷 1 到卷 543、548、550、551，卷 1651 到卷 1725，共 621 卷。内容大致包括以下几个方面：(1)立法文件及法律解释、指示、命令等，如高等法院：审讯暂行规则（卷 509）；高等法院：司法工作应注意的几个问题的指示信（卷 12）；高等法院：关于典权债权及银元折算处理办法的命令（卷 22）等。(2)判决书汇编。这类判决书汇集共有 6 卷。其中卷 26 为民事案件汇编；卷 27 为"判案实例括录"，是地方法院的婚姻案判决摘要；卷 28—1、28—2 为刑事类案件判决书汇编；卷 29、30 为 1946 年刑民事案件判决书汇编。[②] 在卷 26、28—1、28—2 所辑录的判决书后多有选编者意见，扼要分析案件的特点及所体现的法律原则。经过分析比较，笔者认为这三卷

---

① 此为笔者检阅了档案目录后的看法，关于人事机构部分因内容不多，且又与其他案卷错综排列，故归入综合类。

② 卷 29、卷 30 的标题为：《边区高等法院 1946 年刑、民事案件判决书汇集》（之一），《边区高等法院 1946 年刑、民事案件判决书汇集》（之二），而卷 29 内文则称之为"1946 年判决书存本"，故名。

应为同一部分内容，原选编者所拟的标题为《陕甘宁边区判例汇编》。这些判决书是研究边区司法的浓缩性史料。(3)司法工作报告。包括一审机关的日常工作报告、边区高等法院的工作报告、司法会议的讨论材料及总结报告等。这些报告中既有大量的司法统计数据或表格，又有关于现状的分析、经验教训的总结及对法律问题的探讨。(4)司法机构及人事。包括机构的更迭，简政工作，人事变动，干部简历表，及对旧司法人员的接收等。(5)其他。如来宾参观意见簿、边区司法答客问等。这部分内容为我们研究边区法制理论的产生与发展、司法人员的构成，以及边区法制的整体情况提供了依据。

（二）诉讼类档案

笔者根据陕西省档案馆手著目录中的案卷标题内容对诉讼类案卷进行了分类统计①，统计数据均以卷计。由于存在数罪（一案数罪、同罪数案及不同罪数案）及并卷情况，因而统计中数罪（一案数罪）以第一罪名分类，数案（不同罪数案）以第一案性质分类。又因以下几种原因，统计中无法以案件分类计算，且数据难以做到精确无误：第一，在以往档案整理过程中，绝大多数案卷标题为整理者根据内容所拟，而不是按法律文本中的罪名分类，所以两者之间有一定的差距。加之边区的法律变更频繁、法条简略笼统等因素，使案件的分类很难精确。第二，在以往的档案整理过程中，有些性质相同甚至不同的案件被并卷装订，特别是民事案卷中的土地案件、婚姻案件并卷最多，如卷 1303，土地纠纷案 6 案材料；卷 1331，张闫林与王华庭、刘嘉与冯莲等 8 案婚姻纠纷；卷 1400，党润珍与贺风桐、张忠喜与张吴氏等 10 案婚姻纠纷。与此同时，又有因同一案材料较多而分别装订为两卷，编为两个

---

① 见陕西省档案馆编：《陕甘宁边区高等法院司法档案目录》，第 1 至第 20 册（手著目录复印件）。

卷号的，如卷1524、1525，吴永山与白映琪关于石场所有权纠纷案。刑事案卷中也有少量案件并卷。如卷597，车尚文盗卖公物及鲍立道破坏边区土地法令两案，性质截然不同，但亦被并为一卷，等等。总体而言，刑事案卷中的并卷率约为7%强，而民事案卷中的并卷率则高达约20%，加之并卷标题的内容一般都比较简略，从而使详细统计变得十分困难。第三，边区高等法院对某些类型的案件实行一审终审，又是普通案件上诉及复核机关，所以边区高等法院的案卷中既有一审案，又有上诉案及复核案，但其中的区别又未在标题中体现，也使统计数据难以精确。所以，民刑事案卷的统计数字与实际数据可能存在一定误差。

(1)刑事案卷

刑事诉讼档案的数量较大，从卷543至卷1274，除去应属于综合类的3卷(卷548、550、551)，属于民事案件的5卷，共724个卷号，再加上因为同一卷号而分为两卷的7卷，共731卷。其分类表如下：

表1 陕甘宁边区高等法院档案分类统计表(刑事诉讼案卷)

序号	案卷分类	数量(卷)
1	杀人案(包括故意、过失杀人，威逼人致死，暗杀等)	117
2	盗窃案	90
3	贪污渎职案	50
4	土匪案(包括勾结土匪、土匪劫财害命、拖枪叛变为匪、叛变为匪、逃跑为匪等)	46
5	通奸杀人案(包括因奸杀人、被杀伤、羞愤自杀等)	45
6	奸特案(包括汉奸、特务、为敌作探等)	38
7	抢劫(包括抢劫、劫财害命等)	36
8	伤害案	30
9	叛变案(包括逃跑投敌、叛变为敌、叛变革命、组织越狱叛变等)	29
10	诬告案	26

续表

序号	案卷分类	数量(卷)
11	逃跑案(包括逃跑、拖枪逃跑、组织逃跑、越狱逃跑等)	25
12	破坏边区案	18
13	烟毒案(包括贩卖、吸食、种植鸦片等)	16
14	奸淫案件(包括强奸、通奸、逼奸、鸡奸等)	15
15	妨害婚姻案(包括挑拨婚姻、抢他人之妻案、拐他人之妻案等)	12
16	走私案	12
17	反革命案(包括反革命杀人)	10
18	违反边区法令案	8
19	伪造印信、证件等案	7
20	组织、加入反动组织案	6
21	赌博案	6
22	诈欺案	5
23	妨害自由案	4
24	破坏金融案	4
25	偷税案	3
26	重婚案	2
27	抢婚案	2
28	婚姻违法案	2
29	教唆案	2
30	包庇案	2
31	其他零散案件如破坏抗战、破坏统一战线、破坏劳动纪律、破坏法院威信、拐骗人口、破坏契约、谩骂、滥用职权、妨害公务、违反军纪、烧他人粮食、收赃、泄密、勒索、冒充八路军、侵权伪证、克扣工人、造谣、虐待、侮辱人权、凌虐犯人、毁坏他人财物等。	23
32	难以分类的及自杀、意外事件、标题中未明确的、错判的案卷等。	40
总计		731

(2)民事案卷

民事类档案从卷1275到1650,共376卷,另外,尚有夹杂在刑事类中的5卷,共381卷。案件分类表如下:

表2 陕甘宁边区高等法院档案分类统计表(民事诉讼案卷)

序号	案卷分类	数量(卷)
1	婚姻案	145
2	土地纠纷案(包括土地买卖、租佃,地基、地界、场地、坟地、石场等纠纷)	85
3	债务纠纷案	61
4	房产纠纷案	21
5	继承纠纷案	17
6	典当纠纷案	12
7	物权纠纷案	12
8	婚姻家庭案(包括子女抚养纠纷等)	10
9	承揽及承包纠纷案	4
10	水路纠纷案	4
11	争葬纠纷案(包括争奉生母及死后埋葬、母骨争葬等)	3
12	租赁纠纷案	2
13	离婚涉产争讼案	2
14	析产纠纷案	1
15	地役权纠纷案	1
16	户族争斗案	1
总计		381

从上述统计表不难看出,边区高等法院审理的刑事案件中杀人案件较多,是由边区高等法院的终审职能所致。其中通奸杀人案的高发,更是新旧婚姻观念激烈冲突的结果。而逃跑、汉奸、特务、土匪、叛变等案件的多发,则是边区所处的严峻环境与战争时代的反映。民事案件中,婚姻纠纷、土地

纠纷与债务纠纷类居多，同样是社会改革与社会转型的体现。

三、 特点与价值

边区高等法院的司法档案具有以下特点：一是其权威性。档案系原始文件、资料，是边区司法实践活动最直接的记录，是研究边区司法的第一手材料。二是其相对完整性。这批档案从1937年到建国初期，以边区高等法院的司法活动为中心，涉及边区司法的各个方面，既有司法实践的记录，又有法律理论的探讨，是研究边区法律史最全面的史料。三是其珍贵性。从1937年到1949年，延安是中国革命的政治中心，是根据地的首府，是政策的发源地。当时任中共中央书记处书记、秘书长的任弼时曾说："陕甘宁边区对于华北、华中各抗日根据地说来，是处于一种领袖的地位，即根据地的领袖地位。这个区域里的一切重要设施，对于其他根据地有一种先导的模范的作用，要为其他根据地所效法。"[①]可谓一语中的。马克·赛尔登也说："特别是1942年整风以后，基于陕甘宁经验的延安模式推广开来，日益成为其他地方的榜样。"[②]因此，边区高等法院的档案在整个革命根据地司法档案中最具代表性，1989年中央档案馆提走原件也说明了这一点。

基于上述特点，边区高等法院司法档案的整理、编辑，对边区高等法院、边区法律史以至整个近代中国法律史的研究，都有着重要价值：

首先，对司法档案的整理和研究将推动边区法律史研究方法的转变。司法案例为考察边区社会的状况，提供了便利。由于社会的发展本身是多种因素相互联系相互影响的结果，法律社会史的研究，有望开创边区法律史

① 任弼时："关于几个问题的意见"，《抗日战争时期陕甘宁边区财政经济史料摘编》（第一编），陕西人民出版社，1981年，第83—84页。

② ［美］马克·赛尔登著：《革命中的中国：延安道路》，魏晓明、冯崇义译，社会科学文献出版社，2002年，第124页。

研究的新阶段。

其次，司法档案的内容非常广泛，诉讼当事人的经历、经济状况、观念、行为及语言特点，无不在司法文书中得以反映。所以，一个完整的案卷其实就是一幅丰富多彩的众生相。司法档案不仅仅是司法史料，而且记录了案件发生时广阔的社会背景，不仅具有法学价值，同时对社会学、史学、文化学等其他学科也具有重要价值。司法档案史料为法律社会史研究提供了平台。

第三，新中国建立后，边区的法律虽未继续适用，但边区法律的精神、原则和审判方式，成为新中国法制的有机组成部分，而边区法制所提供的经验，更是我们今天借鉴的可贵资源。

边区处于社会革命与民族战争的年代，经济基础与意识形态的剧烈变化，使阶级性、革命性和政治性成为法律中的最强音。马锡五曾举出边区法律的七个特点：阶级性、革命性、民主性、科学性、强制性、灵活性和主动性。[①] 在司法档案中，保留了大量的以法律为手段维护土地革命成果、维护穷苦人利益的案例。

边区司法有力地推动了社会改革。党的政策是法律的渊源之一，所以，随着革命任务的变化，党的纲领、政策的调整，司法的依据也在不断调整。例如，对于汉奸罪的处理，卷 15—28—1 中的吉思恭案与朱有三案，前者被判处死刑，后者被处以徒刑 3 年，之所以会出现两种截然不同的结果，政策的变化是根本原因。这两个案件被选入《陕甘宁边区判例汇编》中，选编意见指出："吉思恭汉奸罪一案：（吉思恭）为日寇指派特务，到处招摇撞骗，破坏国共关系，侮辱最高领袖蒋委员长，侮辱八路军，制造宣传汉奸理论，罪大

① 《人民法院马锡五在延大关于司法工作中几个问题的报告》（1949 年），陕甘宁边区人民法院编印，全宗 15—151。

恶极，判处死刑，无甚不当”；“此案是在抗战初期（民国二十七年）所判，该时对汉奸处理尚依军委会所颁布的惩治汉奸条例，而我党宽大政策尚未颁布。引为判例，请注意”。[①] 边区高等法院通过坚决执行党的政策，推动了社会变革和民族解放的进程。边区司法的进步性，成为其区别于一切旧司法的根本特征。

有学者认为：“19 世纪中叶以来的中国历史不断重复着中国现代化的主题，尽管当代中国的现代化命题在内容和形式上都与近代不可同日而语，但现代化的难题与困难却与近代有惊人的相似，甚至就是同一主题的不同变奏。”[②]中国近代以来的司法，恪守被动本质，未能有效地回应草根社会的沉痛呼声，在促进社会阶层与社会结构优化方面缺乏作为，在政治、经济和社会改革中，保持了沉默，与社会大众产生了隔膜。司法无视社会转型与变革，一味维护现存的秩序，自然难逃黑暗与腐败的厄运。边区高等法院处在社会阶层剧烈分化，思想观念激烈交锋，各类矛盾错综复杂的环境和条件下，开创了新民主主义的司法道路。

无论民间调解，还是马锡五审判方式，在得到群众参与的同时，也得到了群众的肯定和拥护。人民群众的支持，使司法获得进步性的同时，也克服了专业的狭隘，获得了人民的信任，具有了公正性。[③]

基于人民权力不分的理论和战时效率的需要，边区采用了行政与司法不分的政权模式。权力的高度集中，容易成为腐败的根源，但边区却是廉洁

---

① 《边区高等法院 1938 年至 1942 年刑事案件判决书汇集》（一），全宗 15—28—1。

② 刘世军：《近代中国政治文明转型研究》，复旦大学出版社，2001 年，导论。

③ 1944 年 5 月至 10 月，陕甘宁边区接待了一个中外记者参观团。当美联社记者史坦因问毛泽东：“你以什么权利在这里指导政府和军队”时，毛泽东答：“靠人民的信任，靠当前在我们新民主主义的各政府之下的 8600 万人民的信任。”李维汉：《回忆与研究》（下），中共党史资料出版社，1986 年，第 602—603 页。

政治的典范，原因便在于民主政治的推动。[①] 1945 年 7 月 4 日毛泽东和黄炎培关于历史周期律的对话，深刻揭示了民主与法治的关系：

> 黄炎培："我生 60 多年，耳闻的不说，所亲眼看到的，真所谓'其兴也勃焉，其亡也忽焉'。一人、一家、一团体、一地方乃至一国，不少单位都没能跳出这周期律的支配力。大凡初时聚精会神，没有一事不用心，没有一人不卖力，也许那时艰难困苦，只有从万死中觅取一生。继而环境渐渐好转了，精神也渐渐放下了。有的因为历时长久，自然地惰性发作，由少数演为多数，到风气养成，虽有大力，无法扭转，并且无法补救。也有因为区域一步步扩大了，它的扩大，有的出于自然发展；有的为功业欲所驱使，强求发展，到干部人才渐渐竭蹶，艰于应付的时候，有环境倒越加复杂起来了，控制力不免薄弱了。一部历史，'政怠宦成'的也有，'人亡政息'的也有，'求荣取辱'的也有。总之，没有能跳出这个周期律。中共诸君从过去到现在，我略略了解的，就是希望找出一条新路，来跳出这个周期律的支配。"
>
> 毛泽东："我们已经找到了新路，我们能跳出这周期律。这条新路，就是民主。只有让人民来监督政府，政府才不敢松懈；只有人人起来负责，才不会'人亡政息'。"[②]

所以，民主政治与法治的相互促进，是边区留给我们的经验。

---

① "陕甘宁边区的民主政治，尽管还存在不尽如人意之处，但却是当时社会历史条件和抗日环境下最完备的民主政治。其最显著的特点是：第一，政权来自人民，属于人民，由人民当家做主，而施政又无一不是为了人民，一切向人民负责；第二，它不是空洞的、表面的、流于形式的口号和花架子，而是看得见、摸得着、实实在在的事情；第三，它不只表现在某一方面，而是渗透到了边区政治、经济、文化、军事、司法等各个领域和人民生活的各个角落，到处充溢着蓬勃的生机和无穷的活力。"李云峰："延安时期民主政治的多角度透视"，载李云峰等著：《西安事变与中国抗战》，(中国香港)银河出版社，1999 年，第 477 页。

② 黄炎培："延安五日记"，载《八十年来》(附《延安归来》)，中国文史出版社，1982 年，第 156—157 页。

第二章　边区司法机构的设置与特点

边区政府根据实际需要，不断摸索，先后设置过延安市特别法庭、高等法院、地方法院、县司法处、高等法院分庭及边府审委会等司法机关，最后稳定为以县司法处为一审，边区高等法院及其分庭为二审，以边区政府行使部分司法职能为补充的过渡性审级结构，具有鲜明的特点。

第一节　机构设置

一、　县司法处与分区中心县地方法院

（一）县司法处

边区历史上的一审司法机关指县级或特别市所设立的司法机关，共分两类：一是一般县级司法机关，即司法处，包括相当于县级建制的垦区司法处，管辖各该县或区的司法。二是行政分区中心县的司法机关，即地方法院，包括延安市特设的地方法院（简称“延市地方法院”，在边区高等法院的文件中，“地方法院”专指延市地方法院）。下面分而述之：

司法处由苏维埃时期的县级裁判部发展而来。抗战爆发后，“在边区的行政机构上加以改变，使其与国民政府的行政组织系统一致，司法组织方面于7月间卢沟桥抗战爆发后，苏维埃西北办事处即决定将司法部及各级政

府裁判部裁撤，依照国民政府的司法系统组织边区高等法院，各县政府设立司法承审员，改用三级三审制。县级司法承审员为第一级初审，边区高等法院为第二级复审，国民政府最高法院为第三级终审”。[①] 此制度是参照民国初年以来一直沿用的县长兼理司法制度。边区司法经费及人员短缺，这一体制适应了边区初建时期既乏财力又缺人力的现状。雷经天在 1938 年 8 月《陕甘宁边区的司法制度》一文中介绍：“县政府的承审员（因各种关系尚未设地方法院）是第一级的初审”；“故各县的承审员，即由各县人民选出县政府的委员中一人充当之，并由边区高等法院加以委任，还调来边区法院学习一个时期，然后派回各县担任工作。”[②]在 1937 年底的各县承审员联席会议上，考虑到“群众的习惯和职权的不同”，取消了“承审员”称号，恢复为裁判员的称呼。[③]

由于司法人员极度缺乏，有些县没有裁判员只能由县长兼任，检察工作则由保安科担负。1938 年 8 月 25 日，边区高等法院发布第 4 号通令，决定各县裁判员除接受边区高等法院的指示外，并在各县建立裁判委员会，由裁判员、县长、县委书记、保安科长、保安大队长组成，由裁判员召集会议并任主席。“这样，各县的司法工作得到党政军的共同负责指导，处理问题当更为慎重和适当。”[④]应该说，这一举措在一定程度上弥补了县级司法人员不足的缺陷。

为解决人民纠纷，1940 年 9 月边区高等法院决定在各县设立人民仲裁员。但直至 1941 年，县级司法机关仍然极不健全。雷经天 1941 年 10 月《在陕甘宁边区司法工作会议上的报告》提到当时人员缺乏、机构简陋的情况：“甚至有好几个县连裁判员也没有，工作只得由县长兼任，还有些县份连

---

① 《高等法院：两年半来陕甘宁边区司法工作》（1940 年 2 月），全宗 15—156。

② 西北五省区编纂领导小组、中央档案馆：《陕甘宁边区抗日根据地·文献卷》（下），中共党史资料出版社，1990 年，第 164、168 页。

③ 同①。

④ 同①。

书记员也没有，至于检察员更说不上了。”[①]此后，边区政府逐步加快了司法机构建设的步伐。1941 年 11 月，第二届参议会第一次会议上通过《陕甘宁边区县政府组织暂行条例》，其中第 5 条规定：“在地方法院未成立之县，设司法处，分管各项行政司法工作。”第 11 条第 10 款规定：“司法处掌理各项民刑案件，在县长领导下进行审判。”第 14 条规定：“司法处设审判员兼检察员 1 人，书记员 1 人或 2 人，看守所长 1 人，均由县政府决定，呈报民厅及主管厅部院处备案。”[②]因此，边区政府在 1941 年底至 1942 年春于各分区设立地方法院的同时，决定在其他县（或同级的垦区）设立司法处并确定了编制。1942 年 1 月 13 日边区高等法院第 2 号通令要求：“其他各县则在县政府下设司法处，三边分区之定边县规定司法处人员为 3 人，裁判员 1 人，书记员 2 人（一司检察职务，一司口供笔录、文牍、缮校、统计、档案等职务）。其余延安、清涧、延川、靖边、环县、志丹、安塞、富县、曲子、延长、合水、安定、新宁、镇原、吴堡、淳耀、固林、华池、甘泉、盐池、赤水、同宜耀等县规定司法处人员为 2 人：一为裁判员，一为书记员，原裁判员下设之看守所取消，归并于保安科。原有之检察员取消，由裁判员兼行检察职务。”[③]这意味着司法处在嫌疑人的拘提、人犯的看管等方面必然要依赖属于行政系统的公安或保卫部门，工作极不便利，办案迟缓。边区高等法院 1942 年的工作总结报告中指出：“第一次精兵简政将外县的检察员、通讯员取消，但案件较多之县，一个书记员既要担任法庭记录，又要兼办文牍、统计、档案、缮写、校对、

---

① 雷经天：“在陕甘宁边区司法工作会议上的报告”（1941 年 10 月），韩延龙主编：《法律史论集》（第 5 卷），第 384—385 页。

② “陕甘宁边区县政府组织暂行条例”，《陕甘宁边区政权建设》编辑组：《陕甘宁边区参议会》（资料选辑），中共中央党校科研办公室发行，1985 年，第 281—283 页。

③ “通令 2 号（地方法院及县司法处之编制由）”，《边区高等法院关于撤销所属组织机构和编制问题的通令、编制表》，全宗 15—108。限于物质条件，边区司法档案中的许多命令、通令及批答等文件多为手写，有的有编号，有的无编号，写法不一。为尊重历史起见，本书引用以档案记载为据，不强求一致。

造册、月报等，事实有照顾不及之势，已有延川、曲子、新宁、安塞等县相继呈请增加书记员 1 人，有的县份由于事实上之需要在编制之外已自行增加书记员 1 人，由生产自给款下开支，通讯员取消后，司法处传案无人，致书记员常常下乡叫案，有的县份保安科与县府不在一起，相距数里之遥，则提人犯审讯更感困难。”[①]因此，随后的组织条例中编制稍有增加。

为适应政权性质的改变及精兵简政要求，边区高等法院于 1942 年 11 月 12 日发布 269 号命令，称“着即将裁判委员会取消，所有比较重要复杂之案件即由县政务委员会讨论决定可也”。12 月 8 日，又通令撤销仲裁员组织，“各县人民仲裁员之组织或未建立或已建立尚无工作，值兹简政之际，特通令取消仲裁员之组织，所有人民纠纷问题，可由当事人所住之乡村地邻亲友妥为调解，无须专设固定机关，特此通令”。[②]

1943 年 3 月 30 日，边区政府发布战字第 720 号命令，颁布《县司法处组织条例草案》，规定在边区政府所辖各县，除地方法院外，概由各县司法处受理辖区内第一审民刑诉讼案件，但下列案件除外：“一、民事案件诉讼标的物其价格在边币 10000 元以上者，婚姻、继承、土地案件与政策有关，或与风俗习惯影响甚巨者；二、刑事案件中之案情重要者；三、军民关系案件之情节重大者。”上述案件经过侦讯调查后，须将案情提交县政府委员会或县政务会议讨论。[③]

---

① “高等法院本年 3 月至 9 月工作报告”，见《高等法院 1941 至 1942 年工作报告》，全宗 15—187。

② 《边区高等法院关于撤销所属组织机构和编制问题的通令、编制表》，全宗 15—108。

③ 边区政府命令及“陕甘宁边区县司法处组织条例草案”，见延安市中级人民法院审判志编委会编：《延安地区审判志》，陕西人民出版社，2002 年，第 350—351 页。1939 年 4 月 4 日公布的《陕甘宁边区政府组织条例》第 1 条规定：陕甘宁边区政府由陕甘宁边区参议会选举委员 13 人，组织边区政府委员会，呈请国民政府加以委任。第 7 条规定了须依照边区政府委员会决议行事的 10 种事项。见艾绍润主编：《陕甘宁边区法律法规汇编》，陕西人民出版社，2007 年，第 30—31 页。而“政务会议”指的是边区、专署、县、区各级政府机关召开的行政会议。其中，边区政府的政务会议每周召开，参议会常驻议员也参加。谢觉哉 1944 年 12 月 25 日“边区民主政治是中国解放的旗帜——在参议会大会的报告”中指出：“每周的政务会议，有谢、李、乔三常驻议员参加。”见《谢觉哉日记》(上)，人民出版社，1984 年，第 718 页。

《县司法处组织条例草案》还规定："县司法处关于行政处理问题，诉讼程序问题，适用法律问题，有须质疑者，呈由该管高等法院分庭核示，如分庭仍有疑问者，转请高等法院核示。"

《县司法处组织条例草案》中的上述规定体现了慎重司法及政权工作一元化的思想，即将司法处置于政府的领导之下，以满足简政、权力集中、人员缺乏以及政府财力困难等客观条件的需要。而且，实际工作中司法人员常常被政府交办的各种行政事务缠身。例如，固林三、四月份工作报告中说："3月11日因政府将职分配到临镇区去布置特产工作十多天，于同月22日才回到县府，即继续召开各区区长联席会议讨论总结征粮征草工作，此会进行了七天才闭会。同时，县第二届参议会第二次大会届期将临，又将职分配在筹备大会总务处工作，直至5月1日闭会。"新宁县也有同样的问题，该县"工作报告"中称："书记员岳峻峰同志，这月参加抗战动员工作一时期。我赴山中生产一星期，回来后，关中专员又召谈话，来回10天，昨日方回来。"由于案件多而人手少，致使案件的处理拖延许久无法解决，人民不免发出"讼累的怨言"。①

同时，司法统一于行政领导之下的做法在实践中引发了一些误解和冲突。1942年10月边区高等法院给各县县长、裁判员的命令中指出："边区现处抗战非常时期，一切政权工作必须统一领导，方能收敏活进行之效，嗣后各县司法工作，应由县长负领导之责，各裁判员关于司法行政，以及审判工作，概须商同县长办理，不得固执己见，以及闹独立性之现象，所有一切对外司法文件，由县长领衔，裁判员副署，特此通令，望各遵照。"②

基层司法行政化的局面在1945年底边区推事审判员联席会议之后有所改变。王子宜在这次会议的总结报告中指出："庭长、处长对于高等分庭、

① "8月份报告材料"，《1942年司法工作报告》，全宗15—189。

② 《边区高等法院晋西北行署、绥德地方法院等关于组织机构成立、撤销和领导问题的呈、命令、批答函》，全宗15—111。

县司法处的领导，应该着重于政策上的领导，而不是事事过问。过去由于职权划分不清，有些地方闹得推事、审判员在工作上完全处于被动，大事小事，都要请示，都要经过批准，结果上面忙不过来，下面办事不便，上下都管，因之，今后推事、审判员对于处理民事案件时，标的物在小米5石以下并与政策无重大关系及刑事案件徒刑期在1年以下者，审判员得直接处理"；"高等分庭、县司法处对民刑案件之处理，不必经过专署署务会议、县政府政务会讨论，如认为有商讨之必要时，由司法机关召集各有关方面研究，但决定权属于司法机关"；"过去高等分庭兼管各县司法行政，诸多不便。今后各县对于法律问题等有质疑者，得直接呈请高等法院核示，不经分庭"。[①] 1945年12月30日，边区高等法院发布第282号命令，按县司法处组织条例及此次推事、审判员会议上的反映，县司法处应颁发、使用独立印信，当即拟制式样呈请边区政府核夺。边区政府以批字第555号批答批准："关于各县司法处之印信，准予照所拟式样由该院刻发各县启用。"[②]独立印信的启用，是边区司法体制逐渐走向成熟的一个显著标志。当然，这一变化的外在原因，是1945年国共合作、和平建设的客观社会环境，为司法提出了新的要求，也为司法相对独立的发展创造了条件。

雷经天的报告中提及，直至1941年底时："各级司法机关仅配置有检察员，因人力及战争环境，精简关系，亦于同年暂时停止工作。"[③]因此，1942年的司法处及地方法院均无检察员的专门编制，一般由推事或书记员等兼任，同年颁布的《陕甘宁边区刑事诉讼条例草案》中亦笼统地规定："第22条所列各罪由法院或公安机关实施检举。"依据《陕甘宁边区县政府组织暂行条

---

① 《王子宜院长在推事、审判员联席会议上的总结报告》，全宗15—70。该报告有油印的正式文件以及手写的报告记录，油印件简略，手写件详细。

② 《边区高等法院关于颁发印信的命令及绥德高等分庭庆阳县司法处等启用印信的呈》（1945年1月15日至1946年6月20日），全宗15—115。

③ 《边区人民法院关于建立新的司法组织机构与培养司法干部的意见，及为确定司法组织机构加强法治的提案》，全宗15—105。

例》,“保安科掌理锄奸缉匪、检查站、放哨、维持公共安宁秩序之警务事项”。① 从延安市地方法院的刑事案卷中来看,提起一审刑事诉讼的机关主要为依法拥有检察权的政府公安部门(保安科)、法院检察部门,如韩子杰抢劫强盗并破坏边区等罪案,由延安县政府逮捕,呈送边区高等法院,并由边区高等法院指定延安市地方法院一审管辖;王占林等杀人案由合水县政府逮捕呈送边区高等法院,指定延安市地方法院一审管辖;江波义愤救人,防卫过当,使冯德胜受重伤致死案经延安大学报由延安市公安局转送法院;王同江、毋成林等因拖枪拐款潜逃一案,经检察机关、边区保安处提起公诉;任子光因过失杀伤人命案,由军事学院提出控告,等等。②

(二) 分区中心县地方法院

1937 年 2 月 28 日成立延安市特别法庭,任命廖承志为庭长,周景宁兼国家检察员,至 3 月 7 日又将特别法庭改为延安市地方法庭,由苏维埃中央政府任命周景宁为庭长,苏一凡为国家检察员,受中央司法部领导,下设看守所。前已述及,直至 1941 年 9 月,一审司法机关除延安市专设地方法庭外,各县的司法工作主要依靠裁判员,没有裁判员的县份只能由县长兼理,导致案件迟延。因此,人口较多的绥德、陇东分区首先提出了设立地方法院的要求。③ 1941 年 9 月 18 日边府发布战字第 90 号命令,决定成立绥德地方法院,管辖绥德分区所属各县民刑诉讼第一审案件。同年 10 月 1 日,绥

---

① 《陕甘宁边区政权建设》编辑组:《陕甘宁边区的参议会》(资料选辑),中共中央党校科研办公室发行,1985 年,第 283 页。

② 《边区高等法院 1938 年至 1944 年刑事案件判决书汇集》(一),全宗 15—28—1;《边区高等法院 1938 年至 1944 年刑事案件判决书汇集》(二),全宗 15—28—2。

③ 边区曾将各专署及县按照人口密度及地理环境划分为甲乙丙三等,1941 年 1 月时,绥德专署及陇东专署均为甲等专署。其中绥德专署下辖的绥德、清涧、米脂三县均为甲等县,吴堡为乙等县;陇东专署下辖的庆阳县为甲等县。从 1944 年人口统计表来看,绥德是边区人口最多的县份,约 14.2 万,清涧是人口较多的县份,约 6.1 万,吴堡是人口中等的具份,约3.9万。见任中和:《陕甘宁边区行政区划演变概述》,《历史档案》1988 年第 3 期,第 118—119 页。

德地方法院正式成立，管辖绥德、清涧、吴堡三县的司法工作。边区高等法院发布第213号训令：由冯振寰代理院长，宋常华、刘汉鼎为推事。绥德专署第19次政务会议议决：绥德地方法院内暂设推事2人，书记官3人，看守长1人，司法警察1个班。根据边区高等法院的命令，原司法处及裁判员一律撤销，但由于清涧、吴堡两县人口较多，司法工作复杂，因而在这次专署政务会议上决定对边区高等法院命令予以变通，除由绥德地方法院派推事前往该县驻理诉讼外，原有的组织人员不动。又因为各县距绥德地方法院路程遥远，往返需4日之久，无法统一使用地方法院印信，遂决定凡在各县解决之案，仍用县印，如经绥德解决之案，则用绥德地方法院之印，其原有的裁判委员会暂不取消，司法经费仍暂编在县行政预算内，以利司法工作之进行。①

1941年12月17日边区高等法院发布第278号训令，在延安成立地方法院。据1942年1月7日陕甘宁边区政府抗字1180号指令，延安市地方法院已于1941年12月8日成立，周玉洁为首任院长。实际是将延安市地方法庭改组为延安市地方法院，1942年1月13日通令2号中规定："据边区整编委员会决定，除绥德、延安市已成立地方法院外，并在陇东庆阳及关中新正各设立地方法院，规定地方法院之编制为8人。院长兼庭长1人，综理全院司法行政兼理法庭之审判事宜；推事1人，审判第一审民刑诉讼案件，并兼行检察职务；书记员2人，掌理口供笔录、文牍缮校、统计、档案事项；看守所长1人，法警2人，公差1人；看守所的警卫武装由保安科负责。"②嗣后，于1942年4月5日正式成立新正地方法院，同年4月23日，成立了庆阳地方法院。

---

① 《边区政府高等法院绥德专署等关于绥德专署、延安市、庆阳、新正县成立地方法院及启用印信的呈命令》(1941年9月16日至1949年8月26日)，全宗15—110。

② 《边区高等法院关于撤销所属组织机构和编制问题的通令、编制表》，此通令后无年代，但署名雷经天，雷已于1942年6月离职学习，直至1944年1月才复职，故应为1942年，全宗15—108。

但是,实践中地方法院的规模超出了编制所核定的 8 人:“延安地方法院设院长 1 人,推事 2 人,书记员 2 人,法警 3 人,勤务员 2 人,炊事员 1 人,下设看守所一处,为羁押刑事被告之地,设所长 1 人,看守员 2 人,警卫 3 人;绥德地方法院设院长 1 人,推事 2 人,书记员 3 人,法警 3 人,勤务员 2 人,炊事员 1 人,下设看守所所长 1 人,看守员 2 人,警卫 3 人;新正地方法院设院长 1 人,推事 1 人,书记员 2 人,法警 3 人,勤务员 1 人,炊事员 1 人,下设看守所长 1 人,看守员 2 人,警卫 3 人。庆阳地方法院设院长 1 人,书记员 1 人,法警 2 人,勤务员 1 人,炊事员 1 人,下设看守所长 1 人,看守员 2 人,警卫 3 人。”①

中心县地方法院设立的目的原本出于加强基层司法工作,满足群众需要,但由于边区地处山区,交通不便,经济落后,各县距中心县路途遥远,而地方法院仅为一审机关,不能满足人民便利上诉的需求。边区政府遂下达第 721 号命令,决定在各分区设立边区高等法院分庭,除延市地方法院外,其余地方法院一律撤销。此后,陇东专员公署于 1943 年 4 月 26 日呈给边区高等法院的第 2 号公函中,称陇东专署已于 4 月 16 日由专署主持,正式成立分庭,庆阳地方法院已于 4 月 24 日由专署命令撤销;绥德分区行政督察公署 4 月 19 日给边区高等法院的第 97 号呈文内称,绥德分庭于 4 月 1 日成立,原地方法院已结、未结各案及卷宗物品等件移交县司法处接受清楚,院印戳记亦缴专署;关中分区分庭于 4 月 5 日成立,新正地方法院也应予此时前后撤销。边区高等法院代院长李木庵于 1943 年 4 月 7 日发布 142 号命令:各被裁地方法院所在地之县署,应即设立县司法处,接受被裁地方法院之已结、未结案件,司法处处长由县长兼任,至裁判员、书记员人选,由各专员就便遴选适当人员先行派用,报告边区高等法院备查。②

---

① 《1942 年司法工作报告》,全宗 15—189。

② 《边区政府高等法院关于成立各分区、高等法院分庭及裁撤地方法院的组织条例、命令及绥德、关中分庭的呈》,全宗 15—109。

比之于司法处，地方法院虽然亦附属于专署，但其组织规模稍大，人员相对充实，内部组织健全，并直接受边区高等法院领导，相对独立，因而具有较强的司法应对能力。以边区的实际情况而论，尚不具备普遍成立地方法院的条件，而地方法院又与司法处均为一审机关，反而显得机构繁复；再者，独立性较强的地方法院与一元化的领导体制也不符。于是，边区政府决定在各分区成立边区高等法院分庭以取代地方法院。

表 3 各分区地方法院设立及撤销时间表

名　称	起　止	备　注
绥德地方法院	1941.10.1—1943.4.1	
延安市地方法院	1941.12.8—1949.3.15	前身为 1937 年 2 月 28 日成立的延安市特别法庭，同年 3 月 7 日改称延安市地方法庭。
新正地方法院	1942.4.5—1943.4	
庆阳地方法院	1942.4.23—1943.4.24	

（根据上文绘制）

二、 边区高等法院及其分庭

（一）边区高等法院及其内部组织

西安事变后，国共两党就合作抗日，进行了多次谈判。卢沟桥事变的爆发，加速了国共合作的进程，统一战线逐渐形成，苏维埃政权转变为抗日民主政权。在边区政府成立之前的 1937 年 7 月 12 日，中共苏维埃西北办事处已及时对“中华苏维埃共和国中央执行委员会司法部”进行了改组，“苏维埃政府为了实行抗日的民族统一战线，取消国内两个政权的对立，首先将中央司法部改组为边区高等法院，遵行南京政府颁行之一切不妨碍统一战线的各种法令章程”①。以边区高等法院命名，显然是为了适应国共合作的需要，并同国民政府的司法体制衔接。边区高等法院的内部组织可以分为审判、检察、看守所与监狱、司法行政四部分，下面分而述之：

1.审判组织

边区高等法院成立时，没有专门的审判人员。② 1937年底以后，才设置了推事1人。在1938年2月15日的边区高等法院编制表中，审判人员仅有庭长1人，推事1人。③ 1939年，边区参议会颁布《陕甘宁边区高等法院组织条例》，规定设立民事庭、刑事庭、书记室、看守所、总务科及检察处等部门。但受战时环境影响，法院的人事安排及工作重心主要在生产自给及行政事务上：“在过去，本院司法工作是缺乏重心的，审判为司法工作的重要阶段，未曾被提到应有的地位，这表现在组织机构与干部配备上，法庭只两个推事，两个书记员，而行政部门秘书室下的一、二、三科则为16人。院长的精力多放在行政与生产上，书记长调办生产、造织，久悬无人，法庭庭长也花很多精力在生产委员会主任工作上，由于对审判工作不够重视，于是影响了对诉讼案件的积压、迟缓和草率。”④

1942年6月9日，李木庵刚代理院长时，边区高等法院仅有法庭庭长1人，推事2人、书记员2人。雷经天在1941年10月的报告中对此作了说明：“虽然名义上分开民事、刑事两个法庭，但只有两个推事，实际是分不开的，分配到谁的案子是刑事，法庭就成了刑事法庭；案子是民事的，这个法庭

---

① 中央司法部：“中华苏维埃共和国中央执行委员会司法部工作报告”（7月23日），中国共产党历史资料丛书编辑委员会：《陕甘宁边区抗日民主根据地·文献卷》（上），中共党史资料出版社，1990年，第207页。

② 《高等法院：两年半来陕甘宁边区司法工作》（1940年2月），全宗15—156。

③ 延安市中级人民法院审判志编委会编：《延安地区审判志》，陕西人民出版社，2002年，第45页。

④ 《陕甘宁边区高等法院1942年工作计划总结》，全宗15—185。

就成了民事法庭。"①

在李木庵代理院长初期，将推事增加到4人，书记员增加到9人。1945年12月边区推事审判员联席会议上决定民、刑法庭分设，刑事法庭庭长1人，推事2人，书记员3人；民事法庭庭长1人，推事3人，书记员4人。1949年8月7日，边区人民法院人员名册中的民庭有15人、刑庭有18人，成为边区历史上审判人员规模最大的时期。②

表4　陕甘宁边区高等法院法庭历任庭长名录

姓名	职　别	任　期
雷经天	法庭庭长③	1937.7.12—1942.1
任扶中④	法庭庭长	1941.12.24—1943.4，1948.8.4—1949.5⑤

① 雷经天："在陕甘宁边区司法工作会议上的报告"（1941年10月），韩延龙主编：《法律史论集》（第5卷），第386页。

② 《边区人民法院人员名册及调宁夏、陕北、甘肃司法干部名册》，全宗15—140。

③ 陕甘宁边区高等法院自成立至1945年前虽然在判决书署名民事法庭或刑事法庭，但实际上未区分刑事法庭与民事法庭，其署名庭长亦并非实际任命的庭长。见雷经天："在陕甘宁边区司法工作会议上的报告"（1941年10月），韩延龙主编：《法律史论集》第5卷，法律出版社，2004年，第386页。如在1938年11月24日的关于汉奸刘文义案的刑事判决书中，署名刑事法庭庭长任扶中。但自高等法院成立至1942年之前的判决书中庭长一职主要为雷经天署名。如1940年7月26日的陕甘宁边区高等法院民事判决书"惠思祥为求偿窑洞案"判决书中即为民事法庭兼庭长雷经天。见《边区高等法院编制：陕甘宁边区判例汇编》全宗15—26。

④ 任扶中、刘耀山、王怀安、石静山部分资料来自张世斌主编：《陕甘宁边区高等法院史迹》，陕西人民出版社，2004年，第43—45页。边区高等法院1941年12月24日为委任科级干部事宜呈文给边区政府，其中任扶中为法庭庭长，见延安市边区高等法院旧址展览资料。又，1943年时王怀安即为代庭长，如在1943年4月15日的陕甘宁边区高等法院民事判决书"张明海、张明俭土地纠纷案"的判决书中，民事法庭代庭长即署名王怀安。见《边区高等法院编制：陕甘宁边区判例汇编》全宗15—26。

⑤ 任扶中1948年8月4日被任命为边区高等法院民刑法庭庭长，见《陕甘宁边区政府大事记》，档案出版社，1990年，第302页。1949年5月至1960年10月任西安市中级人民法院院长，1961年1月至1963年12月任陕西省高级人民法院副院长，1963年12月至1967年12月任陕西省高级人民法院院长及党组书记，见焦朗亭主编：《陕西省志·审判志》，陕西人民出版社，1994年，第599页。

续表

姓名	职　别	任　期
乔松山①	法庭庭长	1943.10.28—1946.5.5
王怀安	法庭庭长	1943 年代理庭长，具体时间不详
刘耀山	民事法庭庭长	1946—1949
刘汉鼎②	民事法庭庭长	1946.7—终止时间不详
石静山	刑事法庭庭长	1949.2—1950.1

2.检察组织

边区司法的主要领导人之一雷经天认为，边区检察机关的职能是检举违法者，使之受到法律制裁，以维护革命政权，与审判工作的目的一致，两者在机构设置上应该统一。③

边区高等法院建立之初，检察机关系法院下属的一个职能部门。1937 年 8 月至 1938 年底，在边区高等法院内部设有检察员（从 1937 年 8 月至 1938 年

① 乔松山及分庭成立时的庭长资料来自《边区政府、高等法院关于成立各分区高等法院分庭及裁撤地方法院的组织、条例、命令及绥德、关中分庭的呈》，全宗 15—109（1943 年 3 月 30 日至 1948 年 8 月 24 日）。及“边区高等法院公函：为函请主持设立各分区高等法院分庭及裁撤地方法院事宜并希见复”，“高等法院：报转绥德三边分区高等分庭启用钤记及关中分庭成立的呈文及批答”，“黄龙分区高等分庭：本庭正式成立、到职视事、请予备案的呈文”，但该卷中无三边分庭成立的具体时间，仅说明在接到高等法院 4 月 4 日命令后，于 1943 年 5 月 1 日启用钤记。

② 在边区高等法院 1946 年 7 月份的民事判决书中有部分民事庭长的署名人为刘汉鼎，见全宗 15—29，全宗 15—30。

③ 雷经天在司法检讨会议上，他发言认为：“检察制度是根据苏维埃时期工农检察制度。这样想的，为了在我们的政权范围内发现有违法的人给他以法律上的制裁，来保证我们的政权。在思想上是有这样的思想”；“当时我有不同的意见，检察和司法应该是统一的”；“现在我主张是不要这个检察制度，因为它一方面是干涉群众的诉讼，同时它又是法庭的圈子，怕司法制度提高了，这不是互相帮助的态度。所以外面的检察庭和审判庭常常吵架。今天我们边区是一元化，另方面，我们是调查研究，实事求是，真正为群众解决问题，法庭对审判、检察负完全责任，以前审判完全是高高在上，现在我们应深入群众，从群众中访问，因此检察制度就没有继续存在的必要”。《边区高等法院雷经天、李木庵院长等关于司法工作检讨会议的发言记录》中雷经天的发言，1943 年 12 月 10 日，全宗 15—96。

12月检察员为徐时奎，又写作徐世奎），对案件先行审查，然后提起诉讼。1939年《陕甘宁边区高等法院组织条例》规定，实行审检合署，在边区高等法院内部设立检察处，设检察长与检察员，独立行使职权。但直至1941年春，李木庵到边区后，检察处才正式成立，李木庵亦成为边区首任检察长。

1942年初，边区实行精兵简政，边区政府决定裁撤检察处及各县检察员。凡属于汉奸、盗匪、间谍、暗害分子等政治性案件的侦察和起诉，由保安机关或公安机关行使，一般刑事案件的侦查起诉则由审判机关代行。1944年，边区政府主席李鼎铭多次向边区政府提议恢复检察机关，但由于干部缺乏，未能实现。

1946年4月4日，林伯渠在“边区建设的新阶段——陕甘宁边区政府对边区第三届参议会的工作报告”中，再次提出今后民主政治建设的主要任务之一是“健全法律与制度”、“健全司法机关和检察机关”。[①] 此后，边区第三届参议会第一次会议才决定设立检察机关，成立高等检察处，检察长为马定邦，分庭和县设立检察员。但随着自卫战争的爆发，于次年4月，检察干部被他调，检察处无形中撤销，此后未再恢复。

表5　陕甘宁边区高等法院检察处及边区高等检察处职员名录[②]

姓名	职别	任职时间
李木庵	边区高等法院检察处检察长	1941.3—1942.1
徐世奎	边区高等法院检察处检察官	1937.8—1938.12
刘临福	边区高等法院检察处检察官	1938.12—1941.3
马定邦	边区高等检察处检察长	1946.4—1947.4

① 林伯渠：“边区建设的新阶段——陕甘宁边区政府主席林伯渠在第三届边区参议会第一次大会上的政府工作报告”，中国科学院历史研究所第三所编：《陕甘宁边区参议会文献汇辑》，科学出版社，1958年，第294页。

② 延安市中级人民法院审判志编委会编：《延安地区审判志》，陕西人民出版社，2002年，第58页。

3.看守所与监狱

边区高等法院自成立起即设立了看守所，关押已决犯及未决犯，实为看守所和监狱合一的组织，因而，在边区政府及高等法院的各种文件中常被称为“监所”。1939年《陕甘宁边区高等法院组织条例》规定了看守所的法律地位，即在法院院长的领导下执行职务。看守所设有所长及看守员，初期仅有看守员1人，后逐渐增加至3人，并有警卫排负责看押工作。

自1942年始，为了便于管理教育和组织生产，边区高等法院将未决犯与已决犯分编为两部分，已决犯称为劳作队。未决犯暂押看守所，已决犯转延安南三十里铺劳动生产所从事生产活动。1942年9月，李木庵任院长期间根据政府决定，将劳动生产所正式改称监狱。看守所成为专门羁押未决犯的机构，而监狱成为罪犯服刑及改造之场所。直属县1年以上的徒刑犯，非直属县2年以上的徒刑犯，均送边区监狱集中教育改造。

1944年5月12日，边区政府曾下令在分区设立分监，但由于人犯少，不便管理，于1945年12月29日推事审判员联席会议上决定撤销，延属分区1年以上徒刑犯人与各分区2年以上徒刑犯人均送监狱，进行集中、统一的管理和教育。①

表6　陕甘宁边区高等法院历任典狱长名录②

姓名	职务	任职时间
杨佛云	看守所长	1937.7—1941.12
宋代兴	看守所长(代)	1942.1—1942.8③
李育英	典狱长	1942.9—1943.1
刘汉鼎	典狱长	1943.9—1943.11

① 《边区人民法院司法工作总结报告》(1949年7月27日)，全宗15—213。

② 见延安市边区高等法院旧址展览馆展出资料。其中，刘丰、赵生英为典狱长，时间不详。

③ 《边区高等法院看守所1942年度半年工作总结》，全宗15—517。其中仅提到宋代兴任代所长，但无具体任职时间。

续表

姓名	职务	任职时间
党鸿魁	典狱长	1943.12—1947.9
席仲清	副典狱长	1946.9—终止时间不详
李福元	典狱长	1947.9—终止时间不详
刘丰	典狱长	起止时间不详

4. 司法行政组织

边区高等法院内设司法行政组织，在不同时期的名称及人员编制有所不同，曾有秘书室、书记室或行政处等名称，1942 年时曾称为供给处，1949 年后正式称为司法行政处，下设若干科室，1943 年 7 月后设立了研究室。人员配备上，初期仅有 1 人，1938 年 2 月时编制为 4 人，至 1949 年 10 月，司法行政处下设四科及研究室，人数达 33 人。

司法行政组织的职能主要有：其一，内部管理，干部培训，执行和审核案件等；其二，统计、缮写、校对、油印、档案管理等文牍工作；其三，后勤供给、生产等。

研究室主要负责整理判例、管理政策法令之实施及编辑刊物以及司法干部的教育等。

图 1 陕甘宁边区高等法院内部组织设置图(1938 年 8 月)[①]

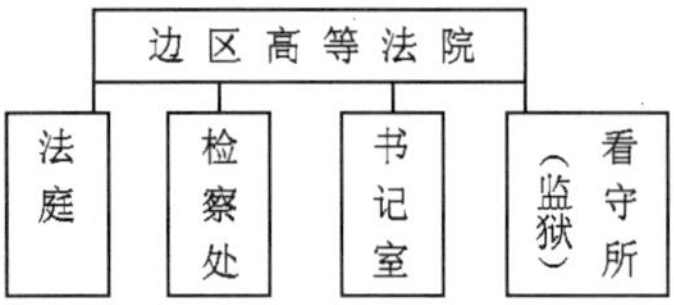

① 根据雷经天 1938 年 8 月的“陕甘宁边区的司法制度”中的相关内容绘制，见西北五省区编纂领导小组、中央档案馆：《陕甘宁边区抗日民主根据地 · 文献卷》(下)，中共党史资料出版社，1990 年，第 164 页。

图 2　陕甘宁边区高等法院内部组织设置图(1943 年 9 月)①

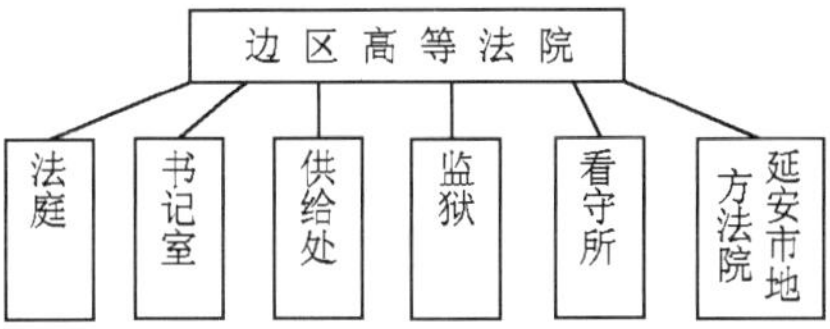

图 3　陕甘宁边区高等法院内部组织设置图(1946 年 5 月)②

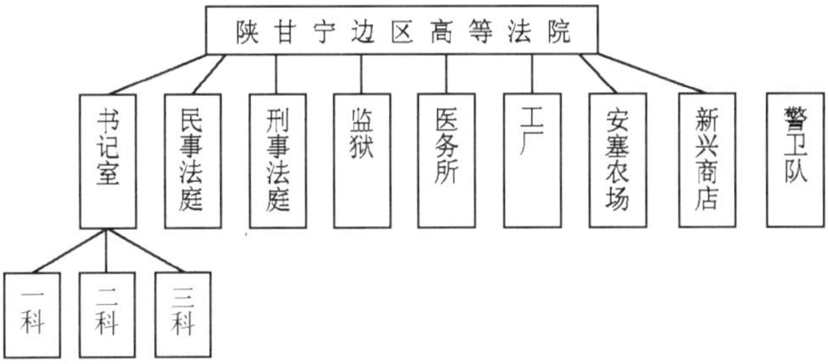

图 4　陕甘宁边区高等法院内部组织设置图(1949 年 10 月)③

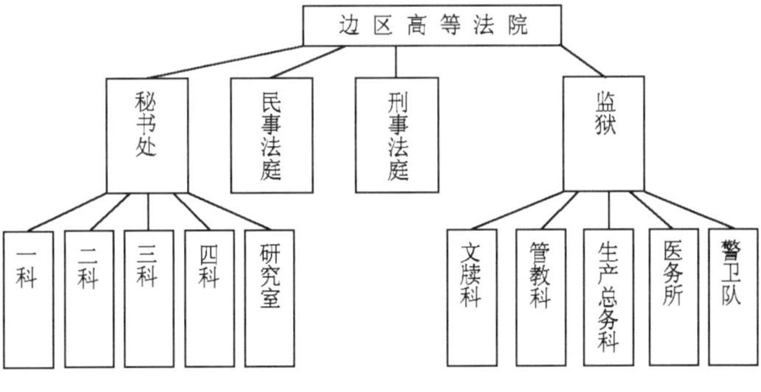

---

①　根据《边区高等法院精简工作总结和整编名册》绘制，全宗 15—100。此为第三次精简整编后，应是 1943 年 9 月 29 日。除上述专门机构外，名册中还有高等法院与延安市地方法院公用杂务人员一项。

②　根据《边区高等法院档案图书移交清册和人员名册》(1946 年 5 月 3 日)绘制，全宗 15—120。

③　根据《1949 年边区司法工作报告》(1949 年 10 月)绘制，全宗 15—212。

表 7　陕甘宁边区高等法院全体人员名册(1942 年 5 月 31 日)①

机构	职别	姓名	备注
本院院部	院长	雷经天	带职学习
	秘书	吴树琴、叶映宣	
	一科长	焦胜桐	因病休养
	科员	郭钢钟、石汶	
	二科长	仲鲲	
	科员	李刚、海心、潘望峰	
	三科长	张又明	
	科员	刘瑞珍、韩凤楼、薛自胜、李树民	
	法庭庭长	任扶中	
	推事	李育英、白卓武	
	书记员	兰作馨、金石	
	看守所长	杨佛云	
	看守长	宋代兴	
	看守员	焦世华	
	警卫一排长	杜映贵	
	警卫一班长	王土金	
	警卫员	高风亮等 6 人	
	警卫二班长	阎海发	
	警卫员	张志明等 7 人	

① 根据《雷经天院长离职去中央党校学习向李代院长移交的档案图书财产清册和干部名册》(1942 年 6 月 9 日)绘制，全宗 15—117。

续表

机构	职别	姓名	备注
	警卫三班长	徐阎成	
	警卫员	叶自胜等11人	
	警卫二排长	邬定君	
	警卫四班长	白耀君	
	警卫员	张建有等6人	
院部	警卫员	傅玉明	
	警卫五班长	申福成	
	警卫员	张斗罡等7人	
	警卫六班长	张秀山	
	警卫员	张应才等6人	
	法警	王光信、张守国	
	通讯员	张登发、倪向华	
	公差	王文才等5人	
院部	公差	韩忠林	
	保姆	高秀英	
	管理班长	孙德文	
	伙夫班长	杨德山	
	伙夫	周青云等8人	
	饲养班长	李万山	
	马夫	马世高等3人	
	运输员	杨万云等7人	
院部		周步瀛	临时保管员
		刘振乾、高立贵、王正云	刑期未满做机关生产

续表

机构	职别	姓名	备注
		鲁定华	动员粮草
		刘文章	刑期未满非正常的病员
		吴兆义	刑期未满打扫卫生及种花
		朱英杰、霍凤鸣	刑期未满木匠工人
劳动生产所	所长	杨佛云	
	督察员	鲜文基、张达福	
	会计员	赵国思	
	管理员	贺光德	
	农业员	王殿举、徐冰文	徐冰文因病休养
	畜牧员	党晴海	
	保管员	谢宋才	刑期未满
	工业员	陈迎喜	
	医生	魏永久	
	护士	严晓成	
	护士	杨建有	
	通信员	肖长青	
	公差	赵潘祺	
	司号员	王志明	
纺毛工厂	主任	张续堂	
	会计	李永斌	刑期未满
	管理员	蔡叔德	刑期未满
	伙夫	周逢年	

续表

机构	职别	姓名	备注
安塞农场	主任	曹增荣	因病休养
	代理主任	高浩贵	
	教导员	马万策	
	会计	李树耀	
	管理员	车尚文	
	农业员	李风山、曹永祥	
	伙夫	薛占德、吴同义	
安塞粉坊	主任	习仲清	
	会计	白国斌	
	营业员	赵开有	
	伙夫	刘进有	
纸厂	主任	汤祥丰	
	副主任	范志远	
	会计	鲍立道	
	保管	栾茂荣	
	营业员	王玉斗	
	伙夫	路治江	
	工人	张国栋、杨密	
	学徒	杨文玉、张之江	
延安商店	主任	邹象贤	
	会计	田润生	
	门市会计	徐尧天	
	营业员	张立海、李应富	

续表

机构	职别	姓名	备注
	管理员	李元昌	
	工业员	程芬搂	
	工人	欧炳文、罗有昌	
	伙夫	高攀贵	
绥德商店	主任	党洪奎	
	会计	冯学德	
尚未分配工作干部		史文秀	表中增添范雨苹 1 人
家属及小孩		王俊英等 7 人	
劳动生产所	劳作队	张清秀等 72 人	
纺毛工厂	劳作队	赵永昭等 23 人	
安塞农场	劳作队	许耀汗等 19 人	
安塞粉坊	劳作队	孟怀富等 6 人	
纸厂	劳作队	强建国等 7 人	
院部	劳作队	薛忠信等 43 人	
院部	未决犯人	南良珍等 31 人	已判决 6 人，送地方法院 1 人

上述共计：院长 1 人，院部秘书 2 人，法庭庭长 1 人，推事 2 人，书记员 2 人，其他行政工作人员 12 人，警卫队 52 人，杂务人员 32 人，生产工作人员 39 人，生产杂务人员 23 人，生产劳作队 171 人，家属 2 人，小孩 5 人，其他人员 1 人，未决犯 31 人，总共 379 人。

因此，边区高等法院为集审判、司法行政、狱政管理及生产自给于一身的综合性机关，这一机构设置模式有如下考虑：

首先，是战争环境下精简、效能、权力相对集中的现实需要，保证边区政府能够及时、便利地实现对司法工作的领导；同时，这一模式适应了当时边区较为简单的经济结构状况、司法人才缺乏与机构流动性大的战时环境。前已述及，边区的经济形态一直以低水平农业种植为主，商业、交通运输及工业等均处于辅助地位，且具有满足边区自给的战时生产性质，使边区高等法院在实践层面具有较强的灵活性和适应性。边区高等法院历史上曾经七度搬迁，[①]并以较少的人力物力完成了其历史使命。

其次，这一机构设置模式，表明边区司法工作并非单纯的审理案件，而是一种综合性的社会治理。[②] 因而，对于边区高等法院而言，司法审判、监狱改造以及法制宣传教育是一个整体中的不同环节，从而把对于犯罪者的司法审判与刑罚的执行看作一体，把罪犯回归社会作为监狱改造目的，进而认为应加强普遍的法制教育，从而减少犯罪。[③] 马锡五 1949 年在延安大学的报告中指出："司法工作中的第三种偏差，便是司法机关把自己的工作，局限于应付诉讼——审理民刑案件，惧怕官司，于是不告不理，而没有懂得司法任务是广义的、多方向的、主动的，而不是不告不理的、被动的。"[④]这一思

---

① 边区高等法院院址变更的详细情况，见张世斌主编：《陕甘宁边区高等法院史迹》，陕西人民出版社，2004 年，第 6 页。

② 关于"法律的治理化"，参见强世功《法制与治理——国家转型中的法律》一书的第二章"权力的组织网络与法律的治理化"，中国政法大学出版社，2003 年。

③ 如 1945 年王子宜的总结报告中即指出："我们司法工作者，是要以治病救人的态度，把人家头上戴的个'犯'字帽子脱掉。经过教育改造以后，能继续在社会上做一个有用的人，我们的责任就算尽到了。回溯我们的刑事政策是教育改造主义，那么，执行这个政策的，法庭上仅有一半，其他一半留在监所内执行。两面配合，两面夹攻，才能把政策贯澈【彻】得好。这是不能轻视的。我们还要查一查今天犯罪者的成份，什么人最多？工人农民最多，这就表示了我们对于他们的教育不够，没有使他们懂得今天的政权是自己的。应如何使其出监以后，等于从学校内毕了业，受过了教育，不再有犯罪行为，我们的目的就算达到了"；"法庭审判不能孤军作战，首先要和宣传教育机关取得密切联系。过去我们在这方面做得太少，未能以更多的活的事实，向人民宣传我们的政策条例，进行教育"。《王子宜在边区推事审判员联席会议上的报告》（油印件），全宗 15—70。

④ 《人民法院马锡五在延大关于司法工作中几个问题的报告》（1949 年），陕甘宁边区人民法院编印，全宗 15—151。

路，正是边区在艰苦的条件下能够在狱政管理方面取得显著成效的原因。司法行政机关的职能并入边区高等法院，在司法干部培养方面紧密结合实际，偏重实践，注重能力的培养。所以，这种综合性的机构设置，更多地关注到了全局目标实现中不同机构之间协调作用的发挥。

当然，这种机构设置模式，是与特定背景联系在一起的，是一种过渡时期的权宜之计。① 1941 年 10 月，雷经天在司法工作报告中指出："我们想做的工作很多，但实际上做得少。自高等法院以至各县都有这种现象，是表现在检查工作不深入，各县对下面的反映很少，人员缺乏，司法会议召集的少，各县裁判员来法院谈问题的也很少"；"干部教育缺乏"；"缺乏群众的法律教育"；"缺乏犯人的教育"等。② 1945 年底，王子宜也谈到同样的问题："大家批评高等法院几年来很少到下面检查工作，也不多开会，领导机关和被领导机关联系不够。这些都是事实。"③

（二）高等法院分庭

边区地广人稀、经济落后、交通不便，老百姓赴延安到边区高等法院上诉，往来需数日，不仅误工，而且还需花费不少食宿费用。因此，1942 年各地便有成立上诉审机关的要求。边区高等法院对此问题的答复是："边区辖地不过二十余县，不合设立高等法院分院，将来干部如够支配，再行斟酌地

---

① 对这种结构的过渡性，当时人们已经清楚地认识到了，如李维汉就说：司法工作的领导体制（指审判、检察、司法行政三种职能集中于边区高等法院，并将之置于行政领导之下）是"过渡时期的权宜之计，是适合边区的战时和农村环境的……。"见李维汉：《回忆与研究》（下），中共党史资料出版社，1986 年，第 534 页。

② 雷经天："在陕甘宁边区司法工作会议上的报告"（1941 年 10 月），韩延龙主编：《法律史论集》（第 5 卷），法律出版社，2004 年，第 403 页。

③ 《王子宜院长边区推事、审判员联席会议上的总结报告》（油印件）（1945 年 12 月 29 日），全宗 15—70。

区高等法院分庭。”[①]边区高等法院设置分庭的想法，还有实际上的原因，即现实中的边区百姓并不管司法审级的区别，常常到专署上诉告状，而专署作为人民政权机关，不便拒绝，也受理案件，从而形成专署实际上已经参与司法的现状。

边区高等法院对新正县请示专署可否管理上诉问题的答复是：“1.当事人不能到专署上诉，专署亦不必受理上诉案件，因专署不是司法上的一个审级。2.地方法院判决前专署可以提示意见，既已判决后，专署不应改判，因司法有法定的审级制度，有一定的诉讼程序，专署更改判决是不合法律手续的。3.关于案件处理上的疑难问题应向边区高等法院请示解决，专署非司法机关，不能受理普通民刑诉讼案件，以免发生矛盾，若案件与行政方面有关系或专署送办之案判决后，将判决书抄录一份函专署请查照，但不是用对上级报告的手续，因专署在法令上不是地方法院的上级机关之故。”[②]但是，如果边区司法制度不能满足人民便利上诉的需求，也就无法真正改变地方行政机关受理上诉的现状，何况这一现状的出现背后有中国传统法律文化观念中行政司法不分、人民依靠政府的惯习支撑。所以，合理的选择是根据现实需要完善司法审级。

1943年3月30日，边区政府第43次政务会议通过《陕甘宁边区高等法院分庭组织条例草案》及各分庭庭长及推事人选。随后，边区政府下达721号命令，除延属分区外，在其余分区设立边区高等法院分庭，除延市地方法院外，其余地方法院一律撤销。[③] 此后，陇东分庭于4月16日、绥德分

---

① 《1942年司法工作报告》，全宗15—189。

② 同上。

③ 《边区政府高等法院关于成立各分区、高等法院分庭及裁撤地方法院的组织条例、命令及绥德、关中分庭的呈》，全宗15—109。

庭于4月1日、关中分庭于4月5日及三边分庭前后成立。[①] 各分庭庭长及推事人选是：绥德分庭庭长乔松山，推事史文秀；陇东分庭庭长马锡五，推事石静山；关中分庭庭长张仲良，推事尚缺；三边分庭庭长罗成德，推事陈思恭。[②] 其中，除绥德分庭庭长乔松山为原绥德地方法院院长转任庭长外，其它分庭庭长均由分区专员兼任。延属分区因驻地在延安，直至1947年9月方设立高等法院分庭，由专员李景林兼庭长，周玉洁任副庭长。1948年8月14日新设黄龙分庭，黑志德兼庭长，周玉洁任副庭长。[③] 1949年3月8日，大荔分区成立，专员王恩惠，副专员苏史青；同年4月23日，西府分区

---

① 雷经天曾说："在第二届参议会以前，成立了新法学会以后就提议说我们边区一定要成立三级三审，分区成立分庭的议案在二届参议会上照例没有通过，这意见是朱婴、鲁老提出来的，他们一贯就有这些意见。1942年2月以后朱婴在边区政府工作的时候，又建议成立，又没有通过，他还是按照给参议会的提案提出的。后来，到6月底7月初，他又提出第二个意见，要成立审判委员会。三级三审的意见提了几次，没有通过，后来通过了。从成立新法学会到鲁老的文章，一贯的精神都是这样的。那文章上也确定要三级三审，后来为了第二审方便，根据各分庭的要求，去年8月份在各分区就成立了高等分庭，在我手上成立了地方法院，只有延安市是正式成立了，是经过参议会选出来的，其他的地方没有办。高等分庭只有延安市和绥德名义上是成立了。其他的分区都没有成立。分庭庭长由专员兼任。"该次会议日期是1943年12月10日，据此，延安分庭与绥德分庭应在1942年8月份成立。但根据其他资料证实，或者会议记录有误或者雷氏说法有误。延署分庭在1947年才成立，绥德分庭在1943年4月成立，见《边区高等法院雷经天、李木庵院长等关于司法工作检讨会议的发言记录》，全宗15—96。第二届参议会提案中只有设立终审机构的提议案，未见在分区设立边区高等法院分庭的提议案，见《陕甘宁边区参议会》(资料选辑)，中共中央党校科研办公室发行，1985年，第314页。第25号提案"为统一边区司法行政建立终审机关，促司法制度之改进，谋诉讼人民之利益，请公决案(梁金生等提)"。另据《1942年司法工作报告》中的8、9月份材料汇编，全宗15—189。其中无建立分庭一项。三边分庭成立的具体时间档案中无记载，但根据当时情况推测，也应在同年4月份成立，见《边区政府高等法院关于成立各分区、高等法院分庭及裁撤地方法院的组织条例、命令及绥德、关中分庭的呈》，全宗15—109。

② 见1943年4月4日"陕甘宁边区高等法院给绥德分区专员的公函(为函请主持设立各分区高等法院分庭及裁撤地方法院事宜并希见复由)"，艾绍润主编：《陕甘宁边区法律法规汇编》，陕西人民出版社，2007年，第42页。

③ 延安市中级人民法院审判志编委会编：《延安地区审判志》，陕西人民出版社，2002年，第48页。

(后改邠县分区)成立,专员杨伯伦,副专员赵锦峰;榆林分区成立,专员朱侠夫,副专员赵希贤。① 嗣后成立的有宝鸡分区、咸阳分区及渭南分区,关中分区亦改为三原分区。1948 年 9 月 3 日,为加强司法部门的领导,边区政府发出通知,重申各分区高等分庭庭长、各县司法处处长由各该专署专员或副专员、该县县长或副县长兼任。② 1950 年 2 月 14 日,陕甘宁边区人民法院成立后,下设 9 个省院分庭:咸阳、渭南、宝鸡、汉中、商洛、安康、延安、绥德及榆林。③

按照《陕甘宁边区高等法院分庭组织条例草案》的规定,分庭受理不服各该区所辖地方法院或县司法处第一审判决上诉之民刑案件,为第二审级。管辖区域与专员公署同,分庭设庭长 1 人,推事 1 人,书记员 1 至 2 人,分庭庭长、推事,由高等法院呈请边区政府委任。该条例规定:"高等分庭拟判刑事 3 年以上徒刑案件,应将所拟判词连同原卷呈送高等法院复核。高等法院对前项复核案件,应为下列指示:一、事实点尚需调查者,为更行调查之指示;二、法律点有错误或量刑失当者,为纠正之指示;三、事实无讹,科刑适当,与法无违者,为如拟宣判之指示";"除前条外高等法院如发现各分庭民刑判案有重大错误时,得为纠正之指示,或令该分庭复审";"高等分庭应将受理判处民刑案件已结未结件数及案件处理内容,月填表呈高等法院查核,表由高等法院制定颁发";"不服高等分庭判决之案依法得上诉者,由分庭将案卷及判决书呈送高等法院加以复核。如原卷有错误,应由高等法院予以纠正;如无错误,应由该院对当事人予以解释。经纠正或解释后,如当事人仍不服,即呈送审判委员会核办"。根据 1942 年《陕甘宁边区刑事诉讼条例草案》,上级审对下级审有令再审、驳回上诉、发回原审更为审判、撤销原判自为判决等权力。对"不服高等法院分庭判决之案,呈经高等法院加以复

① 宋金寿、李忠全主编:《陕甘宁边区政权建设史》,陕西人民出版社,1990 年,第 467 页。
② 陕西省档案馆编:《陕甘宁边区政府大事记》,档案出版社,1990 年,第 304 页。
③ 焦朗亭主编:《陕西省志・审判志》,陕西人民出版社,1994 年,第 202 页。

核，如原判实有不当者，得发回原审更为审判，亦得变更原判自为判决”。两相比照，分庭与边区高等法院类似上下审级关系。

1945年12月，王子宜院长在《边区推事、审判员联席大会的总结报告》中指出：“边区的审判是两级两审，这一次我们把这个制度明确地规定了一下，过去虽然叫两级两审，实际上变成了四级四审，有一个时候变成三级三审，就是审判委员会和政府委员会，四级四审来下判决书。另外，分庭组织条例上写的含糊不清，结果，分庭无形中也就变成了一级，如上诉书上写的：时间：×年×月×日，地点：高等法院。这是我们自己也承认的一级。”①另外，谢觉哉在其日记中写道：“三审（边区政府审判委员会）问题，理论上可以，事实上不可能，也不必有。现以高等法院终审，不服可向边府抗告，发回高等法院再审（实则司法处、高等分庭、高等法院等丁三级）。这很好。至丁终审而不能终，不能怪人民‘缠讼’，而是有些案确审得不好。案子到终审应该事实早就弄清楚了，只是法律争执。我们则常常事实还没弄清楚，那怎能使得人服，要他‘终’！”②

分庭的设立便利了人民诉讼，并发挥了使人民权利多一重保障的作用，因而，除个别分庭因区划变动废止外，分庭这一机构一直延续到边区建制撤销。

表8　各高等分庭设立及撤销时间表

分庭名称	设立及撤销时间
绥德高等法院分庭	1943.4.1—1949.3
三边高等法院分庭	1943.4—1949.3
陇东高等法院分庭	1943.4—1949.3

---

①　《王子宜院长在边区推事、审判员联席会议上的总结报告》（手写件，1945年12月29日），全宗15—70。

②　《谢觉哉日记》（下卷），人民出版社，1984年，第756页。

续表

分庭名称	设立及撤销时间
关中高等法院分庭	1943.4—1949.3
延署高等法院分庭	1947.9—8—1948.6.11
黄龙高等法院分庭	1948.8—14—1949.3

表9　陕甘宁边区高等法院各分庭历任庭长名录

姓名	职别	任期
乔松山①	绥德分庭庭长(推事史文秀)	1943.4.1—1943.10.28
袁任远	绥德分庭庭长(兼)	1943.10—1945.9
杨和亭②	绥德分庭庭长(兼)	1945.10.20—1947春
马定邦	绥德分庭庭长(兼)	1947.9.30—1948.6
霍祝三	绥德分庭庭长(兼)	1948.6—1955.1
崔正冉	绥德分庭副庭长	1948.6—1955.4
马继堂	绥德分庭副庭长	起始时间不详—1948.1
马锡五	陇东分庭庭长(兼) (推事石静山，在1948.4.26被任命为陇东高等法院分庭副庭长③)	1943.4.16—1946.5.31
朱开铨④	陇东分庭庭长(兼)	1946.5.31—终止时间不详

① 陕西省档案馆编:《陕甘宁边区政府大事记》，档案出版社，1990年，第194页。

② 张世斌主编:《陕甘宁边区高等法院史迹》，陕西人民出版社，2004年，第48页。杨和亭，绥德高等法院分庭成立时为绥德分区副专员。袁任远、杨和亭、霍祝三、马定邦、崔正冉、马继堂资料根据《陕西省志·审判志》中的人物与大事记补充。见焦朗亭主编:《陕西省志·审判志》，陕西人民出版社，1994年，第609页。

③ 边区政府1948年4月26日的任命书，延安市边区高等法院旧址展览资料。

④ 朱开铨、吴志渊、杨玉亭、马锡五、罗成德、张鹏图资料见陕西省档案馆编:《陕甘宁边区政府大事记》，档案出版社，1990年，第252页。

续表

姓名	职别	任期
罗成德	三边分庭庭长(兼) (推事陈思恭)	1943.4.4—1946.5.31
吴志渊	三边分庭庭长(兼)	1946.5.31—终止时间不详
张仲良	关中分庭庭长(兼) (推事周鸣)①	1943.4.4—终止时间不详
张鹏图	关中分庭庭长(兼)	起始时间不详—1946.5.31
杨玉亭	关中分庭庭长(兼)	1946.5.31—终止时间不详
李景林②	延属分庭庭长(兼)	1947.9—1949.5
周玉洁	延属分庭副庭长	1947.9—1948.6
黑志德	黄龙分庭庭长(兼)	1948.8.14—1950.5
周玉洁	黄龙分庭副庭长	1948.8.14—1949.3
赵志清③	黄龙分庭副庭长	1949.3—1949.9
王恩惠	大荔分庭庭长(兼)	1949.5.12—终止时间不详
李培福	陇东分庭庭长(兼)	1949.5.5—终止时间不详
苏史青	大荔分庭庭长(兼)	1949.4.1—终止时间不详
周玉洁	大荔分庭副庭长	1949.4.1—终止时间不详

① 焦朗亭主编:《陕西省志·审判志》,陕西人民出版社,1994年,第154页。

② 李景林、周玉洁、黑志德、赵志清资料来自延安市中级人民法院审判志编委会编:《延安地区审判志》,陕西人民出版社,2002年,第48页。

③ 见《边区人民法院大荔分庭、延安地方法院等关于组织机构成立、合并问题的呈函》,全宗15—112。李培福、王恩惠、苏史青及周玉洁、赵志清等部分资料。1949年5月12日后,陕北人民法院成立,辖榆林、绥德、延属、三边、黄龙五个分区分庭,陕甘宁边区人民法院直辖陇东、关中、大荔三个分区分庭。

三、边区政府审判委员会

边区确立了新民主主义的司法路线。但是，如何建立适合边区实际的新民主主义的司法制度，成为摆在边区司法界面前的艰巨任务。边府审委会的设立，就是其中摸索过程的一部分。

朱婴等人认为[①]，设立边府审委会的具体原因包括：首先，边区现行的司法审级制度与保护人民诉权的边区施政纲领冲突。1942 年 2 月颁布的《陕甘宁边区保障人权财权条例》第 18 条规定："边区人民不服审判机关判决之案件，得依法按级上诉。"而在当时的边区司法中，边区高等法院为了便利人民，不管审级制度、不管时效限制，对各种案件均予受理。如果为一审案件，则成为一审终审，实际上剥夺了人民上诉的权利，而一审终审也使司法中的错误难以得到纠正。其次，以边区当时的制度而言，边区政府发现下级判决不当，只好发回原审机关重审，致令案件拖延。再者，边区作为根据地的首府，应采用当时先进国家的三级三审制。

1941 年 11 月的第二届参议会上，参议会代表曾提议建立三级三审制下的终审机关，这一序号为第 25 号提案的大致内容是："为统一边区司法行政建立终审机关，促司法制度之改进，谋诉讼人民之利益，请公决案（梁金生

---

① 朱婴（1889—1970），湖南华容县护城村人。早年读私塾，后考入北京朝阳大学法律系。1924 年曾加入国民党，后转共产党。后曾因罗章龙事件被开除党籍，但仍坚持革命工作。1938 年 2 月，受董必武指示回乡创办"东山中学"，任校长，培养抗日革命人才。因学校影响渐大，受到国民党特务的恫吓和干扰，又加之日寇侵略步步深入，学校被迫停办。朱婴遂率领 15 名师生组成"东山中学抗日救亡旅行团"，历时 3 月，行程 3000 里，备历险阻，到达延安。先为边区司法训练班教务主任，后为边区高等法院秘书，时为边府审委会秘书。详细的介绍见本书第七章第三节的相关内容。

等提)。”[①]但这一提案的审查意见为“保留”。[②] 1942年6月,朱婴再次向边区政府主席林伯渠提出建立边府审委会作为第三审司法机关的建议,并在边区政府第25次政务会议上得到通过。边区政府于同年8月22日以战字第446号命令公布了依据保障人权财权条例制定的《陕甘宁边区政府审判委员会组织条例》,正式成立边府审委会,并规定了组织、人员构成、职权及案件处理程序。其中规定:设委员5人,推定1人为委员长,1人为副委员长。设秘书长1人,秘书1人。委员长、副委员长由边区政府主席、副主席兼任,其余委员由政务会议在政府委员中聘任。其职权为:受理不服高等法院第一审及第二审判决之刑事上诉案件;及受理不服第二审判决之民事上诉案件;行政诉讼案件;婚姻案件;死刑复核案件;法令解释。委员会每月开会一次,必要时可临时召集。上述案件除标的较小的民事案件、5年以下徒刑的刑事案件外,须经委员会讨论通过,而委员长、副委员长负责处理之案件,开会时间应向全体委员报告。边府审委会由秘书专司其事,由副委员长划行,因开始时无书记官的设置,只在写判决书时,由政府文书科科长署名。

据朱婴在“审判委员会一年工作自我检查”中的说明,在边府审委会成立之后,因案件逐渐增多,处理不够及时,遂提议增加一名书记官,即毕珩。另外,在得到边区政府主席等的同意后,先由朱婴执笔修改了组织条例,然后经司法工作委员会修改增设委员2人,承审推事1人,不设书记官。1943

---

① 在1943年底召开的边区政府司法工作检讨会议上,李木庵的发言中曾提到提案的情况,署名的人可能是李木庵、张曙时、何思敬、朱婴、梁金生。内容有三条:第一,政务委员会兼第三审的审判委员;第二,要制定边区的法律;第三,调解制度。见《边区高等法院雷经天、李木庵院长等司法工作检讨会议的发言记录》,全宗15—96。梁金生为边区第二届参议会延安市籍议员。见中国科学院历史研究所第三所:《陕甘宁边区参议会文献汇辑》,1958年,科学出版社,第169页。上文“政务委员会”疑为“政府委员会”,因边区有“政务会”、“政府委员”,而无“政务委员会”之说。

② 《陕甘宁边区政权建设》编辑组:《陕甘宁边区参议会》(资料选辑),中共中央党校科研办公室发行,1985年,第314页。关于此一案情况,另见杨永华、方克勤:《陕甘宁边区法制史稿·诉讼狱政篇》,法律出版社,1987年,第35页。

年 3 月 30 日，边区政府以战字第 722 号命令，颁布《修正本府审判委员会组织条例》，主要变化有三：其一增设承审推事 1 人；其二，将成立于 1941 年以前契约民事案件的诉讼标的由法币 2000 元提高到 5000 元；其三，所有文件由承审推事拟稿，判决书由承审推事连带署名。[①]

至此，边府审委会的实际组成人员如下：委员长林伯渠，副委员长李鼎铭，委员贺连城、毕光斗、刘景范。实际上，其所受理的案件，一般由朱婴具体处理，书记官毕珩和赵怀壁等协助，判决书由委员会集体署名，李鼎铭副主席划行。委员会的其他成员及边区政府的领导人也时常参与案件处理，尤其是李副主席。如刘晋绅、薛钟灵与王治成因买卖土地发生纠纷案，朱婴在关于此案处理的说明中写道："本案送李副主席核稿，经他的指示以王治成已抛弃优先权，有中人王树荣来信证明，而王治成方面之证明人为 12 名参议员及边府调查员马恒志、郭琪，均不能认为有证明之效力，故应认刘晋绅与薛钟灵之买卖契约为有效。再经林主席指出，为将案情弄得更明白起见，可发回原处，其 12 参议员之前次证明王治成抛弃优先权，此后又有个别参议员否认证明，亦应追究孰为伪造文书印章之行为。李副主席主张本案既已明白，即可由审委【会为】直接之判决。"[②]再如吴堡县呼生祥与王生秀争窑洞案，朱婴在处理中便征求了包括李鼎铭、边区政府秘书长高自立、吴堡县县长王恩惠等政府领导人的意见。

在边府审委会设立及随后的发展中，朱婴试图使其相对独立，司法程序逐渐走向规范化，并希望确立法官独任制，实现自己推动边区司法发展的理想。但在这一系列活动中表现出来的明显的司法独立倾向以及旧衙门工作习气，成为其被撤销的重要原因，也使朱婴本人受到多次批评和责难。

---

① 《本府审判委员会、县司法处组织条例、军民诉讼、民刑事调解条例、死刑判决执行程序规定、成立司法工作研究会的命令、指示》，全宗 2—676。

② 《边府、审判委员会、高等法院关于刘晋绅、薛钟灵与王治成因买卖土地案的处理过程命令、判决书来往文书》，全宗 2—713。

1943年9月1日，边区政府为着总结过去司法工作的经验，确定今后司法工作的方针，决定组织边区司法工作检查委员会，负责对边区司法工作进行全面总结，找出典型，举出实例，查找症结，以便彻底了解司法的实际情形，改进工作。检查的时间段是1942年1月至1943年6月。顺序为：先检查边府审委会，然后县级司法机关，再分庭及边区高等法院。检查内容包括政策、制度、组织人事。方法是将案件分类整理，按类选择一些比较重要的、复杂的、可疑的或发生错误的案件，详细地审阅，逐件加以研究分析，指出其正确或错误的地方，说明其原因和理由，尤其注意到每一个案件的解决是否合于政策，及对于当事人及群众所发生的影响，确切地了解法官的立场及其办案的作用和目的，综合具体的案件，提出问题和意见。同时，要各级司法工作人员写出自己的工作反省等。①

1943年8月，作为边府审委会主要司法事务处理人员的朱婴、秘书毕珩分别写了“审判委员会一年工作自我检查”及“审判委员会工作检查”。对边府审委会设立的缘由、经过、案件的审理以至个人工作作风、思想倾向等进行了回顾和总结。随后的11月8日，在包括边区高等法院司法人员、延安地方法院司法人员等参加的讨论会上，由朱婴等报告工作，与会人员进行检查和讨论。与会者对边府审委会持基本否定的态度，而且主要针对朱婴个人，批评的内容包括抄袭国民党的法律条文作为边区法律的根据，②积极主张设立第三审机关，任用专门人才，排挤工农老干部等。

---

① 《边区司法工作检查委员会检查纲要及工作报告》，全宗15—25。

② 抄袭国民党的法律条文作为判决依据，也许是当时的无奈之举。判决书需要援引法律条文，边区没有相应的成文法律。但是，这种做法，脱离了边区社会的实际生活。且不说边区人民不可能了解这些法律条文的内容，即便县司法处，国民党的“六法全书”也是稀有之物。判决书援引的法律，与边区人民的实际生活，相去甚远，如何能够解决边区的纠纷？这也是民国法律脱离中国社会、远离边区人民，根本不能发挥规范作用的真正原因。边区司法的领导人，反对判决书中援引这些与边区社会毫不相干的法律条文，实在是情理之中的事。

月底，由薛何爽、[1]仲鲲[2]对边府审委会处理过的案件进行整理分析。薛何爽在1943年12月18日"三四月来整理司法案件的报告"中指出："在把22案的材料，整理和审查了一下，发现过去判决正确的11案，11案内完全处理适当的仅有4案，余7案基本上的判决是对的，但由于处理不当，也使案子不能了结。判决不正确的11案，其中有因推事别有用心故意捣乱者8案；告状人有政治背景，故意缠讼不休者5案；有的是告状人是特务，审讯人也是特务，双方进攻，搞得乌七八糟。除外，还有由于调查材料不正确，使得案子判错了的；或者硬搬条文，向外面看齐，老不能解决问题的；或者由于过右观点，不照顾具体家庭经济状况，抽象的讲道理的；或者由于不从如何便于解决问题着眼，可以调解的硬要小题大做给下判决书，今天说甲对，明天又说乙对，使得案子演成僵局不能下场的。"并提出："分庭作第二审，高等法院作第三审，审委会可以不要，重大案子政务会讨论就行了。因为下面工作如果不加强，上面层级再多，仍没多大的补益。"[3]仲鲲在他的"审委会处理的案件"中，分析了审委会处理的4个案件，从政治倾向的角度分析朱婴对案件的处理。他认为朱婴在案件审理中有为被告辩护、拖延案件的（安塞方志成杀害汪海仁案）；有挑拨军政关系的（警三团围剿匪误会击毙清涧县居民席幕生案）；故意对政治问题案子采取拖延和找茬儿故意为难，企图挽救破坏分子生命的（习正兴贪污渎职破坏政纪案）；有意打击做保卫工作的

---

① 薛何爽，生卒年月不详。由边府审委会的档案可知，薛何爽在1943年8月接替朱婴为秘书，在审委会终止之前的文书中，多见其在拟稿后署名。1944—1946年为高等法院书记长，其名又被写作"薛和昉"，见张世斌主编：《陕甘宁边区高等法院史迹》，陕西人民出版社，2004年，第47页。

② 仲鲲，生卒年月不详。边区高等法院1941年12月24日关于委任科级干部的通知中，委任仲鲲为第二科科长，管文牍、档案、统计、缮写、印刷、收发等工作。边区高等法院遗址展览馆中对其的介绍仅一句"高等法院书记长"。

③ 薛何爽："三四月来整理司法案件的报告"，见《边府关于审判改为二级审，在各分区、县设立看守所，召开司法会议，案件处理报告表、命令、指示等》（1944年2月12日至1944年8月10日），全宗2—679。

干部，用保障人权的护身符来束缚保卫干部的手足以保障特务分子的人权的（延安县府与利华工厂为索回警卫员何福秀发生纠纷案）。仲鲲因此指出："由于机关骈枝，事权分歧，领导不一元化，同一个案子便有边区政府、审委会及高等法院的各不相同的处理，这是在司法组织结构上重床叠架，在思想上'司法独立'，闹独立性的毛病。我以为立法、司法、行政主权是统一的整体，高等法院受边区政府领导是边区政府的一部分，分工掌管司法，与民、财、建、教无异，因此，所有关于司法方面事宜统交由高等法院办理。因此，审委会实不需要。像本案，可由高等法院专管，边府遇此等案件，即应移转高等法院办理，不必交由秘书处办（殊觉不伦不类），以专责成高等法院可呈报主席批核。"①

由此可见，检查者对于审委会的设立、案件的处理等均不赞同。同时，在工作作风上，朱婴比较固守自己的旧习惯，坐堂问案，判决书格式规范，喜用旧公文成语。审委会书记官毕珩在她写的"审判委员会工作检查"中提到："他的旧学很好，爱用旧公文上的话，改稿时遇到一些句子是适当的，也要把它换成旧公文上的话，因此子长县把烟犯高光富送来，我就笑他的'着毋庸议'，如果叫我写，写成'不要送来'，就不会发生这事了。"②毕珩亦在对今后司法工作的意见中提出："少用人民不懂的旧公文成语。"可见，朱婴的一些做法，不仅与边区人民的文化水平脱节，也与当时工作中的群众路线不合。

1943年12月，边区政府召开了由政府高层参加的司法工作检讨会议，参加者包括边区政府主席林伯渠，参议会副议长谢觉哉，保安处处长周兴，政府秘书长李维汉，财政厅长南汉宸，民政厅代厅长唐洪澄，边区高等法院代院长李木庵、院长雷经天等，均为具有多年党龄和长期革命经历的高级领

① 《边区政府审判委员会秘书朱婴、毕珩的检讨会议记录和有关材料》，全宗15—97。

② 朱婴："审判委员会一年工作自我检查"，见《边区政府审判委员会秘书朱婴、毕珩的检讨会议记录和有关材料》，全宗15—97。

导人。可见，是一次政府党团会议。这次会议对于边区法制的发展产生了深远影响。与会者对于雷经天、李木庵任职时期边区高等法院以及边府审委会的司法工作从法律适用、组织机构、司法人员的选拔任用及工作作风等方面进行了回顾和反省，确定了此后边区司法道路的关键性原则，同时也对边府审委会的工作作出结论，并决定了它的命运。与会者大都认为：边区虽然推行统一战线，但仍然是新民主主义政权，因此，李木庵时期边区司法发展的大方向是错的。李维汉指出："根本问题是把国民党的司法路线当成我们的路线，根本问题是立场问题，在制度上也表现了这点，比如在司法独立、检察制度就表现出来。所以从政治上来看是投降主义、是国民党化。"①因此，这次会议上，审判独立、检察制度以及三级三审被否定；建议撤销边府审委会；雷经天复职；确定今后边区司法必须在党的一元化领导之下，实行民主集中制。

1944 年 2 月 15 日，边区政府以战字第 849 号命令，撤销了边府审委会。②

此外，苏维埃时期的军事司法机关称为军事裁判所，分为三级：初级军事裁判所、高级军事裁判所及最高军事裁判会议。最高军事裁判会议设于中华苏维埃临时最高法庭。③ 从 1937 年中央司法部第 1 号训令规定，军事裁判所隶属于最高法院，下设初级军事裁判所、高级军事裁判所，实行三级两审。④ 边区高等法院成立后，军事裁判所系统仍隶属于边区高等法院。据雷经天记载："军事裁判所原设在后方政治部，后归边区高等法院领导，改

① 《边区高等法院雷经天、李木庵院长等关于司法工作检讨会议的发言记录》，全宗 15—96。

② 《边府关于审判改为二级审，在各分区、县设立看守所，召开司法会议，案件处理报告表、命令、指示等》(1944 年 2 月 12 日至 1944 年 8 月 10 日)，全宗 2—679。

③ 张希坡、韩延龙主编：《中国革命法制史》，中国社会科学出版社，2007 年，第 353 页。

④ 延安市中级人民法院审判志编委会编：《延安地区审判志》，陕西人民出版社，2002 年，第 311 页。

为军事法庭。于1939年4月间，八路军政治部及后方政治部均设立军法处，即将军事法庭撤销。9月间因工作关系，八路军的军法处在前方成立，仅留后方军法处，受后方政治部直接管辖，处理一切关于军事的案件。"①之后，1943年1月15日边区颁布《陕甘宁边区军民诉讼暂行条例》，其中规定：军法机关管辖范围包括军人犯军法之罪以及军民共犯军法之罪；普通民人犯军法之罪，在战时由军法机关处理，在平时由司法机关或锄奸机关处理。

第二节 主要特点

一、司法从属于行政

边区司法从属于行政的特点，从司法权力的地位、司法机关的设置及司法审判的运作中体现了出来。

边区改制之初，在政权结构上即以民主集中制为原则，采取议行合一、司法从属于行政的制度，即议会（参议会）是民意机关和最高权力机关，各级政府长官由各级议会选举，并接受各级议会监督；司法机关设置于政府部门之中，但其长官由议会选举，以突出司法审判的重要性。这一点体现在边区的几部宪法性文件、法院组织法及其它行政法规中。1937年5月12日《陕甘宁边区议会及行政组织纲要》规定："边区法院审判独立，但仍隶属于主席团之下，不采取司法与行政并立状态。因为时局变动，审判常须受政治的指导。与其设特别法庭或特种审判来调剂，不若使法院在主席团领导下保持

① 《高等法院：两年半来陕甘宁边区司法工作》，全宗15—156。

其审判独立,这样于保障人权较为有利。"[①]据此,在边区权力机关的配置中,司法组织体系被纳入行政系列,法院成为政府部门之一。不同的是,法院院长不是由政府任命,而是由边区参议会选举。1943年《陕甘宁边区政府政纪总则草案》延续了这一制度配置:"司法机关为政权工作的一部分,应受政府统一领导,边区审判委员会及高等法院受边区政府的领导,各下级司法机关应受各该级政府的领导";"司法工作应该在各级政府统一领导下进行,在未成立法院的地区,行政长官应兼负审判责任"。[②] 同年颁布的《陕甘宁边区高等法院组织条例》第2条、第3条规定:边区高等法院在边区参议会之监督、边区政府之领导下"独立行使其司法职权"。1946年4月23日第三届参议会通过的《陕甘宁边区宪法原则》对司法机关的政权地位未作说明,但强调了职能行使的独立性:"各级司法机关独立行使职权,除服从法律外,不受任何干涉。"1946年10月28日《中华民国陕甘宁边区自治宪法草案》(修正稿)规定:司法权、立法权、行政权并列,以作为联合政府建立后地方自治的政权结构,但未能付诸实行。[③] 因而,在边区历史上,司法机关基本上处于一以贯之的从属地位。

依照上述法规,边区逐渐建立了隶属于行政系统的司法组织体系。边区政府在名义上属国民党行政院所辖,相当于省一级的行政机关,但实为中国共产党领导下完全独立的民主政权。[④] 这一政权组织形式分为三级,包

---

① 《陕甘宁边区政权建设》编辑组:《陕甘宁边区参议会》(资料选辑),中共中央党校科研办公室发行,1985年,第46页。

② 《陕甘宁边区政权建设》编辑组:《陕甘宁边区的精兵简政》(资料选集),求实出版社,1982年,第104页。

③ 该草案第三章为"陕甘宁边区政府",第17条规定:"陕甘宁边区政府,由边区议会、边区行政委员会及边区司法机关构成之。"见艾绍润主编:《陕甘宁边区法律法规汇编》,陕西人民出版社,2007年,第10页。

④ 李云峰:"陕甘宁边区民主政治的实施及其特点",载李云峰等著:《西安事变与中国抗战》,(香港)银河出版社,1999年,第436页。关于边区政权组织形式的详细论述,参见该文。

括边区、县、乡市（相当于区或乡的市）三级参议会和政府委员会，另有两种不属一级政权但承上启下的机关：一是在偏远地区设立的分区专员公署，代表边区政府督察指导该分区各县的行政事宜；一是区公署，代表县政府督察指导该区各乡的行政事宜。在边区、分区专员公署、县三级司法机构的设置中，边府审委会设立于边区政府之中，高等法院与边区政府下设的民政厅、财政厅等行政部门并列，分庭、司法处同样分别设置于分区行政专员公署、县级政府之中。除边区高等法院外，其余各级司法机关的负责人均由同级行政首长兼任。

在审判工作中，以民主集中制为原则。边府审委会对于刑事案件徒刑5年以上，民事案件标的达到一定数额（民国三十一年一月以前在法币2000元以上，之后在边币10000元以上）的由委员会讨论决定。《陕甘宁边区高等法院组织条例》第3条规定，边区高等法院独立行使其司法职权；第15条规定："高等法院民事法庭及刑事法庭，各设庭长及推事，独立行使其审判权。"但实际上，1941年雷经天在司法工作报告中指出，高等法院采取"集中领导，分工负责"制，"法院自1938年起就有每月的月终报告，这个报告是给边区政府委员会的。法院有些问题还是受政府委员会领导的"。法院有"全体工作人员会议，在这个会议上讨论工作上和生活上诸琐碎问题"①。县级司法机关先由裁判委员会（由裁判员、政府委员、县委书记、保安科长、保安大队长等组成）、后由县政府政务会议处理较为重要的案件。如《陕甘宁边区县司法处组织条例》第8条规定，对于涉及民事案件诉讼标的价格在边币10000元以上者，婚姻、继承、土地案件与政策有关，或与风俗习惯影响甚巨者，以及案情重要的刑事案件，情节重大的军民关系案件等，经过侦讯调查后，须将案情提交县政府委员会或县政务委员会讨论。因而，司法权被称之

① 雷经天："在陕甘宁边区司法工作会议上的报告"（1941年10月），韩延龙主编：《法律史论集》（第5卷），法律出版社，2004年，第386页。

为“半权”。①

图 5　边区参议会、行政与司法组织关系示意图②

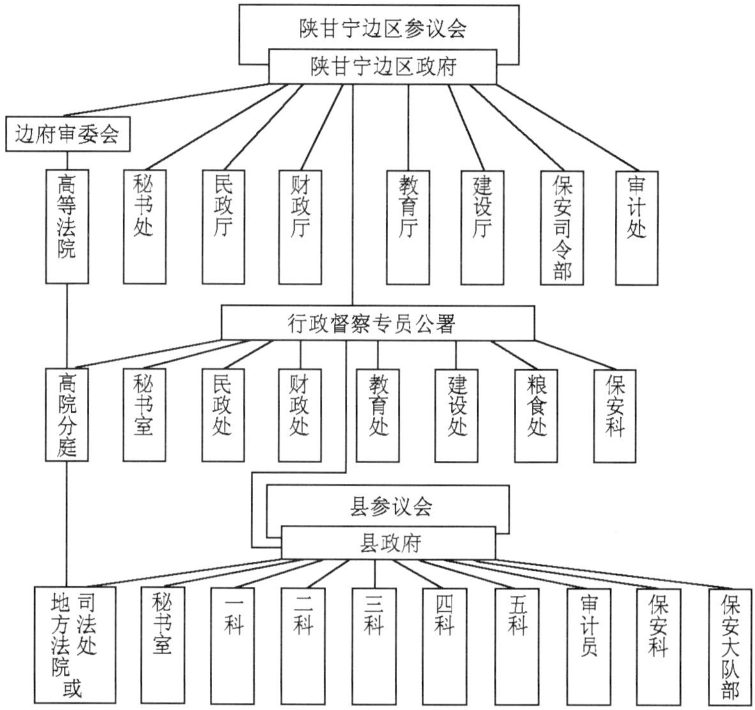

① 谢觉哉说：“某些学过法律的人说：边区司法只半权，不全是瞎说。”“事实：‘司法是执行的部分，从属于行政权不应和立法行政并立。所以实际只是二权。’”《谢觉哉日记》（下卷），人民出版社，1984 年，第 756 页。

② 本图依据下列法规绘制：《陕甘宁边区政府组织条例》（1939 年 4 月 4 日），《陕甘宁边区行政督察专员公署组织暂行条例》（1942 年 1 月 5 日），《陕甘宁边区县政府组织条例》（1942 年 1 月 5 日），《陕甘宁边区高等法院组织条例》（1939 年 4 月 4 日），《陕甘宁边区政府审判委员会组织条例》（1942 年 8 月 22 日），《陕甘宁边区高等法院分庭组织条例草案》（1943 年 3 月），《陕甘宁边区县司法处组织条例草案》（1943 年 3 月 30 日），分别见中国科学院历史研究所第三所：《陕甘宁边区参议会文献汇辑》，科学出版社，1958 年，第 49、109、61、111 页；艾绍润主编：《陕甘宁边区法律法规汇编》，陕西人民出版社，2007 年，第 37、40、41 页。边区县政府下属机构中的第一、二、三、四、五科的职责分别为民政、财政、教育、建设及粮食。

二、变通的三级三审制

边区审级制度的沿革大致可分为三个时期:(1)1937 年至 1942 年 8 月,边区在新设机关、改组原有司法机关以及完善苏维埃时期司法机关的基础上逐步建立了新的司法体制,实行两级两审;(2)1942 年 8 月至 1944 年初,设立边府审委会,实行三级三审;(3)1944 年至 1949 年,基本定型为两级两审。但是,边区虽实行两级两审制,由于强调党和政府对司法工作的领导和监督,政府负有具体的司法职能,形成以两级两审为主体、以政府的司法职能为补充的变通性三级三审制。边区高等法院成立之初,名义上为国民政府治下的省级司法机关,受国民政府最高法院管辖,形式上为三级三审,但由于边区政府实际上的独立地位,边区司法组织体系仅有两级,实行两级两审制。但是,通过边区政府对于司法的领导以及具体参与,成为变通形式的三级三审:

首先,党对司法的领导。司法是执行政治任务的机关,被纳入统一的革命目标之下,因而党的政策是法律的重要渊源。党的领导者也参与某些重要案件的处理。例如,党中央对于宽大政策的解释,可以直接作为刑事案件的判决依据①;在著名的黄克功案中,对黄克功的死刑判决便经过了党中央的决定②。

其次,边区政府对司法的领导。在三级三审体制中,边府审委会行使终审权。在两级两审体制中,政府领导司法。1939 年《陕甘宁边区高等法院组织条例》第 2 条规定:"边区高等法院受中央最高法院之管辖,边区参议会之监督,边区政府之领导。"边区政府可以决定对某一具体案件的处理。雷

---

① 有关党中央如何进行宽大政策的解释的讨论,参见本书第五章第二节。

② 黄克功案的介绍和分析,分别参见本书第四章第二节和第五章第一节。

经天 1941 年 10 月的报告中说:“在边区司法工作未和中央取得联系之前,在法院判决以后不服者可以直诉到边区政府委员会再由法院重新处理。”① 边区政府还拥有死刑案件的最终审核权,马锡五 1949 年在延安大学的报告中提到:“比如各县呈来审核敌伪死刑的共 57 件,但得到边府主席批准的只有 18 件,占呈请数的不足 1/3,即使说有 2/3 的犯罪者尚不该处死,这表现了过左的一面。”②

对于边区居民因不服司法机关的处理而给政府的呈状、各级司法机关对需要边区政府审核的案件处理的请示,边区政府往往通过批答、命令或公函回复。例如,1945 年 4 月 3 日批字 518 号批答——批王子良与吉根云赁房合伙纠纷案,认为高等法院的处置尚属合理,驳回上诉。1945 年 7 月 6 日,边区政府的批字第 538 号批答——李贞富控告李思明等违法行为案。指出:“该县司法处拟判处李贞富徒刑 6 个月一节,本府认为如以诬告论罪,在边区发扬民主精神及被告人尚未受到危害的情况下,实有不妥。只要研究查清是非,予以批评教育即可,不得判处徒刑。如李贞富尚有破坏或妨害社会治安之确实行为时,可另行依法处理,不得与前项上诉案混同一起。”而 1945 年 4 月 19 日战字第 866 号命令,则要求绥德专署派史祥周协助调查王隆业一案。边区政府可以命令边区高等法院对案件事实再作调查。如边区政府 1945 年 4 月 7 日战字第 865 号命令中,要求对黄清福与黄仲高房屋土地纠纷案再作调查。同时,边区政府对死刑案件的审核中权改变量刑。如边区政府 1945 年 4 月 22 日关于对镇原县余长延等匪犯的批答,镇原县拟对余长延、李占荣处以死刑,马文标、马金山处徒刑各 1 年半;边区高等法院审核中拟对余长延处死刑,对马金山、马文标拟处徒刑 3 年,对李占荣拟处徒刑 8 年。边区政府的批答中同意对余长延处以死刑,马文标、马金山处

---

① 雷经天:“在陕甘宁边区司法工作会议上的报告”(1941 年 10 月),《法律史论集》(第 5 卷),法律出版社,2004 年,第 401 页。

② 《人民法院马锡五在延大关于司法工作中几个问题的报告》(1949 年),全宗 15—151。

以徒刑(刑期由高等法院决定),对李占荣案要求再行审查,并指出了尚存在的疑点。①

边区政府的批答,绝大多数是赞同边区高等法院的意见,如边区政府1946年1月11日第560号批答——批驳王生成为王生发与秦手班婚姻纠纷上诉案,"高等法院按照婚姻自主之原则,判决解除婚约,并无不合。希望你遵判领回原聘礼,停止上诉为是"。② 也有对边区高等法院的处理提出不同意见,或者调卷审问后提出补充意见的,如边区政府第523号批答——关于童宪能与常桂英婚姻纠纷案处理意见:"经审查认为最好经过调解,使能复合治病,由男方履行治疗责任。如调解不成,则给以合乎情理的判决。"③ 1945年7月25日边区政府到字424号函——关于史俊臣离婚案:"经本府

---

① 陕西省档案馆、陕西省社会科学院:《陕甘宁边区政府文件选编》(第九辑),档案出版社,1990年,第80—102,150页。《陕甘宁边区政府关于对镇原县余长延等匪犯处理的批答》(1945年4月22日)中指出:"镇原县余长延等土匪案,本府同意处余长延以死刑,马文标以徒刑(徒刑期由高等法院决定)。至李占荣匪犯,要镇原县司法处再行审查:一、这些匪犯有无政治背景;二、李占荣是否著名匪首或惯匪;三、该犯供称'马占才系去年8月间被赵老五打死的',是真是假? 又称'抢了当过保长欺侮人的人',是真是假? 否则为甚这样说;四、再次慎重地征求当地回汉人民意见,看处该犯以死刑或徒刑较合适。上项情形由镇原县审查清楚后,提出意见呈报高等法院复核后再转呈本府另行核夺。"

② 陕西省档案馆、陕西省社会科学院:《陕甘宁边区政府文件选编》(第十辑),档案出版社,1990年,第4页。类似内容的批答还有:薛长荣同李桂英离婚纠纷案,1945年7月9日,批字第540号;批驳常鸿育和吴常氏争买土地上诉案,1945年7月25日,无批字编号;同意高等法院关于固林县桃枝村白丹章与白居仁为争执水路案之判决,1945年8月9日,批字第44号。以上均见《陕甘宁边区政府文件选编》(第九辑),档案出版社,1990年,第158、166、221页。以及批驳高延士为刘治英与高余立离婚纠纷的上诉,1946年3月12日,批字第568号;批驳王子德为担保艾毓洲欠债上诉,1946年3月28日,批字第569号;批驳绥德李万表为包庇土地摊派不公案件的上诉,1946年5月2日,批字第571号;批驳子洲县薛张氏为争继承及被盗两案上诉由,1946年5月9日,批字第572号;批驳史文炳为与史宗贤土地权涉讼案上诉由,1946年5月16日,批字第575号;批驳刘汉章为与周崇西争买土地上诉无理希息讼由,1946年5月23日,批字第576号等。以上均见《陕甘宁边区政府文件》(第十辑),档案出版社,1990年,第11—12页、第51—53页、第155页。

③ 陕西省档案馆、陕西省社会科学院:《陕甘宁边区政府文件选编》(第九辑),档案出版社,1990年,第81页。

图 6　边区司法组织系统图(1942 年底)①

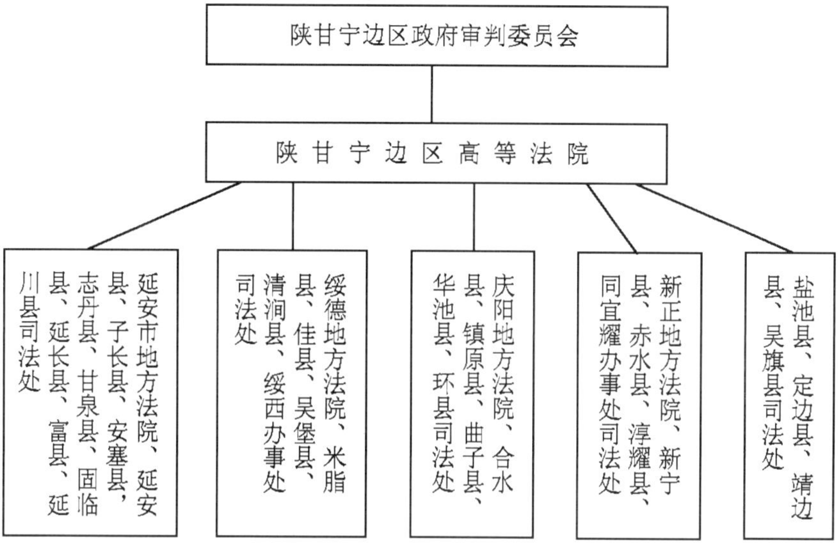

调卷审问后，认为该院判决史、沙二人之离婚，原则上是正确的。惟沙玉兰之舅父孙彦贵打伤史俊臣之母一事，原判未予验伤查究，自难昭其折服。又史俊臣给边区高等法院信中提出：对于订婚聘礼主张算还一节，原判未予判及，亦嫌缺漏。现特抄附史俊臣来信，希即加以考虑。可否将以上两点，再行考查，予以适当解决，以昭折服而达息讼。”②

边区政府在司法体制中通过批答人民呈诉、审核死刑案件、启动再审程序以及参与部分案件的处理，既对一审、二审起到一定程度的纠错纠偏

① 根据上文及任中和的“陕甘宁边区行政区划演变概述”绘制，原文载于《历史档案》1988 年第 3 期，第 116，120—126 页。图中从左至右，地方法院及司法处的上级行政分区依次为边区直辖区、绥德分区、陇东分区、关中分区、三边分区，其时高等法院分庭一级机构尚未成立。

② 陕西省档案馆、陕西省社会科学院：《陕甘宁边区政府文件选编》(第九辑)，档案出版社，1990 年，第 81，169—172 页。

作用，也对于各审级起监督作用。因而，雷经天说："形式上是两级两审，但这还有补救的办法，在高等法院判决后，你不服的话，可到边区政府去解决，政府只是审查判决的对不对，可以加以指示，由主席批示，法院就按照批示，应该重新审判的就审判，表现出来是两级两审的形式，实际上是三级三审。"①

三、 机构设置的综合性

出于战时权力集中的需要及司法资源匮乏的现实，边区司法机构设置以审判职能为中心，将检察、司法行政及狱政管理职能综合在一起。② 这一点，在高等法院的机构设置中尤为突出。

边区各级法院既是审判机关，同时也是集检察、司法行政与狱政管理职能于一身的综合性机关。边区司法机关的建设史上，审判职能与检察职能基本合一。边区检察机关时设时废，虽曾在 1946 年第三届参议会后与高等法院并立，但不久即因战争原因而消失于无形。边区高等法院成立初期设置的一名检察员及 1941 年一度设立的检察处均属于其下属机关。县级检察员的设置多付阙如，雷经天 1941 年 10 月的工作报告中指出："我们现在因为司法人员的缺少，以致就这现有的组织内人员还非常不充实，例如各县的司法人员太不健全，甚至有好几个县连裁判员也没有，工作只得由县长兼任，还有些县份连书记员也没有，至于检察员更说不上了。"③其余时间，除

① 《边区高等法院雷经天、李木庵院长等关于司法工作检讨会议的发言记录》，全宗 15—96。

② 狱政管理属于司法行政职能，但在边区高等法院历史上，狱政管理机构始终为其常设机构之一，而且多有创举。

③ 雷经天："在陕甘宁边区司法工作会议上的报告"（1941 年 10 月），韩延龙主编：《法律史论集》（第 5 卷），法律出版社，2004 年，第 385 页。

汉奸盗匪等案件由保安机关负责侦缉起诉外，审判与检察基本合一。《陕甘宁边区政府审判委员会组织条例》（1942年8月22日）、《陕甘宁边区高等法院分庭组织条例草案》（1943年3月）及《陕甘宁边区县司法处组织条例草案》（1943年3月30日）均无检察权的规定。[①]

边区司法机关一直承担狱政管理职能。边区高等法院设置的监狱为边区主要的狱政管理机关，也是全边区长期刑事犯的服刑场所，其人犯的工作、教育、生活等均由高等法院管理。边府审委会、边区高等法院分庭不单独设立羁押机构。分庭将须羁押的人犯羁押在所在地的看守所。《陕甘宁边区县司法处组织条例草案》第12条规定："司法处关于应羁押之人犯，羁押于各该县保安科之看守所，对于人犯教育、工作、生活各项事宜，审判员承处长之命，得随时到所视察之。"

司法行政权亦集中在各级法院。边区司法人员的选拔、培训、教育等权力主要集中在边区高等法院。如《陕甘宁边区高等法院分庭组织条例草案》第4条规定："高等分庭庭长推事由高等法院呈请边府任命"；第12条规定："高等分庭关于行政处理问题及诉讼程序问题，法律适用问题，有质疑者，须呈送高等法院核示之"。同样，《陕甘宁边区县司法处组织条例草案》第5条规定："县司法处处长、审判员，由高等法院呈请边区政府任命。"第8条、第10条分别规定：司法处有民刑案件的侦讯调查权，关于行政问题处理有疑问的须呈请高等分庭，如仍有疑问，呈请高等法院等。可见，边区司法机关设置中，体现了综合性的特点。这一特点形成的原因包括：

李维汉说：这种体制是"过渡时期的权宜之计，是适合边区的战时和农村环境的……"[②]。"边区司法机关的设置也贯穿着从实践出发、切合实际需要的思路，适应边区复杂的客观环境。"正如雷经天所言："我们现在的组

---

① 参见本书第三章：边区高等法院的职能体现与院长更迭。

② 李维汉：《回忆与研究》（下），中共党史资料出版社，1986年，第534页。

织不是死守成规，而是以工作和组织的适当为原则。我们的组织是为工作的需要而组织的，同时，我们的组织是以人民的需要和工作的适当而设立的，并非采取空架子的组织。”①

---

① 雷经天：“在陕甘宁边区司法工作会议上的报告”（1941年10月），韩延龙主编：《法律史论集》（第5卷），法律出版社，2004年，第385页。

第三章　边区高等法院的职能体现与院长更迭

与其内部组织的综合设置模式相适应，边区高等法院职能包括审判职能、准立法职能、法律教育职能、狱政管理职能和生产自给职能等，同样体现了综合性。边区高等法院6位院长的选任及更迭，是其职能实现的关键环节。

第一节　主要职能

一、审判职能

（一）重要刑事案件的一审

边区高等法院自成立之日起，即承担重要刑事案件的一审，如1937年8月份的匪首郭友堂、宋太等结伙劫掠公路上汽车、抢劫枪支案，[①]10月份的黄克功因逼婚未遂枪杀刘茜案等。1939年4月4日边区第一届参议会通过的《陕甘宁边区高等法院组织条例》第6条第1款规定：高等法院管辖

① 《关于判决匪首郭友堂、宋太等结伙劫掠公路上汽车、抢劫枪支案件材料》（1937年8月），全宗15—547。

“重要之刑事第一审诉讼案件”。但对何谓“重要之刑事案件”,未作规定。从《陕甘宁边区判例汇编》中编辑的案例来看,其中 50 例刑事案件中有 27 件为边区高等法院一审的案件,案件类型包括汉奸、特务、土匪劫掠、故意杀人、抢劫、贪污、破坏边区等多种性质及后果严重的犯罪行为。在边府审委会设立前及撤销后,边区高等法院的一审案件也是终审案件,但因边区存在再审制度,对边区高等法院一审不服,可诉至边区政府,转由高等法院重审。同时,为慎重起见,边区高等法院所受理的重要的一审案件,常常征求边区政府的意见。因而雷经天在 1941 年 10 月份的司法工作报告中说:“本院受理的重大的与高级干部有关的案件亦呈请政府委员会讨论决定。”①

(二) 对上诉案件的审理

除 1942 年 8 月至 1944 年 2 月边府审委会存在期间之外,边区高等法院为边区主要的上诉审及终审机关。② 据统计,1941 年 12 月至次年 2 月,三个月刑民事案件旧管加新收共 67 件,结案 45 件,结案率约 67%。平均月收案 11 件,旧管 12 件,月均 23 件。3 月至 9 月份,旧管与新收共 167 件,月均 24 件,收案率无统计。从 1941 到 1942 年的情况来看,月均收案率较为稳定。李木庵任职之后,在下半年内办结了 50 余件积案(雷经天移交的民事 31 件,刑事 20 件,共 51 件),全年办结第二审案件 221 件(内民事 136 件,刑事 85 件),未结 37 件(内民事 26 件,刑事 11 件,均为本年底所收案件)。全年收案 258 件,月均 21.5 件,全年结案率约 86%。③ 已结案件中有 23 件上诉(占已结案件中 10%),上诉案件中有 9 件撤销原判(占已结案件

① 雷经天:“在陕甘宁边区司法工作会议上的报告”(1941 年 10 月),韩延龙主编:《法律史论集》(第五卷),法律出版社,2004 年,第 401—402 页。

② 说边区高等法院是终审机关,是基于二审终审审级而言。但是,人民不服边区高等法院的判决,可以上诉到边区政府,令边区高等法院重审,边区政府、党中央也可以参与案件的处理等,所以其终审职能是相对的。

③ 1942 年 6 月 9 日前为雷经天任职时期,此后至 1943 年底为李木庵任职时期。

的4.07%,内全部变更原判仅3件)。1942年后期结案率大大提高的原因是李木庵上任后增加了审判力量,将雷经天时期原有的2个推事、2个书记员,增加到4个推事、9个书记员,迅速改变了案件久拖不结的现象。

而且,边区高等法院案件审理量随着边区辖区的发展及各地局势的复杂化而呈上升趋势,如1947年7月至12月,半年内案件量达到215件(其中未结33,已结182),月均收案近36件。由于边区审级结构仅有两级,边区政府虽拥有司法权,但因不直接参与案件审理,主要起监督检查的作用,只是辅助性质,这使边区高等法院实际上除一审职能外,兼具上诉法院、再审法院及终审法院的多重职责。同时,边区高等法院对于案件的审理主要是事实审而非法律审,法院推事常常要介入证据调查、进行开庭审理,以保证在正确认定事实的前提下适用法律,在判决前还需尽可能进行司法调解。虽然案件的调查、执行多依靠相关部门及下级司法机关的协助,但对于人员缺乏的边区高等法院来说,仍是一项艰巨的任务。而且,委托其他机关调查,往往导致案件的拖延与积压。

边区高等法院在案件审理中,首先凸显出革命时代法律的政治属性,其次以维护社会秩序的稳定、定分止争为己任。在刑事审判中,镇压敌对力量,维护革命秩序。在民事审判中,维护土地革命的成果,并充分运用了为民众所乐于接受的调解手段。

例如,1937年8月到1941年,边区共发生各类刑事案件6759件,其中汉奸、土匪、破坏军队、破坏边区政权类的犯罪占总数的22%。[①]

抗战时期,革命政权停止了没收地主土地的政策,但对于已经分配给贫苦农民的土地,则坚决维护其所有权,如韩福厚与韩银厚土地所有权争

---

① 延安市中级人民法院审判志编委会编:《延安地区审判志》,陕西人民出版社,2002年,第82页。

执案等；[①]对违反边区法令，收回已分配土地的破坏革命成果的行为，则给予严厉惩治，如鲍立道私自收回已没收土地案，被判处徒刑3年6个月；郝鸣谦暗中私自登记收回已被没收分配的土地、窑洞，被判处徒刑1年。[②] 1948年边区监狱人犯总数为201人，其中投敌、破坏边区、反革命三类人犯共67人，占总数的33.3%。[③] 马锡五指出："新民主主义的法律，是保护以工农为主体及各阶层民主人民的利益为己任，而反对与镇压地主买办官僚资产阶级的武器，因之我们的司法工作者，对此必须有明确的认识与理解，才能在工作中运用自若"；"司法任务，是把政策的执行具体化"。[④] 所以，政治立场和政治警觉性是正确司法的前提。

---

① 该案中，上诉人韩福厚曾于1929年间以其所有土地8垧半出典于强正伦。1935年土地革命时，该土地被没收，后分给被上诉人韩银厚、韩占福兄弟二人共7垧。1936年农历5月间，土地革命政权一度失败，所有在革命政权时代没收之土地仍旧归还各地主。因此，强正伦所典受韩福厚之土地仍恢复其典权。但因韩银厚已在该地播种，准作韩银厚承租。是年韩银厚曾缴纳强正伦租粮黑豆2斗。次年，强正伦改租于韩占全。1937年冬，韩福厚从强正伦手中将该原典地8垧半赎回，后又以典价100元出典于韩银厚、韩占福兄弟二人。1940年冬，革命政权恢复。韩银厚见从前已没收分配之土地，仍须归还原先分得之人，即认为所典受韩福厚之长圪太土地8垧半中，有其原分得之7垧，为自己已往取得之所有权，1941年农历12月，韩福厚向韩银厚支付典【价】100元请求赎回该8垧土地，韩银厚当收到典价，典约交还。但只准韩福厚赎回土地1垧半，韩福厚不同意，韩银厚向安定县政府提起诉讼，经判决系争土地7垧为原分主韩银厚所有，上诉人不服判决提起上诉，边区高等法院维持原判。《边区高等法院编制：陕甘宁边区判例汇编》，全宗15—26。

② 鲍立道因凭借自己身为代理区长的工作地位，私自登记收回已被没收分配的土地（果园也应没收），复将公有的及群众的土地窑洞私给其当过豪绅的舅父，按照边区法令构成破坏边区土地法令罪，被判处徒刑3年零6个月，私自登记的两垧果园地及果树，收回交还公家，私给其舅父杨汝斌的27垧土地、11个窑洞亦收回交还公家及群众。郝鸣谦亦因暗中私自登记收回已被没收分配的土地、窑洞，被判处徒刑1年，其收回之土地、窑洞、财物等仍归原主所有。《边区高等法院1938年至1944年刑事案件判决书汇集》(二)，全宗15—28—2。

③ 延安市中级人民法院审判志编委会编：《延安地区审判志》，陕西人民出版社，2002年，第82—83页。

④ 《人民法院马锡五院长在延大关于司法工作中几个问题的报告》(1949年)，陕甘宁边区人民法院编印，全宗15—151。

此外，边区高等法院在案件审理中还发挥着维护社会正常秩序、推进社会改革的作用。如1938年至1939年间边区各级司法机关处理的各类普通刑事案件达2349件。① 针对当时种植、吸食鸦片、赌博等社会恶习，司法机关在案件审理中积极配合政治革命，促进社会改良，树立新的风尚。边区1937年至1938年两年中，审理鸦片案525件，占总案件数2166件的1/4。② 对于传统家庭中虐待妇女的行为也予以制裁，逐渐提高妇女在婚姻家庭中的地位。③ 边区高等法院还推行法官下乡，提倡调解结案，并指导民间调解，使大量的纠纷通过调解方式解决。1942年至1944年边区31个县市中，共发生民事案件1897件，其调解比例逐年上升，到1944年达48%；刑事案件共2111件，调解比例亦是逐年上升，到1944年达12%。

表10　1942—1944年陕甘宁边区民事案件的处理方式统计表④

年度 类别(%)	1942	1943	1944	备考
判决	72强	43弱	29弱	
调解	18弱	40弱	48强	
撤回诉讼	6弱	15强	14强	
其他	4强	2弱	9弱	

① 榆林市中级人民法院：《榆林地区审判志》，陕西人民出版社，1999年，第55页。

② 延安市中级人民法院审判志编委会编：《延安地区审判志》，陕西人民出版社，2002年，第88页。

③ 王黄氏虐待侄媳张皆英致使其自杀一案中，王黄氏因伤害致死罪，被延安地方法院判处有期徒刑2年。见《边区高等法院1938年至1944年刑事案件判决书汇集》(一)，全宗15—28—1。

④ 根据报告中的表格改制，形式稍有变化。见《边区人民法院工作总结报告》，1949年7月27日，全宗15—213。

表 11 1942—1944 年陕甘宁边区刑事案件的处理方式统计表

类别(%) \ 年度	1942	1943	1944	备考
判决	97	89	78 强	
调解	0.4	5.6	12 弱	
撤回诉讼	2.1	2.4	4	
其他	0.5	3	6	

从表 10 和 11 不难看出，边区高等法院及其下级法院，在刑民事案件审理中大量使用调解方式，调解结案比例逐年上升。在重地缘血缘人情关系的法律文化背景下，调解往往能更有效地缓和双方当事人之间的对抗，从根本上化解纠纷，消除矛盾。

（三）对下级司法机关的业务指导

边区高等法院通过案件月报对各分庭、各司法处所审理的案件进行审核，对于案件及各种司法问题的请示进行批答，藉以指导、检查、督促下级司法机关的工作。① 以 1942 年为例，边区高等法院全年复核各县月报判决案件计 2617 案（内民事 834，刑事 1783），批答请示案件共 179 件（每件至少行文 1 次，多者往返行文 8 次），未结者 1 件；审核死刑案件，已办结 23 件，未办结 5 件。② 至边区后期，月报制度更为完善。各分庭或各县（市）除紧急事项随时报告请示外，每到月终必须填造案件分类统计表、已结未结案件登记表和已决未决人犯登记表，分别按级呈送审核，每季须有书面总结报告一

① 雷经天："在陕甘宁边区司法工作会议上的报告"（1941 年 10 月），韩延龙主编：《法律史论集》（第 5 卷），第 386—387 页。从边区高等法院的特点来看，应归属"上诉审"法院。见傅郁林："论最高法院的职能"，载《民事司法制度的功能与结构》，北京大学出版社，2006 年，第 53 页注。

② 《陕甘宁边区高等法院 1942 年工作计划总结》，全宗 15—185。

次，以便于了解情况，发现问题并及时指导解决。①

在1948年以后，边区高等法院对月报制度进行了改革，要求各地在月报中，不能例行公事式地填表了事，应注意典型案例的总结，及时发现问题，改进司法工作。边区高等法院还实行批答制度：即对于各分庭、各县的疑难询问、法律解释、月报表和工作报告、案件请示等均给以及时的批答和指示。

前期的批答主要是就事论事，后期着重从政策原则上予以分析和明确，因而对地方司法工作很有帮助："批答制度，除指导工作外，无异于以各县审判的案件作教材，成了培养干部的函授学校。"②

二、 准立法职能

由于边区法律体系处于初创阶段，成文立法缺乏，客观上需要边区高等法院依据实践经验草拟立法草案以为立法参考。同时，边区政策和法律的解释权一般属于党和政府，③但对于在审判过程中如何适用法律、法令的解释，则属边区高等法院。1943年3月30日《陕甘宁边区县司法处组织条例草案》、1943年3月《陕甘宁边区高等法院分庭组织条例草案》均规定：司法处关于行政处理问题及诉讼程序问题、法律适用问题，有质疑者，须呈由该管高等法院分庭核示，如分庭仍有疑问者，转请高等法院核示。因此，客观现实和法律规定实际赋予了边区高等法院草拟法律案、解释法律法令及发布指示命令等准立法职能。

边区法律体系以单行条例为主，其法律渊源包括纲领、政策、条例、命令、指示、国民政府法律、边区善良风俗习惯、判例等10余种，缺乏系统性，

---

① 《1942年至1944两年半来工作报告》，全宗15—193。

② 《边区人民法院司法工作报告》(1949年10月)，全宗15—212。

③ 在边区制定法中，法律的解释权明确规定属于边区政府。但对于政策的解释权，仍是一个需要研究的问题，例如，镇压与宽大刑事政策，党中央的解释具有法律效力。

内容繁杂，笼统粗疏。具体案件审理中，法律适用的难度较大。边区高等法院通过起草立法草案，颁布司法法规，发布指示信、命令、训令，编制判例等，弥补立法疏漏，解决司法实践中遇到的程序或实体问题。具体体现在以下四个方面：

其一，为边区参议会、边区政府起草立法草案。如边区高等法院 1942 年起草了条例 10 种：(1)县司法处组织条例；(2)边区高等法院分庭组织条例；(3)民事诉讼条例；(4)刑事诉讼条例；(5)刑事覆判条例；(6)边区妨碍抗战动员处罚条例；(7)审限条例；(8)边区司法人员任用条例；(9)边区民刑事调解条例；(10)农忙时期犯人保外生产条例。其中(1)、(2)及(9)由边区政府于 1943 年正式颁布。边区高等法院根据司法实践经验草拟的《陕甘宁边区民事诉讼条例草案》5 章 50 条及《陕甘宁边区刑事诉讼条例草案》6 章 76 条，经多次讨论修改，虽未能颁布施行，不失为边区诉讼立法的重要成果。[①] 此后，边区高等法院仍积极参与立法活动，如王子宜在 1945 年边区推事审判员联席会议报告中谈到："讨论过的约有刑罚【法】总、分则，民、刑事诉讼法，地权条例，土地租佃条例，婚姻条例，债务处理办法，继承处理办法等。现除最后两种(债务处理办法、继承处理办法)，已将意见呈送边区政府审查颁布外，其他拟经由边府提交将要召开的下届边区人民代表大会审查决定。在未正式提交人民代表大会之前，希望各推事、审判员在各分区、县，敦请各方有关人士召开座谈会，把这次讨论了的刑罚【法】总、分则及婚姻条例，在座谈会上研究，然后把座谈会上的各种意见写成材料，赶二月二十日以前汇

---

① 关于《陕甘宁边区民事诉讼条例草案》及《陕甘宁边区刑事诉讼条例草案》是否试行过的问题，杨永华教授认为，林伯渠在 1945 年 10 月的边区推事审判员联席会议上曾指出："诉讼程序草案已经编好草案，正在试行中，希望大家把各地的情况讲出来，好好研究，使我们进一步搞好。"次年 5 月 4 日马锡五、乔松山在回复耀县司法处、关中分庭呈请再发民刑诉讼条例(草案)时说："所要的民刑诉讼法草案，过去虽已草拟，但今天看来，其中还有些欠妥之处，需待重新整理。"可见草案仅在高等法院内部试行。

交高等法院”。[1] 边区高等法院参与起草法律，有助于将审判实践经验及时上升到法律之中，增强法律的适应性，提高立法质量，保证立法效果。

其二，制定颁布司法行政规章。如边区高等法院1942年即已制定公布了《在监人犯夫妇同居暂行办法》、《监狱人犯保外服役暂行办法》及《释放人犯暂行办法》等，完善了狱政管理法规。[2]

其三，发布关于诉讼程序方面的通令、通知、指示信等。如《关于裁判员工作手续规定之通令》(1938年8月25日)、《关于管辖事件通知》(1939年2月14日)、《关于诉讼手续的指示信》(1942年4月15日)、[3]《陕甘宁边区高等法院命令——指示判决书送达当事人时注明上诉期间及原审声明不服由》(1942年10月17日)、《陕甘宁边区高等法院命令——羁押被告人应注意事项由》(1942年10月10日)、《陕甘宁边区高等法院指示信——本院规定各县司法处办理杀人案件的程序及应注意之点，指示遵照由》(1945年7月25日)，等等。[4]

其四，规定适用国民政府民刑法的原则，编制判例，以辅助司法。雷经天曾多次提出适用国民政府法律须遵循五个原则：(1)适合于革命的三民主义；(2)适合于抗日民族统一战线；(3)适合于抗日民主的要求；(4)适合于边区实际的环境；(5)适合于人民需要。[5] 而以李木庵领导的高等法院判例编选小组在1944年编写了《陕甘宁边区判例汇编》初稿本。这些工作，对于边区司法起了良好的指导作用。

---

① 《王子宜院长在推事审判员联席会议上的总结报告》(油印件，1945年12月29日)，全宗15—70。

② “高等法院：本年3月至9月工作报告”，见《高等法院1941至1942年工作报告》，全宗15—187。

③ 杨永华、方克勤：《陕甘宁边区法制史稿·诉讼狱政篇》，法律出版社，1987年，第4页。

④ 艾绍润主编：《陕甘宁边区法律法规汇编》，陕西人民出版社，2007年，第70,76页。

⑤ 雷经天：“在陕甘宁边区司法工作会议上的报告”(1941年10月)，韩延龙主编：《法律史论集》(第5卷)，第390—391页。

三、 法律职业教育职能

边区高等法院成立伊始，就把司法人员的培养提上了议事日程。在1937年7月23日司法部的报告中，“培养司法干部”是重要的计划之一，并决定设立司法讲习班，讲授内容：1.目前政治形势与我们的任务；2.民事审判实务；3.刑事审判实务；4.检察实务；5.司法制度；6.看守所规则。受训学员以现任县裁判部部长或保卫局工作人员为限。同时，还决定编辑法学讲义，分民事、刑事、检察等实务内容，一方面为司法讲习班讲义用，一方面作教育各级司法干部用。[①] 1937年12月，各县裁判员联席会议后，边区高等法院对参加会议的各地司法人员进行了应急式的短期培训，上课训练两星期，讲授旧的民法、刑法概要（指国民政府民刑法）、审判、检察实务，并具体解释对锄奸、土地、婚姻、债务等各种问题的处理原则。[②]

从1939年开始，边区高等法院准备实施全面培训边区司法人员的计划，培训的重点是基层司法人员。计划从1939年开始，逐步对各县现有裁判员、书记员、检察员、看守员进行短期培训，每次定期训练三个月，科目有：法律概论、民法述要、刑法述要、民事审判实务、刑事审判实务、检察实务、边区法令、司法行政、司法公文、看守工作、统计法、法医学及政治等，由边区高等法院的工作人员担任教师。边区高等法院的人员，则以在职学习为主，每天集体学习两小时。边区高等法院重视吸收从国统区进入边区的知识分子参加司法工作：“对于知识分子的干部，我们也极为注意，这些知识分子在边区做司法工作的以前固然很少，就是现在也没有几个，但我们曾经很努力地在抗大、陕公及其他方面吸收一些知识分子来担负工作，他们也能够给边区

---

① 《中央司法部关于司法工作的条例、指示、训令等》，全宗1—37。

② 《高等法院：两年半来陕甘宁边区司法工作》（1940年2月），全宗15—156。

的司法工作以相当的帮助。”①

边区的首期司法训练班从1939年7月开始，学员为各县裁判员。第一期训练班，计有学员28人，毕业的26人（因有一人患病住院，一人犯错误被开除撤职）。第二期训练班从1939年11月12日开始（由于各县被调学员报到，先后参差不一，延于12月10日才正式开课），直至1940年3月底，前后近5个月时间，在4月1日至4日进行测验，7日毕业，计有13人。这批学员多为各县书记员、裁判员或区乡工作者，文化程度不高，但学习非常努力。在培训期间，培训教师要求学员逐日写日记，并予以检查，端正思想，疏通文理，改正错字，取得了明显的进步。从这批学员的成绩单来看，其设置的课程主要有：司法工作、法学概论、刑法、民法、刑事审判、民事审判、公文、书记工作、国文、统计、法（医）学等，正式毕业的10名，其各门课的平均分在78.5分至92.3分之间，另有3名因提前调出工作，仅有非正式的测验一次，其各门课的平均分在77分至89.9分之间。第三期训练班从1941年7月1日开学，次年1月31日毕业，前后约7个月，共有学员22名。期满后韩景嵩、亢天祥、范志远三人留边区高等法院工作，栾成功任吴堡县裁判员，任韵峰任同宜耀县裁判员，其余均派回原县分派工作。1942年后，在延安大学开设了司法系，专门进行司法人才的培养。

同时，边区高等法院还采用函授方法不断提高各县司法人员的业务水平及文化素质。每月由边区高等法院出题，联系司法工作的实际，内容涉及业务、政治、文化三方面，要求各县司法人员按时讨论总结汇报。每两个月测验一次，测验成绩作为考核项目之一。

以函授方法培训司法人员，虽然在管理上有一定难度，但这种培训方式既不影响工作，又可将理论与实践有机结合。1941年各县司法干部的函授学习成绩单上，记载了各县裁判员或书记员共38名一年的作文篇数及成

---

① 《高等法院：两年半来陕甘宁边区司法工作》（1940年2月），全宗15—156。

绩，其中1篇的7名，2篇的5名，3篇的6名，4篇的2名，5篇的3名，6篇的4名，7篇的3名，8篇的3名，9篇的1名，10篇的2名，11、12篇的各1名。考核成绩从72分到89分不等。

表12 陕甘宁边区司法干部训练班第二期毕业学员成绩单①

分数 课程 姓名	司法工作	法学概论	刑法	民法	刑事审判	民事审判	公文	书记工作	国文	统计	法医学	平均分
焦胜桐	92	94	100	91	93	89	95	76	98	90	98	92.3
朱志峰	80	92	94	95	97	93	78	60	90	84	96	87.1
袁谦让	70	91	89	90	88	95	72	70	85	92	97	85.3
兰作馨	80	92	96	92	91	65	80	65	80	82	98	83.7
冯明勋	75	85	80	68	74	93	85	80	80	88	95	82.9
程芬搂	93	81	85	76	78	98	90	70	66	87	96	81.9
温亮信	92	94	82	76	50	75	75	85	92	98	82	81.9
张积善	81	77	87	76	92	90	70	60	80	88	95	81.4
张祥林	75	79	77	81	65	68	78	76	85	87	93	78.5
张谔	83	80	94	77	60	62	96	70	75	70	93	78.5
以上10名，系此次参加正式毕业测验。												
李刚	85	92	82	90	100	95					89.9	
白卓武	92	71	70	72	95	85					88.3	
任君顺	80	77	72	70	90	85					77	
以上3名，因提前调出工作，仅非正式的测验一次。												

备注：

1.程芬搂、温亮信平均分数相同，但因温亮信刑事审判一门未及格，故应列在程芬搂之后。

2.张祥林、张谔两名平均分数相同，但因为张祥林平日努力学习，故应列在张谔之前。

3.任君顺在第一期学习，因成绩不□□，故仍留在第二期学习。

① 根据《边区政府、高等法院关于干部训练学习问题的呈、指示、通知》绘制，全宗15—133。档案原文成绩表中温亮信的刑事审判为50分，但备注1中却说明不及格的成绩为民事审判，可能为笔误。本书中依据成绩表改为刑事审判。

在1945年的边区推事审判员联席会议上，不少与会人员提出，司法干部的缺乏已经成为影响司法工作的质量和效率的重要因素。因此，王子宜在这次会议的总结报告中强调："今后，应把培养干部当作我们经常【的】重要工作之一。"1946年2月10日，边区高等法院按照推事审判员联席会议上的决定，通知各分庭、各县司法处书记员各一人参加司法班，但由于内战的硝烟再起，尚未正式毕业，即把学员调做其他工作，使这次培训中断。[①]此后，由于战争的影响，司法干部的培训活动未再进行。

边区高等法院在极端艰苦的环境下，采取多种形式培训司法人员，为边区司法的正常运转和发展提供了必需的、基本的人才储备，功不可没。

四、 狱政管理职能

（一）管理体制的形成与发展

边区高等法院看守所的管理人员大胆探索，勇于创新，不断总结经验教训，摸索出了一套行之有效的狱政管理方法和独具特色的罪犯改造理论。这一发展过程大致可分为三个阶段：[②]

1.1937—1938：摸索阶段

雷经天在1938年8月的"陕甘宁边区的司法制度"一文中指出："边区对于犯人，完全采取教育感化的方法，争取犯人回转到我们的方面来"；"犯

---

① 《边区人民法院司法工作总结报告》(1949年7月27日)，全宗15—213。

② 杨永华、方克勤也将边区监所管理的发展过程，分为三个阶段，认为："纵观边区监所管理的全过程，可以看出它的发展变化经历了三个阶段"；"第一阶段从1937年到1939年，为逐步明确阶段"；"第二阶段从1939年到1945年，为法律化制度化阶段"；"第三阶段从1945年到1950年，为坚持和进一步推广的阶段"。详细的论述，见杨永华、方克勤：《陕甘宁边区法制史稿·诉讼狱政篇》，法律出版社，1987年，第247—252页。

人日常的生活是有组织的劳动与学习”;“法院很注意犯人的卫生和健康”。[1] 但在1939年前,缺乏经验,缺乏对犯人人格的尊重,管理手段简单,制度不完善。1939年的年度报告指出:“过去在清凉山时虽有对人犯的教育,但那时因为没有充分的经验,材料选择缺乏适当,甚至进行过游击战术等军事科目,不能根据人犯的特性而主要地进行政治教育;在政治方面,只是纯理论的教育,不能与转变错误的实践联系起来,更没有更好的经常性的方式等,因为这样的原因,所以获得效果也少。”[2]

2.1939—1942:制度化、组织化管理阶段

从1939年开始,边区在看守所管理及犯人改造方面已经逐步摸索出一些经验。在管理方面,制度逐渐建立,犯人被严格地组织起来进行生活、学习与工作,并联系看守所实际,进行有针对性的教育。如建立了会议制度,包括各组的生活检讨会、全体的生活检讨会、救亡室委员会、组长会议、学习组长会议、生产组长会议、卫生组长会议等;同时,在犯人中建立了各类组织,以救亡室为例,即有救亡室委员会主任;教育委员;甲、乙、丙组政治教员;读报委员;卫生委员及各卫生组长;墙报委员及集稿员、装饰员;保管委员(保管书报及整理);文化娱乐委员及识字教员、歌咏组长、娱乐组长等。政治和文化教育方面针对性有所加强,如学习毛泽东的《论持久战》以及《解放日报》上的文章,了解世界及国内时局,提高其政治觉悟;联系监狱生活实际,以守法规则、日常生活等为基础,自编识字教材,学习日常计算,并学习地理及科学常识;生活方面则注重营造一个干净整洁的生活环境,以预防疾病发生。一旦得病,立即进行隔离治疗等。

上述措施,收到了良好的效果,不仅调动了犯人的积极性、主动性和生

---

① 西北五省区编纂领导小组、中央档案馆:《陕甘宁边区抗日民主根据地·文献卷》(下),中共党史资料出版社,1990年,第166—167页。

② 《边区高等法院看守所1939年工作总结》(1939年12月),全宗15—512。

活热情，而且提高了他们的文化知识水平和生存技能，被他们称之为"我们是在住的高等学校"[①]。

这一时期，在制度逐渐完善、组织日益严密的同时，存在简单化、形式化问题。宋代兴在1942年的报告中指出，个别监狱领导者采用任意无情斗争的手段，使犯人不满，而且滥用职权，假释不应该假释的犯人等，造成不良影响；对于学习"进行闪击战术"、"施政纲领"、"整风文件"等，犯人不仅理解不了，而且积极性不高；娱乐活动也流于简单化、形式化；工作责任心、主动性差，存在敷衍塞责的现象；"不能耐心地教育犯人，遇到稍不合他意的时候就批评，往往为一起很小的问题或是犯人当时不听指挥，或者听个别犯人说不满意的话，于是便发脾气，处罚捆绳子，甚至有时打骂犯人或发动犯人打犯人"；"不注意研究工作经验，不深入考察犯人的实际情形，不能按照犯人的不同情形采取各种各样的办法进行管理教育，而是老一套，对谁都用一样的方式"；"生活日渐奢侈，因此发生许多坏现象"；"每日生产10小时或更多，生产情绪不太高"；"半年来犯人逃跑了5个"。[②] 1941年雷经天在司法工作报告中也指出这一管理方式有收获也存在缺陷："其结果是提高了不少人犯文化水平与生产技能，改善了法院生活等，但犯人有逃跑的。"[③]

因此，1942年前，看守所（1942年9月改称监狱）管理和人犯改造的基本方法主要是使用半强制性的形式，以严密的组织、频繁的会议、反复的检讨、层层汇报等制度性方法来治理监狱，采取批评、斗争、监视、揭发、检讨等方式改造犯人。这些方法对于监狱而言，是惰性的、消极的方式，对于犯人而言，是外在的、被动的方式；这一方式更注重制度的强制性、半强制性，外在的约束力，而且在具体方法中更多地利用了人性中灰暗的一面。

---

① 《边区高等法院看守所1939年工作总结》（1939年12月），全宗15—512。

② 《边区高等法院看守所1942年度半年工作总结》，全宗15—517。

③ 雷经天："在陕甘宁边区司法工作会议上的报告"（1941年10月），韩延龙主编：《法律史论集》（第5卷），法律出版社，2004年，第399—401页。

3.1943年后:人本化管理阶段

1943年,党鸿魁任典狱长。党鸿魁认为对于人犯的管理应着重转变其对立情绪,深入了解其犯罪的原因,有针对性地耐心说服教育;在生产中大胆实行分红制度,让犯人在为社会创造财富的同时,也能享有劳动带来的利益,以物质利益的刺激调动其生产的积极性;在生活上,关注到犯人的家庭

表13 1948年下半年来监狱犯人参加教育提高文化之现有水平统计表①

组别	识字数 / 原识现识 / 月份	50		100		200		300		400		500		700		800		1000		1200		1500		2000		合计	
		原识	现识	原识	现识	原识	现识	原识	现识	原识	现识	原识	现识	原识	现识	原识	现识	原识	现识	原识	现识	原识	现识	原识	现识	原	现
乙组	半年	4			1		3	1	1			2	1								2					8	8
	三月				2	2		1		1			1								1					4	4
	一月	3		2		1		2		3			2		1		1		3				2		2	11	11
	小计	7		2	3	3	3	4	1	4		2	4		1		1		3		3		2		2	23	23
丙组	半年	3		1			3		1																	4	4
	三月	3	1	1		1					4															5	5
	一月		13		8		11		8		5		7														52
	小计	6	14	2	8	1	14		9		9		7													9	61
总计		13	14	4	11	4	19	4	10	8	9	2	11		1		1		3		3		2			35	84
备注		一、甲组学习未计入,长【常】参加学习者人数如下,6月2名,3月8名,1月8名,共18名。 二、乙组共参加23名,以稍识字的人犯组成。 三、丙组共参加61名,以文盲或初识字者组成。 四、甲乙丙三组总共参加学习人数共102名。																									

① 根据《边区监狱1948年下半年份工作报告及人犯统计表》绘制,全宗15—519。原表中个别统计数字有误:(1)如乙组半年统计数字中,原识字人数为7人,而合计中为8人。(2)乙组小计栏中,200字现识统计为5,现改为3;但合计中原识23,表中统计为22,现识为23,仍差1人。(3)备注统计数字中,三组共计应为102名,原表中为112名。

背景，尽力帮助解决犯人子女的就读问题，家属的生产生活困难，免去其后顾之忧，使犯人能够安心接受改造；给予他们未来生活的希望，让他们积极改造，并决心在出狱后做一个好公民。因而在党鸿魁任职初期一年之间，监狱人犯 119 名，外役犯即占 2/3，竟没有逃跑过一个，有的犯人如白凤清等刑满释放后还与监狱常来常往，说这里就是他的家。在教育改造犯人的同时，边区高等法院在大生产运动中也成绩突出，1943 年的产值达到 512 石细粮，与犯人生产积极性的提高有很大关系。因而，党鸿魁在监狱管理及罪犯改造方面的成绩得到很高评价，被誉为"虽然不很完备，但已经显示出新民主主义监所应有的主要特点"①。

（二）边区高等法院狱政管理的特点

首先，人本化。在经济困难、环境艰苦的条件下，以尊重犯人的人格为改造的出发点，将对犯人的改造与对旧社会的改造结合起来；在身体上、物质上给犯人以人道主义的待遇；以犯人回归社会为其目的，通过监狱的服刑改造把一个病态的犯人转变成为常态的社会人。在这样一个理论体系中，把犯人当人。1945 年，王子宜在边区推事审判员联席会议的报告中，明确指出："什么叫做犯人？这就是普通的人犯了法，但'犯'字下面还是个'人'字，因此说，犯人也是人。"

只有尊重犯人人格，才可能消除犯人与社会、与监狱管理者的对抗心理，并激发其内心转变的动力。边区高等法院在监狱管理中，给犯人生活上与工作人员相同的待遇，注重为这些特殊群体营造整洁的生活环境，生病能够得到适当的照顾和治疗。而在改造犯人方式上，边区高等法院监狱把转变犯人的思想作为中心，在思想转变的基础上再进行行为矫正。监狱管理者通过了解犯人犯罪根源，耐心说服，进行政治文化教育等，转变其思想，激

---

① "司法模范工作者党鸿魁同志"，见《边区高等法院关于传达劳模大会司法模范工作人员的指示信，及司法模范工作者党鸿魁、周玉洁、郭维德的材料》，全宗 15—132。

发其内心向善的动力。同时,通过生产、学习、组织生活,帮助其养成适应社会的态度和技能,并关注到部分犯人的家庭背景和情感需要。[①] 在生产中实行分红制度,使犯人积累一定的资金,为其出狱后尽快过上正常生活铺平道路。雷经天在1941年的报告中就指出:“我们监所是学校、工厂,也是一个医院。”[②]王子宜认为:“回溯我们的刑事政策是‘教育改造主义’,那么,执行这个政策的,法庭上仅有一半,其他一半留在监所内执行。两面配合,两面夹攻,才能把政策贯彻得好。这是不能轻视的。应如何使其出监以后,等于从学校内毕了业,受过了教育,不再有犯罪行为,我们的目的就算达到了。”[③]林伯渠也曾指出,边区监狱的任务,“除监禁人犯外,最主要的还是对人犯的教育改造和劳动改造,改造人犯犯罪的思想习惯,使其认识新社会前途的光明,以便成为好的公民”。[④] 经过边区高等法院监狱的改造,重新犯罪率极低,从1944年到1945年上半年,边区盗窃罪发生259件,其中累犯仅占16件,赌博罪136件,累犯仅2件。[⑤]

其次,制度化。边区高等法院监狱建立健全了一系列制度,包括管理制度、生活待遇制度、假释、外役制度、奖惩制度、卫生医疗制度等,使监所管理得井然有序。有犯人称边区高等法院监狱为“医院”。也有人称边区高等法院监狱为“高等学校”, 由于在监狱中学习了文化,如任万林、王凤山、杨国

---

① 如党鸿魁任职典狱长期间,常采取个别谈话,帮助犯人家属解决生产生活中的困难,关心犯人健康等,在其任职四年间,犯人没逃跑过一个。“模范司法工作者党鸿魁”,见《边区高等法院关于传达劳模大会司法模范工作人员的指示信,及司法模范工作者党鸿魁、周玉洁、郭维德的材料》,全宗15—132。

② 雷经天:“在陕甘宁边区司法工作会议上的报告”(1941年10月),韩延龙主编:《法律史论集》(第5卷),法律出版社,2004年,第402页。

③ 《王子宜院长在边区推事、审判员联席会议上的总结报告》(油印件,1945年12月29日),全宗15—70。

④ 转引自杨永华、方克勤:《陕甘宁边区法制史·诉讼狱政篇》,法律出版社,1987年,第295页。

⑤ 同上书,第329页。

珍等人说："吃水不忘打井人，我们比住了几年学校还强哩。"①

最后，民主化。一般的犯人在被判刑入狱后，会抱有消极悲观的心理，对前途失去希望。边区高等法院在监狱中实行一定程度的民主，有助于让犯人正确认识自身的价值，激发新生欲望，形成内在的、自觉的改造动力，实现改造效果的最大化。边区高等法院发扬民主，充分利用犯人群体中文化水平较高、表现较好者实现了犯人的自我管理、自我教育，并互相影响、共同促进。其具体形式为实行犯人自治，自己选举组长、队长，在监狱领导下，负责全组各项工作，包括派活、召开会议，犯人民主选优评差。保外、外役人员的名单先由犯人大会民主讨论通过，后由法院详细审核等。"组织起来的犯人群众，就会产生出集体的责任心和荣誉感，蕴藏着发扬正气、抵制歪风的力量"；"他们互相监督，互相帮助，严格要求，共同进步"。②

人本化、制度化、民主化的狱政管理，使边区高等法院监狱的绝大多数犯人在监狱的生活不是停滞的、倒退的，而是发展的、提高的。边区在监狱管理和罪犯改造的理论和实践，充满创新精神，闪烁着人类文明进步的光辉。边区的监狱是服刑与改造合一的场所，实现了人格重塑、刑罚执行与社会改造的结合，取得了良好的效果。

五、生产自给职能

为减轻人民负担，边区发动党政机关、学校及部队开展了生产自给运动，边区高等法院也不例外。从 1939 年开始，边区高等法院需要完成边区政府每年下达的生产任务，实现自给或部分自给。为此，生产部门不仅成为边区高等法院的常设组织，生产活动也成为其主要职能之一。

---

① 《边区监狱 1948 年下半年份工作报告及人犯统计表》，全宗 15—519。

② 杨永华、方克勤：《陕甘宁边区法制史稿·诉讼狱政篇》，法律出版社，1987 年，第 291 页。

边区高等法院自给性生产活动从一开始就以农业生产为中心，围绕生活中衣食住行、柴米油盐，发展相关的手工业或商业。1939年，边区高等法院利用政府所给资本1560余元，借银行资本600余元为起点，组成犯人为主力、全体工作人员参与的生产队伍，开始了生产运动。首先开荒种地，接着开办了杂货商店，还成立制造农具的铣木厂，饲养牛、羊、鸡等，第一年各种收入达355石6斗细粮，改善了自己的生活，奠定了发展的基础。次年，除农业规模继续扩大外，手工业有了较快的发展，涉及打绳、运盐、制粉、制鞋、缝衣等行业，收获价值共折算细粮455石5斗。① 为完成生产任务，边区高等法院还拟制了《法院劳动暂行条例》(民国二十九年三月)，该条例把法院全体人员编为生产队，队下设生产组。要求法院工作人员“每人每周参加生产劳动2次，每次4小时，但于必要时得变更之”;“杂务人员每人每周参加劳动4次，每次4小时，但于必要时得变更之”;“警务员每人每周参加生产劳动4次，每次4小时，于必要时得变更之”。不仅要求大家自觉参加生产，而且还规定了奖惩办法。② 据1942年监所总结报告，犯人“劳动时间:我们是遵照政府所公布的施政纲领第12条的规定，每日生产10小时，不过在生产所(指劳动生产所)，有时劳动超过10小时。”③

到1941年，边区政府给法院分配了特等生产任务，“解决345个犯人的所有衣服被褥和法院全部经常费的自给，总任务为58700余元。由于各方努力，任务是超过了”。④ 1945年依靠自己的劳动生产，自给了法院经费开支的2/3，自给了1946年、1947年经费的全部。⑤ 边区高等法院的生产活动极大地减少了政府的财政开支，减轻了人民负担。

---

① 因当时边区物价变动较快，且不稳定，所以收入均折算成细粮(指小米)。见《边区高等法院1943、1944年生产检查总结》，全宗15—527。

② 《边区高等法院拟制干部劳动暂行条例》，全宗15—8。

③ 《边区高等法院看守所1942年度半年工作总结》，全宗15—517。

④ 《边区高等法院1943、1944年生产检查总结》，全宗15—527。

⑤ 《边区人民法院司法工作总结报告》(1949年7月27日)，全宗15—213。

总之，边区高等法院的制度建构及功能预设就具有综合性。实践中，司法机关被明确定位为执行政治任务的机关，赋予了建设和改造社会的特殊使命。边区高等法院在其存在的13年岁月里，以相对较小的规模，完成了各项职能，并表现出了惊人的创造力。

第二节　院长更迭

一、矛盾重重的记述

边区高等法院历史上共有六任院长，有关他们任期起止时间的记述分歧颇多：

1.谢觉哉。(1)1937.7—10(包括7.12,7.9)，《陕甘宁边区法制史稿·诉讼狱政篇》(第22页)、《延安地区审判志》(第47页)、《榆林地区审判志》(第18页)、《陕甘宁边区大事记》(第104页)。(2)1937.7.9—7.17，《陕甘宁边区高等法院史迹》(第33页)。

2.董必武。(1)1937.10，《陕甘宁边区法制史稿·诉讼狱政篇》(第22页)、《延安地区审判志》(第47页)、《榆林地区审判志》(第18页)、《陕甘宁边区大事记》(第104页)。(2)1937.7.17—1937.10，《陕甘宁边区高等法院史迹》(第34页)。

3.雷经天。代院长，1937.10—1939.2，《陕甘宁边区高等法院史迹》(第35页)，年限空白的有《延安地区审判志》(第47页)，无记载的有《榆林地区审判志》、《陕甘宁边区法制史稿·诉讼狱政篇》(第22页)。院长，(1)1939.1—1945.3，《陕甘宁边区法制史稿·诉讼狱政篇》(第22页)、《延安地区审判志》(第47页)。(2)1939.2—1945.3，《陕甘宁边区高等法院史迹》(第35页)。(3)1939—1945.3，《榆林地区审判志》(第18页)。

4.李木庵。代院长，(1)1942—1943 .12,《延安地区审判志》(第47页)、《陕甘宁边区法制史稿· 诉讼狱政篇》(第22页)、《榆林地区审判志》(第18页)。(2)1942.4—1943.12,《陕甘宁边区高等法院史迹》(第36页)。

5.王子宜。代院长，(1)1945.3—1946.5,《陕甘宁边区法制史稿·诉讼狱政篇》(第22页)、《榆林地区审判志》(第18页)。(2)1945.3.9—1946.4,《陕甘宁边区高等法院史迹》(第37页)。(3)1945.3—1946.4,《延安地区审判志》(第47页)。

6.马锡五、乔松山。(1)1946.5—1950.1.19,《榆林地区审判志》(第18页)。(2)1946.4—1950.1,《延安地区审判志》(第47页)、《陕甘宁边区法制史稿·诉讼狱政篇》(第22页)。(3)马锡五，1946.4—1950.1;乔松山，1946.4.28—1950.1,《陕甘宁边区高等法院史迹》(第38页、第41页)。

由于依据的材料不同，采用的标准不同，或详略不同，造成了上述歧异。在众多学者研究的基础上，笔者对此加以考释。

二、 对历任院长任期起止时间的考证

边区高等法院院长产生的法律依据有二：一为西北办事处1937年5月12日通过的《陕甘宁边区议会及行政组织纲要》，规定："边区法院的院长，由边区议会选举"；"边区议会主席、法院院长，每两年改选一次，边区议会每年召集一次"。[①] 其二为边区参议会1939年4月4日通过的《陕甘宁边区高等法院组织条例》，其中再次明确规定："高等法院设院长一人，由边区参议会选举，由边区政府呈请国民政府加委。"但在高等法院六任院长中，只有雷经天和马锡五为参议会选举产生。李木庵与王子宜为边区政府命令代理，谢觉哉与董必武任职是受苏维埃中央政府的命令，所以，这四任院长都

---

① 西北五省区编纂领导小组、中央档案馆：《陕甘宁抗日民主根据地·文献卷》(上)，中共党史资料出版社，1990年，第189页。

未经选举程序，为代理院长。关于院长任期起止的标准，本书中均以实际在职时间计，同时为避免过分繁杂，以交接日为准，即上一任院长的离任与下一任院长的上任为同一日期。

(一) 谢觉哉院长任期起止

谢老的任期始于边区高等法院的成立，即 1937 年 7 月 12 日。离任时间，据雷经天的记述“最初是谢觉哉同志当院长，谢老走后，即由董必武同志兼代院长，我是法庭庭长，不久，董老也离职出去，我即代行院长的职务”。[①]据《谢觉哉日记》，谢老于 7 月 17 日晨 10 时离开延安前往兰州领导统战工作，[②]所以，谢老的实际任职时间起止为 7 月 12日至 7 月 17 日。但是，在一封介绍许世友等人到中国人民抗日军政大学学习的函件末尾，仍署名为“院长谢觉哉”，时间为 7 月 28 日。[③] 说明谢老的职务并没有解除。但由于谢老已离开，便由董老兼职代理。

(二) 董必武院长任期起止

董老任职应自谢老离职起，即 7 月 17 日。边区高等法院秘书长周景宁[④]在 1937 年 7 月 23 日曾就苏维埃司法部的报告给董必武致函，[⑤]说明此

---

① 雷经天:《在边区参议会上关于司法工作的报告和改造边区司法工作的意见》，全宗 15—88。

② 《谢觉哉日记》(上卷)，人民出版社，1984 年，第 119 页。

③ 《中央司法部、高等法院关于判决前第四军军长许世友、刘世模等人拖枪逃跑一案材料》，全宗 15—544。

④ 苏维埃时期，蔡树藩(蔡乾)为中央司法部部长时，周景宁为科长；延安市特别法庭成立后，周景宁为副庭长兼国家检察员，延安市特别法庭改为地方法庭时为庭长；边区高等法院成立之初，为秘书长。见延安市中级人民法院审判志编委会编:《延安地区审判志》，陕西人民出版社，2002 年，第 52—53 页；以及《雷经天同志的司法工作检讨及绥德县 1944 年司法工作总结报告》，全宗 2—680。

⑤ 西北五省区编纂领导小组、中央档案馆:《陕甘宁抗日民主根据地 · 文献卷》(上)，中共党史资料出版社，1990 年，第 205 页。

前董老已兼代理院长，否则，周景宁没有理由请时为党校校长的董老批阅司法部的报告。此外，档案中记载，董老在8月6日对雷经天所呈报告的批示为："可照保卫局和你的意见执行死刑。"次日的边区高等法院布告上则署名"兼代院长董必武"[①]，也证明了这一点。离职时间，据董必武年谱的记述，1937年9月3日，毛泽东致电在上海的潘汉年：董必武日内赴鄂。随后，董必武以中共中央代表的身份由延安赴武汉，[②]领导统一战线工作。

在相关回忆中，亦可知9月底以前，董老不在延安。邱南章的回忆说9月底找到董老，护送其到南京。[③] 说明董老9月份已不在延安。但在9月30日，雷经天因许世友等恢复公民权问题请示董老，而董老在9月30日的复函中仍署名院长。[④]

这里需要说明的是，董老是兼职代院长，日常工作由雷经天处理，只有重要问题才予以批示。所以，董老虽离开延安，其职务并未明确解除。1937年10月11日，在黄克功枪杀刘茜案的判决书上，署名为刑庭庭长雷经天。同日，法院宣布对黄克功执行死刑的布告上，署名："院长董必武，雷经天代。"[⑤]司法档案中，10月18日关于一件土匪案子的呈文批示中，署名为："代院长雷经天，中华民国二十六年十月二十六日。"[⑥]

所以，董老离任及雷经天代理应在1937年10月11日。考虑到对黄克功执行死刑这一重大案件布告的权威性，当天决定由雷经天代理边区高等法院院长，也是情理中的事。因此，董老离任日期的确定标准，考虑到其兼

---

① 《关于判决匪首郭友堂、宋太等结伙劫掠公路上汽车、抢劫枪支案件材料》，全宗15—547。

② 《董必武年谱》编纂组：《董必武年谱》，中央文献出版社，1991年，第119页。

③ 湖北省社会科学院编：《忆董老》（第一辑），湖北人民出版社，1980年，第189页。

④ 《中央司法部、高等法院关于判决前第四军军长许世友、刘世模等人拖枪逃跑一案材料》，全宗15—544。

⑤ 张世斌主编：《陕甘宁边区高等法院史迹》，陕西人民出版社，2004年，第96页。

⑥ 《靖边政府关于高恩祥、王风仁等侦探军情勾结土匪一案的呈文及边区高等法院的批答》，全宗15—548。

职的性质，与谢觉哉应有不同。

（三）雷经天代院长、院长任期起止

抗战伊始，雷经天就调到了司法部，边区高等法院成立之初为庭长。在谢老离职后，负责高等法院的日常工作，上述周景宁写给董老的函件中便说："已交经天同志阅过。"[①]边区高等法院档案中这一时期的来往函件、案件的审核、移送犯人的文书等多由雷经天签署，仅有个别问题请示董老，如对三份红军中央教导师临时法庭判决书的批示："照原判刑期执行。雷经天，七月二十八日。[②]"著名的黄克功案也是雷经天主持审理的。

边区首届议会（1938 年 11 月 25 日，边区政府训令中改边区议会为参议会）的召集原计划在 1938 年 1 月，但由于日本侵略迫近边区，因而一再延期，直至 1939 年 1 月 17 日至 2 月 4 日才召开。会上，雷经天被选为边区政府委员及边区高等法院院长。2 月 6 日，边区政府委员会宣誓就职。因不存在交接问题，所以雷经天的代院长终止日期与院长起始日期均以就职日为准，即 1939 年 2 月 6 日。

在 1941 年的第二届参议会上雷经天连选连任，直到 1942 年 6 月 9 日，雷经天离职去中央党校学习，由李木庵代理边区高等法院院长。1944 年 1 月 1 日，雷经天复职，到 1945 年 3 月 26 日再度离任。所以，雷经天代理院长的任期为 1937 年 10 月 11 日至 1939 年 2 月 6 日，院长任期为 1939 年 2 月 6 日至 1942 年 6 月 9 日、1944 年 1 月 1 日至 1945 年 3 月 25 日。由于雷经天的两次离职是与李木庵、王子宜代理边区高等法院院长交织在一起，所以留待下面论述。

---

① 西北五省区编纂领导小组、中央档案馆：《陕甘宁边区抗日根据地・文献卷》（上），中共党史资料出版社，1990 年，第 206 页。

② 《关于判决何比秀、袁定五等贪污渎职、组织逃跑案的材料》，全宗 15—545。

（四）李木庵代院长任期起止

雷经天在对第一届参议会的报告中，提到他与李木庵之间的职务变化："不久董老也离职出去，我即代行院长的职务，后经第一届、第二届边区参议会连续的选举，继任此职，一直到1942年4月，党决定调我到中央党校带职学习，将院长的职务移交给李木庵同志代理，我才离开法院的工作。"[①]可见，4月份已决定了人事变动，但边区政府批准雷经天请假、办理移交以及李木庵接收视事、正式移交的时间在6月9日："以边区高等法院院长雷经天请入党校学习，遗缺以第二届参议会选举边区高等法院院长时得票次多数之李木庵代理，经商得参议会常驻委员会之同意，望即前往接收视事等因，遂于六月九日到院接收院印。"所以，雷经天第一次离任时间及李木庵上任时间为1942年6月9日。离职时间，据边区政府1943年12月27日批答，李木庵"已与雷院长商定月终结束移交"，移交日在1944年1月1日。所以，李木庵的任期为1942年6月9日至1944年1月1日。

（五）王子宜代院长任期起止

1945年3月，雷经天调任八路军南下支队政委。边区政府于1945年3月9日命令由王子宜代理院长："经本府第95次政务院会议通过，高等法院雷经天因事离职应免本职，任命王子宜为高等法院代理院长。"移交在3月25日，王子宜于3月26日到职视事。所以，王子宜任期始于1945年3月25日。在1946年4月2日至27日召开的第三届参议会上，马锡五被选为边区高等法院院长。王子宜与马锡五的移交在5月3日。[②] 所以，王子宜

---

① 《雷经天院长在边区参议会上关于司法工作的报告和改造边区司法工作的意见》，全宗15—88。

② 《边区人民法院（高等法院）关于干部任免问题的呈和陕甘宁边区政府的命令、批答》，全宗15—128。

的任期起止为 1945 年 3 月 25 日至 1946 年 5 月 3 日。

（六）马锡五院长、乔松山副院长任期起止

马锡五自第三届参议会上被选为院长后，续任此职一直到边区建制于 1950 年 1 月 19 日撤销。所以，他的任期为 1946 年 5 月 3 日至 1950 年 1 月 19 日。第三届参议会闭幕之后的 4 月 28 日，边区政府委员会提请边区参议会常驻会批准乔松山为边区高等法院副院长，边区政府于 5 月 5 日下达通知，“兹经边府第三届参议会常驻会第一次会议批准，乔松山为高等法院副院长，马定邦为检察长……”因此，乔松山副院长的任期为 1946 年 5 月 5 日到边区建制撤销，即 1950 年 1 月 19 日。

表 14　陕甘宁边区高等法院历任院长任期起止时间表

姓名及职别	任期起止
谢觉哉	1937.7.12—1937.7.17
董必武（代）	1937.7.17—1937.10.11
雷经天（代）	1937.10.11—1939.2.6
雷经天	1939.2.6—1942.6.9
李木庵（代）	1942.6.9—1943.12.31
雷经天	1944.1.1—1945.3.25
王子宜（代）	1945.3.25—1946.5.3
马锡五	1946.5.3—1950.1.19
乔松山（副）	1946.5.5—1950.1.19

三、院长更迭的原因

在六任院长之中，仅有两位为参议会选举，有四位为继任或政府任命的

代理院长，是什么原因导致院长的频繁更迭呢？

（一）来去匆匆的谢老和董老

在苏区改制之前，已先行仿照国民政府的司法制度，将司法部改组为边区高等法院。据1937年7月23日中华苏维埃共和国中央执行委员会司法部工作报告中的记述："苏维埃中央政府为了实行抗日的民族统一战线，取消国内两个政权的对立，首先将中央司法部改组为边区高等法院，遵行南京政府颁行之不妨碍统一战线的各种法令章程，工作人员仍本十年来苏维埃艰苦奋斗的精神，紧张耐劳的工作作风，一扫官僚主义，成为一旧的形式、新的内容的司法机关。"①

边区高等法院既是由原苏维埃中央司法部改组而来，原班人马未变。而当时司法部的主要人员就是谢觉哉与雷经天两人。谢老任职司法部期间，曾极力纠正司法工作中忽视程序及"左"的倾向，多次指示下级裁判部，在司法工作中尤其公审中不能只听信群众的意见，应避免盲目的冲动，发挥裁判员的主要作用，要严格遵循司法程序等，显示出对司法工作特殊性的深刻认识和长远眼光。② 司法部改组为高等法院之后，原司法部部长谢觉哉继任为第一任院长。然而，抗战爆发后，为推动全国抗日民族统一战线的发展和陕甘宁边区的生存壮大，中共中央于7月15日即发出指示，要求各地党组织立即派出适当人员同各界广泛接洽，组织抗日民族统一战线。为打开西北地区的抗日局面，解除边区西部面临的威胁，并接应救援失散流落的西路军，与当时国民党甘肃省主席贺耀祖为同乡并有过旧交、经验丰富、政

---

① "中央司法部改为陕甘宁边区高等法院"，见西北五省区编纂领导小组、中央档案馆：《陕甘宁抗日民主根据地·文献卷》(上)，中共党史资料出版社，1990年，第207页。

② 《1937年关于司法工作的指示信、条例草案、命令》，全宗1—36。

策水平高的谢老是最适当的人选。[①] 因而，任职仅五天的谢老于 7 月 17 日离开延安奔赴兰州。谢老虽然没有专门的法律背景，但学识渊博、好学深思，尤其专注于政权性质及宪法的研究，任院长的时间虽短，但一直关注、领导并影响着边区的司法工作。

董必武是清末秀才，早年参加辛亥革命，加入中国同盟会。1914 和 1917 年两次东渡日本求学，攻读法律，并加入中华革命党，回国后曾任律师，是中共高层领导人中少有的具有法律专业背景的人员。在中央苏区，曾任最高法院院长。抗战伊始，董老任中央党校校长。谢老离职后，董老兼任边区高等法院院长。但开辟湖北地区统战工作的重任又落在董老肩上，因其早年即参加辛亥革命，曾加入中国同盟会和中华革命党，是国民党的元老之一。兼职仅月余的董老于 1937 年 9 月初即离职前往湖北领导统战工作。此后直至新中国成立，董老主要从事政治工作，无暇顾及边区司法[②]。谢觉哉和董必武职务的变化，说明中国共产党在民族危亡关头，把建立广泛的抗日民族统一战线、救亡图存放在了各项工作的首位。

（二）雷经天第一次离职与李木庵代理

雷经天“在苏维埃政权中在广西做过一个时期的司法工作”[③]。谢老及董老离职之后，雷经天代理院长，直至第一届及第二届参议会连续当选边区高等法院院长。雷经天最早到边区高等法院工作，具有长期的革命资历，使他得到边区参议会的认可。值此边区司法制度的初创时期，在他的领导下，

---

① 见谢觉哉夫人王定国：“我所了解的毛泽东主席”，摘自：《缅怀毛泽东》。见人民网：领袖人物资料库。网址：http://www.people.com.cn/GB/shizheng/8198/30446/30450/2209934.html，2009 年 5 月 17 日。谢觉哉的阅历，参见本书第七章第三节。

② 在董老的文集中，除了“废除国民党六法全书及一切反动法律”（1949 年 3 月 31 日）外，没有关于边区时代法律的论述。《董必武法学文集》，法律出版社，2001 年。

③ 《雷经天同志的司法工作检讨及绥德县 1944 年司法工作总结报告》，全宗 2—680。

边区逐步建立了各级司法组织，初步培训了一批司法人员，配合统一战线政策的推行，维护了边区的社会秩序。

雷经天没有法律专业的学习经历，繁忙的工作环境也使他缺乏系统学习法律理论的机会。林伯渠曾在司法工作检讨会议上指出这一点："在法律观点上，雷经天同志闹革命久些，他不懂得这些东西，没有法律观点……"。由于缺乏"法律观点"，对法律的专业性认识不足，导致其在司法人员的选拔任用中过于看重政治资历和出身，忽视法律专业背景。在对高等法院干部的审查中，雷经天认为："现在算起来可以说在外来的知识分子干部中有百分之九十以上是有问题的，没有问题的是少数。"对国民政府的法律持排斥态度，他认为："在我们边区还没有完备的法律的情形下，国民党的法律是可以用作参考而不是完全不能用的，但是参考运用要适合四个原则：第一要适合于边区的历史环境；第二要适合于抗战的需要；第三要适合于民主政治；第四要适合于群众利益。"同时又说："这四个原则比较空洞的，不能具体地指出国民党的法律哪一条适用，哪一条不适用，事实我们没有做到。"[①]甚至提出："在国民政府未正式承认边区政府之前，明白宣布国民政府的法律不适用于边区。"[②]

与边区政治、经济的发展相比，司法工作显得滞后。1941 年，从国统区来了一批具有法律专业知识的人士，对边区法律的游击作风提出批评。受此影响，边区政府决定雷经天带职去党校学习，由清末京师法政学堂毕业的李木庵代理院长。这是雷经天第一次离职。李木庵代理期间，开始了一次以司法工作规范化、司法人员专业化为主要内容的司法改革。[③] 1943 年 12

① 《边区高等法院雷经天、李木庵院长等关于司法工作检讨会议的发言记录》，全宗 15—96。

② 《雷经天院长在边区参议会上关于司法工作的报告和改造边区司法工作的意见》(1943 年 12 月 18 日)，全宗 15—88。

③ 详见侯欣一："陕甘宁边区高等法院司法制度改革研究"，《法学研究》2004 年第 5 期，第 129—143 页。

月边区政府召开司法工作检讨会议，其主要内容之一是针对李木庵代理期间司法工作的倾向予以检讨，会议发言中大部分人对李木庵时期的做法提出了质疑甚至否定，如认为："失掉了阶级立场，没有敌对的观点"（李维汉语），"是地主资产阶级的立场"（周兴语），"国民党的一套"（林伯渠语）[1]。总的结论是雷经天时期的司法大方向是正确的，而李木庵时期的大方向搞错了，结果是雷经天复职，李木庵以因病需要休养为由辞职。

（三）雷经天的第二次离职及王子宜代理

雷经天曾参加广西右江革命根据地的创建，并被选为右江苏维埃政府主席，在当时的"左"倾错误和肃反运动中，因被诬为国民党改组派而被开除党籍。1945 年初，中共中央准备召开七大，审查各地红军苏维埃斗争的历史，认为雷经天在右江根据地创建及发展中没有犯过原则性错误，一直在党的领导下工作，政治立场坚定。随后，雷经天作为陕甘宁边区西北局候补代表列席了于 4 月 23 日至 6 月 11 日召开的七大。6 月 2 日，中央组织部作出《关于雷经天同志党籍的决定》，恢复其 1925 年 5 月的党籍。会议期间，中央还决定调集一部分武装部队和干部准备到湘粤桂边区开辟新的革命根据地，即组成了八路军南下游击第三支队，委任雷经天为政委。七大结束后的第 3 天，雷经天即率队南下。[2] 可见，雷经天具有丰富的革命斗争经验、坚定的政治立场，熟悉广西环境，开辟新的革命根据地、扩大革命力量，是其第二次离职的原因。

王子宜在 1935 年曾担任陕甘宁省苏维埃裁判部长，在抗战期间曾担任县长、三边分区专员、边区政府秘书主任、延安行政学院代院长、延大副校长

---

① 《边区高等法院雷经天、李木庵院长等关于司法工作检讨会议的发言记录》，全宗 15—96。

② 上海社会科学院院史办公室编：《重拾历史的记忆——走近雷经天》，上海社会科学院出版社，2008 年，第 68、151 页。

等职，是边区本地干部中文化水平较高的领导人之一。在其一年的代理期间，召开了边区历史上时间最长的推事审判员联席会议。这次会议长达72天，全面回顾并反思了边区建立以来的司法工作。在总结报告中，王子宜提出：边区处于过渡时期，不能走极端、操之过急；边区的环境不允许司法工作很快地正规化；应纠正把调解工作不适当扩大的做法；学习马锡五审判方式，应学习其精神，而不是形式；对法律的运用，应注重立法的精神而不拘泥于条文，如边区法律缺乏规定时，在不与边区的原则抵触时可以采用六法全书。王子宜认为应纠正过去司法完全附属于行政的偏向，保证各级司法审判的独立。他提出的司法人员的四条标准中，学习和掌握法律被置于首位。王子宜还强调司法人员应加强业务学习和培训，创办司法刊物以交流经验、加强法制宣传，修改已有的法律，草拟新的法律等。[①]

（四）马锡五、乔松山联袂

马锡五是出身于陕北的老革命，1943年担任陇东分区专员时，根据边区政府的命令，兼任陇东分庭庭长，开始从事司法工作。1946年4月在边区第三届参议会上当选为边区高等法院院长。经边区政府委员会提请，第三届参议会常驻会第一次会议批准，由乔松山任副院长。[②] 马锡五虽没有法律专业背景，但却有许多人所没有的对待司法工作的细致、耐心和敏锐的洞察力。马锡五从实践中摸索并创立了重人情血缘乡谊、关注民众的心理和实际需求、程序简便的“马锡五审判方式”[③]，解决了不少疑难案件，受到

---

① 《王子宜院长在推事、审判员联席会议上总结报告》，全宗15—70。

② 乔松山，绥德人，进步的国民党员。早年毕业于南京法政学堂，曾任南京高等法院推事，因深恶国民党政治腐败，法律不公，弃政回到家乡绥德。抗战后，参加边区政府工作。先后任绥德地方法院院长、绥德高等分庭庭长、边区高等法院庭长及副院长等职。参见杨永华、方克勤：“抗日战争时期陕甘宁边区司法工作中贯彻统一战线政策的几个问题”，《西北政法学院学报》1984年第4期，第67页。

③ 有关马锡五审判方式的论述，参见本书第七章第一节。

了群众的欢迎。马锡五审判方式，也是边区政府领导阶层一直在寻求的联系群众、适合边区环境、为群众所欢迎的审判方式，很快在根据地得到推广。范愉认为："马锡五审判方式并不是马锡五个人的发明，而是在当时的司法理念、制度和经验的基础上总结、提炼和发展出来的较系统的民事诉讼模式或其雏形。"[①]可以说，"马锡五审判方式"成为新型司法道路的具体体现，而马锡五任职高等法院院长在某种意义上也意味着边区司法道路的新选择。

从边区高等法院六任院长的更迭中，不难发现其中蕴含的两种思路：其一，边区高等法院刚刚成立，前两任院长谢觉哉、董必武即匆匆离任去担负更为紧迫、更为重要的统战工作，领导边区高等法院工作前后达六年之久的雷经天回故乡去开辟新的根据地，显然表明在革命政权发展的紧要关头，政治军事力量的壮大远远重于日常的司法工作。其二，以政府任命的李木庵代替民选院长雷经天，推广"马锡五审判方式"及马锡五的当选，说明边区领导者认识到司法制度初创时期边区高等法院院长的重要作用，并试图通过对这一职位人选的调整，建设和发展适合边区的革命法制。

① 范愉："简论马锡五审判方式——一种民事诉讼模式的形成及其命运"，《清华法律评论》1999年第2期，第222页。

第四章　边区高等法院编制判例的实践

边区所制定的体现民主、平等精神的具有纲领性和引导性的法律制度，与滞后的社会现实和传统观念之间显现出了巨大的落差，这就为司法提出了独特的要求，使之成为沟通法律文本与社会现实的桥梁。边区政府及司法界在许多场合提到"判例"一词。在边区法律文献及实践中，"判例"主要指处置妥当的典型案例。边区高等法院通过汇编判例的方式，规范和指导司法审判，《陕甘宁边区判例汇编》出自当时边区司法界的重要人物李木庵之手，其选编案例的时间跨度、案件类型、典型性无疑是一份抗战时期边区司法实践史的浓缩；其判决书的制作，也可以代表边区司法的最高水平。正因为如此，这一审判文本，不仅是本书研究的重要对象，也是本书诸多章节赖以展开的基础史料。

第一节　《陕甘宁边区判例汇编》

一、编制的缘起与经过

（一）现实的客观需要

首先，审判人员需要形象化的裁判依据。边区建立在民众的文化素质非常低的基础之上，李维汉回忆："知识分子缺乏，文盲高达 99%"，"1937 年边区政府成立之后，在扫除文盲、破除迷信、改变不卫生情况等方面，做了很多工作……文盲数量有减少，但仍高达93%至95%。”[①]谢觉哉在其1946年的日记中也记载了边区淳耀县一区三乡政府报告中的部分内容：“本乡文化落后，成人中识字的很少。东梁村64人中有4个识字的，房家山60人中有2个识字的，陈家山52人中没有一个识字的。”[②]这样一个低文化素质的民众群体无疑也制约、影响了边区的司法工作。

边区司法队伍由三部分人员组成：当地的工农干部，长征过来的干部，国统区进入边区的知识分子。在这些干部中，以当地工农干部为主，外来的具有专业法律知识和较高文化水平的人员，多集中在边区高等法院及分庭一级。[③] 同时，处于战争环境的边区领导层对司法工作缺乏足够的重视，对司法工作的专业性认识不足，对司法人员的选拔以对革命事业的忠诚为首要条件，对司法人员的调动频繁。例如，1937年11月4日通知选派到边区高等法院受训的裁判员及书记员，首先要求必须是共产党员，政治上坚定；1943年4月25日颁布的《陕甘宁边区各级干部任免条例草案》，仍把忠实于革命事业放在首位；1949年边区直属县审判员座谈会议制定的《审判人员要求》中，第一条是要有坚定的阶级立场。关中分区1947年6月至1948年11月的司法工作总结中指出：“据这几年来干部文化程度来看，审判员多不识字，对工作有很大的妨碍——调查案件不能记，命令指示看不懂，审判案子不从理论上说服当事人，分析案情差等，因此在培养提拔干部时，应照

---

① 李维汉：《回忆与研究》（下），中共党史资料出版社，1986年，第566页。

② 《谢觉哉日记》（下卷），人民出版社，1984年，第982页。

③ 延安市中级人民法院审判志编委会编：《延安地区审判志》，陕西人民出版社，2002年，第58页。

不过，王子宜时期，把专业知识放到了首位，“学习与掌握法律，熟悉社会风俗习惯”。李木庵时，曾进行了以司法人员专业化为内容等的改革，但两人在边区高等法院任职的时间为大约33个月，在边区近13年的历史中仅占1/5多的时间。

顾这一问题。历年来对培养干部这个工作没有重视，结果是干部调动大(特别是各县书记员，尤以战争开始后把全分区司法干部除新宁书记员、分庭推事未调动外，其他各县均已调动)。”[①]这些做法，加大了司法工作的难度。[②]所以，司法人员尤其是广大的基层司法人员需要形象具体的裁判指导。

其二，边区许多方面的制定法缺失，既有的法律规定也过于简单、粗疏。依照边区的立法程序，法律由参议会制定和颁布，但由于战争等原因的影响，边区首届参议会直至 1939 年 1 月才得以召开。立法工作滞后，导致司法工作缺乏依据，所以，边区高等法院院长雷经天在 1938 年的司法工作报告中说：“边区施行的法律，以适应于边区的环境及抗战的需要为标准，采用中央所颁布各种法律为原则，并参照地方的实际情形。因此，在边区处理任何的案件，一方面根据法律的条文，同时却特别根据事实，说明理由，而斟酌法律上所规定的刑罚加以判决。还有些特殊的过去革命的传统，如土地、婚姻等问题的解决，则以革命的传统及边区政府所颁布的一切文告为依归。”[③]说明边区法律具有内容的概括性和不确定性。

边区的法律以单行条例为主，条文简陋、笼统。例如，1939 年 4 月 4 日《陕甘宁边区婚姻条例》仅 22 条，不足千字；1943 年 1 月 15 日《陕甘宁边区抗属离婚处理办法》，仅 7 条 400 余字。前者第 5 条、第 6 条、第 8 条分别规定：“男女结婚须双方自愿，及有 2 人之证婚”，结婚年龄，“男子以满 20 岁，

---

① 《边府、三边、绥德、关中分区关于贯彻人权保障与尊重司法机关职权，发检察条例的咨文、命令及司法机关工作总结与清监报告，为米脂县二届参议会上所讨论的提案的呈文及边府的批答》(1945 年 2 月 28 日起至 1949 年 1 月 25 日止)，全宗 2—1455。

② 笔者以为，在某种程度上，由于人们对于革命圣地的过高期望，加剧了司法的难度。在具体案件的审判中，革命政权的法律、当地的风俗、民国政府的法律以至当事人本身的经济状况等因素均须考虑，这也是边区司法界不断进行改革、摸索的原因，是边区领导者对司法评价较低的原因。

③ 雷经天：“陕甘宁边区的司法制度”(1938 年 8 月)，见西北五省区编纂领导小组、中央档案馆：《陕甘宁边区抗日民主根据地 · 文献卷》(下)，中共党史资料出版社，1990 年，第 164 页。

女子以满 18 岁为原则”,“直接血统关系者”禁止结婚,等等,内涵和外延都不够清晰。对于边区常见的买卖婚姻、婚约都没有规定。又如,1939 年《陕甘宁边区抗战时期惩治汉奸条例草案》,在列举了 18 种汉奸罪之后,第 4 条规定:“犯第 3 条各款之罪者,视情节之轻重判处有期徒刑或死刑,并没收本犯之全部财产,或处以罚金”,“第 3 条之未遂罪罚之”,等等。笼统、原则性的法律规定,使法官拥有非常大的裁量权,实践中容易出现畸轻畸重的现象。

其三,边区法律渊源复杂。立法机关颁布的法律(纲领、条例、规程、办法等)、党的政策、政府命令、政府与军事机关的联合文告、司法机关的指示、国民政府的部分法律、边区的善良风俗习惯等,裁判时都必须予以参照和体现。而且,它们之间在适用的范围和效力的位阶上不够明确,互相之间难免冲突和矛盾,需要判断和选择。对于风俗习惯,不仅需要甄别,处理案件时还需要考虑当事人的具体情况(经济状况、思想行为等)以及案件的社会影响。裁判依据的复杂性和社会转型时期个案的差异性,使司法的难度空前加大。

另外,边区某些法律类似革命纲领,与边区的实际有较大的差距,以婚姻法为例:边区的婚姻法倡导男女平等、婚姻自由,但由于经济及文化观念落后,在边区盛行的是传统的订婚、早婚及男尊女卑等习惯,使本已十分有限的法律条文难以实施,加剧了司法的难度。

所以,在边区要做好司法工作,不仅需要具备政治上的敏感、能够领会政策、通晓法理,还要熟悉边区纷繁复杂的法律渊源,了解边区各地的风俗民情,了解边区人民的生活状况和边区的社会环境、经济发展水平。

(二) 政府及司法界的积极推动

边区司法界很早就呼吁编制判例,以辅助司法。早在雷经天任边区高等法院院长时，已经注意到判例的重要性。[①] 边区参议会议长谢觉哉在1942年4月15日《边区参议会常驻会报告》中指出：对于司法制度，“我们还有很多缺点。没有足够的司法干部，也没有适宜的司法制度，以致人民对司法诸多不满”。并建议：“拿裁判好的例子做教育裁判员的教材，我们应该走捷径，从实际经验中学习，而不可能像法律专门学校一样学得东西。”[②] 1944年1月6日，林伯渠在边区政府委员会第四次会议上的工作报告中也指出：“司法机关的法律根据，必须是边区施政纲领及边区颁布的各种现行政策法令。边区现行法令不足，一方面应根据历年经验，将好的判例加以研究整理，发给各级司法机关参考；又一方面由主管机关起草符合于革命三民主义即新民主主义的精神与边区实际的民刑法与诉讼程序。”[③]根据这一精神，由李木庵主持编制了《陕甘宁边区判例汇编》。

（三）编制经过

编制《陕甘宁边区判例汇编》的机关是边区高等法院，编制班子从署名及笔迹分析共有四人组成：李木庵、石汶、张士映【影】、王若林。其中，李木庵从1941年起任边区高等法院检察长，1942年6月9日至1944年1月1日任边区高等法院院长。[④] 石汶为延安地方法院的推事，是长期从事司法

---

① 1946年在边区高等法院的一次会议上，二科科长高桐说：“搜集判例的原则是什么？自雷院长时代即注意了这些，但是做到什么成绩没有？我的答复是没有的。”朱婴说：“我们多年了没有把判例搞出，是否以后认为是典型的案子即放出作为判例，以后再编纂。”推事叶映宣说：“判例应着重在实际问题上。”见《边区高等法院有关刑事政策及业务研究、讨论会记录和报告》（1946年8月5日），全宗15—90。三人当时均为高等法院的秘书或审判员。

② 谢觉哉：“边区参议会常驻会报告”（节录），见王定国、王萍、吉世霖编：《谢觉哉论民主与法制》，法律出版社，1996年，第131页。

③ 雷经天：“陕甘宁边区的司法制度”（1938年8月），西北五省区编纂领导小组、中央档案馆：《陕甘宁边区抗日民主根据地·文献卷》（下），中共党史资料出版社，1990年，第169页。

④ 李木庵的详细介绍，请参阅本书第七章第三节。

工作的人员。[①] 张士影及王若林两人的阅历不详。

汇编中的案例先由石汶等初选，然后经李木庵审定。石汶等的选编意见较为详细，李木庵的意见大部分非常简短，如“可选”，“可选，判词已补充”；“可选为判例”之类。

通过对选编意见、修改文字及李木庵其他文章的笔迹的比较发现，李木庵亲自执笔修改了不少判词，如下文的常维信与高申氏债务纠纷案。可以说，正是由于李木庵的领导和参与，《陕甘宁边区判例汇编》在案件的选择及判词的质量上，具有较高的水平。

二、 判例性质的界定

（一）“判例”的特定含义

在抗日战争时期，国民政府最高法院的判决例、司法院的解释例是法律渊源之一。抗战时期，作为特别行政区的边区，曾对国民政府的法律有选择地予以适用。[②] 从边区的司法实践来看，在笔者所接触到的资料中尚未见到判例的援引。那么，边区法律中的“判例”是否与国民政府法律体系中的“判例”相同呢？

前已述及，从1941年到1948年，边区高等法院院长以及政府领导人曾数次在报告中提到“判例”一词，在此对其含义略加分析。

1941年10月，雷经天在边区司法工作会议上所做报告中指出：“对案件处理后，对法律的解释不够，没有把各种判例制成成文法，因此，我们所日

---

① 石汶为延安市地方法院的推事，在延安市地方法院的判决书中多见其署名。

② 《边区高等法院书记室：陕甘宁边区司法概况》，全宗15—190。

常处理案件缺乏成文法的根据。”①显然，雷文中的“判例”指的是已决案例。上文中提到的王子宜、谢觉哉及林伯渠三人报告中的“判例”一词均指的是“好的案例”，即典型案例，整理这些案例的目的，是供司法机关判决案件时参考。马锡五、乔松山在边区高等法院1948年的工作总结报告中四次提到“判例”。在“法律根据与政策”部分，报告人在此罗列了多种立法文件，包括纲领、法令、条例、布告、办法、指示等，紧接着说“高等法院更为了适当地审理案件，曾整理了20余件民刑事判例，以补法律条文的不足，而求的法‘如水之平’”。这显然是将“判例”作为法律渊源看待。而上文其它地方所提的“判例”一词，指的是具有代表性的案例。同时，边区法律语境中的“判例”一词，并不仅仅指审判案例，还包括调解案例在内：“且应印刷调解原则、与政策法律有关的调解成功的经验判例等宣传小册子与区乡干部党员学习材料。”②此处的“判例”指的是“案例”，即成功的调解案例。

首先，不难看出，边区司法中关于“判例”一词的使用在语意上并不严格，“判例”与“案例”没有明确区分，但有自己的特点：首先，边区法律中的“判例”指的是司法活动中的“典型案例”，此处的典型不仅包括好的和坏的两个方面，还包括审判案例与调解案例两种类型。边区高等法院曾在下达给下级司法机关的指示信中要求：“各分庭、司法处须于接到此信后2个月内，把检查出的判例，至少4个以上（不论好的、坏的）送给我们。这是教育自己改进工作的武器，切勿忽视。”③王子宜在司法报告中亦使用了“好、坏典型例子”一语；在《陕甘宁边区判例汇编》的序言中，编者亦称：“我们不仅

---

① 雷经天：“在陕甘宁边区司法工作会议上的报告”（1941年10月），韩延龙主编：《法律史论集》（第5卷），法律出版社，2004年，第403页。

② 《边区高等法院：自苏维埃时期起至1948年12月整司法工作总结报告草稿》，全宗15—205。

③ 西北五省区编纂领导小组、中央档案馆：《陕甘宁边区抗日民主根据地·文献卷》（下），中共党史资料出版社，1990年，第179页。

是选好的判例,同时也抽选了坏的判例,以资研究时可以对照,如‘曹志荣与贾清江一案’便是。在这一案件中,处理者没有按边区今日的具体情况,只呆板地搬用‘婚姻自主’的条文,其他的如硬引用国民政府颁布的条文等。”①

其次,边区法律中的“判例”不是正式法律渊源。边区高等法院 1948 年的报告中在谈及判例时,虽把它列在法律根据部分叙述,而且使用了“遵循”一词,似乎“判例”是法的渊源之一,然而证之于其它史料,如前文提及的《陕甘宁边区司法概况》、雷经天 1941 年的报告,以及马锡五的《新民主主义革命阶段中陕甘宁边区的人民司法工作》等,②在论及法律根据时,均未提到“判例”;在边区高等法院 1946 年判决书存本中,③也未出现以援引判例作为依据的裁判文书。

第三,边区法律中的“判例”对司法活动具有参照价值。《陕甘宁边区判例汇编》“例言”:“我们编这个册子,是根据林主席在三十二年政府工作总结报告中关于改善司法工作的指示,④将历年所处理较典型的判例选出一些,以教育我们的司法工作干部,供其了解在工作中,应如何掌握政策、判断案

---

① 《边区高等法院编制:陕甘宁边区判例汇编》例言,全宗 15—26。

② 雷经天的报告中指出边区的法律依据为:已颁法令、符合抗战与边区人民利益的国民政府的法律、合理习惯。雷经天:“在陕甘宁边区司法工作会议上的报告”(1941 年 10 月),韩延龙主编:《法律史论集》(第 5 卷),法律出版社,2004 年,第 390—391 页。马锡五指出各级司法机关处理民刑事案件的依据是政策、纲领、决议、决定、布告、条例、法规等。见张希坡:《马锡五审判方式》,附录,法律出版社,1983 年,第 84 页。《陕甘宁边区司法概况》中提到边区判案的法律依据,有三个标准:(1)国民政府现行的法律(依照边区实际,在不违背四个原则的情况下采用);(2)边区现行的地方法令;(3)政策与习惯。全宗 15—190。

③ 《边区高等法院 1946 年刑、民事案件判决书汇集》(之一)、《边区高等法院 1946 年刑、民事案件判决书汇集》(之二),全宗 15—29、15—30。其中 15—29 的原件首页写着“1946 年判决书存本”。

④ 西北五省区编纂领导小组、中央档案馆:《陕甘宁边区抗日民主根据地·文献卷》(下),中共党史资料出版社,1990 年。其中记载林伯渠的报告在 1944 年,此处为三十二年(即民国三十二年,1943 年),疑为有误。

件的一些参考，另一方面，作为热心司法工作的人，对新民主主义司法政策的一个研究材料。”[①]这段话明确了边区司法中“判例”的含义及作用。因此，边区的司法实践中，“判例”指的是以往司法中包括正反两方面，也包括审判与调解两方面的典型案例。而且，判例具有补充成文法不足及指导司法审判的作用。

（二）《陕甘宁边区判例汇编》名称的考订

《陕甘宁边区判例汇编》封面注明的编辑时间是1944年7月，文中“选编意见”标明的时间是6月，说明此项工作从6月开始，7月已具雏形。前文述及，林伯渠在政府工作报告中曾要求，根据历年经验，整理研究好的判例，以作为司法机关的参考，而汇编“例言”中也说明编辑的目的在于为司法机关提供参考和研究材料。为此，边区政府于同年2月、6月，曾两次下达指示信，要求地方法院搜集能够体现自己审判经验的案例，及时上报边区高等法院。2月18日的指示信中要求“搜集审判经验。每个分庭，每个司法处，每个地方法院，均须将自己的审判经验用具体判例作为材料写出来，寄给边区高等法院。此项工作须于5月底以前完成”。[②] 但各分庭及司法处未能按时完成这一工作，以致边区政府在同年6月7日下达的指示信中重申：“各分庭、司法处须于接到此信后2个月内，把检查出的判例，至少4个以上（不论好的坏的）送给我们。这是教育自己改进工作的武器，切勿忽视。”说明至少在6月份，分庭及一审机关的“典型判例”未能送达边区高等法院，致使汇编判例的来源受到限制。因此，这一判例集虽命名为《陕甘宁边区判例汇编》，但判例来源只限于边府审委会、边区高等法院和延安市地

---

① 《边区高等法院编制：陕甘宁边区判例汇编》例言，全宗15—26。

② 雷经天：“陕甘宁边区的司法制度”（1938年8月），西北五省区编纂领导小组、中央档案馆：《陕甘宁边区抗日民主根据地·文献卷》（下），中共党史资料出版社，1990年，第171页。

方法院。①

在陕西省档案馆所存的边区高等法院司法档案中，名为《陕甘宁边区判例汇编》的案卷仅1卷，即15—26。但笔者在查阅档案的过程中，发现这一汇编的内容分别见于3卷之中，除15—26外，尚有15—28—1、15—28—2。后两卷标题为：《1938至1944年刑民事案件判决书汇集》（一）、《1938至1944年刑民事案件判决书汇集》（二），而15—26的标题则为《边区高等法院编制：陕甘宁边区判例汇编》。

对这三卷内容进行比较分析，不难发现其中的联系：第一，15—26内目录后的首页是汇编的封面，从右到左依次为：右下角，归档五二号；中间两行大字：《陕甘宁边区判例汇编》，五二，左下角："陕甘宁边区高等法院编"，一九四四、七月。均为毛笔字、竖排。由此推测：《陕甘宁边区判例汇编》为原编者所拟的名称。而在15—28—1、15—28—2内，则无与案卷标题相应的名称；第二，从内容上看，15—26的篇首"例言"中，提到案件的性质，如破坏抗战、婚姻纠纷、土地纠纷等案，但15—26中只有民事案件，而15—28—1、15—28—2则为刑事案件；第三，15—26的"例言"，后有"民事类"三个手书大字及民事案件处理办法摘引，15—28—1前亦有"刑事类"三个手书大字及刑事案件处理办法摘引，且笔迹相同；第四，这三卷所选案件均来自边区高等法院及延市地方法院，判决书上的日期均为从1937年到1944年，与15—26"例言"中的说明相符；第五，从判决书后选编意见的署名及笔迹来看，属于同一组选编者。因此，这三卷实为同一部分内容。

对于15—26、15—28—1、15—28—2是否同一卷宗，从陕西省档案馆关于案卷整理及标题的来源介绍，也从侧面证实了这一结论：15—26的标题

---

① 自1942年9月起，延安市地方法院与边区高等法院同址办公，这自然给判例的选编带来了方便。见"延安市地方法院一年半来司法工作报告（自32年起33年上半年止）"，《延安市地方法院1943年至44年司法工作报告》，全宗15—232。

系原标题，15—28—1、15—28—2 的标题可能系整理者所加。

（三）从裁判文书到“判例”的转变

《陕甘宁边区判例汇编》共选编了判词 77 件，其中，15—26 收录 27 件；15—28—1 收录 30 件；15—28—2 收录 20 件。在这些判词中，14 件（15—26 收录 8 件；15—28—1 收录 5 件；15—28—2 收录 1 件）是在原件的基础上修改而成，均为抄录件或修改后的判词。从司法档案中可知，边区判决书的格式如下：边区的判决书分原本（底稿）与正本，原本只一份，由法庭保存，正本则缮写数份分送各当事人，由书记员负责盖章，并写上“右正本证明与原本无异”字样。[①] 所以，如为原件，即正本，在最后应盖有审理机关的方形大印章，在书记员署名之前盖有或书写“右正本证明与原本无异”字样，在最后署名及文中改动处亦有私人印章，修改件则没有。修改前后的差异，从修改痕迹和内容，及选编者意见中可清楚看出。

判词的修改大致可分为三类：

第一类，重拟的判词。由于原审宣判时未制作判词，或判决书被丢失，或原判词过于简单而需重拟。例如：1. 马得凌破坏边区案（15—28—1）：“此案无判词。须补作”；2. 党得庵、李荣春等逃跑案（15—28—1）：“可选（无判词）”；“原案只有判决主文，须另拟判决，理由中将参军抗日的意义说明”；3. 王季双冒充公务人员私行拘禁人民案（15—28—2）：“判决书须另拟”；4. 郝鸣谦破坏边区法令案（15—28—2）：“本案须另拟判决书”；5. 李可仁逃跑案（15—28—1）：“可选，要补作判词”；“……但须另拟判决书”等，现汇编中已有判决书全文，说明或已补充或已另拟，当然，另拟或补充是在案件事实、理

---

① 马锡五、乔松山：“为函复判决书及布告如何签名并发来判决书之式样由”（1941 年 8 月 1 日），见《陕甘宁边区政府主席、谢觉哉、甘泉县司法处等关于处理司法工作中一些问题与高等法院的来往函件》，全宗 15—40。上述函件时间 1941 年 8 月 1 日，显系原作者笔误。马锡五、乔松山于 1946 年 5 月后始任高等法院院长，复函时间当在此后。

由及主文不变的基础上完成的。这一类的判词共有5件。

第二类,改动较大的判词。汇编中大的改动涉及理由及事实的补充。如选编意见中有"案中的理由可增添……"(任子光过失杀人案选编意见,15—28—1);"但判决书的理由事实项须加补充"(雷鸣高破坏边区案选编意见,15—28—1)等。兹举一例,这一例为原件上的改动,而且是改动最多的。卷15—26中的常维信、高申氏债务纠纷案中,原卷判决理由全文如下:

> 查常维信借高申氏银币30元已自认负返还之责,高申氏亦自愿"不要利息,只要本金。"上诉人仅对银币30元折合边币1500元部分表示不服,按边区高等法院于民国31年6月24日第22号命令,关于债权部分两项之规定:"革命前契约内所写之银元,如在民国24年11月1日国民政府行使法币之日以前,所立之契约其银元是硬币,应按现时边区货币兑换所明定市价折合边币计算。"米脂县务委员会根据此项法令,以银币1元银行牌示市价折合边币50元,计银币30元,折合边币1500元,于法而无不合。上诉人常维信谓:"民闻去年□区公布,所有25年以前之债务,每元还给边币30元,不闻有50元之命令。"道听途说,不能作为法律根据,应以本院第22号命令为准。□惟念上诉人并非富户,经济困难,酌返还边币800元以示体恤。基上论结,并合依本院第22号命令及民事诉讼法第446条、第447条之规定,故判决如主文。

改动后的理由部分为:

> 查常维信借高申氏银币30元,已自认负返还之责,高申氏亦自愿不要利息,只要本金。上诉人仅对银币30元折合边币1500元之部分表示不服。是此案争点在于银币折价多寡一节,至债权债务本身已无争论。此项银币折合边币之市价因在抗战时期变动无常,难作标准,自应斟酌双方实际生计情况以为处断。兹查上诉人虽非富户,然依目前

经济实况，尚可免为筹措，着返还高申氏边币800元，以期息讼。基上论结，故判决如主文。①

比较发现，修改前后的判决理由，实质内容并无改变。原件理由部分虽然稍繁琐一些，然论理清楚，文字亦通顺。修改以后的文字约为原件的一半，不仅说理透彻，且语言简练，颇具文采，显然修改者的文字功底深厚，而且通晓法理。对于今天的研究者来说，删去了原件中所引用的法条不能不说是一种遗憾。但在当时的边区，对于当事人来说，有无这一引用，区别不大。因为，普通老百姓对边区高等法院众多的司法解释命令及国民政府的六法全书内容无从知晓。王子宜在1945年的边区推事审判员联席会议的总结报告中讲到："今后，我们判决书的形式应该不同于国民党的，写那些第几条第几款……等全是些码字，法官写的时候可以搬开书照写，可惜我们的老百姓一人就没有一本书，所以，我处理后，写判决书可以写第几条，但应把内容一并写出来。因为你解决了问题，写判决书就是为的使老百姓懂得，那么写的就是要让老百姓看得懂。"②

总体上看，判决书修改的主要目的仅在于使文字通顺、用词恰当、逻辑清楚和格式规范。因此，编者虽在"例言"中申明，选编的目的主要是为了使司法者学习如何掌握政策，但对规范和清晰的语言表达的学习也应是题中之意，所以选编的判词绝大部分经过修改，但改动较大如上例的情况并不多，14份原件中改动较大的仅有两件。

第三类，改动较小的判词。仅有个别文字、措辞上的改动，如在韩福厚与韩银厚土地所有权争执案(15—26)，将"击退异军"改为"异军退走"之类。

同时，在选编过程中，为了选择适当的案例，在初选、再选时，判决书后

① 《边区高等法院编制：陕甘宁边区判例汇编》，全宗15—26。

② 《王子宜院长边区推事、审判员联席会议上的总结报告》(手写件，1945年12月29日)，全宗15—70。

多附有选编者的意见。这些“选编意见”，一般从四五十字到上百字不等。主要内容包括案情概括、案件特点（即案件的特殊性及判决适当的理由）、判词所体现出的政策与法律原则、修改和选编理由等。例如，15—28—1 中的罗志亭汉奸罪案，“选编意见”如下：

“该犯坚决不愿改悔，且受毒深，破坏活动特大，判以死刑，此点符合宽大政策之镇压方面的执行，应搜集于判例研究之中。石汶，6 月 3 日。”

“选编意见”言简意赅，为我们了解边区司法的依据、司法的方法、法律与政策、法律与习惯之间的关系等提供了一把钥匙。所以，“选编意见”具有类似于判例要旨的作用。经过如上的程序，完成了普通判词向判例的转变，呈现出今天我们所见到的《陕甘宁边区判例汇编》的面貌。

（四）初稿本的性质

《陕甘宁边区判例汇编》为初稿本，原因有二：其一，卷面上有多处修改；其二，从选编意见来看，其中有些判例尚未最后确定。例如，邓凤英与孙钱柜婚姻纠纷案的“选编意见”为：“此卷与王玲与雷凤成因婚姻涉讼一案情节重复，是否有再选之必要？王玲一案比此案更为完善，故可留彼舍此”；又如，惠思祥、张海胜求偿窑洞案，“选编意见”为：“资助系别有作用，采作房业判例不合”。[①] 再如，刘文义汉奸案，“选编意见”为：“可表现施政纲领宽大政策颁布后，在法院的具体实施。此案未经李老（指李木庵）阅过，系临时补选，是否可选，请决定。”[②]

在陕西省档案馆所保存的边区高等法院司法档案目录中，未见其他的判例汇编，这一汇编中的少量案例曾经公开或在研究者的文章中出现过，如黄克功案，但其中的绝大多数判决书尚未公开出版。因此，这一汇编不仅是

① 《边区高等法院编制：陕甘宁边区判例汇编》，全宗 15—26。

② 《边区高等法院 1938 年至 1944 年刑事案件判决书汇集》（一），全宗 15—28—1。

研究边区司法审判的代表性资料，也是研究边区判例制度的主要依据。

三、 结构与主要内容

（一）结构

《陕甘宁边区判例汇编》由四部分组成，即例言、案件处理办法、判词、选编意见与审定意见等。其中，判词是核心内容。

“例言”起着提纲挈领的作用，对编辑判例的目的、案件的来源与编辑方法、判例的作用等，作了说明：编辑判例的目的，主要是因为中国近代的法律改革，没有与中国的实际有机地结合，没有将中国法制的实践经验上升为理论和立法。判例具有“教育司法工作干部”如何“掌握政策，判断案件”的作用。司法的目的是解决现实的问题，“不管政策也好，法令也好，是在解决民众的具体问题，而不是以民众的具体问题来洽合政策法令”。

“案件处理办法”收录了审判案件的原则和评判司法效果的标准。审判案件的原则主要来源于立法草案和中共中央的政策。在民事案件中，强调“使人民得安居乐业，努力生产，以利团结抗战”。在刑事案件中，强调“司法机关对刑事被告人之处刑，除应顾到边区地方治安外，须同时顾到边区生产劳动力及其受刑人家庭之生计”；“犯罪是由于当时社会恶劣的环境所致，防止犯罪的办法，不是严惩的问题，而是如何改造的问题，改善他的生活，改造社会，才是基本办法”。

“判词”无论在所处位置，还是字数比例上，均为最主要、最基本的部分。判词的结构，与国民政府最高法院保持了一致，先“主文”，再“事实”，最后是“理由”。“汇编”所收集的判词，大部分言简意赅，简短有力。例如，15—26“冯秀山与冯崇明土地所有权争执案”，判词对双方的争议焦点进行了说明、评析与判定，对原审（一审）法院的判决进行了评价，逻辑清晰，结构合理，令人信服。又如，15—26“高桢祥与张海胜因租种土地纠纷案”，判词中的事实仅仅包括“原告声述”、“被告辩称”，理由部分对双方的观点和要求进行了回应，简洁流畅，说服力强。

“选编意见与审定意见”并非针对判词逐一进行。根据需要，选编人员对大部分判词给出了明确的选编理由。这些理由主要对判词中的关键事实进行了归纳和说明，对判例适用的条件进行了限制或解释。

（二）案件类型

《陕甘宁边区判例汇编》所选判例中，除 15—28—1 中第 19 份判决书为边府审委会的判词外，其它均来自于边区高等法院及延安市地方法院，其中边区高等法院 54 份，延安市地方法院 22 份。

判词分为以下四类：民事判决书、刑事判决书、简易判决书及处刑命令。[①] 在案件的选择上，“例言”中说明案件性质、份量的确定：“是根据在边区存在的案件的性质的多少来确定多少的，如破坏抗战、婚姻纠纷、土地纠纷等案是多一些，我们便抽选得比较多一些。”[②]具体来说，民事判决书 27 份，刑事判决书 50 份（包括刑事附民事判决书 2 份[③]，简易判决书及处刑命令各 1 份）。民事判决书中，土地纠纷 7 份，房产纠纷 2 份，债务纠纷 2 份，婚姻纠纷 12 份，亲子关系 1 份，继承 2 份，所有权纠纷 1 份。刑事判决书中，汉奸罪 6 份，破坏边区罪 3 份，土匪罪 2 份，杀人罪 4 份，伤害罪 2 份（1

---

① 简易判决书及处刑命令，《陕甘宁边区民事诉讼条例草案》第 28 条规定：“判决书主文事实理由各项，用通俗文字记明之，但简易案件其事实理由栏只记明要旨，不必分栏记载，亦得以批示代判词。”《陕甘宁边区刑事诉讼条例草案》第 44 条规定：“……其次为事实及理由，关于轻微案件之判决书，其事实及理由可并为一栏，只记明其要旨，亦得以命令代判词，判词文字力求通俗。”见延安市中级人民法院审判志编委会编：《延安地区审判志》，陕西人民出版社，2002 年，第 347、343 页。

② 《边区高等法院编制：陕甘宁边区判例汇编》“例言”，全宗 15—26。

③ 该编中列出的刑事附带民事判决书仅 1 份，但 15—28—1 中的吴占福案，15—28—2 中的辛五常案，均涉及刑罚及民事赔偿，故均属于刑事附带民事判决书。

份为防卫过当致伤害），贪污渎职罪8份，逃跑罪5份，破坏金融罪1份，鸦片罪5份，窃盗罪1份，违抗法令罪2份，遗弃罪1份，诈欺罪1份，赌博罪1份，妨害家庭罪1份，妨害自由罪3份，略诱罪1份，诬告罪2份，妨害公务罪1份。民事案件中以土地、婚姻纠纷为多，刑事案件中以汉奸、鸦片、杀伤及贪污渎职罪为多。

所选案件类型，带有鲜明的时代特征。例如，汇编中的汉奸及破坏边区罪案有9件之多，据《延安地区审判志》记载，边区"从1937年到1945年抗日战争时期，重大刑事犯罪以汉奸、土匪、破坏军队、破坏边区政权的犯罪为主"①。根据延安市地方法院1944—1945年上半年的司法报告，普通刑事案件以窃盗、伤害、烟毒、贪污渎职、逃跑为多。② 民事案件，"自1938年—1943年，边区30个初审机关共审理民事案件10112起，属于土地、婚姻纠纷的案件占全部案件的61.9%"。③ 两相对照，可发现汇编所选择的案件与边区司法机关实际受理的案件类型，大致吻合。同时，选编者尽量选择案情不同或较为复杂的案件。以婚姻案件为例，据《榆林地区审判志》记载，婚姻案件类型十分复杂，"但在整个婚姻案件中占数量最大、处理最感棘手的多属买卖婚姻、离婚、抗属婚姻等三种"。④《陕甘宁边区判例汇编》中的12份婚姻判例，即涉及离婚后财产的处理，寡妇再婚，事实上的重婚，抗属离婚，友区抗属离婚，童养媳离婚，精神病患者离婚，父母包办婚姻离婚，口角纠纷引发的离婚，贫富差别、工作不同产生的离婚，而其中绝大多数婚姻属包办

① 延安市中级人民法院审判志编委会编：《延安地区审判志》，陕西人民出版社，2002年，第82页。

② "延安市地方法院一年半来处理刑事比较总表"，见《延安市地方法院一年半来司法工作报告》（自32年起至33年上半年止），全宗15—232。在所列的总数为206案中，由多到少分别为：窃盗83案，伤害26案，烟毒23案，贪污渎职16案，逃跑14案。

③ 同①，第92页。

④ 榆林市中级人民法院：《榆林地区审判志》，陕西人民出版社，1999年，第64页。

买卖婚姻，基本上包括了当时婚姻案件的主要种类。

（三）判词概要

《陕甘宁边区判例汇编》反映了边区立法与司法之间、传统与现代之间的矛盾与冲突，以及社会转型时期法律的价值取向。边区处于社会急剧变革的时代，疾风骤雨式的变革必然会导致社会关系的急剧震荡，但这种变革也只能体现在某一个或几个层面上，如土地关系的变革，政权的更迭。观念、习俗的变革则是一个长期的过程："历史的经验表明，在各种类型的冲突中，新旧秩序之间的脐带不可能被一刀剪断，人们也不可能凭空建立一个崭新的时代。所以，原有秩序往往会以'法定'的形式或实际的影响得以延续。"①这一点在婚姻纠纷中表现得最为明显。在新政权建立、新的婚姻条例制定之后，一方面是很多妇女希望通过诉讼冲破传统婚姻家庭的束缚，另一方面又是传统男权社会的巨大的抗拒心理和行为。所以群众对离婚特别反感："穷人以后不会有老婆了，只有有钱人才能把老婆养活得住"；"边区什么都好，就只离婚不好，公家没一点王法，把那些要离婚的打得赶回去几个，她就再不敢了，这样离得穷人都没老婆了"②。

边区高等法院通过判例，缩小了成文立法与社会现实之间的差距。以婚姻为例，边区法律明文规定，禁止包办买卖婚姻，结婚年龄，男子为 20 岁，女子为 18 岁。但实际上包办买卖婚姻、早婚普遍，司法机关对此只能"不告不理"，如果采取"普遍的干涉主义"，那将是"罚不胜罚"，甚至会脱离群众。③《陕甘宁边区判例汇编》所收录的判例，对此类问题并不是完全机械地套用法条，而是根据不同的情况进行不同的处理，尽量缩小成文立法的负

---

① 葛洪义："法的生成"，《法律科学》2003 年第 5 期，第 67 页。

② 《陕甘宁边区高等法院：1942 年至 1944 年两年半工作报告》，全宗 15—193。

③ "高等法院：关于处理买卖婚及早婚问题的批答"，见《边区政府、高等法院、赤水县司法处关于处理早婚、买卖婚姻及离婚问题的呈、命令、指示信》，全宗 15—33。

面影响，以免引起群众的普遍不满和对革命政权的对抗心理。[1]

社会习惯和观念的变革是一个长期的过程。虽然法律规定感情不合是离婚原因之一，但汇编中无一例因感情破裂而被判决离婚的。12件婚姻案中，除一件为离婚后的财产处理外，其余均为离婚诉讼，但仅病患（丈夫为痴愚，妻子已忍受9年）、寡妇再婚（女方为男方买来的童养媳，在丈夫死后，男方亲属强迫其招夫，女方不愿，自愿与他人结婚。男方亲属起诉）及童养媳离婚（11岁的童养媳因受虐待曾起诉，判决回母亲家，满18岁时男方要求履行婚约，女方不愿）三案判离，其他的均未判离。边区高等法院维护婚姻相对稳定的价值取向，使诉讼无望者甚至铤而走险，以通奸杀人或自杀等极端方式希望摆脱婚姻的束缚，从而导致边区刑事案件中通奸杀人的发生率相当高。[2] 但应当说明，维护婚姻相对稳定的价值取向，在限制了离婚自由的同时，有助于满足战争环境的特殊需要。尤其是军婚问题的合理处置，实际上是民族独立战争和革命战争得以顺利进行的保证。

《陕甘宁边区判例汇编》反映了社会转型时期司法的价值取向。司法具有维护社会正义的公平性、维护社会秩序的功能性以及促进社会发展的革命性等多重价值。如在民事案件的审理中，维护土地革命中贫苦农民所取得的土地所有权、维护贫苦农民的婚姻稳定、向债务案件中贫穷的当事人一方倾斜等作法，[3]体现了边区维护革命成果、维护穷人利益的思想。在刑事

---

① 陕甘宁边区高等法院“张维金诉李俊英离婚案”判决，认为当事人双方的早婚行为，不能成为原告起诉离婚的理由。“婚姻案件处理办法”强调指出：“从张维金案中也知道年龄的限制也并非绝对的，有的按地方习俗与当事人自愿也可灵活处理。”《边区高等法院编制：陕甘宁边区判例汇编》例言，全宗15—26。

② 边区“1944年至1945年9月1年零9个月的命案统计共198件，其中因奸及感情不合、离婚不遂和与婚姻有关系而发生之命案共81件，占命案总数41%弱”。《自苏维埃时期起至1948年12月整司法工作总结报告草稿》，全宗15—205。

③ “民事案件处理办法”摘引了《陕甘宁边区民事诉讼条例草案》中民事案件的处理原则，包括：(1)私益服从公益；(2)局部利益服从全部利益；(3)少数人利益服从多数人利益；(4)一时利益服从永久利益；(5)富裕者提携贫苦者；(6)有文化知识者帮助文盲无知者。

案件的审理中，对汉奸、土匪、破坏边区等犯罪行为的惩治，体现了边区坚持抗战、维护革命秩序的思想。烟毒案件，反映了边区司法肃清旧社会遗毒、树立社会新风尚的追求。贪污渎职类案件，彰显了民主政权建设廉洁政府的实践。所有这些，与民国政府的司法，形成了鲜明的对照。

四、经验与局限

（一）编制机关与人员的权威性

边区高等法院编制判例的活动，保持了中国近代司法的传统。[①] 1944年2月，边区政府撤销了边府审委会。边区司法体系的设置又从三级三审恢复到两级两审，边区高等法院成为边区最高审判机关。由于审级及案件管辖缺乏明确规定，边区高等法院审理了某些重大的一审案件。[②] 同时，边区高等法院审理了大量的二审案件，积累了丰富的审判经验。

《陕甘宁边区判例汇编》编制人员的组成前已述及，主持人李木庵是当时国内著名的法学家，具有长期的司法实践经验，还具有文学的爱好。编选机关和选编人员的特点，保证了其具有较高的实践价值。

（二）简洁明快的形式

正是从边区实际出发，边区高等法院在编制判例时没有完全遵循国民政府的判例编撰形式，编制内容不仅限于“判例要旨”，而且收录了判词的全部内容。编辑过程中，有目的地加强了判词的判决理由部分。在保证判词

---

① 中国近代以来司法机关编制判例的实践，请参阅汪世荣：《判例与法律发展——中国司法改革研究》，法律出版社，2006年，第73—81页。

② 杨永华、方克勤：《陕甘宁边区法制史稿·诉讼狱政篇》，法律出版社，1987年，第112页。

形式规范化的同时，更注重判词的内在品质。

汇编中的判词大都篇幅精悍，处刑命令不足150字，简易判决书全文不足200字，1000字以上的判词，通常是当事人或被告为多人，案情复杂，性质重大的案件。格式也较为规范，文字质朴，论理简洁，通俗易懂。①

（三）普遍性、典型性结合的遴选标准

边区高等法院在编制判例时考虑到了多重功能，如政治宣传、为研究者提供材料、作为司法审判的参考等。在这些功能中，以弥补法律疏漏和指导司法实践为主要功能。因此，边区高等法院在选编判例时重视覆盖面。在选编之前，要求各分庭与地方法院选送案例，包括好的和坏的两方面，调解、审判两方面，而且要有分析，即已注意到判例来源的广泛性。边区虽然仅150万左右的人口，但各地风俗不同，经过革命的时间长短不同，因而各地的具体司法也不同。案件来源广泛，才能保证判例的质量。

在判例的选择上，选编者仍然力争全面，顾及三级司法机关，即地方法院、边区高等法院及边府审委会。由于法律规定的审级不同、管辖范围不同，所以从程序上照顾到了各个审级，从种类上照顾到了各类案件。

边区高等法院在选编判例时也注意到了典型性。例如：1.具有重大政治影响的案件，如黄克功案；2.恰当运用法律解决疑难问题的案件。如常维信与高申氏债务纠纷案，裁判者首先肯定了契约的效力，但并没有简单地依据契约判定债务人偿还，而是又考虑到物价变化、当事人双方的经济能力，根据边区"富裕者提携贫穷者"的民事审判政策，作出了双方均能接受的裁判结果。汇编中这类判例较多，特别是关于复杂的土地纠纷和婚姻案件；3.

① 判决书的写作质量及风格不仅取决于法官的素质，也受制度的制约。基于边区民众整体文化素质非常低的现实，判决书文字通俗易懂就成为最基本的要求。为此，1942年的《陕甘宁边区刑事诉讼条例草案》第44条明确规定："判词文字须力求通俗。"《陕甘宁边区民事诉讼条例草案》第28条规定："判决书分主文、事实、理由各项，用通俗文字说明之。"

把抽象的法律原则具体化的案件。如江波防卫过当案，江波出于义愤救人，防卫过当致人死亡。又如，任子光不知枪中装有子弹，无意中扣动扳机致死人命等；4.把法律中规定的行为、刑罚或责任具体化的案件。前已述及，《陕甘宁边区抗战时期惩治汉奸条例（草案）》规定了汉奸罪的量刑，根据情节轻重，可以判处罚金刑直至死刑。如此规定，很容易造成实践中的畸轻畸重。所以除吉思恭一案是在宽大政策颁布之前，其他 4 件汉奸案根据犯罪行为及是否真心悔改分别判处 2 年、3 年有期徒刑及死刑，明确了汉奸罪量刑的关键事实和量刑幅度；5.先例性质的案件。对于法律中无明确规定的行为，根据政策和其他法规类推处理。例如，对于田兰芳与霍如法离婚案件，霍在友军当兵三年无音讯，其妻田兰芳提出离婚，边区高等法院根据 1943 年 1 月 15 日《新订陕甘宁边区优待抗日军人家属条例》对抗日军人的定义："以直接参加抗日国防正规军、地方警备部队、保安团队、县区警卫队及脱离生产的自卫军干部为限。"①对此案依照边区抗属离婚办法处理。王占林杀人案，延安市地方法院认为：王占林与被害人之妻通奸杀害本夫一案发生在友区（榆林属地），经被害人之父告诉该友区法院未加深究而来边区请求法院通令查办，抓获罪犯，经延安市地方法院审理后判处死刑，为群众申了冤屈，开创了管辖友区来诉案件的先例。《陕甘宁边区判例汇编》在编制时充分考虑到了判例的实践价值，在一定程度上弥补了法律的疏漏，为司法审判提供了有力的参考。边区高等法院在判例制度上所进行的创造与探索，对社会变革时期司法功能的有效发挥，具有开拓性的意义。

（四）未竟的实践

边区广泛开展的调解运动，使大量的民事案件和部分刑事案件，通过调

---

①　《新订陕甘宁边区优待抗日军人家属条例》，榆林市中级人民法院：《榆林地区审判志》，陕西人民出版社，1999 年，第 383 页。

解予以解决,失去了对“初稿本”进行深加工的客观需要,不仅未能完成编制判例的初衷,即使已经取得的成绩,也很快被淡忘。

虽然编制判例的工作未能延续,但判例对司法审判的作用受到人们的重视。例如,1945 年,王子宜任院长时,曾提出:“应作不定期的好、坏典型例子的报告,待汇作判例。”①马锡五、乔松山在边区高等法院 1948 年的工作总结报告中,亦几次提到收集整理“判例”以辅助司法:“整理判例,本属司法机关的日常工作,但以目前成文法律的不足,判例就显得异常重要。今后应尽力收集成功案例,整理印刷,以补助条文之不足,而使司法干部在审理案件中有所遵循”;“报告制度,不但可以使领导上了解情况,及时指导政策法令的贯彻,达到统一。在司法工作中,对收集判例亦有重要关系”。②

第二节 边区判词的法律理由与表述风格

一、 判词对法律理由的表述

中国传统法,强调法律和道德综合为治,强调礼与刑的有机结合,“德礼为政教之本,刑罚为政教之用。”③司法活动中,强调情理的作用和地位,最大限度地实现法律与风俗、习惯、道德等规范的结合,通过“天理、国法和民情”④

① 《王子宜院长在边区推事、审判员联席会议上的总结报告》(油印件,1945 年 12 月 9 日),全宗 15—70。

② 《边区高等法院:自苏维埃时期起至 1948 年 12 月整司法工作总结报告草稿》,全宗 15—205。

③ 《唐律疏议·名例》。

④ 在我国目前保存最完好的封建社会县级官署衙门内乡县衙,大堂和二堂之间的屏门横匾上,大书“天理、国法、人情”六字,提醒执掌司法之县令必须体天理,准国法,循人情,表达了州县司法的特点。

的统一，实现法律的规范作用。判词对法律理由的充分表述，成为制度发生规范作用的基础。

（一）判词的性质

作为法律判断过程和结果文字表现的判词，其产生过程带有明显的特征。《说文解字》："判，分也"，"分"又解为"别"。判词是对是非曲直的判断与评价的结果的文字体现，是法律判断的结果。①

因此，判词是法律判断的特有现象。判词通过对判断过程和结果的文字说明，获取法律判断的正当性支持。判词通过公开判决过程和结果的形式，实现司法平和地解决纠纷的功能。

（二）通过判词方式对法律理由的表述

法官在表述法律理由时，不仅需要顾及读者对象，兼顾案件当事人、一般社会成员、潜在的案件当事人、同行、法律教育和研究人员。而且，法官肩负着慎重裁判的义务，通过判词，需要表明案件的裁判过程中同时考虑了诉讼双方的观点和主张，并尽可能详细地说明裁判的理由和依据。

法律判断的客观性，要求判词具有较强的说服力。法律判断的严肃性、终局性，要求法律判断必须经受推敲乃至批评，能够进行必要的效果评价。

通过判词公开法律判断的过程和结论，司法的活动才能够接受社会的和舆论的监督，能够经受历史的考验。如果说法律是一个历史文化现象，判词不但记载了法律发展的真实进程，而且成为推动法律发展的途径和重要方式。

---

① 汪世荣:《中国古代判词研究》，中国政法大学出版社，1997年，第1页。

二、 边区判词法律理由表述的特点

(一) 通过对情理的关注,保护弱者的权利

判例1:赵华山与申长胜偿付木料买价纠纷案

本案上诉人赵华山,住延安市南关,开设豫泰商号;被上诉人申长胜,开设义和饭馆。双方因请求偿付木料买价纠纷一案,不服延安市地方法院一审判决,上诉到边区高等法院。

上诉人赵华山经营的豫泰商号自己购买木料盖楼,后因建筑中缺少一部分木料,委托包工尹子山去买,当日木料送到。数日后被上诉人前往上诉人处结清款项,上诉人称木料价款15万元已经付给了包工尹子山。工程快完工时,尹已不知去向。被上诉人起诉后,延安地方法院判决上诉人应当在7日内付清货款。

边区高等法院认为:被上诉人刨砍木料时已付出好多劳力,并于买后抬送至上诉人所用之地方,上诉人已知该木料是从被上诉人处买来而未付价。现在如据单面理由即诿卸责任,对被上诉人损害太多,殊不合理。此上诉人系一经营发展之商店,即使已付过部分价款,实因自己对包工检查疏忽之故,对被上诉人之木料价仍应先为付出。至已付之工头15万元,可待将来找到尹子山时再行退偿。①

判词强调,被上诉人已经履行了义务且在经济上处于弱势地位,而上诉人作为商号,在经济上处于强势地位。认为即便上诉人已经支付了货款,其与委托人之间的信任关系,也便利于将已付款收回。委托人对受委托人的

---

① "陕甘宁边区高等法院民事判决书第58号"(中华民国三十五年八月十三日),《边区高等法院1946年刑、民事案件判决书汇集》(之一),全宗15—29。

行为承担责任，这一点是明确的。在本案中，上诉人虽强调自己的委托人代表自己履行了义务，但又缺乏证据予以证明。边区高等法院通过权衡情理，作出了有利于弱者的判决。

判例2：刘玉与刘永明因收养关系涉讼案

本案上诉人刘玉，男，57岁，延长县六区三乡麻子河人，务农。被上诉人刘永明，男，30岁，住址、职业同前。双方因收养关系涉讼，上诉人不服延长县司法处第一审判决，向边区高等法院提起上诉。

刘永明自幼被刘玉收养，并为其成婚。后双方发生矛盾，刘玉要求解除收养关系。延长县司法处判决解除收养关系，土地房屋予以分割。边区高等法院认为：刘永明原为刘玉养子，确系无法继续收养关系自得依法解除之，刘玉在第一、第二审均一贯坚决表示不要儿了，只于最后为避免分窑地，始佯称："又要儿了。"但刘永明夫妇方面已坚不愿回去，自应准予终止收养关系，窑地原为昔年革命按6口人分配而来，自亦应仍按6口人分给刘永明，家具则可毋用分给。在收养关系存继期间，或儿子用了父亲之物或父亲用了儿子之物，于收养关系终止后均不得追索之。刘永明今后既非刘玉之养子，且无义务再为刘玉买棺木老衣，故刘玉之上诉应为无理由。惟念刘玉年迈，生计当较富有劳动力之刘永明夫妇困难，可由刘永明今年秋收后帮助刘玉粗粮两小石，并略示答谢刘玉抚养之劳，遂判决：刘玉与刘永明收养之关系终止。延长曾经土地革命，窑地已按人口分配，刘玉家现有27垧地、2孔窑，按分配土地时6口人计算，应由刘玉分中等地9垧、窑1孔给刘永明夫妇。刘玉年迈生计困难，由刘永明于今年秋收后帮助刘玉粗粮2小石。[①]

边区高等法院在判决解除收养关系的同时，针对上诉人刘玉年迈（57岁），生计困难的事实，判决富有劳动力的被上诉人刘永明秋收后帮助上诉

① "陕甘宁边区高等法院民事判决书第16号"，《边区高等法院1946年刑、民事案件判决书汇集》（之二），全宗15—30。

人2小石粗粮，体现了对情理的重视和对弱者的帮助。收养关系的解除，关乎人伦情理，判决通过被上诉人对上诉人生活的帮助，强调了伦理道德的重要性。这一判决内容，对化解双方之间的矛盾，具有积极的作用。

判例3：向昌满与唐安土地纠纷案

本案上诉人向昌满，男，49岁，庆阳三十里铺唐家湾人，农民；被上诉人唐安，男，63岁，庆阳县城内第三乡人，工人。双方因土地所有权纠纷不服庆阳县地方法院一审判决，上诉到边区高等法院。

被上诉人唐安承得祖业土地50亩，光绪三十年（1904年）领有执照，但该地荒芜未垦。宣统六年（1914年），上诉人之祖父向克志对该荒地予以开垦，并取得70亩之承业执照，唐姓以为荒地不值钱，没有提出异议。直至1928年，被上诉人始向上诉人索要该地，缠讼多年。

边区高等法院认为：被上诉人在第一审及本院均呈验其清光绪三十二年（1906年）所领执照，且经过该县府于民国四年（1915年）验契手续，盖有戳记，虽核与上诉人所呈执照上亩数四至不尽相同，经原审承办人员亲临勘验及调查证明确是双重领照，当无疑义。查上诉人领地在被上诉人之后，后领者不能影响前领者之权利，此为一般之法理，又上诉人对该地实垦亩数超过领地执照所开亩数，此项所超过之数目不在法律保护之列，不过被上诉人领地虽属在前，但已放弃20余年未曾过问，地自荒芜，上诉人以积年薪力殷勤开垦成为熟地，此时若令全部交还被上诉人，势必使上诉人发生无地耕种之恐慌，原审根据中央土地政策及该县参议会土地提案决定之原则，判决系争之地归被上诉人25亩，归上诉人50亩，庄窑被上诉人有1/3，上诉人有2/3，尚无不当。①

在大力提倡开垦土地的政策下，边区政府采取了保护土地开垦者利益

① “陕甘宁边区高等法院民事判决书第12号”。根据该案判决书事实部分的内容，双方系争标的中包括土地及庄窑，因之判决中有对庄窑的划分。

的政策。但是，被上诉人唐安年届63岁，贫苦无依。如何平衡当事人双方的利益，判决通过折中方式予以体现。

判例4：张明海与张明俭土地纠纷案

本案上诉人张明海，男，41岁，合水县二区五乡人，农民；被上诉人张明俭，34岁，住址、职业同上。双方因土地纠纷不服合水县司法处一审判决，上诉到边区高等法院。

边区高等法院认为：上诉人张明海之父已将受分土地卖与张明俭，其契约业经验明属实，张明海租种张明俭地37亩，已历10余年，逐年纳租，并无异言，亦为张明海所供认。只因张明俭欲收回该地自种，张明海即借口从前父辈分家不公，谓张明俭多分地30余亩，主张重新分地，不允退耕，迹近霸佃，固属不合。但此系民事诉讼范围，原判张明海侵占土地之罪，殊有未当，应予撤销。至张明海因不愿退耕之故而捏称先辈分家不公，对于30年前已经分定之地主张重分，并抗不交租，实无理由。原判确认张明海耕种37亩地为张明俭所有，并令张明海交还欠租2石4斗4升5合，尚无不合。应将张明海关于此项上诉部分予以驳回。惟念张明海家景贫乏，已无自耕之地，一时难以租到他人之地以为耕种，一家生计势必无法维持。着张明俭顾全家谊，将该地37亩仍由张明海承租两年，惟须年清年租，不得短欠。期满即由张明俭收回自种，张明海不得再行借口阻挠。①

1943年边区政府采取的是"地主减租减息，农民交租交息"的政策。原审合水县司法处对地主土地所有权的保护，采取了不适当的措施，包括判决没有交租的张明海构成侵占土地罪。边区高等法院在平衡地主与佃户利益方面，强调纠纷属于契约关系的性质，以及双方当事人之间的亲属关系，判决合情合理。

① "陕甘宁边区高等法院民事判决书第96号"。

(二) 通过道德判断,实现法律效果与社会效果的统一

司法机关在审理案件、适用法律,对双方当事人的实体权利义务作出判决时,不仅应当充分考虑现有法律的规定,而且应当对双方当事人的经济状况和当地社会现实、当时政府的政策,以及当地的风俗习惯、道德信仰进行综合的考虑。边区高等法院通过是非判断和道德评价,强调了法律效果的同时,取得了良好的社会效果。

判例1:贺马氏、贺加善与贺王氏土地纠纷案

本案发生在清涧县石咀驼区四乡。上诉人贺加善,男,35岁,务农。被上诉人包括贺王氏(贺加善弟媳)及贺居仁、贺步有、贺步居、贺步伟4名乡政府干部,媒人贺宏章,贺王氏后夫郝守禄之父郝宝贵共7人。贺工氏代理人郝守禄(贺王氏后夫)。上诉人因与贺王氏之间的土地纠纷,不服清涧县司法处一审判决,上诉到边区高等法院。

贺马氏有两个儿子,即贺加善和贺王氏已亡故的前夫。贺马氏有养老地8垧,由两儿子分种。贺王氏丈夫亡故,遗有一子一女,生活困难,欲招郝守禄为赘夫维持生计。贺加善不愿。贺王氏坚决要招。经过贺宏章说媒招夫。贺马氏欲要8石米后同意,后经贺宏章说合为4石。贺宏章从中得到6斗。贺王氏招夫后,贺马氏反悔,欲要回4垧地,贺王氏因之起诉。

边区高等法院认为:贺王氏之8垧养老地,原于贺加善弟兄分家时言明暂由弟兄各种4垧,该地之所有权仍归贺马氏,况贺马氏乃以老弱,又无劳动力,只凭此8垧养老地维持生活。故贺王氏及贺加善各种贺马氏养老地4垧,应如数交退贺马氏管理,一切支配处置权属于贺马氏,他人不必阻碍。至于由养老地引起婚姻事件,婚姻本系于自主原则,别人不必加以为难。而贺加善,为此事告发多人,实属不当,当庭予以批评;贺宏章因说媒索取6斗麦子之行为与法相违,除当庭批评外,应如数退出,因婚姻并非商品买卖,此6斗麦子不能退还郝守禄,亦不能退交贺马氏,故改作当地之教育卫生经

费。贺加善所帮贺王氏及贺宏章等人之盘费，王、贺两姓均为本案当事人，并有责任在身，并无收取盘费之理由，应将所帮之盘费全部退交贺加善。贺步有等实与本案无关，而被贺加善告发传案，其盘费应由贺加善付贡【供】。①

对贺加善告发多人的行为当庭给予批评，对被无故牵连者所支付的费用，由告发人承担，处罚通过介绍婚姻索取财物的行为，这些道德评价的内容，对形成良好的社会风尚，至关重要。

判例2：黄克功因逼婚未遂枪杀刘茜案

1937年8月初，年仅16岁的中学生刘茜离开家乡太原奔赴延安，进入抗日军政大学第十五队学习，自小参加革命的黄克功时为该队队长。两人相识并相恋。因两人经历、恋爱观存在较大差异，刘茜在转入陕北公学学习后开始疏远黄克功。黄克功紧追不舍，最后，在逼婚无果时残忍地枪杀了刘茜。案发后，边区高等法院、政府保安处及抗大政治部联合展开调查，很快查明事实，拘押了黄克功，并在陕北公学举行了公审，判处黄克功死刑。

边区高等法院在判词中，强调了黄克功的杀人动机："黄克功认为失恋是人生莫大的耻辱，忘却自身是革命队伍中的干部，放弃10年革命斗争的光荣历史，不顾当前国家民族的危难，陷于恋爱第一主义的泥坑中，不能自拔，遂萌杀害刘茜的动机，藉以泄愤。"对犯罪行为的描述，使用了道德评价："当时黄克功即拔出手枪对刘威胁恫吓，刘亦不屈服，黄克功情感冲动，失却理智，不顾一切，遂下最后的毒手，竟以打敌人的枪弹对准青年革命分子的刘茜胁下开枪，刘倒地未死，尚呼求救，黄复对刘头部再加一枪，刘即毙命。"对犯罪行为的危害性，进行了揭示："我们用血肉换来的枪弹，应用来杀敌人，用来争取自己国家民族的自由独立解放，但该凶犯黄克功竟致丧心病

① "陕甘宁边区高等法院民事判决书第28号"，《边区高等法院1946年刑、民事案件判决书汇集》(之二)，全宗15—30。

狂，枪杀自己革命的青年同志，破坏革命纪律，破坏革命的团结，无异帮助了敌人，无论他的主观是否汉奸，但客观事实确是汉奸的行为。”①

中国近代以来的法律改革最重要的成果之一，就是成功地完成了法律与道德的分野。法律作为具有独立调整对象、独立调整方式、独立价值目标的规范体系，得到了前所未有的发展。但是，单纯的法律理由，难于赢得舆论和道德的支持。本案判词道德评价的内容，在深刻揭示法律理由的同时，增强了判词的说服力，彰显了法律公正。

（三）通过从结论到结论的格式结构，增强判词的说服力

判词是否有固定的格式结构，什么样的格式结构最有助于表达法律理由，受到边区司法人员的重视。富县司法人员询问判决书及死刑布告的署名方式，边区高等法院的回复是：由兼处长署名，司法处为县级政府下单独机关，不同于其他行政机关，应盖司法处印信。并附上一份判决书格式：

某某县司法处民事判决书　　字第　　号

原告（姓名，性别，年岁，籍贯，职业，成份等）

被告（同上）

右【上】双方当事人因（案由）一案，经本处审理判决如左【下】：

主文

……

事实

……

……

理由

① “陕甘宁边区高等法院刑事判决书第2号”，《边区高等法院1938年至1944年刑事案件判决书汇集》（一），全宗15—28—1。

……

……

中华民国　　年　　月　　日(宣判日期)

兼处长 ×××

审判员 ×××

右正本证明与原本无异

书记员 ×××(印)　　(审判机关方形印)

中华民国　　年　　月　　日(送达日期)[①]

从上述格式不难看出,边区的判决书,正文从判决主文开始。这种先从结论出发,再回到结论的方式,符合一般逻辑思维的要求:“心理学家告诉我们,判断的过程很少是从前提出发得出结论的。判断的起点正与之相反——先形成一个不很正确的结论;一个人通常是从这一结论开始,然后努力去发现能够导出该结论的前提。如果他不能如愿以偿地发现适当的论点用以衔接结论与他认为可接受的前提,那么,除非他是一个武断或愚蠢的人,他将抛弃这一结论而去寻求另一结论。”[②]

从结论到结论的判词格式,反映了完整的法律推理过程,体现了法律判断的严肃性和正当性。这也是当时国民政府司法机关采取的判决书格式。边区高等法院对这一格式进行了甄别,并且予以沿用。

三、 边区判词中情、理、法的体现

在吸收中国传统法制特点的基础上,基于边区政治、经济和文化的特

---

① 马锡五、乔松山:“陕甘宁边区高等法院:为函复判决书及布告如何签名并发来判决书之式样由”(1941年8月1日),《陕甘宁边区政府主席、谢觉哉、甘泉县司法处等关于处理司法工作中一些问题与高等法院的来往函件》,全宗15—40。

② [美]博西格诺等著:《法律之门》,邓子滨译,华夏出版社,2002年,第27页。

点，边区的司法判决中强调法律服务于社会，解决人们之间的纷争，目标指向对人的终极关怀，从而形成了法律理由表述上的鲜明特点："新民主主义政策，则系维护各阶级、照顾各阶层利益。国民党现行法律，各阶级利益冲突时，是无法解决的，而我们根据民事案件处理之诸原则，则可得解决。如土地之优先租佃权，属于贫苦急需者。债务之还债，视贫富之具体情况，可令债务人少还、全还或免还。婚姻之'自主自愿'按农村生产组织机构之需要的具体情况及保障抗属等而酌予伸缩。总之，使人民得安居乐业，努力生产，以利团结抗战。"①为了实现新民主主义的司法政策，判词在法律理由的表述中，注重对弱者权利的保护，注重法律效果与社会效果的统一，注重判词的说服力，取得了积极的效果。

边区判词法律理由的表述，在通俗可读的基础上，更加容易为当事人理解和接受，使判决主文所确定的权利义务得到实现，使当事人和社会成员通过判词得到教育，而且可以将判词作为了解、学习、研究法律的工具和手段。判词揭示了特定时期人们的道德、文化、经济、家庭和其他重要领域中存在的困境，本身是人们关注自我、关注社会的重要载体。优秀的判词不仅对现实的纠纷解决发挥作用，而且对社会风气的引导、对良好人际关系的建立、对和谐健康的社会关系的形成，产生积极影响。

近代法律的发展，在进行大规范法典起草和制定的过程中，缺乏对中国社会的深切关注。立法领域，关注法律自身的特性，将法律的规则建构作为法律发展的重要途径和方法。立法和社会保持了一定的距离。立法与社会存在的张力，使司法不能不对习惯和道德等情、理因素予以特别重视。例如，司法活动中，将法律判断与道德判断人为予以割裂，损害的只能是判词的说服力，不可避免地削弱了法律理由的周延或充分性。缺乏道德评价的法律判断，无以揭示行为人的动机和目的，无以揭示法律的目标和任务，无

---

① 《边区高等法院编制：陕甘宁边区判例汇编》例言，全宗 15—26。

以发挥法律的规范和教育功能。从这个意义上讲,边区的判词,在进行法律评价的同时,兼顾对案件所涉及的当事人的道德评价,值得关注。

总之,判词情、理、法的有机统一,在专业化和大众化的冲突中,找到了平衡点。边区的判词通过道德评价,体现了司法在变革时代对社会的特别关注。事实上,情理法的冲突以及协调,是司法无时无刻都需要面对的难题。

第五章　刑事审判

刑事审判是边区高等法院审判职能的重要组成部分。边区高等法院通过对重大刑事案件的审理，打击犯罪，维护抗日民族利益、革命利益以及边区正常的社会秩序。因而，本章从刑事审判实践的角度，解读和分析边区高等法院司法功能的实现。之所以选取黄克功案和镇压与宽大相结合的刑事政策作为切入点，主要着眼于其时代性和典型性。前者是边区历史上最著名的案件，后者则是边区最重要的刑事司法政策。

第一节　黄克功案与边区的司法公正

一、案件始末

黄克功案的档案卷宗[①]，案卷子目录中列举了 19 项材料，全部内容达 94 页。其中包括边区高等法院的刑事判决书、起诉书、刘茜验伤单、证人陈永捷和董铁凤谈话笔录、公审笔录、黄克功陈述书、毛泽东给雷经天的信、公审大会记录、宣布凶犯黄克功枪杀刘茜之罪状布告、点名单、证据检验与调取的来往函件、刘茜信件、证人名单、举行公审大会的通知等重要文献，为我

① 《毛主席、边区高等法院关于判决黄克功因逼婚未遂、枪杀刘茜案的材料》，全宗 15—543。

们研究这起轰动一时的案件提供了翔实的资料。

（一）短暂而错位的恋情

1937 年 8 月 2 日，正在太原读中学的刘茜离开家乡奔赴延安，进入抗日军政大学。刘茜被分配在十五队，队长便是黄克功，两人的居处又恰巧为邻。时年 26 岁的黄克功在 1930 年即参加红军，经历过长征，参加过多次战斗，负过重伤，也曾担任过师团政治工作。黄克功很快被活泼、聪慧、年仅 16 岁的刘茜吸引，两人相识，并互生爱慕之情。黄克功在 1937 年 10 月 7 日的陈述书中称，从他与刘茜明确恋爱关系到写陈述书时约 5 星期半，可知两人之间的恋爱纠葛大约始于 8 月底。9 月初，陕北公学成立，刘茜等转入公学学习，两人关系逐渐疏离，直至决裂。

黄克功、刘茜之间有过一段短暂的热恋。刘茜在信中称黄克功为“小阳”，“我爱”，自己署名为“黑格格草”。信中说：“你一定在挂念着我，我也在想着你，爱的！”但两人对爱情以及婚姻家庭认识上的巨大差异已经显现：刘茜是一个充满幻想的少女，她渴望的爱情是浪漫的精神之恋。同一封信中，她告诉黄克功：“我希望这态度永远下去好了！将来的问题，将来再解决，你不要再急急的想结婚……”；“我希望我的爱人变成精神上的爱我者”。在另一封信中，刘茜更强调爱情是两人具有共同的认识、共同的意志。她写道：“爱情不是建立在物质上的，而是意志认识的相同，你不应把物质来供我，这是我拒绝你送我钱和用品的原因，希望你不要那般的来了，你无形中做了降低朋友的行为。”对于夫妻在婚姻中的地位，刘茜认为：“就是夫妻在合理的社会制度中，互相的也是各不依靠，而是帮助，你认清点！！”刘茜的这些言辞反证出黄克功急于建立和拥有的是实实在在的婚姻家庭，而且是传统意义上的家庭。从相识开始，黄克功便认定刘茜应该成为他婚姻的另一半，他曾送钱送物给刘茜，还期望能够早早结婚。刘茜曾对董铁凤说，她对黄克功不满意的地方是：“她觉得他只认识一天，便要求她结婚。”

两人的观念差异还体现在交友上。刘茜在信中说:“恋爱并不是你所说的那般超人,你有爱人就不交另外之女友,或者是男友,我们都有恋爱的自由,谁都不能干涉对方的交友!”可见,黄克功希望的恋人是外表活泼聪慧、内心忠贞不贰的传统女性,而刘茜是一个性格开朗又具有现代精神的女性。由于工作及性格的原因,刘茜与其他男性有较多接触,这使黄克功妒意横生,以至于认为有七八人追求她,认为她“随处滥找爱人”(黄克功陈述书一),并因此追问刘茜,而刘茜却告诉他:“我们像亲生兄妹一般的过着生活而来到延安,但我们是同学之合,而没有和其中之一个产生什么爱的,我们在一块游山玩水,一块打球,一块讨论,无形中失去了男女之界。现在仍是那般的。”刘茜在一封信中曾说黄克功是她“第二个恋人”。在后来的调查中,刘茜的同学说她很能干工作,在中学时就担任民先组织的负责人,并未与人涉及爱情及婚姻关系。两位被调查者都认为刘茜与其他同志之间仅有工作关系和“不过一块耍耍而已”的朋友关系,与外面(白区)及其他人之间亦没有信件往来。

刘茜曾使用多种方式拒绝黄克功,包括写信暗示,送还物品(口琴),拒绝接受其钱物,到最后明确拒绝。但黄克功自从遇到刘茜便深陷其中不能自拔,从刘茜的信中仍可以感觉到黄克功的痴迷几乎丧失了理智。刘茜的同伴在调查中提到,因刘茜不理黄克功,竟使黄克功气得不吃饭。刘茜的信中也说:“来信可以看到你的情感十足之盛”,并告诫黄克功要冷静。她说:“朋友,你的理智呢?为了一个人而失眠,值得吗?”“你简单把恋爱看成超过一切了”;“冷静点!冷静点!”刘茜的同学在调查中说,大约案发前一周,刘茜已明确拒绝了黄克功。黄克功仍不甘心,连写了三封信给刘茜,刘茜曾回信一封拒绝。黄克功仍找过刘茜几次,但没有找到。

两人性格上共同的偏执和冲动又加剧了因婚姻家庭、交友观的不同而引发的冲突。刘茜16岁,正处于人生观的形成时期,对人对事尚未形成自己稳定的看法,易于受他人意见的影响,而且感情冲动。两位被调查者都说刘茜像小孩子一样。对她与黄克功的感情，恐怕刘茜自己也不十分清楚。董铁凤提到："她时常对我说她不爱黄克功。她和黄克功有相当的交情，但没有可能结婚。"对于别人的劝告也"很接受的"。当黄克功已深陷其中时，刘茜未能当机立断，恰当处置，而是以精神恋爱推卸，即使在表示拒绝的信中仍然措辞含糊："告你，我会爱你，而不能爱你！""你爱我吗？而你更应爱大众！——这是我的点许希望。"署名仍然是"黑格格草"，所以董铁凤亦说"她那时的态度很不明确"，正是这种含混的态度使黄克功感到似乎还有朦胧的希望，从而穷追不舍。同时，生活经验缺乏的刘茜也十分冲动，她在给黄克功的信中使用最多的是感叹句。在一封250来字的短笺中竟使用了14个感叹号，占全部标点符号的一半。这个缺乏生活历练的年轻女孩也没能意识到自己的感情变化带给了黄克功深深的伤害，在黄克功携带枪支与她单独谈话时，也未意识到自己的危险处境，再次严词拒绝。黄克功陈述书中说她"眨睛无情，恶言口出"，"并谓今晚你不杀我，我即返校报告你拦途劫抢"。刘茜的行为，使行伍出身的黄克功备感痛苦，也备受刺激，竟然行凶杀人。

（二）案发前后

从黄克功的陈述书、证人证言及公诉书等材料中可知，在1937年10月5日傍晚，黄克功暗地携带手枪，与抗大干事黄志勇一同外出，在陕北公学附近碰见刘茜和董铁凤等人。黄克功支开董铁凤等人约刘茜单独谈话，黄志勇也独自去了摩托学校。黄志勇返回时仍看见他们在延河边站着谈话，黄克功让黄志勇先回校。在这段时间，抗大的管理员徐松林进城时看见黄克功与刘茜在谈话，等他出城时却只看见黄克功回城。这次谈话显然没有达到黄克功期望的结果。刘茜的再次拒绝及激烈的言辞激怒了黄克功，黄克功的第二封陈述书中承认他"乃拔枪击之，一枪未毙，故加一枪，以免对方作对"。时间约7点半左右，听见枪声的人们以为是哪里举行演习（因抗大出过演习通知)，或摩托学校演戏，都未注意。

大约8点之后，黄克功回到抗大，神情有些慌张，叫他的勤务员张海如去买吃的，自己将裤子鞋袜脱下浸湿换洗，还找人借鞋子，并擦拭了手枪。这些反常行为使他的同伴肖赤(也写作萧明仁)感到非常奇怪，因为黄克功此前从未自己洗过衣服。

次日清晨，董铁凤等见刘茜一夜未归，到抗大找黄克功询问，黄克功推说不知，然后他们敬礼分别，黄克功"回礼时对我们笑一笑，送我们到门口，这一笑是很值得注意的"。董铁凤等在回校的路上推想："或者黄(克功)将她关了，或者将她打死了，还有刘青推想她或者寻短见投河了。"

不幸的是她们的推想竟成了事实。有人在河边发现了刘茜的尸体，迅速报告给陕北公学，又由董铁凤到抗大报告，抗大政治部迅速将此事报告给边区司令部。此时边区初建，组织机构与法规极不完善，加以记录的简略，我们无法知晓当时案件调查的很多细节。但可以明确的是，在革命青年纷纷奔赴圣地延安的背景下，这一恶性案件的发生无疑在延安引起了一场地震。抗日军政大学、边区高等法院及边区保安处全部介入此案。案发现场捡获手枪子弹壳两颗、子弹头一颗。勘验结果表明刘茜身受两枪，第二枪致命。

案发当日，各项调查取证工作也迅速展开，包括对案发前后证人的调查及对嫌疑犯黄克功的询问，对刘茜历史、性格及社会交往的调查，以及对刘茜信件的分析。当天案情便水落石出：

黄志勇、董铁凤以及徐松林等证明最后与刘茜接触的人是黄克功。大小东门的哨兵证实，枪声以后约20分钟(近8点)，只有小东门有抗大一人进城。肖赤及张海如证实了黄克功是在点名后(点名是在8点)回校的，并有销毁证据的行为；种种迹象表明黄克功具有杀人的重大嫌疑。抗大政治部立即扣留了黄克功进行调查，黄克功不肯承认。抗大领导同时委派教员王子涛检查黄克功的手枪，发现黄克功的手枪与现场发现的弹壳口径相同，虽经擦拭，还能辨别出新打过子弹的淡烟灰色痕迹以及火药味，证实了黄克功行凶杀人的行为。对刘茜信件的分析及社会关系的调查使司法人员对两人的感情纠纷、分手原因及黄克功的杀人动机有了清楚的推断，还通过笔迹及墨水的鉴别发现了黄克功在刘茜来信上伪造的日期。抗大派刘亚楼再次进行讯问，黄克功承认了犯罪事实，立即被押到边区高等法院监禁。

羁押期间，黄克功写了两件陈述书：一件给审判长雷经天，在10月7日；另一件请法庭转给毛主席，在10月9日。黄克功在前一份陈述书中简单叙述了自己与刘茜相识相恋，产生分歧，以及最后话不投机开枪杀人的经过。但仍然掩盖事实真相，为自己找借口，称自己“受痛苦与刺激过大，则拔手枪而恐吓之，谁知事出意外，竟失火而毙命”。并恳求党和法庭：“须姑念余之10年斗争为党与革命效劳之功绩，准予从轻治罪，实党之幸，功之幸也。”9日的陈述书内容与前一封基本相同，但说明了故意枪杀刘茜的真相，最后仍希望姑念他为党和革命奋斗的历史和对党的忠诚而留一命，并要求雷庭长将他的信转毛主席。10日，毛泽东给雷经天的复信中说：黄克功“犯了不容赦免的大罪，……因此中央与军委不得不根据他的罪恶行为，根据党和红军的纪律，处他以极刑”。可见，边区高等法院对黄克功处以死刑的决定，经过了中央和军委的最后核准。

（三）公审经过

边区高等法院10月8日发出通知，决定于11日下午1时在陕北公学举行公审，希望相关单位派代表参加。10日，通知7名证人届时出庭作证。

10月11日，在陕北公学举行了公审大会。公审大会的现场记录有两份，这两份记录都不十分详尽，但互有详略，正好互相补充。公审法庭由审判长雷经天、陪审员李培南、周一明、王惠之、沈新发组成（对陪审员身份未作说明）。出席公审大会的检察机关代表是胡耀邦（抗大政治部）和徐时奎（边区高等法院检察官），但公诉书中的检察机关代表有三位：胡耀邦、徐时奎以及代表边区保安处的黄倬超，判决书中署名的检察机关代表只有胡耀邦。书记官为任扶中和袁平。

法官入庭后，书记官宣布开庭。

审判长雷经天先作了简单说明，便由胡耀邦代表检察机关宣读公诉书。公诉书长达 6 页，陈述了案由、侦查及起诉经过：包括罪犯及被害者简历、事件发生的地点和时间、侦察经过、现有的人证、物证及现场勘验结果、犯罪原因的推断，最后提出了处理意见。公诉书中推断：案件起因是恋爱不遂。黄克功求婚心切，而刘茜开始半推半就，致使黄克功放肆强迫，因屡遭拒绝而生怨恨，加之刘茜最后恶言相向，致使黄克功起意杀人。公诉书中还认为：黄克功由个人利益高于一切、认女子为私有财产的观念出发，不顾革命利益之损害到如何程度，都不能克服他的情欲所求，这种政治上之昏聩，革命意识全无，以致因恋爱不达目的而杀害人命。

根据这些推断，公诉书中提出：黄克功对刘茜实系求婚未遂以致枪杀革命青年，在黄克功的主观上属强迫求婚，自私自利无以复加。查黄克功系共产党党员，又是抗大干部，不顾革命利益，危害国家法令，损害共产党、红军的政治影响，实质上无异于帮助日本汉奸破坏革命，应严肃革命的纪律，处以死刑，特提请法庭公判。

徐时奎对证据环节作了补充陈述。

然后是证人陈述证词。除徐松林及两哨兵因去兵站未能到庭外，其他证人依次陈述了证词，抗大教员陈述了检验黄克功手枪的经过及结果。

随后审判长命带凶犯入庭，开始审问。

审判长问的内容包括黄克功的个人经历，以及对公诉书中的证据等有何意见。黄克功同意公诉书中列举的犯罪事实，对证人证言中的两个细节提出了异议，并为自己进行了辩护，仍幻想法庭考虑自己为革命尽最后力量的意愿，但也表示如果处死刑亦甘心。庭审中还对黄克功在刘茜信件上伪造的日期进行了质证。

然后是各机关代表发言。公审笔录中记明的发言代表有 12 人，还有几位发言者的身份及内容被省略，仅说明他们亦完全同意各位代表的意见。十几位发言人代表了陕北公学、抗日军政大学各区队、党校、特区队、国光中学等机关以及边区群众的意见，其观点大致可归结为以下几方面：从政治影响上来说，延安是模范区，抗战刚刚开始，需要所有革命者的努力，而黄克功却在这样的时候杀害革命青年，不仅损失革命力量，而且正好给汉奸以污蔑造谣破坏边区的材料，政治影响极大；从他本人来说，黄克功身为党员、老红军、革命干部，知法犯法，破坏了党和红军的纪律；从犯罪手段来说，是有计划的谋杀行为，手段极其残忍；从犯罪动机来说，把个人的利益看得高于一切，因逼婚未遂，而萌杀机，动机卑鄙；从边区法令来说，强迫未到结婚年龄的女子结婚，是侵犯婚姻自由，违反边区法令，是封建残余；从事后态度来说，态度顽劣，隐灭、伪造证据，推脱罪责，不忠实于事实。发言者虽各有侧重，但均认为黄克功罪责深重，应处以极刑。发言者还驳斥了以其光荣的革命历史，或不应再损失革命力量为由主张对黄克功减刑的观点，主张从严处置，以维护党纪、军纪以及边区的模范形象，并保障人民的自由。

发言结束后，审判长宣布退庭，5 分钟后宣判。

10 月 11 日，在油印的《边区高等法院布告刑字第贰号（宣布凶犯黄克功枪杀刘茜的罪状）》中，说明“据该凶犯黄克功犯罪的事实，特判处死刑，当即验明正身，执行枪决。”可知，大概在公审后黄克功即被正法。

一桩轰动一时的刑事案件，仅仅经过 6 天，便干脆利落地画上了句号，给后人留下了一个长久的话题。

二、社会背景

黄克功案发生在 1937 年 10 月 5 日，边区高等法院成立仅 3 个月的时间内，系边区高等法院成立后公开审理的一件重大普通刑事案件，该案判决书编号和宣布黄克功死刑的布告编号为“刑字第2号”。

学术界对黄克功案的研究，主要集中在该案的判决结果，如何促成了在抗日根据地时期法律原则的转折方面。我国长期从事边区法律史研究的杨永华教授认为：黄克功案的判决，意味着“实现工农民主法制向抗日民主法制的转变，废除对有贡献的人在法律上的照顾，实现法律面前人人平等”；[①]“资格老、功劳大、地位高的人犯了法，应当与平民百姓一样，严格按照法律办事，不允许他们有任何特殊和优待。这样，就为边区法制建设，奠定了理论基础，指明了方向”。[②] 另外，也有学者对此案的判决书的写作风格进行了分析，认为：黄克功案的判决书，“逻辑清晰，说理透彻，堪称范例”。[③] 如果将关注的焦点集中在案件发生的特殊历史条件和特殊的战争环境来考察，进一步观察和思考黄克功案的侦破过程、审理程序乃至判决与执行等环节，关注到边区高等法院所面临的客观的选择困境，就不难发现该案对司法的效率、司法民主和司法活动中的人权保护，给予了强烈的关注，对边区的司法公正给予了全新的定位与诠释。

就案件发生的具体环境和条件而言，国共合作的大局和抗日统一战线的形成，要求边区尽快完成从苏维埃革命政权向抗日民主政权的转变。边区的成立，就是这一转变的重要环节：边区政府在国共军事谈判取得成效的基础上，于1937年9月6日宣布成立，随后在10月12日国民政府行政院第333次会议上，通过了对林伯渠的任命。其原文如下：“军事委员会函：请

---

① 杨永华：“根据地时期法律平等原则的历史回顾”，《法律科学》1993年第6期，第64—69页。

② 杨永华：“延安时代的法制理论与实践”，《西北政法学院学报》1986年第3期，第83—88页。

③ 参见李立刚：“陕甘宁边区判决书理由的写作技法”，《西北政法学院学报》1987年第4期，第91—93页。也有学者认为：该案判决书“语言简练，用语庄重，叙事清楚，说理充分，批驳有据，判之有力”。参见王长江：“边区法院两则判决书的特点及启示”，《河南政法干部管理学院学报》2003年第3期，第77—79页。

委派丁惟汾为陕甘宁边区行政长官，林祖涵（即林伯渠）为副行政长官，丁惟汾未到任前，由林祖涵代理案。”①从上述决议不难看出，国民政府通过任命形式，承认了边区政府是受行政院直接管辖的省级行政机关。边区政府在国民政府行政院决议之前已经宣布成立的事实，表明在这一转变中，隐含了两党政治一定程度上的对立：边区政府形式上作为国民政府下辖的地方政府，但实为中国共产党领导下成立的具有自主性的抗日民主政权。

这一时期，民族自卫战争的需要促成了两党由政治上的对立向合作与竞争的转化：“由于中日矛盾成为主要矛盾，国内矛盾降到次要与服从地位，客观环境的要求，必须改变国内两个政权对立的状态，以使团结一致，共同赴敌。根据这一原则，在现阶段，变更苏维埃制度，使抗日民族统一战线得着新的基础，并以这一让步去兑换全国所需要的和平、民主与抗战”；“现在苏区中的基本任务，是在于转变与创造特区成为抗日的及民主政治的模范地区”。② 这种变化，要求边区在社会、政治、经济、文化、司法等领域得到全面发展。就文化建设而言，延安文人的觉悟，已经达到了非常高的认识水平：“他们逐渐认识到，革命战争只能解决社会发展的某些问题，而人心净化、人性升华，思想进化，文化革新，是需要知识分子从事的文化工作来承担完成的。这后者甚至比前者更迫切、更需要。”③就司法体制而言，中共苏维埃西北办事处在边区政府成立之前已及时对“中华苏维埃共和国中央执行委员会司法部”进行了改组，将其“改组为陕甘宁边区高等法院”；“遵行南京

---

① 转引自李智勇：《陕甘宁边区的政权形态与社会发展1937—1945》，中国社会科学出版社，2001年，第23页。

② 参见林伯渠：“由苏维埃到民主共和制度”，《解放》第5期，1937年5月31日刊印。学者也认为：“第一次大革命失败后，中国共产党与国民党处于互相斗争，同时也是互相竞争的状态。两党都需要，同时也都希望能够得到民众的更多支持以巩固自己的社会根基，并削弱对方的社会根基。而这种以民心民意为指向的竞争必然迫使双方调整自己攸关民众生活、对民心民意有重大影响的政策和法律，以顺应民心民意，换取民众的支持。”欧阳曙：“南京国民政府与革命根据地婚姻家庭法制比较研究”，法律史学术网。

③ 朱鸿召：《延安文人》，广东人民出版社，2001年，第92页。

政府颁行之一切不妨碍统一战线的各种法令章程”。[①]

黄克功案就发生在这样一个特定的历史条件与环境之下，一个社会与思想正在发生大变革的时期。正如担任此案审判长的雷经天事后所言：边区高等法院“是遵照国民政府的司法制度，执行司法工作的任务；同时，它也承受过去苏维埃政权时代司法制度的革命传统”。[②] 当然，边区高等法院的活动，更免不了受到中国传统司法观念和司法制度的影响。在各种价值观念和思想文化的对立、交锋中，边区高等法院通过对黄克功案的审理和判决，完成了司法公正价值取向的抉择。由于案件的审理和判决在当时具有的广泛影响，黄克功案的审理，实际以先例的方式，为边区司法公正及其实现方式，创设了标准。

三、 司法效率

黄克功案发生后，以抗大政治部为中心，司法机关迅速查明了案情。从案件的审理程序看，边区高等法院必将面临这样的抉择：是作为一审终审还是作为一审初审？

边区高等法院在机构设置及程序上，已逐渐与国民政府的体制靠近，所以，本案的审理首先要确定边区高等法院自己是否具有独立的和最终的司法管辖权。如上所述，边区高等法院的成立，是为了与国民政府的司法体制衔接，并称将遵行南京国民政府颁行之一切不妨碍统一战线的各种法令章

---

① 中央司法部：“中华苏维埃共和国中央执行委员会司法部工作报告”（1937 年 7 月 23 日），见西北五省区编纂领导小组、中央档案馆：《陕甘宁边区抗日民主根据地·文献卷》（上），中共党史资料出版社，1990 年，第 207 页。

② 雷经天：“陕甘宁边区的司法制度”（1938 年 8 月 28 日），西北五省区编纂领导小组、中央档案馆：《陕甘宁边区抗日民主根据地·文献卷》（下），中共党史资料出版社，1990 年，第 163 页。

程。国民政府实行的是三级三审制度，如果承认边区高等法院的上诉机关是国民政府最高法院，案件的最终审理可能经过数月甚至数年。中国正在进行的民族抗战的客观需要以及中国社会的风土民情，要求公正在最短的时间内实现。如果黄克功案所涉及的一些敏感问题不能在最短的时间内得到解决和回答，必然造成人们思想上的混乱，影响中国共产党统治的根基。边区高等法院借助对黄克功案的审理，试图确立自己与国民政府最高法院互不隶属的关系，最终决定对黄克功案实行终审管辖权。① 边区高等法院对黄克功案的终审权，意味着边区虽然名义上是国民政府的特区，正如政权独立于国民政府一样，边区司法体系也是独立的。

1937 年 10 月 8 日，边区高等法院发出通知，决定于 11 日下午 1 时在陕北公学举行公审，希望相关单位派代表参加。10 日，边区高等法院通知七名证人届时出庭作证。

司法档案所记载的公审程序包括："1.法官入庭，全体起立；2.书记官宣布开庭；3.传讯证人、凶犯到。"接下来，审判长雷经天先对案件作了简单说明，便由抗大政治部的胡耀邦代表检察机关宣读公诉书。② 然后是证人陈述证词。除徐松林及两哨兵因去兵站未能到庭外，其他证人依次陈述了证词，抗大教员陈述了验枪结果。随后审判长对嫌疑人进行了讯问。黄克功

---

① 雷经天指出："现在边区法院，取三级三审制。县政府的承审员（因各种关系尚未设地方法院）是第一级的初审，边区高等法院是第二级的复审，中央最高法院是第三级的终审。"雷经天："陕甘宁边区的司法制度"（1938 年 8 月）。但林伯渠 1944 年 1 月 6 日在陕甘宁边区政府委员会第四次会议上的工作报告"关于改善司法工作"中明确提出："在边区与国民政府间的合法关系尚未解决期间，暂行确定两级两审制。县司法处（或地方法院）对县政府（或市政府）负责，进行初级审判；高等法院及其分庭对边区政府负责，履行终审职权。"西北五省区编纂领导小组、中央档案馆：《陕甘宁边区抗日民主根据地·文献卷》（下），中共党史资料出版社，1990 年，第 164、169 页。

② 抗大政治部代表检察机关，主要原因是行为人黄克功被逮捕前系抗大六队队长。在案发之初，抗大即主导了案件的侦破和对犯罪嫌疑人的审讯。由抗大政治部代表检察机关起诉黄克功的犯罪行为，体现了中国传统法律文化中"大义灭亲"的正义观念。从形式上已经暗示了陕甘宁边区对罪犯将进行严肃判决的态度。

对公诉书中自己认为不实的两点事实提出了异议：抗大管理员徐松林证实，回城路上碰见了黄克功，黄克功辩称自己并未碰见抗大管理员徐松林。肖赤说黄克功在回校后神色慌张，并在次日教歌时在城墙上往杀人现场观望。黄克功辩称自己并未慌张，也未在城墙上观望。[①] 黄克功叙述了他们的恋爱经过及杀人缘由，称："刘(茜)先允结婚，后反悔并拒绝结婚是玩弄革命军人"，为自己进行了辩护。其后是各单位代表和群众代表发言。发言者有12人之多，"群众发言完毕，暂时宣布退庭，凶犯也带去。五分钟后宣判"[②]。对宣判的情形，司法档案没有记载。但是，休庭后及时进行了宣判，宣判后审判长雷经天宣读了毛泽东的来信，当日执行了黄克功死刑，这些都是不争的事实。学者关于案件的审理程序也进行了符合实际的描述："根据党中央和毛泽东和边区政府的指示，边区政府及边区高等法院，于10月11日，在被害者所在单位——陕北公学举行公审大会。经过审讯被告，询问证人，群众代表发言辩论，当庭宣判黄克功死刑。接着，审判长雷经天宣读了毛泽东的来信。"[③]

在短短的六天时间内完成所有的司法程序，将案件的侦破、审理和执行共同纳入司法公正的考察视野，在当时的历史条件和环境下，具有重要的意义：在政治、经济、文化和社会发生巨大变革的时代和环境中，能否及时查明案件事实，成为衡量边区司法能力的重要标志。能否在最短的时间内作出决断，完成具有战略意义的取舍与选择，成为衡量边区司法机关政治水平和

---

① 黄克功在法庭上对事实所提出的辩解，不可能引起法庭的重视。因为黄克功对两位证人证词的质疑，缺乏足够的说服力。尽管黄克功在返回抗大的路上因为慌张，没有注意到抗大管理员徐松林，但不能由此否定徐松林看到黄克功进城的事实。同样，黄克功第二天练歌时的表情和有意无意的动作，引起了肖赤的注意。但黄克功本人却认为自己掩饰得非常严密。

② 见第一份庭审笔录。第二份庭审笔录的记载是："庭长谕知本案公审辩论终结，犯人带至候审室，休息五分钟宣判，谕毕退庭。"《毛主席、边区高等法院关于判决黄克功因逼婚未遂、枪杀刘茜案的材料》，全宗15—543。

③ 杨永华："根据地时期法律平等原则的历史回顾"，《法律科学》1993年第6期，第66页。

司法人员业务素质的主要内容。正如效率成为决定战争胜负的重要因素一样，效率同时成为衡量处在战争环境中的司法是否公正的准绳。即便在和平年代，高效率的司法，仍然是衡量司法公正的重要因素。因为，在刑事案件领域，高效率的案件侦破，是审判程序的前置条件。

四、司法民主

公诉机关代表国家追诉犯罪，是实现司法民主，进一步实现司法公正的重要途径。公诉机关的指控和起诉，成为启动审理程序，公正判决案件的基础。从多渠道来源的公诉机关成员的构成看，公诉机关对犯罪行为的危害程度、危害后果的揭示，对犯罪性质、量刑所发表的明确的意见，成为体现民意的恰当方式。

另外，在黄克功案的审理过程中，边区高等法院通过群众参与的方式，体现司法民主化的要求。司法民主的实现途径，具体包括两个方面：一是在法庭的组成中，通过陪审员方式，直接吸收群众参与案件的审理。二是通过公审的方式，让群众在审判过程中发表意见，对案件的判决结果施加一定影响。

在黄克功案的法庭组成人员中，由5人组成的法庭，除审判长（当时称为“主审”，下同）雷经天外，其余是来自陕北公学及抗大等单位和群众代表的四位陪审员。虽然审判长由裁判员担任，裁判员负责指挥庭审程序，但“陪审员与裁判员有同等的裁判权力”①。雷经天认为，陪审制度应当与公审有机结合：“在公审前，由法院指定主审，他对于审判的进行负完全的责任。此外再通知与此案有关的机关、部队或群众团体推出代表参加陪审，人

---

① “中央司法部训令第二号”（1937年2月22日），延安市中级人民法院审判志编委会编：《延安地区审判志》，陕西人民出版社，2002年，第313页。

数并依情形而定。为使陪审及群众对于案情得到充分了解起见，主审、陪审及检察员先召集一次预备会，必要时各机关部队及群众团体的代表也可参加。主审将案情详为报告，但不提出判决意见。这样，陪审有充分准备进行审判的机会，各代表更可先给群众传达，以便发言。……在审问的过程中，群众经过报名后得自由说话，但判决不由群众表决，必要主审和陪审听取群众发表的意见共同讨论，而主审和陪审有同等的权力，根据法律及实际情形，对于判决作最后的决定。因为陪审是群众的代表，这样的判决仍然是代表人民的意见的。就此也可看出在边区的法律是属于人民的，故人民有权力执行自己的法律；更充分表现出边区司法制度中也发扬了民主的精神。”①

在黄克功案的公审中，各单位代表和群众代表的发言，客观上具有控诉和辩护的双重作用，是实现司法民主的重要形式。② 一方面，这些发言回答了黄克功本人，以及其他人对案件要求从轻处理的意见。这些发言涉及黄克功犯罪行为的性质、危害以及对案件判决结果的期望。另一方面，这些发言充分注意到了黄克功行为的特定时间背景，指出了其行为的严重性。帮

① 雷经天：“陕甘宁边区的司法制度”（1938年8月），西北五省区编纂领导小组、中央档案馆：《陕甘宁边区抗日民主根据地·文献卷》（下），中共党史资料出版社，1990年，第165页。

② 当然，公判方式只适用于部分而非所有案件，群众的意见不仅仅在公判会上才能听到，有些案件，因为案外人的操纵，或群众有所顾忌，公判会上可能听到的是虚假的意见，需要法庭进行甄别。谢觉哉在1937年6月11日“关于宋和章案”的批答中，指出：“事实很明显，他（宋和章）是哥老会（当时陕北的民间结社），群众怕了他，谁敢当场谈要重办他？这样含有反革命倾向的案子，以10天禁闭了事，真是岂有此理！”“我不懂宋和章只处10天徒刑，甘洛裁判部是照什么法令判的？如果说是群众判的，那群众是些什么人，是【代】表什么组织？”谢觉哉在1937年6月23日“对各县裁判部的指示”中，再次强调：“（一）群众意见，应该尊重。但群众意见又不尽是在公审会上可以征求到的，相反，常常群众在公审会上不敢发表意见，像甘洛判10天徒刑的匪案，我想群众心里定然反对。裁判部应在其他方面去了解群众的意见。（二）公审是有教育意义的案子，才开公审。不是任何案子都要公审。（三）裁判的责任在裁判部，不是听群众来处置。那种把责任推在群众身上的【做法】，根本不对。（四）群众意见，对的要采纳，不对的要向他解释谈明，不然，要裁【判部】何用。”见《1937年关于司法工作的指示信、条例草案、命令》，全宗1—36。

助行为人正确认识自己行为的性质和危害后果，本身是刑事审判的组成部分。另外，这些发言对教育广大干部群众，对在边区确立法制观念，树立良好的社会风气，对发动广大干部群众与犯罪行为作斗争，强调边区人权保障的重要性，都有积极的作用。

案件判决结果的形成过程，档案中没有详细记载，一些研究边区法律史的著作中的说法也不完全相同。一种观点认为：边区高等法院根据党中央和毛泽东指示的抗日民主法制的平等原则，将黄克功判处死刑。① 另一种观点认为：以雷经天为审判长的合议庭，决定对黄克功处死刑。之后，先呈边区政府审核，又转报中共中央审批，中共中央和中央军委在毛泽东主持下，经过慎重讨论，最后批准了边区高等法院的判决。② 具体的判决日期也有疑问，判决书上的日期是公审日期，即 10 月 11 日；毛泽东的复信是在 10 月 10 日，而这封信中已明确说处以极刑。但边区高等法院在 10 月 8 日已发出公审通知，因此，笔者有理由推测，对黄克功的死刑判决结果，首先是检察机关明确要求处以极刑，审理案件的合议庭也主张对其处以极刑。合议庭对案件的判决意见，经过层层报批，最终被最高中央领导所肯定和支持，并得到了执行。由于案件采取了公审形式，判决书上标明的只能是审理和宣判日期。毫无疑问，边区高等法院在发出公审通知之前，已确定了初步的判决结果。

边区主要通过人民参与的方式实现司法公正。法律与特定地域的社会生活、经济文化、宗教习俗、历史传统，都息息相关。人民群众通过陪审，参与审判，有助于发现法律的应然规则，使法院的判决结果从实质上符合当时、当地的社会民情，得到舆论的支持。虽然黄克功案的判决书并未援引具体的法律条文，判决书没有说明赖以作出裁判的法律依据，但裁判过程中的

---

① 杨永华主编：《中国共产党廉政法制史研究》，人民出版社，2005 年，第 214 页。

② 张希坡、韩延龙主编：《中国革命法制史》，中国社会科学出版社，2007 年，第 471 页。

民主形式，体现了裁判结果的公正性。这种实现司法公正的方式，也是边区实行法律民主的一种体现途径："边区施行的法律，以适应于边区的环境及抗战的需要为标准，采用中央所颁布的各种法律为原则，并参照地方的实际情形。因此，在边区处理任何的案件，一方面根据法律的条文，同时却特别根据事实，说明理由，而斟酌法律上所规定的刑罚加以判决。还有些特殊的过去革命的历史传统，如土地、婚姻等问题的解决，则以革命的传统及边区政府所颁布的一切文告为依归。"①此外，为了实现司法民主，并进而实现司法公正，边区非常强调刑事案件的调解。边区高等法院在其编写的《陕甘宁边区判例汇编》(刑事类)部分的"刑事案件处理办法摘引"中，对刑事案件的调解范围的说明是："除判处内乱外患的大案外"的其他刑事案件，主要是"属于妨害私人利益的杀人伤害等案件，在征得双方同意下，可以调解"。②调解方式的好处被表述为："政府和人民共同断案，真正实现了民主；人民懂得了道理又学会了调解，以后争讼就会减少。要发扬这种方式，重大又复杂的案子，定要这样做。"③

五、 人权保护

黄克功案的审理和判决，体现出的最主要的法律原则的重大变化，是法律的适用原则从阶级路线转向人权与平等。早在苏维埃时代，各根据地处于分散状态，没有统一的法律。出于激烈的阶级斗争的环境需要，根据地的

---

① 西北五省区编纂领导小组、中央档案馆：《陕甘宁边区抗日民主根据地·文献卷》(下)，中共党史资料出版社，1990年，第164页。

② 《边区高等法院1938至1944年刑事案件判决书汇集》(一)，刑事案件处理办法摘引，全宗15—28—1。

③ "陕甘宁边区政府关于普及调解总结判例清理监所的指示信"(1944年6月7日)，见西北五省区编纂领导小组、中央档案馆：《陕甘宁边区抗日民主根据地·文献卷》(下)，中共党史资料出版社，1990年，第178页。

立法以惩治反革命活动为基本任务。其中,把阶级路线作为一个重要原则。例如,《中华苏维埃共和国惩治反革命条例》第34条、第35条规定:"工农分子犯罪而不是领导的或重要的犯罪行为者,得依照本条例各该条文的规定,比较地主资产阶级分子有同等犯罪行为者,酌情减轻其刑罚";"凡对苏维埃有功绩的人,其犯罪行为得按照本条例各该条文的规定减轻处罚"。有学者认为:"把阶级出身作为量刑的一个依据,则是不妥当的,因为这等于说,出身不好本身就有罪,而出身好者犯了罪也可以减、免刑罚。这其实是一种封建主义的残余影响,不利于预防和改造犯罪。"[①]事实上,阶级路线是以新的法律特权代替了封建的法律特权,这是革命政权创立初期狭隘的阶级观念和法制不成熟的表现。黄克功之所以在两封申诉书中幻想以其革命资历减轻处罚,其根源亦在于此。[②] 案件发生后,对黄克功如何处置,边区出现过各种不同意见,个别人的功过相抵的主张也根源于此。而此案中,对有深厚革命资历的军事将领黄克功判处极刑,意味着以功抵罪的阶级观念要彻底废除,确立了适用法律的民主和平等原则。这一原则既是革命法制走向成熟的体现,也是苏维埃政权转变为抗日民主政权,政权的阶级基础扩大,是建设民主政治,保障人权的需要。黄克功案的判决,促成了法律主体权利平等观念的诞生,为边区实行人权保护与人权立法创造了条件。如果出身与地位上的特权不能从形式上予以消除,"不分民族、阶级、党派、性别、职业与宗教"享有各种自由与"平等之民主权利"的人权思想,便无从谈起。

---

① 雷晟生:"第二次国内革命战争时期根据地刑法试析",《西北政法学院学报》1984年第3期,第72—78页。

② 黄克功在第一份陈述书中写道:"功乃系共产党一份子,值兹国难日益严重,国家民族存亡之秋,非但不能献身抗日疆场,反而卧食监所,诚然对党和革命深深抱愧。因此,功对党和法庭有所恳者,须姑念余之十年斗争为党与革命效劳之功绩,准予从轻治罪,实党之幸,功之幸也。"在第二份陈述书中仍然恳求:"法庭须姑念我十年艰苦奋斗一贯忠实于党的路线,恕我犯罪一时,留我一条生命,以便将来为党尽最后一点忠,实党之幸,亦功之最后希望也。"《毛主席、边区高等法院关于判决黄克功因逼婚未遂、枪杀刘茜案的材料》,全宗15—543。

黄克功以刘茜曾与之交往及允婚为由，猜忌怀疑限制其自由，以致最后逼婚不遂便行凶杀人。黄克功的犯罪事实，表明其已经构成了最严重的谋杀罪。中国传统社会，注重对人的生命的保护，所谓“人命关天”，对谋杀罪采取“以命抵命”的方式，实行“杀人偿命”的刑事政策。国共对峙的背景下，知识分子投奔延安，追求光明与进步，他们的人身权利能否得到边区政府的有力保护？黄克功作为红军老干部，枪杀革命青年，已非一桩单纯的刑事案件。所以，这桩案件由于其发生的时代背景和当事人的特殊身份，而负载了更多的社会意义。边区政府强调：“在这民族革命战争高涨，统一战线新的高涨的局面下，各级司法机关应该采取正确、慎重的办法，去镇压民族反革命，保证人民一切利益，巩固抗日根据地的政权和部队。”①但是，就黄克功案而言，是否需要通过黄克功偿命的形式，表明边区政府对边区人民的人身权利给予了最大限度的承认和保护？黄克功案的肯定回答，引导了边区人权保护的发展方向。② 在边区将“人民”的范围扩展至“一切抗日的阶级、阶层和团体”之后，保护所有不反对抗日的地主、资本家的人权，便成为理所当然的结论。1939 年 1 月，林伯渠在《陕甘宁边区第一届参议会的工作报告》中，认为“边区司法工作的目的，在于保证抗日民主制度及边区人民的合

---

① “中央司法部训令第二号”(1937 年 2 月 22 日)，延安市中级人民法院审判志编委会：《延安地区审判志》，陕西人民出版社，2002 年，第 311 页。

② 在此后陕甘宁边区的刑事审判中，对预谋杀人犯罪的处罚，除个别案件中包含了受害人家属的谅解，可以不判处死刑，例如，被作为典型判例收录于《陕甘宁边区判例汇编》的“吴占福抢劫杀人案”(本案判决书所判处的罪名是“杀人抢劫罪”)，判决书编号为陕甘宁边区高等法院刑事判决书(刑字第 11 号)，判决日期为 1942 年。边区高等法院审理认为：“被告吴占福初则为匪抢劫，继而藉故逃跑，复杀人抢劫贪图私利，论罪本应处死，惟死者韩方候家属，对此案未经追诉，且【被告】有老母在堂，生活困难，需要抚恤赡养，而当此抗战时期，国家亦应珍惜人力，予以长期感化教育，使其转变”，判决：吴占福构成杀人抢劫罪，判处有期徒刑五年(当时最高徒刑)。全宗 15—28—1。预谋杀人罪的刑罚一般是死刑。例如，《陕甘宁边区判例汇编》收录了延安市地方法院判决的王占林预谋杀死王春元，被判处死刑案。王占林为了达到与王凤英结婚的目的，经过预谋，杀死了王凤英之夫王春元。全宗 15—28—1。

法利益”[①]。从而对司法公正中的人权保护，进行了准确的说明。

毛泽东在给雷经天的信中所说明的理由，包含了对人的生命与人的价值的尊重：黄克功“以一个共产党员、红军干部而有如此卑鄙的、残忍的、失掉党的立场的、失掉革命立场的、失掉人的立场的行为，如为赦免，便无以教育党，无以教育红军，无以教育革命者，并无以教育做一个普通的人”。[②] 毛泽东所强调的“人的立场”，实际上是对人的生命价值和人的生存权利的应有尊重。否则，没有人权观念和人权意识，等于失去了“做一个普通的人”的素养。忽视对人的生命与价值的保护，无疑将颠覆社会的存在基础，进行革命斗争，建立美好社会，推动人类解放事业也就成了一句空话。黄克功案的审理和判决，对边区的司法公正及其实现，产生了巨大的、深远的影响。

第二节　镇压与宽大相结合的政策

一、　形成过程与立法表述

镇压与宽大相结合，是革命根据地为弥补立法的缺陷，纠正司法的偏

---

①　林伯渠：“陕甘宁边区政府对边区第一届参议会的工作报告”（1939 年 1 月），西北五省区编纂领导小组、中央档案馆：《陕甘宁边区抗日民主根据地 · 文献卷》（下），中共党史资料出版社，1990 年，第 41 页。

②　毛泽东给雷经天的信。“毛主席、边区高等法院关于判决黄克功因逼婚未遂，枪杀刘茜案的材料”，全宗 15—543。毛泽东的信中所提到的“红军纪律”，当指《红军纪律暂行条例》和《中国工农红军刑法草案》。其中，《红军纪律暂行条例》规定：“犯罪恶者，则为入于军事刑法以内。”《中国工农红军刑法草案》规定：“工农红军刑法是中华苏维埃制定在红军中施行的刑法，这一刑法是惩治一切超过纪律条令所惩戒范围以外犯罪行为来保障革命战争顺利进展”；“意图叛变革命者而有下列行为之一者处死刑：（一）以武器弹药及军用品资助敌人；（二）泄露军事上的机密；（三）沟通敌人；（四）故杀同志”；“曾受苏维埃功勋奖章或在革命战争中负伤或社会成份为工农贫而犯本刑法者，得酌量其犯罪情况而减轻之。相反的屡次犯罪而社会成份不好者得增加之。”全宗 15—56：《红军纪律暂行条例》和《中国工农红军刑法草案》（边区法院抄录），全宗 15—560。

差，逐渐摸索出的一项重要刑事政策。苏维埃工农民主政权时期，出于严酷的战争环境、激烈的敌我对抗形势的需要及“左”倾思想的影响，刑事立法的原则偏重于镇压。如苏维埃时期最重要的法规《中华苏维埃共和国惩治反革命条例》中，列举了 27 种反革命罪的罪名、罪状及刑罚，其中除第 13 条“制造或保存各项反动煽惑的文字、图画以便作反革命的宣传鼓动者，处 1 年至 5 年的监禁”外，其余 26 条的最高刑均为死刑。① 但在工农民主政权的发展过程中，中共中央认识到了打击面过宽的问题，提出在刑罚适用中应分别阶级成分、分别首要与附和，“即对于豪绅地主、富农、资本家出身的反革命分子以及首要分子应该严厉处置（如宣告死刑等），对于从工农贫民劳动群众出身而加入反革命组织的分子，以及附和的分子，应该从宽处置（如自新释放等）”。② 这种分清首要附和、实行区别对待的原则，可以看做是镇压与宽大相结合刑事政策的苏区形态，它带着鲜明的阶级性。这一政策在边区经历了侧重镇压（1937 至 1941 年 5 月）、侧重宽大（1941 年 5 月至 1942 年）和镇压与宽大相结合（1943 年以后）三个发展阶段。在侧重镇压的刑事政策阶段，苏区法制的传统及现实的需要，导致刑事立法与司法侧重于镇压，不利于统一战线内部的团结；为了适应团结抗战的形势，中共中央和边区政府及时在施政纲领中提出了宽大政策，但司法实践中又偏于宽大，不利于对革命成果和社会秩序的维护；为此，中共中央对宽大政策作了补充解释，从而确立了镇压与宽大相结合的刑事政策。

---

① 这一政策被学者称为“重刑惩治和区别对待的原则”，认为：“工农民主政权采取了重刑政策。其所以如此，主要是由于残酷的战争环境、激烈的敌我斗争形势决定的。由于国民党反动派对革命人民实行血腥屠杀政策，革命政府如不严刑制裁，就不足以慑服反动势力，教育其他不稳分子，并伸张被压迫群众的义愤。”雷晟生：“第二次国内革命战争时期根据地刑法试析”，《西北政法学院学报》1984 年第 3 期，第 74 页。

② “中华苏维埃共和国中央执行委员会训令（第 6 号）——处理反革命案件和建立司法机关的暂行程序”（1931 年 12 月 13 日中央执行委员会通过），西北政法学院法制史教研室编：《中国近代法制史资料选辑 1840—1949》（第 1 辑），第 363 页。

(一) 侧重镇压的刑事政策

苏区重刑的传统及边区面临的严峻现实,使边区对以政治性犯罪为主的各种破坏抗战及破坏边区的犯罪采取了严厉镇压的政策。这一政策在党和政府的文献中有明确的体现。1937年6月20日《中共陕甘宁边区委员会在民主普选运动中提出的民主政府施政纲领》规定:"严厉镇压汉奸的活动,彻底消灭扰乱社会治安之土匪。"[①]1937年8月25日《中国共产党抗日救国十大纲领》提出:"肃清汉奸卖国贼亲日派,巩固后方。"[②]同时,这一思想还体现在边区政府颁布的条例、政府与军事机关的联合文告及司法机关的指示信中。1937年2月13日《中央司法部训令》(第1号)明确要求:"在这民族革命战争高涨、统一战线新的开展的局面下,各级司法机关应该采取正确、慎重的办法,去镇压民族反革命,保证人民一切利益,巩固抗日根据地的政权和部队。"[③]1938年5月15日《陕甘宁边区政府、第八路军后方留守处布告——关于制止破坏抗日行为事》宣告:对在边区境内进行破坏活动的勾引煽惑、暗探军情等犯罪一律严惩不贷。1939年1月1日《陕甘宁边区政府、第八路军后方留守处布告》(第6号),更详细列举了编组保甲、组织非法团体、擅立捐税、勒讨已废除之租债等多种破坏抗战及破坏边区的犯罪,并宣告对这些犯罪将以匪徒、汉奸等予以惩处,政府及八路军"言出法随,绝不丝毫宽恕"。[④] 1939年《陕甘宁边区抗战时期惩治盗匪条例草案》及《陕甘宁边区抗战时期惩治汉奸条例草案》,前者列举了12种盗匪罪,包括抢劫、

---

① 西北五省区编纂领导小组、中央档案馆:《陕甘宁边区抗日民主根据地·文献卷》(上),中共党史资料出版社,1990年,第200页。

② 西北政法学院法制史教研室编:《中国近代法制史资料选辑 1840—1949》(第1辑),第286页。

③ 《1937年关于司法工作的报告、指示、通知、训令》,全宗1—37。

④ 延安市中级人民法院审判志编委会编:《延安地区审判志》,陕西人民出版社,2002年,第322页。

勒索、杀伤、强奸、纵火、破坏交通、破坏军队等，后者列举了18种包括颠覆政权、破坏抗日、间谍特务、土匪、叛逃、谋刺领导、侵害人民生命、破坏金融、散布谣言、纵火抢劫等，其最高刑均为死刑。

侧重镇压的刑事政策，既是苏维埃时代刑事传统的继续，也是边区建立初期复杂的政治军事环境的需要，这种政策的实施对打击敌对势力的入侵与渗透，对维护边区政权和社会秩序的稳定，对壮大革命力量都起到了积极的作用。然而，由于法律规定的粗疏，司法人员不严格遵循司法程序，死刑执行中存在“先斩后奏”的现象①，因而司法部1937年2月发布的第1号、第2号训令中，一再强调死刑必须经司法部核准后才能执行。即使在1940年8月边区政府与边区高等法院的联合训令中仍强调“凡判决死刑之案件，必经呈报高等法院批准，不得擅自执行”②。程序不规范，使死刑适用范围比例较大，如1938年边区各县司法机关处理盗匪及破坏抗战案件共56件，27件判处死刑；1939年33件中15件判处死刑；1940年104件中56件判处死刑。③ 这些数字表明了边区实施司法镇压的对象侧重，也说明边区一审司法机关在死刑适用上的较高比例。④ 这一状况难以适应统一战线建立后

---

① 先斩后奏现象，如谢觉哉任职司法部时对崔正冉的信：“执行死刑，那在紧急环境下，不准先斩后奏，而是必须呈报中央司法部批准，才能执行。今天报上还载有（甘泉）处决匪犯的新闻，我处不知道，恐怕你处也不知道，急需纠正（1937年6月23日）”，《1937年关于司法工作的指示信、条例草案、命令》，全宗1—36。程序不规范现象，如陕甘宁边区高等法院通令第2号（1939年4月19日）：“查各县过去对于判处死刑人犯，只将口供、笔录送来，经审核批覆，即照执行，很少拟具判决书及布告一同送来删改，即行径自发表，有些因措词不慎，以致对外发生问题”，《边区政府、高等法院关于各县司法处办理杀人案件的程序及应注意事项》，全宗15—21。

② 《边区政府、高等法院关于建立司法秩序，确定司法权限的联合训令》（1940年8月），全宗15—10。

③ 《边区各县司法处1938年至1943年破坏抗战案件汇编》，全宗15—184。

④ 林伯渠1939年1月“陕甘宁边区政府对边区第一届参议会的工作报告”中提到，1938年边区判决的犯人统计表中，边区高等法院判决的230人中19人被处死刑，各县判决的736人中65人被处死刑，比率为8—9%。西北五省区编纂领导小组、中央档案馆：《陕甘宁边区抗日民主根据地·文献卷》（下），中共党史资料出版社，1990年，第41页。

民主政权的新形势。

(二) 侧重宽大的刑事政策

1937年初,随着抗日民族统一战线的形成,司法政策亦逐渐开始转变。同年3月31日,中央司法部部长蔡乾在给延川县裁判部长的指示中指出:"关于惠生有案,我们根据统一战线新的形势,以前所谓敌人的在今天已经不是敌人了,虽然该犯投降白军后还当他们的侦探来苏区探消息,此案假使在去年11月在敌情紧张的情况下,以前破获的,也许可杀,但在目前新的形势下,我们还可以争取这样的敌人,杀了他一人已没有什么大的作用,从大的局面着想,为了从各方面,从一切可能来进行统一战线,对于此案不应处死刑。"①这显示出边区司法的指导思想已开始转变。1938年8月,雷经天在《解放》周刊上发表了《陕甘宁边区的司法制度》一文,其中明确指出:边区司法对于为首的违法害民的汉奸、敌探、土匪等判处死刑,对还有一点希望的犯罪者则尽力挽救,帮助其改正。② 边区司法领导层不仅意识到司法政策应随着形势而改变,而且包括镇压和宽大两方面。

1940年12月,毛泽东在《论政策》一文中提出了边区的锄奸政策:"应该坚决地镇压那些坚决的汉奸分子和坚决的反共分子,非此不足以保卫抗日的革命势力。但是决不可多杀人,决不可牵涉到任何无辜的分子。对于反动派中的动摇分子和胁从分子,应有宽大的处理。"③即在镇压坚决分子和首要犯罪分子的同时,对动摇及胁从者进行宽大。这一论述,预示着边区刑事政策的重大转变。1941年5月1日,经中央政治局批准,中国共产党提出《陕甘宁边区施政纲领》作为党在边区的施政纲领(即"五一施政纲

① 《1937年关于司法工作的指示信、条例草案、命令》,全宗1—36。

② 西北五省区编纂领导小组、中央档案馆:《陕甘宁边区抗日民主根据地·文献卷》(下),中共党史资料出版社,1990年,第166页。

③ 《毛泽东选集》(第二卷),人民出版社,1991年,第767页。

领”)，其中首次公开提出宽大政策：“对于汉奸分子，除绝对坚决不愿改悔者外，不问其过去行为如何，一律实行宽大政策，争取感化转变，给以政治上与生活上之出路，不得加以杀害、侮辱、强迫自首或强迫其写悔过书”；“对于一切阴谋破坏边区分子，例如叛徒分子反共分子等，其处置办法仿此”。[①] 此后，宽大政策便成为司法实践中的指导性政策，如李克仁案。李克仁曾是共产党员，被分配到县级工作，但他留恋家庭，不到任工作，私自收回土地革命时被分配出的土地，帮助卖弟媳，在家赌博。边区高等法院 1941 年 8 月 9 日判决认为：论罪应处死刑，惟念其有悔悟之意，自动返回，且按共产党宽大政策及“五一施政纲领”，准免于追究，以前判处之徒刑 2 年，准其讨保假释。[②] 1941 年 11 月 17 日，边区第二届参议会通过决议，接受中国共产党“五一施政纲领”，作为边区政府的施政纲领。高岗在二届参议会上《关于“五一施政纲领”的解释》的发言中指出：这一纲领的基本精神是“团结、抗战、救中国”。[③]

侧重宽大的刑事政策的提出，标志着中国共产党及边区政府为实现团结、抗战、救国的目标，适应了抗日统一战线的时代要求，在司法政策方面进行了重大调整。同时，也意味着对刑法功能认识的重要转变，对犯罪者的争取代替刑罚打击而成为边区司法的主要策略。在中共西北中央局宣传部编印的《陕甘宁边区施政纲领及其解释》中指出：实行宽大政策的目的和方法，对于汉奸、叛徒、反共分子等，除了太顽固的，绝对坚决不愿改正错误的外，其他实行宽大，加以教育，使其能够改正错误，重新做一个公民，同时要使他

---

① 西北政法学院法制史教研室编：《中国近代法制史资料选辑　1840—1949》(第 1 辑)，第 302 页。

② 《关于李克仁放弃职守脱离革命、擅自收回已经分配的土地、放纵买卖婚姻违反边区法令案全案材料》，全宗 15—578。

③ 《陕甘宁边区政权建设》编辑组：《陕甘宁边区参议会》(资料选辑)，中共中央党校科研办公室发行，1985 年，第 267 页。

们生活有办法能够过光景。① 李维汉在回忆中分析了这一政策实施的背景与目的，他说："宽大政策是我们很重要的一个政策。因为敌人深入国土，占领了中国大部分地方，搞了许多汉奸、敌探、伪组织；同时因为中国大部分地区政治不良，也训练了很多特务来破坏进步力量，所以汉奸、敌探、特务在中国特别多。这已是一个多少带有群众性的问题，所以我们采取的政策，主要是感化、争取。这种感化、争取政策，和对俘虏同样。我们对汉奸、特务，破获后不杀，目的在于感化、争取他，化反革命为革命。"②虽然毛泽东的论述中镇压与宽大并重，但在《施政纲领》中的表述却出现了明显的疏漏：除坚决不愿悔改者外，"不问过去如何"，"一律实行宽大"。这样简单的规定，显然将定罪量刑的事实依据仅仅局限于是否改悔这一主观意愿上，忽视了对犯罪的客观后果及性质的衡量，导致这一政策在实践中出现了偏差：侧重宽大。边区高等法院的报告中指出了这一做法的负面影响："宽大政策及法律轻的关系，老百姓认为有宽大政策杀了人不会偿命。关中去年防奸大会上把杀人犯李庚娃根据宽大政策当场释放，在群众中影响很大，又赵君岐打死叔父，押了 1 月多，送地干班学习；张树信杀妻没判刑；关中因奸杀害本夫的景多多未判处死刑等。老百姓认为杀死人也没关系。延安县赵殿元因奸杀害本夫案，女人未处死刑，老百姓说：'女人的面子大。'" ③对一些严重犯罪偏于宽大，不仅在群众中影响恶劣，也削弱了法律的权威。

（三）镇压与宽大相结合的刑事政策

为了纠正司法实践中的偏差，中共中央于 1942 年 11 月 6 日专门发布

---

① 《陕甘宁边区政权建设》编辑组：《陕甘宁边区参议会》（资料选辑），中共中央党校科研办公室发行，1985 年，第 210 页。

② 李维汉："陕甘宁边区建设概述"（1944 年 6 月），李维汉：《回忆与研究》（下），中共党史资料出版社，1986 年，第 622 页。

③ 《边区高等法院关于司法工作存在问题的报告》，全宗 15—199。

了《关于宽大政策的解释》,对镇压与宽大相结合的刑事政策作了全面、系统的阐述,其中指出:宽大政策"是提示了镇压与宽大两个政策,并非片面地只有一个宽大政策。对于绝对坚决不愿改悔者,是除外于宽大政策的,这就是镇压政策。这里同时提示的两个政策,是完全正确的,必须坚决实行的";"对于一切破坏民族利益的分子,必须采取坚决镇压的政策。凡属破坏抗日政府、抗日军队、抗日人民、抗日政党的利益者,都是破坏民族利益的分子。对于此类破坏分子如不坚决镇压,即无异于帮助敌人";"对于一切曾经有破坏行为,但是真心表示悔改确有证据者,我们则必须采取宽大政策";在实施中应"区分首要分子与胁从分子";"惩办破坏分子时,主要是惩治那些首要分子,其次才是惩治那些胁从分子。同时,我们的宽大政策,主要的是施于胁从分子,其次才是施于首要分子。总之,以表示真正改悔与否为决定政策的标准"。①

上述解释,全面涵盖了镇压与宽大相结合的刑事政策的内涵:首先,镇压与宽大是刑事政策的两个方面,没有宽大的镇压,只能实现刑罚的惩罚功能,无法实现刑罚的教育功能。相反,没有镇压的宽大,无法实现刑罚预防犯罪的功能,更无法实现刑罚的教育功能。刑罚的基本功能是教育,刑罚必须以惩罚和预防犯罪作为主要任务出发,镇压与宽大是实现刑法功能的两个方面,二者不可偏废。其次,明确了镇压与宽大政策适用的主要对象。镇压政策主要针对破坏抗日分子及首要分子。宽大政策主要适用于从犯及真心悔改者。注重对行为人犯罪后是否愿意悔改的考察,注重对行为人在犯罪过程中所起作用的区分和甄别。作为一项刑事政策,镇压与宽大相结合为司法实践指出了基本方向。当这一政策面对纷繁复杂的具体案情时,仍然需要司法实践的丰富和完善。

---

① 韩延龙、常兆儒:《中国新民主主义革命时期根据地法制文献选编》(第三卷),中国社会科学出版社,1983年,第54页。

二、 解释与适用

边区在司法实践中，以犯罪行为的性质、犯罪动机、客观后果、是否有悔改的表现及能否被改造等为依据，确定适用镇压的一面或宽大的一面。这一原则在《陕甘宁边区判例汇编》中得到具体体现，其所收录的绝大部分判例为处置适当的典型案例，但也收入了个别坏的案例。下文据此分析镇压与宽大相结合的刑事政策在司法实践中的具体适用。

镇压与宽大相结合的刑事政策，随着时代的变化得以确立，并在实践中不断发展完善。如 1940 年 4 月 23 日判决的张更太案。张更太受顽固分子之驱使，造谣污蔑共产党八路军，后借职权贪污公款，并吸食与贩卖鸦片，在监所关押期间仍利诱哨兵为之代索鸦片，堕落腐化。边区高等法院认为其罪行严重，判处有期徒刑 3 年以资教育争取。选编意见中认为："该犯破坏边区、破坏领袖名誉、造谣贪污，罪行严重应处死刑，我们首先为争取教育使其转变，处徒刑 3 年，合乎我们宽大政策的原则。"①不少判决书虽未出现宽大一词，但以"争取教育"、"感化"、"悔悟"、"转变"等为理由，表述了对犯罪者从宽处理的意见。如以正式提出宽大政策的《陕甘宁边区施政纲领》(1941 年 5 月 1 日)的发布及"中共中央对宽大政策的解释"(1942 年 11 月 6 日)时间为分界点，《陕甘宁边区判例汇编》的 50 件刑事判例中，1941 年 5 月之前的有 21 例，1941 年 5 月至 1942 年 11 月之间的有 18 例，1942 年 11 月至 1944 年 6 月之间的有 11 例。所选判例虽然侧重镇压与侧重宽大的比例大致均衡，但仍然显示了不同的时间段中，司法实践的不同偏向。如 1941 年 5 月之前因汉奸、盗匪等犯罪被处死刑的占 9 例之多，说明刑事方面侧重于镇压。吉思恭汉奸罪一案的选编意见中说："此案是在抗战初期

---

① 《边区高等法院 1938 至 1944 年刑事案件判决书汇集》(一)，全宗 15—28—1。

(民国 27 年)所判，该时对汉奸处理尚依军委会所颁布的惩治汉奸条例，而我党宽大政策尚未颁布。这是对汉奸处理的一个历史办法。引作判例，请注意。”①在宽大政策发布之后，这一政策亦在实践中得到了贯彻，宽大政策颁布之后一年之间的 18 例中有 7 例明确说明其判决是根据宽大政策。《陕甘宁边区施政纲领》及“中共中央关于宽大政策的解释”，对于镇压与宽大政策的规定虽然非常概括，但《陕甘宁边区判例汇编》中的 33 个判例所呈现出来的是丰富而细致的面貌。其“选编意见”表述了具体案件判决中适用镇压与宽大政策的情节及理由。② 本书仅选择其中的 19 个判例，对其主要事实及判决理由加以简述，其它的只是提及。

(一) 适用镇压政策的情节与理由

1.汉奸类

判例(1)：王光胜汉奸案

王光胜曾参加革命两年多，后叛变革命，受汉奸指示，7 次于饮水中投毒，为敌机指示轰炸目标，诱使青年充当汉奸，进行汉奸宣传；诬蔑八路军，为敌刺探消息；还企图窃取文件、公章后逃跑。1940 年 11 月边区高等法院判决：该犯虽年仅 18 岁，但其破坏计划组织得相当周密，且又非偶然受汉奸欺骗利诱，所以依照国民政府修正惩治汉奸条例，以汉奸罪判处王光胜死刑。③

判例(2)：李清远为敌作探案

李清远曾为日寇关东军汽车队驾驶汽车，运送粮食、汽油、枪弹等，后受

---

① 《边区高等法院 1938 至 1944 年刑事案件判决书汇集》(一)，全宗 15—28—1。

② 档案中的《陕甘宁边区判例汇编》是初稿本，因而附有选编人员对案件价值的简要提示，其中不少内容是从镇压与宽大相结合政策的角度来分析，可作为本节选择案例的依据。本节中的案例全部来源于汇编，部分案例通过其它案卷进行了补充。

③ 《关于王光胜受汉奸指使搞特务活动、破坏边区及抗战一案全案材料》，全宗 15—641。

日寇特务机关之驱使，借营饭馆生意，网罗汉奸，刺探中国军情，向群众散布荒谬言论。1939年1月边区高等法院判决：当兹抗日紧急之际，敌探汉奸，极为猖狂，为肃清敌探汉奸工作，争取抗战胜利，以李清远出卖祖国为敌作探罪，判处其死刑。

此外，1940年3月罗志亭叛党加入汉奸组织破坏边区，被判处死刑。

2.盗匪类

判例(3)：惠致斌强盗案

惠致斌曾参加革命部队，后投入匪股，多次抢劫枪支、财物，并残害被抢百姓致死，严重威胁边区及友区人民的生命与财产安全。为了加紧巩固抗日后方，争取抗战胜利，1938年11月边区高等法院以强盗罪判处其死刑。

判例(4)：柳春发等劫枪叛变释放犯人逃跑为匪案

柳春发原系一土匪兵痞，混进革命队伍后仍不遵守革命纪律，暗中继续与土匪勾结，主谋组织叛变暴动，企图杀害法院工作人员及勾引犯人逃跑，继续为匪扰乱抗日后方。1939年6月30日边区高等法院判决：此类顽恶不化之徒，实无法再行教育争取。以组织劫枪叛变释放犯人逃跑为匪等罪判处柳春发死刑；以组织劫枪叛变释放犯人逃跑为匪，判处从犯张天德有期徒刑5年；以随同组织劫枪叛变释放犯人逃跑为匪等罪判处从犯罗仲友有期徒刑3年；李光辉自首告发减刑，判处有期徒刑1年。

盗匪类判例还有：1942年11月判决的惯匪韩子杰抢劫杀人案(延安市地方法院)；1940年1月11日判决的安有功纵放人犯、企图杀人、主谋组织拖枪叛变为匪案；1937年12月判决的王同江、毋成林、闫发歧3人蓄意拖枪拐款潜逃案等，主犯均被处以死刑，从犯根据其在共同犯罪中的作用、年龄等因素分别判处长短不等的有期徒刑。①

---

① 判例(2)、(3)、(4)均选自《边区高等法院1938至1944年刑事案件判决书汇集》(一)，全宗15—28—1。

3.破坏边区类

判例(5):鲍立道破坏土地法令案

鲍立道身为政府干部,凭借代理区长的地位,私自登记收回已被没收分配的土地,并将公有的及群众的土地窑洞私给其当过豪绅的舅父杨汝斌。1940年4月19日边区高等法院判决:为了严惩贪污,发展经济建设,充实抗战力量及维护群众利益,以破坏边区土地法令罪,判处其有期徒刑3年零6个月,私自登记及私给舅父杨汝斌的土地、窑洞全部收回交还公家及群众。①

此类案件还有1940年7月11日判决的郝鸣谦违法收回土地、窑洞等案。

4.违反禁毒法令类

判例(6):李子厚贩卖鸦片案

李子厚贩卖鸦片,祸害人民,1939年11月13日延安市地方法院判决:为着扫除烟毒,保护人民利益,应判该犯以严厉处罚,判处有期徒刑3年,鸦片183两3钱没收。

贩卖、运输毒品被延安市地方法院判处刑罚的判例还有:1940年1月14日判决的孙大庆、霍维雄贩卖鸦片案,1940年1月25日判决的朱绪茂贩卖鸦片案。②

5.普通刑事类

判例(7):王占林杀人案

王占林与王凤英通奸后杀死王凤英之夫王春元逃跑,并略诱王占娃同行,途中与王凤英成为夫妻。1943年1月边区高等法院判决:王占林杀人罪判处死刑,奸罪、略诱罪分别判处徒刑1年、5年;数罪并罚,执行死刑,褫

---

① 《边区高等法院1938至1944年刑事案件判决书汇集》(二),全宗15—28—2。

② 判例(5)、(6)均为《边区高等法院1938至1944年刑事案件判决书汇集》(二)中的案例,全宗15—28—2。

夺公权终身；王凤英帮助王占林杀害亲夫，后与王占林成婚并共同略诱王占娃出走，罪责难逃，惟其非杀人主谋，以帮助杀人罪判处徒刑 8 年，通奸罪判处徒刑 1 年，略诱罪判处徒刑 3 年，数罪并罚，执行徒刑 10 年。[①]

6.贪污渎职类

判例(8)：党凤梧侵吞公款案

党凤梧身为公务人员，负责管理刘万家沟炭厂企业，放弃职务，侵吞公款，并以公款贩卖鸦片作个人营业，剥削工人以饱私囊，致令该矿遭受损失，工人备受剥削。1938 年 8 月边区高等法院判决：为了严惩贪污、保障工人利益、巩固战时生产，应予以最严厉之制裁。以侵吞公款、贩卖鸦片、舞弊营私、剥削工人、破坏公营企业等罪判处其死刑。

判例(9)：肖玉壁贪污渎职逃跑案

肖玉壁贪污、克扣公款 3050 元，更携带款项税票逃跑，叛变革命，影响极坏。为严惩贪污，教育干部，1941 年 12 月边区高等法院依《陕甘宁边区惩治贪污暂行条例》第 2 条第 1 项第 3 款、第 8 项及同法第 2 条第 1 项之规定，以贪污、渎职、逃跑等罪判处其死刑。

此外，1939 年 3 月 18 日鲍汇元等犯贪污罪被判处徒刑。[②]

由此可见，边区司法中镇压政策涉及的范围，包括危害抗战、危害边区革命秩序及人民生命财产的各种重大犯罪。在犯罪类型上，涉及面极为广泛，但主次分明，包括：第一，危害抗战、帮助日寇的汉奸罪。第二，危害边区革命秩序和人民生命财产安全的各种犯罪，如盗匪、违法收回土地房屋罪

---

① 全宗 15—28—1。通奸杀人是边区的多发案件，因而此类案件亦具有典型性。《榆林地区审判志》记载："由于买卖婚姻发展之盛，老百姓特别是老年人和男青年，对离婚接受不了，加上司法机关对一些离婚案件处理亦不适当，致使家庭婚姻问题出了好多命案，1944 年至 1945 年上半年全区共发生命案 202 起，因奸杀及离婚未遂而自杀之案件就 106 起，占命案总数的 52.48%。"榆林市中级人民法院：《榆林地区审判志》，陕西人民出版社，1999 年，第 64 页。

② 判例(9)、(10)均选自《边区高等法院 1938 至 1944 年刑事案件判决书汇集》(一)，全宗 15—28—1。

等。这两类案件均为具有时代特点的政治性案件。第三,违反边区禁毒法令的犯罪,如贩卖、运输、吸食鸦片等。第四,蓄意杀人罪。第五,贪污罪。

在量刑情节上,镇压政策的适用范围是:第一,危害后果严重的犯罪。第二,共同犯罪中起主要作用的主犯。第三,主观恶性大,无争取教育必要的犯罪。第四,危及抗日政策、抗日政权的犯罪。可见,镇压与宽大刑事政策中的镇压政策在实际适用中将法律与政策恰当地结合,以犯罪事实作为量刑的基础,综合案件的政治背景和行为人的认罪态度,实现了具有时代特点的法律公正,并得到了丰富和发展。有针对性且有节制的镇压政策,严厉打击了各种危害抗战及边区的犯罪行为,确保了抗战的顺利进行,维护了革命成果和人民利益。

(二)适用宽大政策的情节与理由

1.普通刑事类

判例(10):吴占福杀人抢劫案

吴占福曾为匪抢劫,又曾混入革命部队,后借故逃跑,拐诱、奸淫妇女,并杀害与其合伙经商的韩方候,抢劫其财物。罪恶深重,论罪本应处死,1941 年 9 月边区高等法院判决:因死者家属未经追诉,且有老母在堂,生活困难,需要抚恤赡养,为抗战期间珍惜人力起见,以吴占福杀人抢劫罪,判处有期徒刑 5 年,教育感化促使其转变。并将其全部营业财产拍卖,将其中的 1000 元交给其弟,以赡养老母。①

判例(11):王季双冒充公务人员私行拘禁人民案

王季双冒充公务人员私行拘禁王氏母女,审问恫吓,意图陷害以报私恨,并假借保安处名义质问地方法院,干涉案情,破坏保安处威信,侵犯人权,扰乱社会治安。1940 年 9 月 13 日边区高等法院判决:本应严加惩治,

① 《关于判决吴占福杀人抢劫案的审讯笔录判决书布告》,全宗 15—707。

但念其年青,犯罪动机不含有政治破坏企图,从宽判处徒刑 1 年,以资教育而期转变。①

2.破坏边区类

判例(12):马得凌破坏边区案

马得凌叛变革命,参加反动组织,进行反共及围剿苏区活动,又在边区组织情报网,侦察情报,供给何绍南军政情报 9 次之多,收买落后分子。1941 年 11 月 21 日边区高等法院判决:马得凌之所为,罪大恶极,本应照惩治汉奸条例处以极刑,但为着团结抗战,本着侧重宽大的刑事政策,极力争取,以破坏边区罪判处马得凌徒刑 5 年。

判例(13):贾丕显破坏边区案

贾丕显受反共特务训练,收买边区群众,暗中在边区编制保甲,对共产党边区和八路军实行造谣、破坏、污蔑,串通反共分子武力强占边区土地,刺探军情,勾引战士拖枪叛变,企图越狱逃跑。1941 年 12 月 3 日边区高等法院判决:此种罪恶行为实属破坏团结抗战、违反革命的三民主义,与帮助日寇的汉奸行为无异。但为坚持团结及教育起见,以破坏边区等罪判处贾丕显有期徒刑 5 年。

判例(14):党德庵等逃跑案

党德庵、李荣春为兵痞,受雇混入边区部队充当雇兵,并意图组织新兵逃跑,破坏抗日部队及边区动员法令。1941 年 5 月 15 日边区高等法院判决:因二人出身农民,受旧社会的部队恶习所染,根据共产党之侧重宽大的刑事政策,本教育与改造之宗旨,以党德庵组织逃跑罪判处其有期徒刑 1 年半,以李荣春逃跑罪判处其有期徒刑 1 年。②

此类案件还有雷鸣高破坏边区案,1941 年 12 月 1 日边区高等法院判

① 判例(11)、(19)均选自《边区高等法院 1938 年至 1944 年刑事案件判决书汇集》(二),全宗 15—28—2。

② 《关于党德庵、李荣春企图活动新兵逃跑一案全案材料》,全宗 15—685。

决:雷鸣高罪行深重,但因有悔悟,从宽判处其有期徒刑 5 年。

3.汉奸类

判例(15):朱有三汉奸案

朱有三受韩城杨德胜的诱惑收买,在边区内刺探八路军的消息,造谣欺骗群众,指示敌机轰炸目标,进行汉奸活动。1939 年 10 月 17 日边区高等法院判决:朱有三因穷苦关系,见钱心动,以致堕为汉奸走狗。虽已替汉奸做事,为时不久,作恶尚无显著事实,应当争取教育,使其转变。以汉奸罪判处朱有三有期徒刑 3 年。

判例(16):刘文义汉奸案

刘文义在日寇特务机关受训 1 个月,受汉奸陈国秉之指使,刺探军情,曾两次报告于汉奸周嘉荣。1942 年 3 月 11 日边区高等法院判决:惟其本意尚非坚决不愿改悔者,以汉奸罪判处其有期徒刑 2 年。

4.贪污渎职类

判例(17):海明渎职案

海明身为医生,对工作不负责任,延迟救治时机,致使一革命同志因伤毙命。且在工作中不听指挥,挑拨是非。1940 年 2 月 27 日边区高等法院判决:该犯是一个技术人员,特从轻处罚,给以教育,以渎职罪判处其有期徒刑 2 年零 6 个月。①

判例(18):肖积金等贪污公款及收受赃物案

肖积金贪污公款 8 万余元及白洋布半匹,虚报中途遇匪被抢劫,而将 5 万元托高等法院监狱保外服役之人犯陈华保存。1943 年 8 月延安市地方法院判决:肖积金贪污巨款,罪行严重,但考虑到其从小参加革命,年仅 24 岁,在审判中,反省及悔悟之态度十分诚恳深刻,依照边区惩治贪污条例,酌

① 判例(12)、(13)、(14)、(15)、(16)、(17)、(18)及雷鸣高案、赵培元案均选自《边区高等法院 1938 至 1944 年刑事案件判决书汇集》(一),全宗 15—28—1。

情判处徒刑 4 年。陈华收受赃物 5 万元，判处劳役 6 个月，连同前犯妨害风化一罪，所判徒刑 2 年并执行之。

此外，赵培元贪污巨款案，1943 年 1 月 11 日延安市地方法院判决：念其年幼无知，缺乏工作经验而从轻判处徒刑 2 年，褫夺公权 2 年。

5.违反毒品法令类

判例(19)：朱凤荣、常维高运送鸦片案

朱凤荣、常维高为了不法利益为人运送鸦片。1940 年 10 月 19 日延安市地方法院判决：本应依法惩治，但因其供称是友区委托运送之物，非在边区贩卖，而且初来边区，不知边区禁令，情节尚有可原，酌予批评释放，鸦片及所得运送工资 90 元一并没收。

上述适用宽大政策的判例，涵盖了几乎所有类型的案件。在 1941 年对一些情节恶劣、后果严重的案件也适用了宽大政策，如吴占福案、雷鸣高案，均被判处有期徒刑 5 年，明显带有宽大政策实施初期过分宽大的偏向。当时边区法定刑罚中没有无期徒刑，有期徒刑最高为 5 年，刑等之间的差距过大，致使量刑难免轻重失衡。正是发现了法律中的这一缺陷，1942 年 3 月 31 日边区政府下令(战字 240 号)将有期徒刑的最高刑期改为 10 年。

从适用宽大政策的具体情节与理由看：第一，绝大多数案件着重强调团结抗战的时代需要及教育争取的刑罚宗旨。第二，注重行为人的悔罪态度。第三，注意到了犯罪的社会原因和外在因素。第四，在犯罪中处于次要地位的从犯及胁从犯。第五，关注到了被害人家庭情况、行为人的年龄特点等。第六，宽大政策在执行中还体现了边区珍惜技术人员的思想。第七，对初到边区、不了解边区法律的友区人犯罪，亦从轻处理。等等。

所以，边区在宽大政策的执行中，充分考虑到导致犯罪的多种因素及犯罪所引发的多重后果，灵活运用，使这一政策在实践中发挥了积极的作用。镇压与宽大相结合的刑事政策通过判例的指导，使适用对象、量刑的情节与理由、量刑幅度等具体化、明确化，有利于统一法律的适用标准，发挥刑罚的教育功能，推动边区社会的发展。

三、 作用与影响

镇压与宽大相结合政策，在量刑中关注到不同的案件类型、事实、情节，体现了罪刑相适应的原则，这一政策的作用，体现在以下几个方面：

首先，镇压与宽大相结合的刑事政策，在革命政权的发展过程中取得了明显的成效。在抗日战争及解放战争时期，边区不仅强调刑法的政治功能，同样强调刑罚的教育功能及其实现："边区法院认为犯罪者确实故意违反国家的法律，使全体人民、民族、国家受到损害，认为这种人生存在社会上对于社会再没有丝毫利益，则只有判处死刑。这种犯人，如像为首的汉奸、敌探、土匪等等。倘若犯罪者的能力，还多少可以贡献于社会，社会对于他还抱有一点希望，法院则尽一切的力量挽救他，帮助他改正错误，给他指出一条自新的光明的道路，以便他将来仍有为社会努力的机会，……刑满出狱要锻炼成为一个真正良好的公民。"①事实证明，边区镇压与宽大相结合的刑事政策运用的结果，是通过对犯罪情节的区分，通过分化、瓦解方式，收到了积极的效果。这一政策的实施打击了汉奸、盗匪、反革命等严重破坏抗战、破坏边区秩序、破坏革命成果及危害人民利益的犯罪，震慑了潜在的不法分子，同时又教育争取改造了大多数的犯罪分子，实现了在特殊形式和特定环境下对抗日力量的团结与不同阶层之间的合作。如 1943 年 10 月 10 日至 16 日，绥西各界，由绥西办事处党、政、司法机关联合召开政策兑现大会，对反共特务头子马逢瑞进行公开审判，有群众数人在大会上血泪控诉后，交由司法机关严惩。同时对虽有一定罪行，但能主动坦白认罪的张通智等人当场

---

① 西北五省区编纂领导小组、中央档案馆：《陕甘宁边区抗日民主根据地·文献卷》(下)，中共党史资料出版社，1990 年，第 166 页。

释放。由于这一政策的感召，有541人主动投案，自动坦白了破坏边区的罪行，得到了解脱，走向了光明。[①]

其次，镇压与宽大相结合政策，适应了当时边区的法律环境与条件，在一定程度上弥补了立法的空白和缺陷。边区的法制以体现人民意志、保障和推动革命事业发展为其价值和功能，因此革命法制的建设既不能照搬国民政府的法律，也无法在短期内建立起完善的法律体系，只能在摸索中发展。因而初期颁布的边区法律过于粗疏，使司法人员握有从罚金到死刑的裁量权，加上法定刑规定的缺陷(最高有期徒刑5年，没有无期徒刑，然后为死刑，刑等之间的差距悬殊)，导致基层司法中出现畸轻畸重现象。镇压与宽大相结合政策的及时提出，确立了刑事案件处理中的关键环节和标准，并通过判例机制使之具体化，为这项刑事政策的不断成熟和完善创造了条件。

第三，镇压与宽大相结合政策的运用，有效地改变了刑罚适用中轻重失衡的现象，对公正、合理地处理和判决刑事案件，起了方向性的指导作用："边区因地区偏僻，文化落后，故司法干部是比较缺乏的。现有司法干部多未进过专门学校，主要的是靠他对于人民、民族、国家的忠诚，获得人民的信任，由边区的人民选举出来，再根据他的能力分配以适当的工作。故各县的承审员，即由各县人民选出县政府的委员中一人充当之，并由边区高等法院加以委任，还调来边区法院学习一个时期，然后派回各县担任工作。"[②]正是由于缺乏专业的法律知识，遵行司法程序的意识淡漠，司法中存在一些不规范的行为。李木庵在1942年《陕甘宁边区高等法院工作报告》中指出："审理案件上多游击作风，案件无卷宗可查，宣判多无判决书，常有刑事当事人被押三、四年之久始行判决者，有羁押日期不折算在徒刑期内者，上诉日期无明文规定，审级也没严格确立，第二审与第一审混同办理，司法制度形成

① 榆林市中级人民法院:《榆林地区审判志》，陕西人民出版社，1999年，第53页。

② 西北五省区编纂领导小组、中央档案馆:《陕甘宁边区抗日民主根据地·文献卷》(下)，中共党史资料出版社，1990年，第168页。

混乱现象。”[①]雷经天在《边区高等法院严格遵行上诉程序的训令(1941 年 12 月 13 日)》中指出:“各种对于民刑事上诉案件,尚有个别县份未能遵照指示进行,有未经判决或本院提审,自动将案件送来本院者;有当事人已在原审机关声明上诉,而原审机关未将卷宗证据送来者;有未指定上诉期间令当事人任意来院者;间有阻止当事人上诉不为合理来院者。仅此种种,均于法不合,而当事人亦感不便。”[②]司法中的不规范行为不仅有害于司法公正的实现,又使立法中的缺陷更为明显。所以,简单的、带有口号性、明确针对性的镇压与宽大相结合的刑事政策,无疑是容易理解,便于操作的积极有效的刑事政策,符合边区的社会环境和条件,对贯彻抗日的政治、经济和文化政策,起了不可忽视的作用。

镇压与宽大相结合的刑事政策自 1942 年底确立之后,随着形势的变化而不断呈现出新的内涵。1946 年后,内战再起,边区刑事镇压的重点放在诸如特务暗探、反攻倒算、投敌变节等反革命分子方面。如 1948 年边区监狱在押 201 人中,投敌、破坏边区、反革命的犯罪占1/3。[③] 1947 年 10 月 10 日的《中国人民解放军宣言》提出:“首恶者必办,胁从者不问,立功者受奖。”也可以说是镇压与宽大政策的新表述。[④]

---

① 杨永华、方克勤:《陕甘宁边区法制史稿·诉讼狱政篇》,法律出版社,1987 年,第 4 页。

② 《边区高等法院档案关于诉讼手续问题的训令指示信》(1941 年 12 月 13 日至 1945 年 5 月 7 日),全宗 15—17。

③ 榆林市中级人民法院:《榆林地区审判志》,陕西人民出版社,1999 年,第 54 页。

④ 《董必武法学文集》,法律出版社,2001 年,第 323 页。

第六章 民事审判

边区高等法院通过对典型民事案件的审理，保护人民权利，维护正常的生产和生活秩序，推动社会改革和进步。本章主要从民事习惯调查和婚姻案件的审判两个角度，考察边区高等法院的民事审判活动。前者是边区高等法院在国家法制与风俗习惯协调中所做的一项开创性探索，后者则是其对传统婚姻习俗与现代婚姻法理念冲突所进行的有效平衡。边区高等法院通过民事领域的创造性司法，缓解了对社会稳定与发展之间的张力。

第一节 风俗习惯调查

一、 收集途径与方式

边区高等法院开始收集民事习惯的时间，是1942年5月，结束是1944年9月。全宗15—57和全宗15—193，反映了这一工作的过程和结果。在全宗15—57中，吴堡县的调查报告，载明的调查时间是1942年5月，即“五月份业务学习卷”。新宁县司法处报送调查报告的时间是“6月20日”。合水县政府关于调查报告的呈文中所标注的日期，是“民国三十一年六月十三日”。在全宗15—193中，边区高等法院对干部教育，进行了详细的描述：

“本院于42年曾设有法律研究组，研究边区现行政策法令，对外县仍继续采取函授办法：每月由本院出题，交各县司法干部写作，写好后寄院批改发回。后来整风学习紧张，同时本院精简后无干部专管，遂形停顿。迄今年，……恢复过去的出题函授办法，由本院出有关实际工作的问题，由各该县司法干部讨论后做成结论报院。”

这说明民事习惯的调查，源于1942年5月边区高等法院函授培训活动。从全宗15—57的第一个子目录“各县有关风俗习惯材料摘录”所标明的时间是“1944年5—9月”，说明延安县、富县、镇原县等3个县没有在1942年6月份完成民事习惯的调查，而此后边区司法干部的培训工作一度停顿，直至1944年恢复后，这3个县才将此项工作完成。

边区高等法院对1944年5—9月期间完成的调查报告，进行了初步的整理，并以“摘录”作为标题。但对1942年完成的5项调查报告，没有进行整理，而是以原始的问卷与回答的方式存档保管。从此也不难发现，1944年9月以后，边区民事习惯的收集、甄别与整理工作，未能持续进行。

边区高等法院通过司法干部函授培训的形式，要求司法干部以县为单位，调查所在地区的民事习惯，并提出了要求回答的四个问题：1.“习惯风俗是什么？”2.“习惯风俗与法律运用的关系？”3.“你县有些什么风俗习惯（不管哪方面的，摘录主要的，越具体越好，并说明哪些是资产阶级法律，运用时作参考）？”4.“风俗习惯与习惯法有什么区别？”

上述问题包括了司法干部对民事习惯的认识、民事习惯与法律二者关系的定位、当地民事习惯的主要内容，以及民事习惯对法律适用的影响。本次民事习惯调查，超越了单纯调查和收集的层面。边区高等法院要求其下级司法机关在调查和收集民事习惯的同时，对民事习惯的性质和作用，进行思考和说明。

表 15　各县收集到的具有权利义务内容的民事习惯的数量一览表

县份	婚姻	土地	契约	继承	其他	合计
延安县	1	1				2
富县	3	1			1	5
镇原县	2	9				11
清涧县	7	5	7	2	3	24
合水县	2	3				5
新宁县	3	2		1	1	7
□□县	5	2	1			8
吴堡县	2	4			1	7
合计	25	27	8	3	6	69

由表 15 可见，这次风俗习惯调查，涉及了 1944 年边区政府下辖 26 个县中的 8 个，占近 1/3。其中，延安县和富县属于延属分区，镇原县和合水县属于陇东分区，清涧县、吴堡县属于绥德分区，新宁县属于关中分区，涵盖了 5 个分区中的 4 个，占 4/5。① 各县收集的习惯，在数量上存在着较大的差距。有些县收集的习惯内容全面。例如，清涧县收集的习惯包括婚姻、继承、契约、土地买卖，以及商业习俗等共计 24 条，比较完整地反映了当地社会和经济生活中的主要规则。有些县收集的习惯非常简单。例如，延安县仅仅收集了婚姻和土地典当的 2 条习惯。不同县之间收集到的习惯在数量上的差异，主要是由于收集者调查深度与选择角度的差异所造成的。

本次民事习惯调查，由专门从事审判业务的司法人员承担，因此，重点十分突出。所收集到的习惯集中在婚姻、土地、债务和交易规则等方面。这些习惯，比较客观地反映了边区人民的生活。以全宗 15—57 所收录的婚姻习惯为例：

① 陕甘宁边区行政区划的演变，参见任中和："陕甘宁边区行政区划演变概述"，《历史档案》1988 年第 3 期，第 119—126 页。

首先，从婚姻的缔结看。早婚现象普遍（□□县习惯），有些地方存在童养媳、童养婿（新宁县习惯）。婚姻遵循门当户对原则："老户（本地人）与客户（移民）不愿通婚"（富县习惯），"不拣（挑选）秦川地，当拣好女婿"（吴堡县习惯）；遵循同姓不婚和媒妁之言，"同宗同姓不结婚，结婚要有三媒六证"（清涧县习惯）。买卖婚姻普遍："婚姻成立以交付彩礼为准"（延安县习惯）；"婚姻成立的条件是交付彩礼"（富县习惯）；"已经订婚者，在第二次送彩礼时被拒绝，称为'没拴上'，不算订婚"（镇原县习惯）；"交钱（彩礼）才有亲，无钱无亲事"（新宁县习惯）；"普遍实行买卖婚姻"（□□县习惯）；"未婚妻生活困难，可以要求男方帮助一定数量的粮食"（镇原县习惯）；"买卖婚姻中，有的'贪钱不顾人'"（吴堡县习惯）。如果订婚后男女一方当事人死亡，彩礼的处理办法是："订婚后男死不退彩礼，女死退一半"（清涧县习惯）。无子者可以为女儿招婿："无儿者可招儿女婿，有继承权"（清涧县习惯）；"招婿抱儿：无子者将女儿招婿作儿"（合水县习惯）。有些地方存在换亲习俗："比方张三李四都有儿女一双，……张三的女子与李四的儿子结婚，李四的女子与张三的儿子结婚"（□□县习惯）。结婚需要选择"黄道吉日"，并举行婚礼（吴堡县习惯）。

其次，从婚姻关系解除与再婚看。丈夫在婚姻和家庭生活中居于支配地位："夫可休妻，或将妻卖给别人"（清涧县习惯）；"旧习惯，男方在外 10 年、8 年不得音信，女方也不离婚"（□□县习惯）。结婚后，丈夫身体残疾的，女子可以"招夫养夫"（富县习惯）；丈夫"有残疾者，可为妻招夫，养活自己"（新宁县习惯）。寡妇可以再婚，一种是招夫，另一种是再嫁。前者，如："夫死妻可以招别人为夫，男子不卖姓，也无继承权"；"夫外出死，尸体未找到，妻可招男人为夫，男可卖姓，有继承权"（清涧县习惯）。后者，如："寡妇带财产改嫁，人民不高兴"（□□县习惯）；"老年人在儿死后，可以给（儿）媳招夫"（合水县习惯）。

这次民事习惯调查，采取以县为单位进行，由审判人员负责收集，使民事习惯的调查与基层司法审判有机结合，有利于客观真实地收集到重要的习惯，也有利于引导司法人员在审判活动中准确查明事实，正确适用法律。全宗15—57所收录的民事习惯，涵盖了婚姻、继承、土地交易、典当、佃种以及地上通行、不动产交易、动产交易、商业活动中的某些规则、社会治安中的责任，等等。

二、甄别与整理

收集民事习惯，仅仅是边区高等法院所完成的一部分任务。此后，还进行了相应的甄别和处理。这主要反映在两个方面：

首先，由收集者提出甄别民事习惯的意见。这种甄别方式，可以结合习惯所存在的特殊环境与条件，以及该习惯对当地居民（村民）规范效力的状况。与第三方（诸如立法机关、研究人员等）进行甄别比较，这种方式有助于对习惯作出恰当的判断。边区高等法院设计了贯穿分类甄别思想的题目，即“习惯风俗与法律运用的关系”，要求收集者对所收集到的习惯，进行具体的甄别。

在各县的调查报告中，部分收集人员对具体的习惯，进行了甄别，分为四类：第一类是应当遵循的习惯；第二类是应当改革的习惯；第三类是司法人员无法把握的习惯；第四类是需要坚决取缔的习惯。

表16显示，收集者明确提出了甄别结果的习惯，共计29条，仅占所收集习惯总数69条的24%弱。虽然，对大多数习惯，收集者并未给出明确的甄别意见，但从对这些习惯的描述中，不难推断其倾向性意见。例如，全宗15—57所收录的清涧县的下列习惯：土地典卖，族人享有优先权，且由近及远；已出售的土地，族人可以赎回；典主次于族人，享有优先承买权；继承时长孙有特权，应多分儿垧地；无子者可以为女儿招女婿，继承财产；不动产交易中，契约无中（人）不生效；买卖生意（动产交易），一言为定，不准反悔；盗

表 16　有明确甄别意见的习惯一览表

类别	事例	甄别机关	甄别意见	数量
应当遵循	1. 婚姻成立以交付彩礼为准 2. 后山有地，前山就有路 3. 卖地不卖坟 4. 早婚现象 5. 兄弟三人把产业分三份，不以人口多少来分	延安县 镇原县 镇原县 □□县 新宁县	是普遍现象 合理的习惯 合理的习惯 旧习惯不容易改 资产阶级法律，我们应参考	10
应当改革	1.为着一口气，不怕卖他十亩地 2.寡妇带财产改嫁 3.抗属离婚的习惯 4.婚姻成立的条件是交付彩礼	富县 □□县 □□县 富县	旧社会遗毒 人民不满意 人民不满意 对贫苦群众不利	10
无法把握	1. 土地卖于异姓时，族人可以揽回自己承买 2. 亲族对土地的优先购买权 3. 买卖婚姻 4. 土地回赎中"有强种没强收"	镇原县 □□县 □□县 镇原县	值得研究 不按习惯，会导致人民的不满 我县是这样，不知以后怎样办 须以后慢慢改革	4
坚决取缔	1. 童养媳、童养婿 2. 正月间，以赌博娱乐的习惯 3. "不够当价不给当约"的"简约复讨"习惯	新宁县 新宁县 镇原县	应绝对禁止 应当禁止 无赖行为，令其交出	5

窃无死罪，抓住后赔偿就行了；等等。这些习惯，虽然收集者没有表明甄别结果，但没有强调反对的理由，系应当遵循的习惯。

边区高等法院所收集的民事习惯，相互之间的相容性非常明显。在土地买卖、租赁和典当关系中，优先权是普遍存在的现象，包括家族优先权、地邻优先权和承租人、承典人优先权等。其中，家族优先权是最主要的优先权之一，这种优先权，在全宗15—57中表现为：第一，土地出卖、出租、出典时，族人享有优先购买、承租或承典权。优先权的顺序是：以土地所有权人的血缘关系为根据，由近及远，由亲及疏（见清涧县、吴堡县习惯）。第二，土地典卖后，“地主的本族可以随时回赎”（见镇原县、清涧县、吴堡县习惯）。第三，如果土地和房屋的租期届满后，重新出租，则现租者享有优先承租权（见吴堡县习惯）。第四，优先权的保护，是先血缘，后地缘。即“先房亲，后地邻，再村中人，后才是村外人”（见清涧县、合水县习惯）。第五，在既有族人，又有典主的情况下，有的县户族优先于典主，如清涧县习惯为：“典主次于族人，享有优先承买权。”有的县典主优先于户族，如合水县习惯为：“典当权人享有优先权，其次才是户族、四邻。”①

各地司法人员对某些习惯的认识，存在着严重的分歧。例如，同样是买卖婚姻，不同的司法人员可能做出不同的甄别结论。富县的司法人员认为：“买卖婚姻对贫苦群众不利”，而□□县司法人员则认为：“买卖婚姻对穷人有好处。”他们对立的结论，当然是由于观察和思考立场的不同。认为买卖婚姻对穷人不利的观点，主要是基于这类婚姻可能导致一方当事人极度贫困。原本就不富裕的家庭，往往因为一桩婚姻的缔结，债台高筑；认为买卖婚姻对穷人有好处的观点，主要是基于对某些身体有缺陷，或者年龄偏大，且家境并不富裕的当事人，不允许买卖婚姻，可能导致终身不婚。又如，对“典地千年活，卖地笔下死”的习惯，清涧县的甄别意见系“不合理的时效”，

---

① 从《民事习惯调查报告录》看，“亲邻先买权”是中国各地普遍存在的一项不动产交易习惯。“亲邻先买权”的顺序，各地虽然略有差异，例如，在亲房和典主优先权的顺序关系上，有些地区“先尽典主，次及房亲”，有些地区则是“先尽房亲，次及典主”。相关的统计和分析，参见赵晓力：“中国近代农村土地交易中的契约、习惯与国家法”，《北大法律评论》1998年第2辑，第427—504页。

而吴堡县的甄别意见是“真理”。①

从全宗15—57所收录的习惯看，在对习惯性质和效力的认识上，有些司法人员是清晰的，有些则非常模糊。例如，清涧县司法处认为：“每个地方有不同的习惯，都是从古代遗传下来的”；“风俗行为普遍带着社会的意义难改易，有些可以影响到法律去”；“法律是根据社会一般人情订出来的。……我们每解决一件事，是根据天理、国法、人情的原则来处理之”。对习惯与习惯法，“一般人当作法律使用”，且“普遍流行。不过不是政府颁布的法律”。合水县司法人员则认为：“习惯是人的生活，风俗是人和人的关系，好似政治和经济一样，也如同生产力和生产关系一样。”新宁县司法人员还认为：“习惯风俗是一个地方上人民信仰的自愿去执行的一种东西，而并没有任何强制性，这叫做习惯风俗，如人民信神信鬼，……你说没神没鬼，它【他】总要反对你。”

其次，在收集者进行初步分析的基础上，由边区高等法院对收集到的习惯进行研究、甄别，“批改发回”，指导县级司法机关正确适用法律，处理民事纠纷。边区高等法院通过民事习惯的调查和甄别途径，进行上下级法院之间的工作指导和监督：“过去本院只忙于内部事务，却对外县司法工作情况不熟悉，从来很少或没有派人下去检查巡视，一月单凭一纸的报告，很形式的，不能发现问题，而下面的司法工作者都有‘人皆有上级我独无’之感。”②通过民事习惯的调查，在实现边区高等法院对县级司法机关指导的同时，也帮助边区高等法院，在一定程度上掌握、了解了各地的风土民情，加强了法院内部上下级之间的沟通和联系。由于成文法缺乏，边区高等法院需要制定大量的命令、指示等指导下级司法机关的审判业务，而风俗习惯的调查，

① 《边区各县有关风俗习惯的调查材料》，全宗15—57。

② 《1942年至1944年两年半来工作报告》，全宗15—193。

无疑增强了指导活动的针对性。边区高等法院适用习惯裁判案件的情况，见下文论述。

边区高等法院对所收集到的民事习惯进行的整理，是简单、粗疏的，所进行的仅仅是将部分习惯的内容进行“摘录”，并没有从总体上对各县所收集到的习惯，进行统计、分析和甄别，也未能对各县裁判员和司法处对相同习惯提出的不同甄别意见给予评论和说明，更未制定出适用习惯时应当注意的政策和原则，这都影响了本次风俗习惯调查的效果。与民国时期大理院积极通过对民事案件的裁判，为各级法院提出关于适用习惯的程序与方法相比，边区高等法院进行的民事习惯调查，就简单多了，尤其是适用习惯的规范性意见短缺，影响了民事习惯在司法审判中作用的有效发挥。①

三、适用

在边区高等法院的司法档案中，不乏适用风俗习惯进行判决的案件。在这些判决中，有些将习惯作为裁判的依据。例如，在王珩与尚荣、王玉兑地纠纷案中，边区高等法院认为：“查边区兑地习惯上有活兑与死兑两种。据该县查报称：死兑双方要立有兑地契约，并取得所有权，耕种出卖别人不能干涉。而活兑则无字据，兑后只能耕种，不能出卖或典当。有的订有字据，如一方不愿即各自收回，叫做兑种地，没有所有权。本案上诉人王珩与被上诉人尚荣、王玉兑地时既无兑约，显为活兑。”②本案中，成文立法没有

① 大理院适用民事习惯的情况，参见黄源盛：“民初大理院关于民事习惯的判例之研究”，(中国台湾)《政大法学评论》第63期(2000年)，第1—46页。

② 边区高等法院民事判决书第76号，《边区高等法院1946年刑、民事案件判决书汇集》(之一)，全宗15—29。

关于“兑地”的明确规定。当事人兑地后，能否各自收回？边区高等法院根据习惯，认定双方兑地属于“活兑”，判决可以各自收回。

有些案件在判决中承认习惯的效力，赋予当事人依习惯所确定的权利和义务。例如，在魏昆三与王存智因亲子关系涉讼案中，边区高等法院审理认为：“上诉人魏昆三出外多年，家计无人维持，其妻何玉兰在乞食饿病中自愿将合儿卖于王存智为养子，因此合儿才能生活，王存智之收养合儿未有任何恶意，收养后亦未曾加以虐待，自应仍归王存智抚养，将来合儿是否自愿归宗，等成年后由其自决”，判决收养关系成立。[①] 本案中，承认了边区存在的“归宗”习惯，并将之作为被收养人的一项权利加以保护。再如，边区政府虽然将“未达法定结婚年龄”视为婚姻的实质瑕疵之一，但针对边区早婚普遍存在的现象，边区高等法院对不违背男女双方当事人意愿，仅仅没有到达结婚年龄的案件，承认其有效，并给予保护。[②]

有些案件在判决中根据习惯的内容，确定了当事人之间的法律关系。例如，在刘应怀与刘福有继承土地涉讼案中，边区高等法院审理认为：“祭奠先后于敬重先人之意，本无分予厚薄，然在礼让方面的一般情理与习俗，应先人而后己，自可责令上诉人日后祭奠，不得再有先其本宗后其被承继人之失礼行为，即为已走亦不必强令将埋葬已久之父母坟墓，更行迁移。”遂判决：“系争之地由刘应怀继承；上诉人之父母原葬刘家川之地，毋庸迁移；上

---

① 本案中，男方白升儿年方14岁，女方张瑞蓝年方13岁。成婚后，张瑞蓝之父以其女未达结婚年龄为由，起诉法院要求确认白升儿与张瑞蓝婚姻关系无效。安塞县法院和边区高等法院先后判决该桩婚姻有效，理由是“男女双方当事人不愿离异”。边区高等法院民事判决书第14号，《边区高等法院编制：陕甘宁边区判例汇编》，全宗15—26。

② 边区高等法院民事判决书第39号，《边区高等法院编制：陕甘宁边区判例汇编》，全宗15—26。

诉人日后祭奠祖先，应先由被承继人之宗支行礼后次由本生宗支行礼。”[①]判决不仅承认祭奠习俗，而且要求当事人予以遵循。

边区高等法院对落后的习惯，并不予采信，当事人根据此类习惯所主张的权利，也不予保护。例如，在黄清福与黄仲高“因土地、窑洞、家具及震死小孩等纠纷一案”中，虽然边区高等法院查明：1943年腊月初八日，黄清福妻生一男孩，同月19日，黄仲高妻在清福家前槌布（当地习俗，所生小孩忌震动），当晚小孩就不吃奶，至27日死去。“据老百姓反映，当地有此习惯之说法。”但是，边区高等法院认为：槌布在墙外距清福住窑□□步之远，[②]发生小孩死亡的时间，“又经八、九日之久，安能认定是槌布致死，而非出自其他病因。所谓震死殊无科学之依据”。[③]

四、作用与意义

边区高等法院的领导人高度重视民间习惯在司法审判中的作用，认为：“不管政策也好、法令也好，是在于解决民众具体的问题，而不是以民众的具体问题来洽合政策法令。”[④]如何使政策法令有效地解决民众的问题，在民事案件的审理过程中，切实了解并尊重当地的风俗习惯是必要的环节。“当时在边区的干部和群众中，流传一种说法，说‘司法的人不近人情’。谢老（谢觉哉）认为，这种看法是一种误解，因为法律是本乎人情的，‘合乎人情的

---

① 边区高等法院民事判决书第32号，《边区高等法院编制：陕甘宁边区判例汇编》，全宗15—26。当时负责边区高等法院工作的李木庵指出：“婚姻知识，关系文化，司法机关应熟察社会情形，因势利导，办事不得机械。”《边区政府、高等法院、赤水县司法处关于处理早婚、买卖婚姻及离婚问题的呈、命令、指示信》，全宗15—33。

② 原档案模糊不清。

③ 陕甘宁边区高等法院民事判决书第053号，《边区高等法院1946年刑、民事案件判决书汇集》（之一），全宗15—29。

④ 《边区高等法院编制：陕甘宁边区判例汇编》例言，全宗15—26。

习惯，即是法’。”[①]王子宜在边区推事、审判员联席会议的总结报告中，提出司法干部要“学习与掌握法律，熟悉社会风俗习惯”，强调“司法人员，不能把法律和风俗习惯——尤其是善良风俗习惯看成绝对对立的东西，二者均得兼顾”。[②] 边区高等法院进行民事习惯调查的意义最主要反映在司法人员提高了对民事习惯的认识上。

首先，全宗 15—57 所收录的大部分习惯，在表述上以俗语的形式存在，反映了当时、当地的社会现实。这些习惯与人民群众的生活联系密切，是对生活哲理的揭示和提炼，富有说服力。例如，“怀揣石头三年热，地种三年如母亲。”这一习惯形象生动地表达了土地租赁中，承租人耕种土地，需要精心改良，杜绝掠夺式耕作，以及佃农对土地的强烈感情和依赖等关系。又如，“为着一口气，不怕卖他十亩地”。这一俗语，是当地诉讼风气的写照，也是长期以来人们诉讼观念的缩影。一旦发生诉讼案件，官府的介入，巨大的诉讼成本支出，往往导致破家、破产；对诉讼结果的过分关注，对诉讼行为性质的偏颇认识，“一场官司十年仇”，使当事人不计成本。再如，“后山有地前山就有路”。这一习惯保证对土地的使用，保证对土地耕作的便利，对土地所有权进行适当限制。再如，“典地千年活，卖地笔下死”（有的表述为“当地千年活，立契当日死”），形象生动地区分了典当与买卖的区别。

其次，习惯作为特定地域人们的生活规则，为当地人们所遵守，具有预防纠纷和解决纠纷的双重作用。与作为正式制度的国家制定法相比，习惯的规则准确而具体，且针对性强。例如，订婚的男女双方，在一方死亡情况下，彩礼是否返还，正式的制度缺乏明确的规定，习惯则以为，“男死不退，女死退还一半”。[③] 虽然人们很难列举其所具有的合理性，但正是这一习惯的

---

① 《谢觉哉传》编辑组：《谢觉哉传》，人民出版社，1984 年，第 92 页。

② 《王子宜院长在推事、审判员联席会议上的总结报告》，全宗 15—70。

③ 清涧县习惯。存在这一习惯的主要原因，可能是因为女子（未婚妻）死后，女方不再有出嫁时的花费，不再需要置备嫁妆。但男方需要第二次订婚，花费彩礼。全宗 15—57。

存在，使人们的生活具有了确定性。具体、明确的习惯，有助于预防纠纷，也有助于减少纠纷，更有助于减少解决纠纷的成本。又如，店主与客人之间关于财物丢失的责任划分①，货主与脚户之间关于财物被盗、被抢的责任承担等规则，②都事先为社会成员设定了明确的权利和义务。

再次，边区是一个经济文化相对落后的地区，边区高等法院认识到了这一现实，解释和适用成文法时强调要与社会现实紧密结合。以离婚纠纷的处理为例：1944 年 3 月 20 日公布的《修正陕甘宁边区婚姻暂行条例》明文规定了婚姻自由原则，以及“感情不合”作为离婚理由的内容。但是，1944 年 12 月 25 日边区高等法院“处理离婚案件应注意事项”的指示信，要求：“各县处理离婚案件，应特慎重，不能机械地搬用婚姻自由原则，援引‘感情不合’条文（第一届参议会颁布之边区婚姻条例第 11 条第 2 款）。良以陕北乃经济文化落后之区，落后之妇女常因爱富嫌贫，每每藉以感情不合，欲离穷汉，另适富门，致令穷人有再娶之难，且减少其家庭劳动力，影响生产及生活改善。……就提高女权，解放妇女之观念而言，二婚再醮妇女，往往为家族所贱视，邻里所不齿，影响（导致）其家庭地位及社会地位之降低，于妇女本身利益并无好处。”③边区高等法院在婚姻案件的审理中，立足于社会现实、文化观念、历史传统，从边区社会的实际出发，承认现有的社会习俗，保证法律适用的良好社会效果，较好地实现了法律效果与社会效果的统一。

总之，由于在当时的边区，战争环境残酷，人力资源缺乏，政局动荡，并不具备大规模进行民事立法和全面的民事习惯调查的条件。边区高等法院

① 清涧县习惯：“报店不漏针。只要将财物报于店主，丢失时店主负责，否则店主不负责。”全宗 15—57。

② 清涧县习惯：“货主与脚户同行，财物被盗被抢，脚户不负责任，否则，货主、脚户各丢一半。”全宗 15—57。

③ 《边区政府、高等法院、赤水县司法处关于处理早婚、买卖婚姻及离婚问题的呈、命令、指示信》，全宗 15—33。

最终未能完成对民事习惯的系统调查、甄别和研究，未能从全边区的高度，对民事习惯的适用，做出政策性的、权威性的指导，使这次风俗习惯调查活动，未能发挥更大的作用。抗日战争胜利后，国内形势急剧变化，这次民事习惯调查，也被搁置，留下了遗憾。

边区高等法院这次进行的民事习惯调查，无论从组织实施、目标定位，还是实际效果，都与清末和民国初年为立法所进行的民事习惯调查明显不同。将习惯纳入法典，需要经过立法环节的转换，始能成为司法裁判的依据，程序复杂，耗时、耗力，司法机关审理民事纠纷时所面临的规则短缺，难于在短期内得到有效解决。而且，各地经济、社会、文化发展水平差距较大，风俗习惯丰富多样，将习惯所确立的部分规范纳入法典，存在着许多技术上的困难，必然影响习惯入律的进程。相反，由司法机关调查、甄别、适用民事习惯，改变了规则形成的渠道，减少了规则供给的环节，有利于直接享受民事习惯调查的成果。而且，司法审判经验的积累，也可为民事立法提供坚实的基础。因此，司法机关对民事习惯直接适用的经验，值得我们更多的关注，给以深入的研究。

第二节　婚姻自由原则

一、边区婚姻纠纷的主要类型

边区将妇女解放作为社会改革的重要组成部分，婚姻立法中明确规定了“男女婚姻自由”的原则。1939 年 4 月 4 日颁布的《陕甘宁边区婚姻条例》规定：“男女婚姻照本人之自由意志为原则”；“禁止包办、强迫、买卖婚姻，禁止童养媳及童养婚（俗名站年汉）”。这标志着婚姻自由原则，在政策导向的支配下，通过立法得到了彻底的确立。但是，抗战之前，边区是一个偏僻、贫穷,经济、文化、教育相对落后的、农村人口占绝对多数的地区,乡村农民的生活状况,非常困难:"一家人住在一个窑洞里,睡在一个炕上,全部家具财产有两个毛驴可以载完,有了病只能听天由命,遇天灾人祸则流离饥饿。"[①]乡村的文化教育也相当落后:"知识分子缺乏,文盲达99%,学校教育,除城镇外,在分散的农村方圆几十里找不到学校,穷人子弟入学无门;文化设施很缺,人民十分缺乏文化生活;卫生条件极差,缺医少药,人畜死亡率很高,婴儿死亡率达60%,成人达3%;全区巫神便达两千人,招摇撞骗,为害甚烈。人民不仅备受封建的经济压迫,而且吃尽了文盲、迷信、不卫生的苦头,人民的健康和生命得不到保障。"[②]边区建立以后,虽然经过边区政府和社会各界的努力,边区的整体状况有了明显的改观,但生产方式、生活方式和文化观念不可能在短时期内得到根本改变。司法实践中,如何正确理解、有效地推行婚姻自由原则,处理好政策、法律与当地风俗习惯的关系,使婚姻自由原则的推行与边区的社会发展保持一致,在推动社会变革的过程中保持社会的相对稳定,对边区高等法院提出了巨大的挑战。

边区高等法院的司法档案,为我们考察其在推行婚姻自由原则中进行的实践和取得的经验,提供了可能。在边区高等法院的判例汇编中,收录了共77个案例,其中涉及婚姻的为17个案例,占案件总数的22%;在27个民事案件中,婚姻案件12个,占所有民事案件的44%,说明婚姻纠纷确实是边区所有案件中极其重要的类型之一。这些案件包括8类:"(一)抗属婚姻;(二)嫌贫爱富;(三)喜新厌旧(包含轻视劳动与农村干部);(四)因细故如夫妻口角要求离异者;(五)童养媳;(六)寡妇;(七)离婚后之财产处理;

---

① 陕甘宁边区财政经济史编写组,陕西省档案馆合编:《抗日战争时期陕甘宁边区财政经济史料摘编·人民生活编》(第9卷),陕西人民出版社,1981年,第2页。另外,陕甘宁边区建立前的陕北社会的状况,可参阅秦燕著:《清末民初的陕北社会》,陕西人民出版社,2000年。

② 李维汉:《回忆与研究》(下),中共党史资料出版社,1986年,第566页。

（八）病患者。”①

为了说明问题的方便，本节将边区高等法院所审理或选编的婚姻案件，分为三类，即婚约纠纷（包括童养媳纠纷）、结婚纠纷（包括抢婚纠纷、寡妇再嫁纠纷、再婚纠纷）和离婚与重婚纠纷。边区高等法院所判决的案件，固然能够体现其思想、观点、倾向和风格，经过选编的地方法院所判决的案件，同样可以作为考察其审判实践和经验的可靠史料。在婚姻自由原则的推进中，边区主要靠政府进行政策、法律的宣传，结婚、离婚的管理与登记，大量的婚姻纠纷，通过政府部门的调解得到解决。涉及疑难和政策与法律把握不清的案件时，政府调解部门习惯性地将纠纷提交法院。如何把握必要的限度，对基层司法和政府调解提供有力指导，成为了摆在边区高等法院面前的任务。

二、 婚姻自由原则的适用

（一）婚约纠纷的处理

在边区的现实生活中，绝大多数婚姻需要经过婚约的缔结程序，即事先由家长出面订立婚约，然后双方家庭（包括婚姻当事人）进行数年的交往和了解，再选择合适的时间，举行婚礼。边区婚姻法中关于结婚的年龄有明确规定，但前后有变化：1939 年 4 月 4 日的《陕甘宁边区婚姻条例》中为男满 20 岁，女满 18 岁；1944 年 3 月 20 日《修正陕甘宁边区婚姻暂行条例》中调整为男须满 18 岁，女须满 16 岁；1946 年 4 月 23 日的《陕甘宁边区婚姻条例》中规定为“结婚年龄须男至 20 岁，女至 18 岁”。从档案资料看，女子订婚的年龄一般在 11 岁至 13 岁之间，但订婚年龄最小的 2 岁，最大的 16 岁。

① 《边区高等法院编制：陕甘宁边区判例汇编》例言，全宗 15—26。

而且，边区人民的婚姻缔结，遵循中国传统的“六礼”程序。[①] 从订立婚约到结婚，期间要经过数年的时间。尽管当地的风俗习惯是重视婚约的履行，但随着条件和环境的变化，当事者的意见也难免发生改变。因此，婚约纠纷自然成为边区婚姻纠纷中的重要类型。

如何确定婚约的性质？认定其效力？发生婚约纠纷时，根据什么原则进行处理？所有这些，边区的婚姻立法并无明确的规定，需要边区各级法院在实践中进行探索、研究和总结。

1.婚约的性质

边区高等法院明确指出，大量的婚约，是由父母代表未成年的子女订立的。由于婚姻双方当事人尚无独立行为能力，所以婚约不能反映男女双方当事人的意志。婚约是否有效，应否履行，应当由婚姻的男女当事人决定。[②] 但是，婚约的订立是边区人民的生活习俗，边区高等法院认为合法订立的婚约，是契约的一种，受法律保护。婚约双方当事人应当受到婚约的约束，在不妨害婚姻自由原则的条件下，应善意履行婚约。[③] 所以，有权订立婚约的主体，自然只能是未成年子女的父母和已经成年的子女本人。在家

---

① 六礼是中国传统社会中缔结婚姻的程序，最早见于《左传·昭公元年》，包括纳彩、问名、纳吉、纳征、请期、亲迎等6个程序，是衡量婚姻关系是否合法成立的标准。

② 刘全与贺德武等争女案（边区高等法院民事判决书第15号），判决认为：刘花被订婚时年仅11岁，未具独立行为能力，该婚约是否有效，应俟其年满16岁后，自行决定之。贺德武与王氏在包办订婚中所得白洋106元应退出，归刘花、待长满16岁后自行处理之。《边区高等法院1946年刑、民事案件判决书汇集》（之二），全宗15—30。此外，“黄克功枪杀刘茜案”（边区高等法院刑事判决书刑字第2号），判决认为：“虽论刘茜对黄克功过去发生如何极好的感情，甚至于口头允许将来结婚，在后因不同意而拒绝，亦属正当。”《边区高等法院1938年至1944年刑事案件判决书汇集》（一），全宗15—28—1。

③ 郭玉英与高丑儿女婚约纠纷案（边区高等法院民事判决书第11号），判决认为：高丑以7岁小女许给郭玉英之子为媳，其婚约是否有效，应俟高丑女子年满16岁，郭玉英小子年满18岁后由本人自行决定之。但是，高丑在其女满16岁前不得再以女许人，或携女逃跑，并应具保。《边区高等法院1946年刑、民事案件判决书汇集》（之二），全宗15—30。

长的意见与成年子女的意见发生分歧的情况下，边区高等法院保护成年子女关于订立婚约的自由。[①] 相反，未成年的子女由于缺乏完全的行为能力，没有权利订立婚约，也不能请求解除婚约。边区高等法院在婚约发生纠纷时，并不直接宣告婚约无效，而是要求婚姻当事人在成年后再做是否结婚的决定。当然，成年后的婚姻当事人，有权请求解除婚约，根据边区高等法院的判例，婚约不能根据一方的请求强制履行。[②]

2.婚约的订立

男方在订立婚约时是否向女方交付了一定数量的彩礼，是衡量婚约是否成立的标准。另外，婚约的订立尚需媒人的介绍。婚约应当通过第三者订立，并接受媒人的监督履行。双方当事人之间无法沟通的事项，一般通过媒人解决。边区高等法院在衡量一个婚约是否合法成立时，考虑四个因素：第一，考察是否有彩礼的实际发生；第二，考察是否有媒人从中说合，证明事情的真相；第三，是否属于“一女许两家”的情况；第四，订立婚约时，一方是否具有危难或危险处境。如果某一特定婚约有上述任何一项影响婚约合法订立的因素存在，边区高等法院会认定其有瑕疵，并宣布其无效。[③]

---

① 任学章与香儿婚约纠纷案（边区高等法院民事判决书第22号），任学善为其胞弟任学章订婚后，任学章不同意，另行订婚。判决认为：香儿由河南逃荒而来，原是许给任学章，现学章既已根据本人自愿另行订婚，香儿亦可根据自愿原则，决定其何去何从。《边区高等法院1946年刑、民事案件判决书汇集》（之二），全宗15—30。

② 陈忠成与贾改娃婚约纠纷案（边区高等法院民事判决书第28号），贾改娃在11岁时与陈忠成订婚。陈忠成以贾改娃已到结婚年龄，要她履行婚约，否则就要她赔偿够讨一个婆姨（老婆）的钱。边区高等法院判决：“依据边区婚姻自愿自主的原则，陈忠成不能强迫贾改娃履行由父母包办及买卖的婚约”；“贾改娃父亲曾用陈家彩礼予以退还”。《边区高等法院编制：陕甘宁边区判例汇编》，全宗15—26。

③ 元生兰与王玉兰婚姻效力案（边区高等法院民事判决书第30号），陈改转的前夫患病期间，请巫神陈海生作法，因无钱付酬，陈海生提议将陈改转之女给自己儿子订婚。陈改转丈夫死后，招赘李太平，并将女儿嫁给元生兰，陈海生起诉主张元生兰与王玉兰婚姻无效。边区高等法院认为：婚约系在女方的父亲病重贫困之际提出，系乘人之危，有重大瑕疵。判决驳回陈海生起诉。《边区高等法院1946年刑、民事案件判决书汇集》（之二），全宗15—30。

3.婚约的解除

虽然作为婚姻当事人的男女双方尚未成年，但在某些特殊情况下，婚姻的一方当事人，有权要求解除婚约，法院也会支持其请求。① 否则，在一般的婚约纠纷中，边区高等法院虽然判决婚约无效，但并不要求退还彩礼，而是仅仅强调子女成年后，婚姻由自己做主。有些情况下，为了保证子女真正的婚姻自由，可以判决应当退还的彩礼，归女儿所有，等其长大后处置。②成年子女要求解除婚约时，法院一般支持当事人的请求，并要求女方父母，妥善清退已经收取的彩礼。③ 如果需要退还彩礼，女方的父母有困难时，法院还可判决由有支付能力的其他亲属负责退还。④ 对一审判决尚未生效，

① 李梅花诉李世仓婚约纠纷案（边区关中分庭1944年5月案），李梅花的父亲去世后，她的母亲嫁马姓，将李梅花带在马家。1942年6月，李世仓未给李梅花通知，将她卖给友区焦家，收受了聘礼。李梅花要求退婚。关中分庭认为：亲生父母包办婚姻都不合法，况且该女不是在李家长大的。判决：订婚时所收受的聘礼由李世仓向焦家退还。《判案实例括录》，全宗15—27。

② 曹怀厚与梁文林争女案（边区高等法院民事判决书第2号），曹怀玉病逝后，其妻改嫁梁文林，并带有7岁女儿曹富女。第二年曹富女之母病逝。梁文林因生活困难，把这女子许给张茂荣作儿媳（童养媳），并收了30万元边洋的彩礼。曹怀玉的本家兄弟曹怀厚提出异议，但女子愿意留在张茂荣家。判决认为：曹富女现年仅8岁，梁文林即许给张茂荣作童养媳，此种包办他人婚姻，是法所不许，其婚约应无效。并判决：此女由张茂荣养作义女，婚姻事情由本人满了结婚年龄后自主。梁文林应退给10万元边洋，经高等法院存合作社，归曹富女长大后处理。《边区高等法院1946年刑、民事案件判决书汇集》（之二），全宗15—30。

③ 赵生富与冯爱云婚约纠纷案（边区高等法院民事判决书字第20号），赵生富经王炳英介绍入赘于冯生有家为儿女婿，约定秋后结婚，而后，两方不合，冯爱云坚决要求解除婚约并逼赵生富离其家。判决认为：赵生富不能强迫与冯爱云结婚。至原日入赘时所送财物及零星花费，应当返还。《边区高等法院1946年刑、民事案件判决书汇集》（之二），全宗15—30。再如，郭岐与米加福子女婚约纠纷案（靖边县1944年10月份判决），米随转不顾父母已经为其订有婚约，与九团战士王凤成恋爱，郭岐起诉。判决认为：郭岐、米加福压制自由婚姻，是搞买卖包办。判决解除郭、米两姓婚约，米加福使用郭岐彩礼如数退还，给以批评教育。《判案实例括录》，全宗15—27。

④ 刘连抢婚案（子长县1944年9月判决），刘连幼时与本乡石秀英订婚。1935年刘连参加部队开赴前方。石秀英直待至20岁时，始自择于李步时并结婚。1944年2月份，刘连返里，起诉要求石秀英履行婚约。判决认为：刘连要求履行婚约之诉无效，由李步升代石秀英之母赔还当日所得财物。《判案实例括录》，全宗15—27。

婚约尚未解除而结婚的行为，只要有合理的原因，仅仅给予批评教育。①

4.婚约的保护

边区高等法院严厉禁止"一女许两家"的行为。解除第一个婚约，并退还彩礼后，才允许订立新的婚约。否则，订有两份不同婚约时，只保护第一份婚约，宣布第二份婚约无效。② 在子女尚未成年时，不顾已有婚约的约束，订立第二份婚约的事件，常常发生在借婚姻索取财物的当事人之间。这种情况发生时，一般对订立婚约的双方，都要进行严厉处罚。处罚的方法是，不仅宣布第二份婚约无效，根据第二份婚约所送的彩礼，要被收归国有，充作地方教育经费。③ 边区高等法院根据边区保护军人婚姻的立法，对与军人订立婚约的女方解除婚约的请求，给予了适当的限制。对童养媳这一社会

① 聂凤英与刘思德婚约纠纷案（边区高等法院民事判决书字第84号），聂凤英与刘思德订有婚约。刘思德出外当兵，女方已22岁，请求解除婚约。一审法院判决准予解除婚约。刘思德不服上诉边区高等法院，在诉讼期间，聂凤英与高明光结婚。判决认为：聂凤英未等判决生效结婚的行为，仅为手续上之不当，应予批评。边区高等法院在1946年7月1日的关于"白生技与管成富、刘存女婚姻关系纠纷"的批答中，强调：白生技原日与刘存女结婚确有不合法之处，如：明知刘存女为管成富已订婚的未婚妻，而未解除婚约，即与之订婚，又未向政府登记，偷行结婚，显然违反边区抗属离婚处理办法之规定，应视为无效得撤销之婚姻。《边区高等法院1946年刑、民事案件判决书汇集》（之一），全宗15—29。另外，黄兰花与刘福明婚约纠纷案（边区高等法院民事判决书第6号），刘福明参军7年多无音讯，由于生活所迫，黄兰花20岁时与王文杰结婚。刘福明要求保护婚约，判决认为：结婚时黄兰花已经越过法定婚龄，且出于自愿。黄兰花与刘福明解除婚约，未履行登记手续，应予批评。刘福明的彩礼，应由黄兰花之父负责退回。《边区高等法院1946年刑、民事案件判决书汇集》（之二），全宗15—30。

② 高崇良与闫开有子女婚约纠纷案（边区高等法院民事判决书第85号），高正保与闫花订有婚约，其后，闫花又与芦华订婚，判决认为：闫花在未满结婚年龄前，又未取得与高正保解除婚约之合法手续时，不得与任何人再订婚约，闫开有有责监视其女闫花。《边区高等法院1946年刑、民事案件判决书汇集》（之一），全宗15—29。

③ 王明选与刘治邦子女婚约纠纷案（边区高等法院民事判决书第94号），王富银与刘卿云订有婚约，后刘治邦又让拓成美与刘卿云订婚。判决认为：刘卿云与拓成美之婚姻，因女方与王富银先有订婚关系，应为无效。刘卿云现年幼不能自主，与王富银之婚约，应为有效，待刘卿云年满18岁时，婚姻由其自愿。18岁以前不得与任何人结婚或再订婚。刘治邦所得之150元边币，充归当地政府作卫生教育事业。刘治邦与刘卿云所得之金戒指一个，市布一匹，退还拓成美。《边区高等法院1946年刑、民事案件判决书汇集》（之一），全宗15—29。

陋习，坚决予以取缔。

(二) 结婚纠纷的处理

边区的婚姻立法，强调结婚的男女双方，根据自己的意愿，从自由意志出发，决定结婚的对象和结婚的时间。尤其在结婚的对象选择方面，由于父母与子女价值观、思想文化方面的差异，包办与反包办的斗争，成为婚姻纠纷的焦点。倡导自由恋爱，重视对结婚自由的保护，成为边区高等法院的重要任务之一。实践中，婚姻纠纷涉及婚姻成立的标准、结婚自由中关于抢婚、寡妇再嫁，以及离婚后再婚等方面。

1.衡量婚姻成立的标准

边区的婚姻立法，明确规定了结婚的条件，包括男女双方自愿，达到结婚年龄，没有法律规定的禁止结婚的原因，履行了结婚的登记手续等。但在司法实践中，办理结婚登记手续的，是少数。绝大多数边区的居民，采取举行婚礼的方式结婚，部分青年男女甚至直接同居生活。未办理结婚登记的当事人之间发生婚姻纠纷时，边区法院能够仅仅因为当事人没有履行结婚登记手续而宣布其婚姻无效，或者拒绝受理此类纠纷吗？当然不能。因为边区的法院明白，对这类纠纷，不能有效化解或处理不够及时，往往会转变成严重纠纷，甚至演化为刑事案件。所以，对通过举行婚礼结婚者，尽管当事人在发生纠纷时仍然没有达到结婚年龄，只要婚姻双方当事人不要求解除婚姻关系，边区高等法院还是判决婚姻有效。[①] 边区高等法院从边区社

---

① 张维金与白凤林儿女婚姻纠纷案(边区高等法院民事判决书第 39 号)，张瑞蓝与白升儿结婚时，女方年 13 岁，男方年 14 岁。张瑞蓝到白家时甫一月，被张维金接回娘家。白凤林未通知张维金的情况下，将张瑞蓝携回。张维金夫妇控诉白凤林抢走其女。判决认为：张瑞蓝本人愿意同返白家，况张瑞蓝既为白家媳妇，白凤林有权接其归家。白升儿与张瑞蓝婚姻关系不能撤销。《边区高等法院编制：陕甘宁边区判例汇编》，全宗 15—26。另外，童宪能与常桂英离婚案(边区高等法院民事判决书第 34 号)，常桂英与童宪能结婚前，因女方未满法定结婚年龄，经区政府不准结婚，但双方未取得政府登记即迳行结婚。婚后仅历时半年，双方感情恶化。边区高等法院在审理此案时，给予了双方 1 年犹豫期。由于双方和好无望，1 年后判决离婚。《边区高等法院 1946 年刑、民事案件判决书汇集》(之二)，全宗 15—30。

会的实际出发，承认现有的部分社会习俗，保证法律适用的良好社会效果，维护了边区的社会稳定。

2.对抢婚行为的态度

抢婚是指男方通过强制和暴力手段，与女方结婚的行为。抢婚行为，不仅严重破坏婚姻自由，还伴随着人身伤害、限制人身自由等犯罪活动。边区高等法院在审理抢婚纠纷案件时，严肃查明事实真相，严格分清是非对错，严厉制裁违法犯罪行为，注重对婚姻自由原则的维护，注重对妇女权益的保护。对参加抢婚活动的行为人，区分主次，追究刑事责任，对受到强迫的妇女的婚姻自由，坚决给予保护。①

3. 寡妇结婚，离婚后的再婚自由

边区的婚姻立法，明确规定了寡妇再嫁的自由和权利。边区高等法院旗帜鲜明地保护寡妇婚姻自由，反对借寡妇再婚勒索钱财。② 离婚后的再婚自由，也是结婚自由的重要组成部分，边区高等法院维护再婚的权利，排

---

① 李高氏诉马增良等抢婚案(边区高等法院民事判决书第 51 号)，马增良与兰儿订有婚约，后由区乡处理退了婚。李高氏未征求女子同意，由高丕玉介绍许于李文彩之子为媳，并择定了迎娶日期。马增良为了报复，借机参加当地保安队，要求部队帮助抢婚。排长袁进王率领马增良等 5 人，携带步枪 4 支，通过捆绑毒打方式抢婚，引起附近居民恐慌不安。判决认为：马增良以强力威逼成婚，妨害自由罪，判处劳役四月；袁进王率领部属武装抢婚，妨害自由及伪证罪，判处徒刑七月；高仁皋帮助妨害自由罪，判处劳役三月；李兰儿婚姻应行自主。彩礼除应没收边币 30 万元作为当地教育事业费外，其余均退还原主李文彩。《边区高等法院 1946 年刑、民事案件判决书汇集》(之一)，全宗 15—29。

② 唐远祥诉周富贵骗卖其媳案(边区高等法院民事判决书第 19 号)，周兰英与唐世才结婚后，唐世才去世。周兰英之公公唐远祥欲周兰英招其表侄为赘夫，遭到周兰英拒绝。后周兰英与张海娃结婚。判决认为：周兰英系属寡妇，法律上有自由择夫再嫁之权。《边区高等法院编制：陕甘宁边区判例汇编》，全宗 15—26。又如，韩步表与高长忠债务纠纷案(边区高等法院民事判决书第 33 号)，高长忠之弟高长义死后，所留田地 10 余垧、牛 1 头均为高长忠继承管业。当韩步表与寡妇结婚时，高长忠提出对高长义有 17 万元边币之埋葬费以及高长义所欠外债，都要由韩步表付出。判决认为：寡妇自愿结婚，则第三者欲藉此图财，于法不容，驳回了起诉。《边区高等法院 1946 年刑、民事案件判决书汇集》(之二)，全宗 15—30。

除任何人对再婚的限制和干涉。①

（三）离婚和重婚纠纷的处理

离婚方面，涉及婚姻成立的衡量条件，判决离婚的标准，判决不准离婚的理由，以及离婚后财产的处理等。重婚方面，涉及对重婚标准的认定和对重婚行为的处罚两个方面。就前者而言，虽然结婚自由与离婚自由是边区婚姻自由的两个不同侧面，但婚姻毕竟是家庭组织的核心，是维系家庭这一生产和生活单位的纽带。边区高等法院重点处理了社会稳定与妇女解放的冲突，维护法律秩序与照顾善良风俗习惯的冲突。就后者而言，边区高等法院通过确立重婚的标准，重点处理了维护一夫一妻婚姻原则和维护婚姻自由原则的冲突。

首先，边区高等法院创造性地司法，对可能和好的婚姻纠纷，或出现特殊情况的婚姻纠纷，判决给予一定的犹豫期间或考虑期间，不仅有助于缓和双方之间的矛盾，也为当事人慎重考虑婚姻问题提供了条件，对暂时稳定婚姻关系，起到了正面作用。从司法档案看，适用犹豫期或考虑期的情况大致包括两类：一是当事人的年龄在发生纠纷时，尚未达到结婚年龄，当事人缺乏独立判断和独立思考的能力，这种情况下的离婚请求，往往是由于父母或同事的主意。边区高等法院根据不同情况，一般判处半年至两年的犹豫考虑期。②

---

① 蒲秀才诉刘云扬婚姻效力纠纷案（边区高等法院民事判决书第 39 号），蒲秀才与前夫刘云扬因不堪同居双方自愿离异，离异后双方又行同居，后蒲秀才与章联芳登记结婚，现已生一小孩，被刘云扬知悉，要求撤销蒲秀才与章联芳婚姻关系。判决认为：蒲秀才既早与刘云扬离异，则有结婚自由，离婚后再婚不得予以限制。《边区高等法院 1946 年刑、民事案件判决书汇集》（之二），全宗 15—30。

② 张万荣与张雪林离婚案（边区高等法院民事判决书第 77 号），张雪林 16 岁结婚，18 岁提出离婚，边区高等法院认为：张雪林年龄不大，应予半年犹豫考虑期间。《边区高等法院 1946 年刑、民事案件判决书汇集》（之一），全宗 15—29。又如，刘桂英与徐海生离婚案（边区高等法院民事判决书第 43 号），刘桂英结婚时仅 13 岁，提出离婚时 16 岁。边区高等法院判决给予 2 年考虑期间，如届期双方仍无和好之望，另行判处。《边区高等法院 1946 年刑、民事案件判决书汇集》（之二），全宗 15—30。

第二种情况是在诉讼期间发现女方怀孕。从保护胎儿和妇女身心健康出发，边区高等法院也会判决一定的犹豫考虑期间（一般为4个月到2年），要求双方处理好生育子女与婚姻自由之间的关系。[①] 边区高等法院从实际出发，确立了离婚的比较明确的标准。对离婚一方当事人以结婚是出于父母包办的主张，并不轻易予以采信，而是进行具体的分析，对没有明显包办事实的理由，进行批驳，维持其婚姻关系。[②] 因嫌贫爱富、喜新厌旧（包含轻视劳动与农村干部）、夫妻口角要求离异者，判决不准离婚。[③] 原告有过错时，给予批评教育，判决不准离婚。[④] 对申请离婚的一方当事人关于“未正式结婚”不成为夫妻的辩解，进行了旗帜鲜明的批驳，判决其婚姻关系合法有效。[⑤]

---

① 张书香与王拴贵离婚案（边区高等法院民事判决书第35号），审理中，发现女方怀孕，裁定诉讼中止。《边区高等法院1946年刑、民事案件判决书汇集》（之二），全宗15—30。

② 王寅德与曹秀英离婚案（边区高等法院民事判决书第2号），曹秀英提出离婚的理由之一，是自己的婚姻系父母包办。判决认为：过去婚姻都是父母包办，女子不能自主，这是过去的习俗，并非曹秀英一人如此，结婚时曹秀英已经18岁，并未向政府提出解除婚约，父母强迫结婚不是事实。《边区高等法院编制：陕甘宁边区判例汇编》，全宗15—26。

③ 薛常荣与薛李氏离婚案（边区高等法院民事判决书第□号），判决认为：薛李氏坚决要求离婚是出于嫌贫爱富或受他人教唆所致，农村家庭夫妇为社会经济机构组织成份，不宜轻易乖离，以致危及社会经济基础。《边区高等法院编制：陕甘宁边区判例汇编》，全宗15—26。又如，王玲与雷风成离婚案（边区高等法院民事判决书第□号），王玲以丈夫雷风成对其屡次打骂为由，要求离婚。判决认为：夫妻因细故而口角打骂，为农村中的常态，何得遽以为离异之主张，须知家庭夫妇为农村经济机构基础之重要成份，自不宜因一时一事之口角常态，而率行乖离。《边区高等法院编制：陕甘宁边区判例汇编》，全宗15—26。再如，邓凤英与孙钱柜离婚案（边区高等法院民事判决书第28号），孙钱柜曾殴打妻子邓凤英两次，邓凤英提出离婚。判决认为：家庭夫妇为农村经济机构组织的重要成份，不得因口角打骂细故，遽行离异，致动摇农村经济基础。《边区高等法院编制：陕甘宁边区判例汇编》，全宗15—26。

④ 高桂花与白金瑞离婚案（边区高等法院民事判决书第31号），高桂花与白金瑞双方结婚已有8年。自结婚后双方感情甚好，后因高桂花生活放荡，行为不大正派，白金瑞无法阻止，乃予殴打，高桂花提出离婚。判决认为：纠纷实为高桂花之放荡行为所致，不准离婚。《边区高等法院1946年刑、民事案件判决书汇集》（之二），全宗15—30。

⑤ 黄桂英诉高玉合离婚案（边区高等法院民事判决书第68号），黄桂英称“我与高玉合未正式结婚不成为夫妇”，判决认为：双方“虽未举行正式结婚仪式，但仍有五六年同居事实，殊难认为非夫妇关系”。《边区高等法院1946年刑、民事案件判决书汇集》（之一），全宗15—29。

对丈夫不管自己吃穿的离婚理由，有针对性地进行了驳斥，要求妇女通过自己的劳动，自谋生产。① 在这些判决中，注重对正常的夫妻关系的维护和良好的家庭关系的建立，注重将婚姻问题的处理，与边区的社会实际相结合："目前边区主要还是个体经营的私有经济，为了大量发展生产，由夫妻所组成的家庭乃经济机构基础之重要成份，所以不应该轻易叫夫妻离异，家庭破裂。"②

其次，对一方有严重疾病者，或双方自始至终无同居生活者，因其从根本上违反了婚姻的本质，严重影响了对方的幸福，边区高等法院一般支持原告的请求，判决准予离婚。③ 同样，对经过犹豫考虑期间不能和好者，对夫妻之间有虐待行为、遗弃行为、严重伤害行为、人身危险行为者，为了保护妇女的人身权利，防止发生恶性事故，维护社会稳定，边区高等法院也会支持一方的请求，判决准予离婚。④ 此外，对包办买卖形成的无感情基础者，一方赌博、不务正业、不积极参加生产者，一方被判处徒刑者，以及双方互相猜

---

① 李显荣与苗秀英离婚案(边区高等法院民事判决书第65号)，苗秀英以李显荣不好好生产为由，要求离婚。判决认为：李显荣虽无正当职业，但并非身染嗜好，苗秀英也应自谋生产。判决不准离异。《边区高等法院1946年刑、民事案件判决书汇集》(之一)，全宗15—29。

② 《边区高等法院编制：陕甘宁边区判例汇编》例言，全宗15—26。

③ 侯丁卯与侯张氏离婚案(边区高等法院民事判决书第29号)，侯丁卯患严重疾病，神志不清，婚前隐瞒，婚后侯张氏始知。时经9年，医诊无效。侯张氏提出离婚。判决认为：侯张氏结婚以来苦恼9年，要求离婚，实出诸不得已之衷心。准予离婚。《边区高等法院编制：陕甘宁边区判例汇编》，全宗15—26。

④ 高文兰与艾云山离婚案(边区高等法院刑事附带民事判决书第□号)，艾云山把高文兰多次打伤，高文兰数次起诉离婚。边区高等法院审理期间，艾云山又无故把高文兰捆锁毒打，打得遍身青肿。判决准予离婚。《边区高等法院1946年刑、民事案件判决书汇集》(之二)，全宗15—30。又如，常芝兰与刘存如离婚案(边区高等法院刑事附带民事判决书第79号)，夫妻双方感情不好，时常打骂。有一次，刘存如竟拿起一把斧子来砍常芝兰，幸因斧头脱掉没有砍上。常芝兰要求离婚。判决认为：刘存如性格暴躁，恐以后发生事故，判决准予离异。《边区高等法院1946年刑、民事案件判决书汇集》(之一)，全宗15—29。

忌，不能正常同居者，边区高等法院根据婚姻法的规定，判决准予离婚。[①] 边区高等法院对由于逃婚来到边区的妇女，要求离婚者，如果丈夫在国统区工作，一般判决支持其离婚的请求。[②] 对为了婚姻自由来边区的外地居民，边区也提供婚姻自由的保护。[③] 对妾要求离婚者，依法给予支持。[④] 在处理离婚时涉及财产的，边区高等法院的做法是：对婚姻关系确实破裂，无法继续同居者，判决予以离婚。[⑤] 对离婚后的财产分割，根据公平原则，订婚

---

① 例如，戴金花与钟思成离婚案（边区高等法院民事判决书第57号），夫妻双方无固定住处，钟思成又有好吃懒动的毛病，戴金花屡次要求离婚。判决认为：男方既无丝毫家产，又不努力劳动，反欲依赖其妻帮助自己，而女方也不是正当劳动生产者，这样下去于边区生产建设、风俗习惯均有不好的影响。准予离异。韩文光与李桂花离婚案（边区高等法院民事判决书第67号），李桂花多次闹离婚，在未解除婚姻情况下再次结婚。判决认为：韩文光与李桂花之婚姻准予离异，李桂花在诉讼期间又与旁人结婚，触犯重婚罪，判处劳役4个月，改处缓刑8个月。《边区高等法院1946年刑、民事案件判决书汇集》（之一），全宗15—29。申兰英与曹会成离婚案（边区高等法院民事判决书第25号），双方结婚10余年来，女方多次请求离婚，曾有过服毒自杀的企图。判决认为：双方互不信任，各怀心事，已失掉夫妇间共同生活关系之意义，准予离婚。《边区高等法院1946年刑、民事案件判决书汇集》（之二），全宗15—30。

② 任月娥诉张鹏翼离婚案（边区高等法院民事判决书第91号），因张鹏翼在国民党区做反动工作（小学校长），而任月娥则来边区参加革命，所以坚决要求离婚。经边区高等法院传讯三次，被告（男方当事人）张鹏翼既未到案，也未以书面提出自己的意见及理由。判决准予离婚。《边区高等法院1946年刑、民事案件判决书汇集》（之一），全宗15—29。

③ 孟玉连与宋九娃婚姻纠纷案（新宁县1944年8月案），孟玉连丈夫及两小孩死后，无人无地，生活无着，被亡夫亲属卖给宋九娃，孟玉连不愿，逃婚到边区。判决认为：孟玉连为婚姻自由而来边区，边区负有保护其自由之责，宋派人追赶至边区亦不能强迫拉回。《判案实例括录》，全宗15—27。

④ 张文宽与李润相离婚案（延安县1944年8月案），李润相为榆林张文宽之妾，因不堪张文宽之妻虐待，偷偷跑来延安种地谋生。张文宽来延安要求同居，李润相提出离婚。判决认为："倘证明是妾，即可准予离婚，居住听其自由。"《判案实例括录》，全宗15—27。

⑤ 康海江与王俊莲离婚案（边区高等法院民事判决书第14号），王俊莲起诉离婚，康海江答辩称："老婆是我的家当，决不能离。"判决认为：王俊莲起诉离婚已四、五年，中间虽经迭次劝好，仍终归无效。"康海江以自己是穷人为理由，痛恨离婚，虽不无苦衷，但根据边区婚姻条例第1条之规定，婚姻以感情为基础，自愿为原则。政府照顾穷人的办法尚多，但决不能以照顾穷人而牺牲妇女在婚姻上合法权益，也不可能强迫确已无法继续同居之女方仍维持无法继续之夫妇关系。"《边区高等法院1946年刑、民事案件判决书汇集》（之二），全宗15—30。

所送彩礼和结婚过程中的花费，不能请求返还；已经消费的物品，也不能请求返还；只有金银首饰等未消损物品，才可以判决返还。[①] 对借助离婚要求财产赔偿的行为，给予批驳和教育。[②] 对某些当事人以财产赔偿形式，试图限制或剥夺对方离婚自由的主张，不予支持。

再次，边区对军人婚姻的保护，除婚姻条例规定者外，1943 年制定了《陕甘宁边区抗属离婚处理办法》。规定：军人配偶提出离婚者，必须征得军人的同意。边区高等法院严格依法保护抗日军人的婚姻。根据保护抗属的原则，解除婚姻关系的理由被限制。在丈夫参军开赴前线的情况下，如果妻子因为生活所迫再次结婚，在抗日军人返回后，不能根据女方的意愿，决定第一次婚姻是否应当保护。[③] 抗日军人的范围，除指共产党领导的抗日部队，还包括国民党领导的友区抗日军人。[④] 对军人婚姻的特别保护，既是边区婚姻立法的特点，又是边区婚姻立法"私益服从公益，一时利益服从永久

---

① 申良明诉张书田离婚案(边区高等法院民事判决书第 62 号)，申良明称："一定要离，须将我给她的钱及衣物退还我。"判决认为："上诉人所提仅为订婚所送之布 3 丈及历年给被上诉人所做的被服与花费等，核与本条例之规定之财产不合，而系属于被上诉人之特有产(日常被服用品)，自难予以退还。"王秀英诉王三信离婚案(边区高等法院民事判决书第 81 号)，王三信称："如一定要离婚就离婚，但要退还所花费了的财物。"判决认为："依照边区婚姻条例上规定，离婚时男女双方各取回其所有财产，系指其日常用品，非结婚过程中所消费之财物。不过念在男方今后再娶之需要，得就未消损之银物首饰，由原告退还被告，以资照顾。"《边区高等法院 1946 年刑、民事案件判决书汇集》(之一)，全宗 15—29。

② 王风吉与刘波离婚案(边区高等法院民事判决书第 83 号)，王风吉提出的离婚条件有三："一叫刘波给他办老婆；二或者他办到由刘波出钱；三将结婚时之彩礼白洋 62 元，按当时粮价折合细米 15 石返还他。"判决认为："这种离婚赔偿，根本与婚姻条例不合。"驳回其请求。《边区高等法院 1946 年刑、民事案件判决书汇集》(之一)，全宗 15—29。

③ 雷尚志与崔氏婚姻效力纠纷案(边区高等法院民事判决书第 43 号)，雷尚志参军后，由于生活所迫，由其祖父雷光清主持，将崔氏改嫁与李荣春，雷尚志退伍后将崔氏要回。判决认为：婚姻应由女方自主等主张不足以推翻抗属保障之理由。李荣春原出之聘礼，由雷尚志退还。《边区高等法院编制：陕甘宁边区判例汇编》，全宗 15—26。

④ 田兰芳诉霍如法离婚案(边区高等法院民事判决书第 4 号)，霍如法出外至八十六师当兵，田兰芳以空房难守要求离婚。判决认为：霍如法乃抗日军人，对其婚姻关系应予保护。《边区高等法院编制：陕甘宁边区判例汇编》，全宗 15—26。

利益的原则”的体现。[①]

最后，边区法律明文禁止重婚行为，对有配偶而与他人结婚者，处以重婚罪的刑罚。相反，一审判决解除婚姻关系，在上诉期间一方结婚，经过二审法院审理，认为一审判决离婚理由成立的；在结婚后一方（往往是丈夫）参军数年不归，由于生活所迫，妻子再嫁的；由于工作原因，夫妻双方分居期间，一方未通知对方，向政府申请取得离婚证后，又与他人结婚的，这些情况都不以重婚罪论处。在衡量是否重婚的标准问题上，边区高等法院的做法是：主要考虑前一次婚姻是否已经合法解除，在前一次婚姻没有合法解除的情况下再次结婚，即构成重婚罪。[②]

三、 推行婚姻自由原则的经验

（一）通过汇编判例的方式，指导审判实践

边区的判例汇编，不仅选择好的判例，而且选择了具有教育价值的“坏判例”，并通过对判例的点评，防止类似错误的发生。例如，“曹王氏诉贾清江、曹志荣妨害家庭及曹志荣反诉曹王氏妨害自由案”（边区高等法院刑事附带民事判决书第□号），曹志荣与贾清江订有婚约，在未解除与贾清江的婚约情况下，曹志荣与白世鹏恋爱订婚。根据边区高等法院处理婚约问题的判例，曹志荣未到结婚年龄，应当要求其等到成年后，决定是否与贾清江

① 《边区高等法院编制：陕甘宁边区判例汇编》例言，全宗15—26。

② 赵保珍诉钟绳祖重婚案（边区高等法院民事判决书第100号），钟绳祖因发妻双目失明，两臂溃烂，卧病多年，与寡妇赵素珍结婚。判决认为：钟绳祖现有前妻，又与赵素珍结婚，构成了重婚罪，判处劳役2月。赵素珍今后的婚姻应自主，在钟绳祖与其妻离婚后，得在自愿下结婚。钟绳祖为与赵素珍结婚所付出之财物，应追出没收充作当地教育事业费用。《边区高等法院1946年刑、民事案件判决书汇集》（之一），全宗15—29。

结婚，在未解除与贾清江的婚约之前，曹志荣不得再与他人订立婚约。但延安市地方法院的判决认为："曹志荣与白世鹏恋爱订婚符合民法第972条之规定。"所以，《陕甘宁边区判例汇编》的编辑者指出："这一判决违背人情，可作为坏的判决之一。"又如，陈忠成与贾改娃婚约纠纷案（边区高等法院民事判决书第28号），边区高等法院认为："陈忠诚与贾改娃，一个是农民，一个是工人，彼此生产方式不同，他们的生活方式、生活习惯也就不同，如果强制贾改娃履行婚约，是不能得到好结果的。"①强调当事人身份地位的差异，并将之作为是否解除婚约的理由。《陕甘宁边区判例汇编》的编辑者对这种观点，进行了明确的批评。② 将好的判例予以汇编，对"教育我们的司法干部，供其了解在工作中，应如何掌握政策，判断案件的一些参考"，作为"新民主主义司法政策的一个研究材料"，意义重大。③ 选择坏的判例，并通过编辑点评，指出存在的问题，对防止错案的再次发生，教育司法干部正确适用法律，以及提高司法判决的质量，同样具有重大的意义。

（二）运用审级制度，提高案件的判决质量

由于边区法官受教育程度的差别非常大，部分法官对婚姻自由原则的理解，往往出现偏差。在边区高等法院汇编的《判案实例括录》中，确实存在下级法院不能正确理解和执行婚姻自由原则的情况。例如，在陈驴诉李玉成婚姻纠纷案中，李玉成同意其孙与孙媳陈驴离婚。志丹县法院为了查明李玉成是否收受刘正海的财物，"传李玉成来问，李玉成先不承认，把他押起，然后承认了"；县法院判决"准陈驴离婚，但不许和刘正海的儿子结婚"。

---

① 《边区高等法院编制：陕甘宁边区判例汇编》例言，全宗15—26。

② 《陕甘宁边区判例汇编》在该案的选编意见中指出：解除婚约是成年的婚姻当事人应有的权利，"工人农民生活方式不同，恐难作为理由"。《边区高等法院编制：陕甘宁边区判例汇编》，全宗15—26。

③ 同①。

一方面反映出地方法院民事诉讼中强制措施采取的随意性，另一方面在判决后限制当事人的结婚自由，与婚姻自由原则格格不入。又如，镇原县法院判决的张副业诉刘显买卖婚姻案，刘显不顾其女已经许给张副业的事实，将女卖给王林为妾，张副业起诉。镇原县法院判决："依照婚姻自主，招兰儿愿跟王林，准于【予】夫妇有效，王姓以钱偷买有夫未嫁的女子，(按过去东西折的)应将边洋 68 万元归张姓。刘显以女做畜贩卖，应罚退财礼边洋 42500 元亦归张姓，并处苦役 2 个月。"[①]本案中，王林的行为已经构成重婚罪，尽管刘女自愿成为王林之妾，但其行为违反"一夫一妻"的婚姻原则，判决刘女与王林的婚姻有效，不能不说是对婚姻自由原则的曲解。正是在这种环境和条件下，边区高等法院在推行婚姻自由原则中的作用，才显得十分重要。表现在：

首先，认真查清疑难案件的事实真相，并通过对重大上诉案件的审理和判决，指导各级法院的审判活动。王长江诉张书香诬告案中，张书香以丈夫王栓贵不能生育，结婚 4 年从未性交为由起诉离婚。审理过程中发现其已怀孕 5 个月，一审法院判决不准离婚。在向边区高等法院上诉过程中，张书香提出："翁翁强奸我，肚子是他搞大的。"针对张书香的陈述，边区高等法院进行了认真核查。在查明张书香诬告后，判处其苦役 3 个月。由于其怀孕在身，准予缓刑半年。[②] 对捏造、歪曲事实的行为的惩罚，是正确适用法律，公正合理判决的前提。边区高等法院通过具体案件的审理，强调了事实在法律适用中的重要性。

其次，通过审理涉及重大法律原则的案件，对法律原则之间的冲突，进行协调，发挥最高审判机关的法律解释作用。例如，回民丁彦邦带两个女儿从山西来边区，大女儿已经成年，与郭光生自由恋爱，父亲反对，发生诉讼。

---

① 《判案实例括录》，全宗 15—27。

② 《边区高等法院 1946 年刑、民事案件判决书汇集》(之一)，全宗 15—29。

边区高等法院认为:“所提回民不能与汉人结婚,以前已订婚了等情,按《陕甘宁边区婚姻暂行条例》第4条规定,少数民族在不违反本条例的原则下,得尊重本民族的习惯。郭光生与丁满女之婚姻,全由双方自愿,故不能以宗教习惯违反其自由原则。”[①]通过本案判决,确立了保护民族习惯与保护婚姻自由原则之间发生冲突时的处理规则。

最后,边区高等法院采取灵活的形式,将具体案件的处理与对下级法院的业务指导相结合,取得了较好的效果。例如,子洲县王毛子与井来娃的女子3岁时订婚,后井来娃离婚,该女与母亲、继父雷正海共同生活。该女15岁时,王毛子要求结婚,多次协商,但雷正海不同意。在这种情况下,王毛子之舅父张鸣绪等人将该女抢去成亲。案件上诉后,边区高等法院要求子洲县妥善处理。针对“订婚不成婚姻,到了结婚年龄以双方自愿,政府不能有任何保障,群众大为不满”的情况,子洲县法院“将原判决修正,限制雷正海挑拨霸占与买卖女子”;“结案后,经高玉成等3人调解,已于今年正月结婚,双方很好”。[②] 成年后婚姻双方当事人有权要求解除婚约,并不意味着婚约不具有法律效力,而是具有法律效力的体现。

(三)通过解答疑难问题,明确法律界限

如何认定结婚与订婚过程中的“彩礼”现象,区分买卖婚姻与正常婚姻之间的关系,针对下级法院提出的困惑,边区高等法院的回答是:“我们在审判上关于这类的事件,是采取以下的适应方法:(1)是以非亲告不理为原则。(2)如果发生纠纷,成为诉讼,法院只审查他们的婚姻本质上有无瑕疵。”[③]婚姻纠纷的审理中,强调案件办理的社会效果,强调法律与社会现实的一致

---

① 《边区高等法院1946年刑、民事案件判决书汇集》(之一),全宗15—29。

② 《判案实例括录》,全宗15—27。

③ “高等法院对于赤水县询问买卖婚姻价值款应否没收问题的意见”,陕西省档案馆、陕西省社会科学院合编:《陕甘宁边区政府文件选编》(第六辑),档案出版社,1988年,第295页。

性，以“婚姻本质”，即男女双方当事人的意愿为依据，衡量婚姻关系是否应当受到保护，从而对婚姻纠纷案件的审判依据进行了高度概括和提炼。

四、婚姻自由原则的实现状况

边区高等法院的判决之间，矛盾和冲突较少，尤其是汇编形成的判例之间，保持了相互支持、相互说明、相互补充的关系，表明：边区高等法院从总体上关注到了妇女解放、婚姻自由、发展生产、建立崭新社会等不同层面的任务，通过司法审判活动，衡量、取舍婚姻法实施中遇到的价值冲突，有效地推动了婚姻自由原则的实现。

（一）保护贫苦劳动者婚姻稳定与保护妇女婚姻自由权利的平衡

只有通过婚姻自由，提高婚姻的质量，才能从根本上维护边区婚姻的稳定。但是，边区绝大多数农民的婚姻，长期以来实际是包办、买卖婚居多。在边区特殊的生活环境中，贫苦农民一旦离婚，由于经济条件的限制，再婚是相当困难的。“对农民而言，在这里所要考虑的因素是显而易见的。结婚在农村是一件非常昂贵的事情——按照结婚的通常花费和大多数农民的收入水平，一生只负担得起一次。允许一个不满的妇女任意与丈夫离婚，无论对军人还是他们的家庭都是很严重的打击。”[①]边区高等法院注意到了保持婚姻稳定与离婚自由之间的冲突和矛盾，并在具体案件的审理中，一方面，通过采取诸如要求妇女积极参加生产，减少对丈夫的依赖，夫妻相互协助等限制性的措施，对判决离婚案件的数量，进行适当控制；采取“犹豫期间”或“考虑期间”的目的，也是为了减少判决离婚案件的数量，稳定边区的婚姻和

---

① 黄宗智：“离婚法实践：当代中国法庭调解制度的起源、虚构和现实”，载《中国乡村研究》第4辑，社会科学文献出版社，2006年，第28—29页。

家庭。在诸多案件的判决中，边区高等法院强调了家庭的职能和家庭稳定的重要性。另一方面，在中国共产党的领导下，边区在政治上实行民主自由，广泛宣传妇女解放和婚姻自主思想，立法明确规定了“男女婚姻自由”原则。边区高等法院坚决推进了婚姻自由原则的实现，对落后的、保守的思想，进行了批驳。“实行离婚自由对所引发的社会矛盾，以及对根据地所产生的影响更值得我们加以研究。分析当时的离婚案件，一方面我们可以发现，离婚的提出者大多数都是女性；另外我们可以发现，当时离婚案件中的当事人家庭状况以贫农为主。”①司法档案表明，边区高等法院通过对离婚理由的适当限制，维护边区婚姻的稳定；通过对妇女婚姻自由的坚决保护，比较稳妥地推进婚姻自由原则的贯彻。

（二）推行婚姻自由原则与照顾边区思想观念和社会习俗的平衡

边区高等法院对当地风俗习惯进行了甄别，采取灵活的政策。除非婚姻双方当事人明确反对，维护婚约的效力，坚决反对和制裁“一女两许”的行为。采取适当承认早婚的态度。即便双方当事人尚未达到结婚年龄，只要婚姻双方当事人没有异议，法院维持业已成立的婚姻关系。坚决取缔童养媳，维护寡妇再嫁自由，制裁违法抢婚陋习，维护婚姻自由原则，保护妇女的人身权利不受侵犯，保证婚姻自由得以实现。对重婚犯罪，进行坚决制裁，对纳妾等陋习，坚决予以取缔。分类对待风俗习惯，适当承认部分习惯的效力，防止了社会矛盾激化，对彻底废除陋习，具有积极作用。

（三）维护婚姻法实施的乡村社会基础与发挥法律的社会改革功能的平衡

为了保证婚姻法的贯彻实施，边区对违反婚姻法的行为，采取严厉的制

---

①　徐静莉：“婚姻自由原则背后的矛盾冲突——抗战根据地婚姻变革的分析”，载《晋阳学刊》2006年第3期，第94—96页。

裁措施。但是,当制裁影响到具体案件当事人的生活时,边区高等法院表达了对弱者的同情,"李高氏诉马增良等抢婚案"判决:"李文彩为子订婚,以重【众】多之财物送李高氏,更据其在本院供称:'因订婚将家当卖尽了'之语,确属买卖婚姻,早为边区所严禁。惟事属社会多年恶习,革除需是一个长期教育过程,如均没收势必影响其家庭生活,其行固非而意可怜,应将其原日所付婚姻价款没收边币30万元,作为当地教育事业费,其余退回原主藉儆效尤,用示教育。"①判决充分考虑了边区社会落后的现实和历史成因,采取以批评教育为主、辅之于适当制裁的方式,既表明了政府关于推行婚姻自由原则的明确、坚定态度,保证法律推动社会改革功能的发挥,又避免了社会矛盾的激化,防止由于当事人生活困难导致社会不稳定事件的发生。学者担心:"面对国家的婚姻法和民间的婚姻习惯以及二者不同的意识形态之间的冲突,为了避免使国家婚姻法在乡村社会成为没有任何实际效力的'空头口号或秘密文件',如果不在立法上改变国家的婚姻法,那么就要在司法实践中创造出一些变通的办法。这对于法官来说,究竟是鼓励离婚还是遏制离婚,如果容许离婚还要不要保护'彩礼'都是一个左右为难的问题。"②事实表明,边区高等法院从边区乡村社会的现实出发,进行法律原则的阐释,使法律与其所赖以存在的社会之间,保持了一定的适应性,有力地推动了婚姻自由原则的贯彻和实施。

总之,边区高等法院司法档案的运用,有助于我们正确了解边区婚姻自由原则的实现状况,了解边区婚姻法的详细规范,了解婚姻法对边区社会所产生的影响,了解边区高等法院在推行婚姻自由原则中所起的作用,了解边区婚姻自由原则真正的内涵,总结最高司法机关在国家法制实现中的作用和地位,回答学者关于边区婚姻立法中的某些疑问。边区高等法院在推行

---

① 《边区高等法院1946年刑、民事案件判决书汇集》(之一),全宗15—29。

② 强世功:"权力的组织网络与法律的治理化——马锡五审判方式与中国法律的新传统",《北大法律评论》2001年第2辑,第1—61页。

婚姻自由原则实施中所取得的经验，对我们正确认识和评估社会现实、文化观念、历史传统对法律原则的影响，对基于特定环境和条件确定法律原则的内涵，具有现实的意义。边区高等法院在推动婚姻自由原则的过程中，所确立的适应当时历史条件和社会环境的价值选择，取得了积极的效果。

第三节　透过李莲案解读抗属离婚

一、案件始末[①]

李莲（本案中的妻子），大约在民国十八或十九年被人贩子卖给赵家，13岁时与赵怀珍结婚。约两年后，赵参加红军离开家乡，一直未归。由于家中生活困难，约在1939年，李莲到延安找到时为教导队战士的丈夫。赵怀珍让其回家，李莲坚持不回。在李莲的要求下，赵怀珍同意李莲放了小脚，剪了发髻。教导队安置其在百姓家暂住了4个月。嗣后，李莲被财政厅介绍到光华厂（制药厂）工作了1年。其间，认识了工人石延芳，来往较多，而与赵怀珍关系逐渐疏远。其后，李莲又由工厂介绍到卫生处医校学习过4个月。自进入卫生学校学习时起，李莲对赵怀珍渐渐冷淡，赵怀珍亦开始对李莲有打骂行为。卫生学校环境变动，要求有丈夫的人员回丈夫所在单位，教导大队也调李莲到部队，但李莲拒绝，并提出离婚，经市政府、地方法院劝解未离。随后，李莲又转入财政厅鞋袜工厂工作。教导大队在1942年7月20日向边区政府主席致函，指出制药厂工人石延芳用钱物勾引李莲，致使李莲感到赵怀珍是一个普通战士而不满并提出离婚。此事不仅使赵怀珍痛

① 参见《边府、审判委员会、中央教导大队、延安市法院、刘景范等1942年关于李莲与赵怀珍离婚一案的判决书、命令、请示、批答、谈话笔录》，全宗2—723；《边区高等法院编制：陕甘宁边区判例汇编》，全宗15—26。

苦失望，也使一些与赵境遇相同的战士发生同感，并指出此事若不适当解决，将会发生问题。信中并提出希望借组织力量调李莲回教导大队工作，给他们恢复感情的机会，并对石延芳加以教育。为此，边区政府于7月23日发出战字第414号命令，称"抗日军人家属无一定条件，绝不许可离婚"；"本府认为抗属无理取闹的离婚风气，必须加以严厉纠正，以维革命秩序"。并要求鞋袜工厂对李莲加以注意监视，在部队前往接回时予以协助。但政府命令未能让李莲回心转意，两人关系反而越来越紧张。赵怀珍为了让李莲待在家中，对其采取打骂、捆绑甚至关禁闭的方法，致使李莲更为反感。9月底①，李莲以感情不合、父母包办及虐待等为由多次提出离婚。此时，李莲已怀孕5个月。在数次劝解无效后，一审延安市地方法院在1942年10月19日以民字第117号判决书判决双方离婚。判决书认为：双方感情不仅早已破裂，且赵怀珍采取虐待行为，致使当事人李莲认为不堪同居，再三劝解无果，依据婚姻条例判决离异。

赵怀珍对延安市地方法院的判决不服，上诉到边区高等法院。边区高等法院于同年11月23日判决撤销原判。理由是双方结婚已13年之久，感情尚好，赵怀珍的打骂、关禁闭行为是因被上诉人李莲不听劝导，时常私自外出，偶尔招致，绝非经常之事，且上诉人已经承认错误并保证不再打骂，因而双方未至无法同居之地步。李莲对此判决不服，上诉到边府审委会。边府审委会1942年12月9日以与边区高等法院类似的理由判决驳回上诉。但李莲仍不愿回到赵怀珍身边，又到被服厂给人当保姆。次年元月份，李莲孩子出生，暂住卫生处。赵怀珍仍数次欲接李莲回去，均被拒绝。

李莲与赵怀珍离婚案发生在1942年。在当时众多的离婚案件中，李莲案非常普通，没有惊天动地的甚至可称得上是激烈的冲突，因此它更能代表

---

① 李莲诉状(一)的日期为民国三十一年(1942年)旧历八月十九日，地方法院第一次谈话笔录的时间为10月8日，应为公历。

那个时代。边区推事审判员联席会议对婚姻案件进行总结后指出："在整个婚姻案件中占数量最大、处理最感棘手的多属买卖婚姻、离婚、抗属婚姻等三种。"[①]而李莲案恰好包含了这三种因素。再者，此案经过从基层到边区高等法院，再到边府审委会三级审判机关，前后有妇联、司法、政府、军队、工厂等多种机关参与，社会对于婚姻的主流话语在这里得以充分显现。

二、制度与现实的冲突

离婚是婚姻终止的原因之一，是夫妻依照法定的条件和程序解除婚姻关系的法律行为。中国近代以来离婚制度的变革可谓迅速，但在这种急速变革的背后隐含着文本与现实的分离。

（一）赶超式的离婚制度

中国传统的婚姻解除以"七出"为主要形式，"休妻"是男子独享的专断权利，女子则被要求"嫁鸡随鸡，嫁狗随狗"、"从一而终"。19 世纪末，清政府开始变法修律，全面移植西方近代法律，离婚制度发生了实质性的变化。《大清民律草案》亲属编第 1362 条规定：离婚有自愿离婚及呈诉离婚两种形式。呈诉离婚的条件：重婚者；妻与人通奸者；夫因奸非罪被处刑者；故谋杀害一方；夫妇之间的虐待或重大侮辱；妻与夫之直系尊亲之间的虐待或重大侮辱；一方恶意遗弃；一方生死不明逾 3 年以上者。第 1360 条规定了自愿离婚中对年龄的限制："如男未及 30 岁，或女未及 25 岁，须经父母允许。"在呈诉离婚的理由中，保留了明显的男女不平等的内容，但比起传统的离婚制度已有了重大的进步：一是离婚的权利由男子专享到男女双方拥有，妇女的地位有显著提高；二是对于离婚理由在有责主义原则之上增加了破绽主义

---

① 榆林市中级人民法院编：《榆林地区审判志》，陕西人民出版社，1999 年，第 63—64 页。

原则，[1]即生死不明一项。立法的出发点由家族本位向个人本位转化。此后的《中华民国民法》则更进一步，不仅实现了男女平等，即夫妻的离婚权对等，并且更为注重婚姻生活的质量。如在判决离婚的有责原则中增加了恶意遗弃他方在继续状态、被处 3 年以上徒刑、因犯不名誉之罪被处徒刑者；破绽主义原则中增加了有不治之恶疾；有重大不治之精神病者。这些规定使妇女在法律上的地位发生了质的飞跃，从对自己的婚姻无权置喙到有了受限制的权利再到拥有与男子同等的权利。

革命根据地的离婚制度又有重要的发展。1939 年 4 月 4 日公布的《陕甘宁边区婚姻条例》规定："禁止包办强迫及买卖婚姻，禁止童养媳及童养婚（俗名站年汉）。"对离婚理由采取了列举和概括两种方法：重婚；感情意志根本不合，无法继续同居者；通奸；虐待；以恶意遗弃他方者；图谋陷害他方者；不能人道者；患不治之恶疾者；生死不明过 1 年者，但在不能通信之地方以 2 年为期；有其他重大事由者。从条文渊源上看，主要来源于国民政府的民法亲属编。而以感情破裂为离婚理由，是马克思主义婚姻观的体现，也是苏区婚姻法的内容之一。1930 年 3 月的闽西《婚姻法》中便规定："夫妇间确无丝毫感情者，准予离婚。"[2]在离婚制度的立法原则上兼采无过错的自由主义、有责主义与破绽主义原则，破绽主义因素增加（感情、不能人道，生死不明的期限缩短），而且采取了当时世界上最先进的不限制有责配偶离婚权的积极的破绽主义原则。[3] 所以，就法律文本而言，边区的离婚制度不仅与国际接轨，还具有超前性。

---

① "采破绽主义者，若站在婚姻目的之立场，而认为只要婚姻关系已生破绽而至无法期待其继续婚姻生活之程度者，即应准予离婚，原则上不应考虑配偶之有无过失，此即为积极破绽主义。"林秀雄：《婚姻家庭法之研究》，中国政法大学出版社，2001 年，第 68 页。

② 张希坡：《中国婚姻立法史》，人民出版社，2004 年，第 129 页。

③ 20 世纪早期婚姻立法采消极破绽主义者多（否定有责配偶的离婚权），20 世纪后半期的婚姻立法多采取积极破绽主义。林秀雄：《婚姻家庭法之研究》，中国政法大学出版社，2000 年，第 80 页。

（二）激变中的社会现实

边区处在阶级革命与社会革命、民族战争及国内战争交错、新旧观念并立杂陈的复杂时期。革命给边区带来了先进的意识形态和巨大的思想解放。延安是革命中心，是追求进步的知识分子集中的地方，也是先进的意识形态活跃和实践的地方。在进步妇女中实行男女平等、婚姻自由，以致边区基层司法人员在述及落后的婚姻风俗习惯时特别加一句"公家的女人除外"。[①] 但对于广大的偏远乡村来说，这种变化主要是政治和经济权利的重新分配，而不是生产方式和生活方式的更新。虽然在边区政府努力下，生产自给，文化有所发展，但经济、思想及观念上的整体落后状态并非短时期内能够彻底改变。李维汉写道："从数字增长和社会效果对比看，还是很不够……文盲数量有减少，但仍高达93%至95%。人畜死亡率也很高。客观原因是经济发展不足，群众的物质生活问题未解决，文化生活问题也很难解决。"[②]以家庭为基本单位的小农生产方式，闭塞的交通，传统的婚姻家庭结构模式仍没有大的变化，封建的婚姻家庭观念仍然统治着普通百姓的生活，"冠婚丧祭，仍是封建仪式"。[③] 婚姻观念和行为呈现出多元化局面。

婚姻观念的落后表现在婚姻的成立、维系及解除仍受封建传统的巨大影响，包办、买卖、早婚盛行。由于经济贫穷，生活艰难，加之卫生习惯落后，妇女因生育而死亡的人数很多，妇女的人格被商品化，婚姻彩礼实质上成了一次财富的重新分配，因此，买卖婚姻盛行而且彩礼数目巨大："据统计富县去年1年中，买卖河南女子的数量就有700多个，买卖婚姻是相当盛行，一

---

① 党灵泉："关于司法工作给马院长的一封信"（1946年11月20日），《陕甘宁边区政府主席谢觉哉、甘泉县司法处关于处理司法工作中一些问题与高等法院的来往函件》，全宗15—40。

② 李维汉："陕甘宁边区政府工作回顾"，李维汉：《回忆与研究》（下），中共党史资料出版社，1986年，第566页。

③ "合水县关于风俗习惯的学习报告呈文"，《边区各县有关风俗习惯的调查材料》，全宗15—57。

般的买价是二三千元法币，个别的有城关四乡一个寡妇要边币70万，交道四乡有个寡妇要卖边币120万元，黑水寺有家姓米的用70亩川地换老婆……"；"延安县——据该县干部说，延安乡间买卖婚姻已成为普遍，平常一个女子总在六七十万元，甚至有100万元的……总之娶一个老婆要他很多钱"。[①] 同时，早婚盛行，大部分是十四五岁。[②] "早婚情况据调查，子洲苗区二乡峨茆峪村19岁以内结婚女子85人中占最大比例者为14岁；清涧店子区三乡苏家塌村20岁以内结婚的52个女子中占最大比例者为15岁，其中尚有两个是12岁结婚的。"[③]包办买卖婚姻的流行，使这种陈规陋俗不仅难以禁止，甚至被认为是理所当然，引以为荣："儿女很小的时候，他老人便把儿女婚姻包办订好，以为订婚的其父母光荣，不订婚的父母不光荣。儿女大了也要抱怨其父母，因而人民普遍地给儿女订婚"；"女子没有财产权和继承权"；"一夫多妻"；"妻不好，夫可与娘家休回或当作东西出卖给别人"；"夫可打骂妻子，为正教，但是妻子就不能这样，讲三从四德（古礼教）"。[④]当地亦有"打到的婆姨揉到的面"的民谚，丈夫打骂以致虐待妻子的现象非常普遍。

买卖婚姻对于贫苦群众是巨大的经济负担："如道德区五乡二村，去年有四家办老婆的，一个贫农为办一个河南女人，把自己仅有的3头牛：1大2小，两口猪、1石多颗子都花光了，3个中农也都是花掉了全部财产1/4才办起来的——穷汉弄一个老婆相当不容易。"[⑤]买卖婚姻中的巨额彩礼，使贫

---

① 《边区各县有关风俗习惯的调查材料》，全宗15—57。

② 《边区政府、高等法院、赤水县司法处关于处理早婚、买卖婚姻及离婚问题的呈、命令、指示信》，全宗15—33。

③ 《边区、妇联会关于典当纠纷、旧债纠纷、探买问题原则、结婚条例及修正草案，债权债务讨论，继承法讨论及处理办法，抗属离婚办法修正案及执行婚姻政策的总结及意见》（1943年9月4日至1949年1月），边区妇联会：《陕甘宁边区执行婚姻政策的检讨及今后意见》（草稿，1949年1月），全宗2—1454。

④ 《边区各县有关风俗习惯的调查材料》，全宗15—57。

⑤ 同上。

穷家庭为婚姻付出了几乎倾家荡产的代价，还无法同时满足年龄、性格、外貌的般配，婚后家庭关系紧张，冲突不断，为追求家庭的完整和香火传承，男方甚至无奈地容忍了对方通奸、临时招夫等极端现象。[①] 对于以家产换来的婚姻自然极力维护，如王俊莲与康海江一案，两人原为包办早婚，王俊莲长大后即十分不满，屡次向政府请求离婚，拖延四、五年之久，其间虽经数次劝解，但终归无效。康海江坚持的理由是："我不叫离的道理：就是我是穷人，又不赌博不吸洋烟，老婆是我的家当，决不能离。"[②]康海江的话形象地说明了经济状况制约婚姻质量的道理。由于经济困窘，穷人的婚姻，质量较差，稳定性也差，潜在的离异危险性也较大。如绥德 1944 至 1945 年 6 月请求离婚的当事人中贫农占 35 位(共 53 位)，占 66%。[③] 因此，贫苦群众极力反对倡导婚姻自由的法律："对离婚问题反而穷苦的群众特别多，由于买卖来的婚姻，夫妇间年龄感情多不能适合之故。目前发展着两种严重的倾向，一是离婚纠纷多，二是男女关系上的混乱现象。"[④]这一现象与解放劳苦群众的革命宗旨呈现出奇怪的背离。革命战争的进行需要稳健的社会秩序，这使传统不仅被认同，反而以另一种方式被强化。

买卖包办婚姻本身缺乏感情基础，而早婚的盛行又使婚姻的当事人在对婚姻与感情还懵懵懂懂时已结婚，这种缺乏、压抑感情的婚姻本身比较脆弱，容易出现危机。

随着边区民主政权的建立，在政府推动下，妇女运动蓬勃发展。在传统社会中囿于家庭范围、依附男性的妇女，此时通过参加生产与社会活动，走出了家庭的小圈子，经济上逐渐独立，自主意识萌生，从而产生了改善自身

---

① 这种现象更主要的原因是经济的制约，而不是观念的变化。

② 边区高等法院民事判决书第 14 号，《边区高等法院 1946 年刑、民事案件判决书汇集》(之二)，全宗 15—30。

③ 榆林市中级人民法院：《榆林地区审判志》，陕西人民出版社，1999 年，第 66 页。

④ 《边区各县有关风俗习惯的调查材料》，全宗 15—57。

处境的强烈愿望，再加上新婚姻法的提倡，新式婚姻的示范，婚姻纠纷频频发生，而且提出离婚的绝大多数是女性。

表 17　1939 至 1945 年上半年边区高等法院受理的婚姻案件数量及变化比率一览表①

年　份	案件数量	上升或下降比率（与前一年相比）	备 注
1939	48		
1940	77	上升 60%	
1941	125	上升 62%	
1942	242	上升 94%	
1943	203	下降 16%	
1944	173	下降 15%	
1945（上半年）	133	上升 54%	按半年换算
总计	991		

从附表 17 中可见，从 1939 年到 1945 年间，边区高等法院受理的婚姻案件呈大幅度上升趋势，增长比率分别为 60%、62%、94%。1942 年后比率下降，其原因是政府抑制的结果，1944 年又有大幅度上升。在地方司法机关受理的民事案件中婚姻案件同样占有显著地位，如 1944 年绥德各县处理民事案件中婚姻案件高居首位，达 72 件，占总数 236 件中的 30%，边区高等法院绥德分庭处理的婚姻案件 14 件，占全部民事案件 22 件中的 64%。②

① 1939 年的数字，来自雷经天："在陕甘宁边区司法工作会议上的报告"（1941 年 10 月），见韩延龙主编：《法律史论集》（第 5 卷），法律出版社，2004 年，第 392 页，其他数字来自榆林市中级人民法院：《榆林地区审判志》，陕西人民出版社，1999 年，第 63 页。

② "边区的婚姻问题"，作者不详，《陕甘宁边区妇女运动文献资料》（续集），内部资料，陕西省妇联，1985 年，第 254—255 页。

(三) 两难中的抗属离婚

根据边区法律,“抗日军人,以直接参加抗日国防正规军、地方警备部队、保安团队、县区警卫队及脱离生产的自卫军干部为限”;“抗属,以抗日军人之配偶并与抗日军人在一个家庭经济单位之直系亲属(父母子女及依其为生之祖父母与未成年之弟妹)为限”。[①] 本节所指“抗属”,涵盖了上述法律规定的范围。但在涉及婚姻纠纷时,均指抗日军人的配偶,且特指女性。另外,司法实践中的“抗日军人”还包括退伍军人。

边区是重要的战争后方基地和重要的兵源补给区。李维汉回忆道:“边区建设的首要目的和边区人民的第一个口号,是一切为了抗战,为了前线的胜利”;“145300余壮丁组织在人民自卫军之内,其中75%有各种形式的武装;15%为基干自卫军。普通自卫军一般担任后方勤务,基干自卫军则用以配合正规军作战,必要时动员他们补充正规军(前后动员了7000以上)”。而且,由于战争的长期性,很多战士都是长期服役或反复服役,时间达10年以上,动员老战士重返前线已经成为地方的一项工作任务。这也意味着军人配偶要长期忍受两地分居的痛苦。为了使前方战士无后顾之忧,边区政府专门制定了优待抗属的法令,使抗属的生活水平不低于普通家庭的生活水平,并在政治生活中给抗属予受人尊敬的地位。而且,边区在优待抗属方面确实做了不少工作,“为前线部队安置了11500余个伤病退伍人员,优待抗属79777人,其中为之代耕者17569人,代耕土地51796垧”。[②] 延安县一个案例可以说明当时优待抗属措施的成效。抗属郭氏之夫侯占兰于1936年参加部队后,家中生活即由群众代耕维持。但1939年侯占兰开小差脱离革命队伍,区乡停止了对其家属的优待,郭氏以生活无法维持及丈夫脱离革

---

① 1943年1月15日公布的《新定陕甘宁边区优待抗日军人家属条例》,见榆林地区中级人民法院编:《榆林地区审判志》,陕西人民出版社,1999年,附录,第383—386页。

② 李维汉:《回忆与研究》(下),中共党史资料出版社,1986年,第611页。

命而提出离婚，屡经解释无效后，同年9月经政府批准郭氏离婚另嫁。侯占兰1941年又参加了防空队，其后不久，提出恢复夫妻关系及索要财物的诉讼，未得到一审延安县司法处及二审边区高等法院的支持。① 这说明群众代耕保证了抗属生活的基本需要。

但是，生存并不是婚姻家庭的全部内容，对于抗属来说，数年甚至10年以上没有丈夫的婚姻家庭生活仍然非常艰难。婚姻自由的法律规定以及对正常婚姻生活的渴望，使抗属成为离婚纠纷发生的高敏感群体。对于抗属离婚问题的处理，不仅事关当事军人的婚姻稳定，而且足以在军队中引发与之处境相同、相近的军人的婚姻危机感，从而影响军心；而在离婚抗属的背后，更有无数双境遇相同的抗属企盼的眼睛，随时准备效仿。因而，抗属离婚的个案，在这种特别时期，便具有示范效应和先例性质。抗属离婚的复杂性把司法推到了两难的困境。

在男女平等、婚姻自由的基础上，根据时代和国家民族利益的需要，对军婚予以特殊保护，是革命政权从诞生起就有的一项重要内容。1934年4月8日的《中华苏维埃共和国婚姻法》第3章第11条规定："红军战士之妻要求离婚，须得其夫同意。但在通信便利的地方，经过2年其夫无信回家者，其妻可向当地政府请求登记离婚，在通信困难的地方，经过4年其夫无信回家者，其妻可向当地政府请求登记离婚。"为了支持长期抗战，边区采取社会本位或国家本位的立法原则，②在普通婚姻法之外，制定特别法或特别条款对抗属离婚设置了限制性措施。

1942年之前，对抗属离婚，边区没有专门的规定，适用普通婚姻法，即

---

① 《边区高等法院、延安县政府关于侯占兰与郭氏复婚一案的判决书、审讯笔录、命令、呈文、批答及有关材料》，全宗15—1403。

② 这一原则在边区法律中最典型的体现是1942年制定的《陕甘宁边区民事诉讼条例草案》中的民事案件处理原则："私益服从公益；局部利益服从全部利益；少数人利益服从多数人利益；一时利益服从永久利益；富裕者提携贫苦者；有文化知识者帮助文盲无知者。"延安市中级人民法院审判志编委会：《延安地区审判志》，陕西人民出版社，2002年，附录，第345页。

1937年的《婚姻条例草案》和1939年4月4日的《陕甘宁边区婚姻条例》。[1] 1943年1月9日，边区颁布了《陕甘宁边区抗属离婚处理办法》，1944年3月20日颁布了《修正陕甘宁边区婚姻暂行条例》。此外，在档案中还发现有《陕甘宁边区抗属离婚办法修正草案》(具体时间不详)。[2] 这些办法、条例是边区司法机关处理抗属离婚的主要法律依据，对于司法实践中出现的一些疑难问题则由边区政府或边区高等法院发布命令，如1942年8月11日的《关于严禁买卖婚姻的具体办法的命令》、1944年9月30日《陕甘宁边区高等法院指示信》作为补充性的法律依据。[3] 随着抗战的胜利，1946年4月23日的《陕甘宁边区婚姻条例》中取消了有关抗属离婚限制的内容，离婚条件中的"生死不明"期限一项的规定为3年。

在上述法规中，主要对军人无音信的年限作了规定，其他则参照普通婚姻法的规定。如1943年的《陕甘宁边区抗属离婚处理办法》第1条、第2条、第3条和第7条分别规定："抗日战士之妻5年以上不得其夫音讯者，得提出离婚之请求，经当地政府查明属实，或无下落者，由请求人书具亲属凭证允其离婚"；"当发生抗属请求离婚时，必须尽力说服，如坚决不同意时，依照规定年限手续准予离婚"；"抗日战士与女方已超过结婚年龄5年仍不能结婚时，经查明属实，女方得以解除婚约，但须经由当地政府登记之"；"本办法未规定者，依照《陕甘宁边区婚姻条例》办理之"。

1944年，边区政府在颁布《修正陕甘宁边区婚姻暂行条例》的命令中强

---

① 胡民新、李忠全、阎树声：《陕甘宁边区民政工作史》，西北大学出版社，1995年，第242页。

② 《边区、妇联会关于土地典当纠纷、旧债纠纷、探买问题原则，婚姻条例及修正草案，债权债务讨论，继承法讨论及处理办法，抗属离婚办法修正草案及执行婚姻政策的总结及今后的意见》(1943年9月4日、14日至1949年1月)，全宗2—1454。

③ 《边区政府、高等法院、赤水县司法处关于处理早婚买卖婚姻问题的呈、命令、指示信》(1942年6月29日至1944年9月30日)，全宗15—33。

调："凡今后处理婚姻纠纷（特别是抗属婚姻问题）应依本条例为依据。"①该条例第 11 条规定："抗日军人之配偶，在抗战期间原则上不准离婚，至少亦须 5 年以上不得其夫音讯者，方能向当地政府提出离婚之请求，当地政府接到此项请求时，须调查所述情况确实，始得准其离婚，但抗属之丈夫确已死亡、逃跑、投敌或另行结婚者，不受此限制。抗日军人与女方订立婚约者，如男方 3 年无音讯女方已超过结婚年龄 5 年仍不能结婚者，女方得申请当地政府解除婚约。"在后来的《陕甘宁边区抗属离婚办法修正草案》中重申了上述规定，并补充了第 5 条："抗日战士因作战残废尚未至不能人道者，女方不得请求离婚"。

从上述种种规定中不难看出：首先，不管是普通法中的专门条款还是特别法的规定，对于抗属离婚的限制均远远严于普通百姓，而且越来越严。例如，1939 年《陕甘宁边区婚姻条例》中离婚条件之一为"生死不明过 1 年者，但在不能通信之地方以 2 年为期"。1944 年《修正陕甘宁边区婚姻暂行条例》中规定"生死不明已过 3 年"；抗战期间"原则上不准，至少需 5 年"。实则把无音信的年限予以延长，5 年仅是起点。《陕甘宁边区抗属离婚办法修正草案》中又增加了关于战士伤残情况下的离婚规定。再则，对婚约与婚姻同等看待，均规定了必须满一定年限。普通百姓订立的婚约，在结婚之前，如有一方不同意者，可向政府提出解除婚约。但抗属订立婚约者则必须男方 3 年无音信，或虽有音信而女方已超过结婚年龄 5 年以上才能申请解除婚约。以上仅仅是法律的文本规定，文本上的法律与实践中的法律从来都有一定的距离，所以，要清楚地了解抗属离婚，仍需要从司法案例入手。

在战争年代，军人的职业特点决定了他们要受严格的纪律约束，随时会有伤残甚至牺牲的危险，而且多数情况下与妻子长期分居两地，音信隔绝，

---

① 延安市中级人民法院审判志编委会编：《延安地区审判志》，陕西人民出版社，2002 年，第 360 页。

更无法在物质上和精神上给家庭以扶助和情感慰藉。因而,婚姻中的军人常常处弱势地位,法律对于军人婚姻(包括婚约)的特别保护,也是基于客观现实的需要。实践中,抗属要求解除婚约或婚姻关系的主要理由,均与军人的职业特性有关。

订婚为边区民间传统习俗,一般在子女很小时既已由父母订婚。由于婚约体现的是父母而非婚姻双方当事人的意愿,因而一般的订婚行为实与婚姻自由原则相悖。1939 年的《陕甘宁边区婚姻条例》尚无订婚及婚约解除之规定,但 1943 年颁布的《陕甘宁边区抗属离婚处理办法》及 1944 年的《修正陕甘宁边区婚姻暂行条例》,规定了与抗日军人订立的婚约的解除条件,在"抗战利益高于一切"的背景下,明确保护军人的婚约。如清涧一女子,与抗日军人订婚,数年无音信,娘家商得婆家同意,退婚改嫁,已生一小孩,且又怀孕,军人返乡后要求履行婚约,女方家愿出 18 小米(原文如此,疑脱"石"字)解决,但军人不从,政府判决该女与抗日军人结婚。[①]

两地分居是抗属提起离婚诉讼的最主要原因。由于抗日军人长期无音信,抗属在经过家庭或政府解除原有的婚姻关系后一般很快再婚生子,但抗日军人返乡后多坚决主张维持原有婚姻关系,因而发生纠纷。如李荣春与雷尚志等婚姻纠纷案[②]。雷尚志先娶崔氏,并生有一女,后参加部队,1936 年以后即无音信,1940 年雷尚志祖父将崔氏改嫁于李荣春。1942 年 10 月,雷尚志退伍还家,强行要回崔氏及女儿,移到延安谋生,崔氏又已怀孕。李荣春诉到延安县,被驳回,上诉到边区高等法院,又一次败诉。判决理由:崔氏之改嫁,未得雷尚志同意,未经正式离婚手续,依据抗属婚姻处理办法,又因崔氏已怀孕,于情于法均不能再归李姓。

1945 年的边区推事审判员联席会议上,边区高等法院代院长王子宜指

① "边区的婚姻问题",作者不详,《陕甘宁边区妇女运动文献资料》(续集),内部资料,陕西省妇联,1985 年,第 374 页。

② 《边区高等法院编制:陕甘宁边区判例汇编》,全宗 15—26。

出："从我们统计的数目看，42年以前离婚较放任，婚姻案件上涨，42年压了一下，不准轻易离婚，所以离婚数暂时下降，但到了今年上半年又上涨，就是说，你再怎样压制，离婚的要求是有的。"[①]边区高等法院的推事高继先在对普通群众与抗属离婚处理进行了比较后，认为："从这两个对比看，抗属的婚姻处理是关了门，老百姓虽想关门，也关不了。"[②]安塞司法人员马能彪发言中谈到自己对于抗属离婚的处理："老百姓实在没有办法还可以离，抗属一个也不让离。"[③]绥德分区的统计材料表明：该区1944年63件离婚案中无一例是因抗日军人无音信而解除婚姻关系的，23件解除婚约案件中仅有2例为"抗日军人无音信"。[④]

三、"关门主义"政策对李莲案的影响

边区司法机关在审理离婚纠纷时，往往陷入两难境地：严格依法办事，会使建立在传统基础上的一大批婚姻面临解体的危险，不仅使司法判决在乡村成为具文，会引起民众对新政权的不满甚至对抗；修改法律，贴近乡村现实，无疑会助长落后的婚姻习俗，与提倡妇女解放和男女平等的革命目标相悖。司法机关在实践中遵循务实的、循序渐进策略：一方面，以婚姻中的当事人利益为中心，逐步限制封建包办买卖婚姻，维护妇女人权；另一方面，又顾及普通百姓的心理和经济状况，尽量维护婚姻家庭的稳定。所以，边区高等法院的指示信，要求各级司法机关在处理离婚案件时应特别慎重。各县经过政务会议讨论通过一些处理离婚纠纷的办法，呈请边区高等法院批示。如绥德地方法院的呈文中提议此后有下列情形者不准离异：有人从中

---

① 《边区推事审判员联席会议讨论问题记录》，全宗15—86。

② 《边区推事、审判员联席会议发言记录》(八)，全宗15—83。

③ 《边区推事、审判员联席会议发言记录》(十)，全宗15—85。

④ 榆林市中级人民法院：《榆林地区审判志》，陕西人民出版社，1999年，第67—68页。

挑拨或被父母之主持及教唆者；有见异思迁始爱终弃（如嫌贫爱富、嫌老爱小、嫌丑爱俏）而无具体条件或充分理由者；预先看妥对象而后提出离婚（对前妻或前夫）证实有故意遗弃对方之情形者。有下列情形者应准离异：一方受有不堪同居之虐待者（如受尊亲属虐待而夫妇感情尚好能分居生活者例外）；一方不务正当职业常为不名誉之罪行者；经证实确系买卖包办或强迫结婚而请求离异者；患有恶疾不能同居生活者（有可恕之情事者例外）；订婚后有解除婚约之必要时退还财礼应以订婚时之物价作标准。[①] 前项所列是对于感情的具体衡量标准，或限定性标准。后项是对于虐待、恶疾与包办买卖婚姻等的具体化及补充或限定。这些规定更符合实践的需要，操作性强。

李莲提出的离婚理由有：父母包办买卖，无感情，打骂。这三条在边区的婚姻纠纷中普遍存在，而且往往在一个案子中并存，也是导致边区离婚案件发生的最主要原因。在绥德1944年各县处理的63件离婚案中以感情不合为原因的占最多，为13例，虐待第二，占11例，买卖婚姻占第三位，7例。[②] 本节针对这3条理由，通过对李莲离婚案的具体分析，揭示司法实践在法律规范与社会现实之间的关联作用。

（一）包办买卖婚姻

包办买卖婚姻的直接体现就是女方家庭收受了彩礼。对于生活中普遍存在的包办买卖和彩礼，司法机关采取了谨慎的态度。边区高等法院针对买卖婚姻的彩礼是否没收的请示指出："婚姻制度的改善是要随着一般的教育文化生活的提高，方能得到实际的效果，如果文化教育生活尚未达到某一阶段，而骤然绳之以严峻的法律，就会发生以下的事态：'（1）公布的法律与隐蔽的事实有完全处于相反的趋势，结果不合法的事实，并不能减少，而法

---

① 《清涧县政府、绥德地方法院等关于处理婚姻案件的呈和本院的批答》，全宗15—43。

② 《边区各县有关风俗习惯的调查材料》，全宗15—57。

律徒成为扰民之具。(2)尤其是在边区的环境,与顽区相接近,政府取缔检查如果过严,一般无知的人民,容易对政府引起不满,无形中发生一种远心力,离避边区,去到顽区作婚姻买卖行为,所谓为丛驱雀,是值得注意的。(3)婚姻上的聘礼,在法律上势难予以一定数目的限制,富家多出,贫家少出。目前边币贬值,10000 元边币,合之从前现银,不过值得三四百元,表面数目虽大,实际上不过够办衣物首饰数事,我们如果硬指为是买卖婚姻的代价,是不足以折服人的。"[①]基于以上认识,边区高等法院在处理涉及包办买卖的婚姻时一般具体问题具体分析,如在曹秀英与王寅德婚姻纠纷案判决中认为:"父母包办婚姻,过去婚姻都是父母包办,女子不能自主,这是过去的习俗,并非曹秀英一人如此。结婚时曹秀英年龄并不过小,已经 18 岁,并未向政府提出解除婚约,反而接受王姓法币 4400 元,父母强迫结婚不是事实。"[②]李莲离婚的理由之一"包办买卖"同样被驳回,边府审委会的判决书中写道:"至谓父母包办婚姻云云,要知今日边区包办婚姻甚多,若人人以此为借口,将离不胜离。"[③]

(二)感情不合

传统婚姻的建立既不以感情为基础,其维持自然也不以感情为条件。边区婚姻法中明确提出感情不合以致不堪同居者可以离婚。在多种离婚原因中,感情因素高居首位,这不能不说是新的婚姻法带来的巨大变革。但是,感情是个人的内心感受,具有不确定性和易变性,他人难以识别和认定,而随着历史发展,外界的评判标准也在变化。而且,离婚纠纷中的感情因素

① 《边区政府、高等法院、赤水县司法处关于处理早婚、买卖婚姻及离婚问题的呈、命令、指示信》,全宗 15—33。

② 《边区高等法院编制:陕甘宁边区判例汇编》,全宗 15—26。

③ 《边府、审判委员会、中央教导大队、延安市法院、刘景范等 1942 年关于李莲与赵怀珍离婚一案的判决书、命令、请示、批答、谈话笔录》,全宗 2—723。

往往是单方面的主观认定，易被那些喜新厌旧者用作离婚的借口。因此，今天仍有学者提出应以更为客观的“婚姻关系破裂”来取代感情标准。[①] 对于因感情问题导致的离婚纠纷，边区高等法院尤为审慎。其在关于处理离婚案件应注意各节的指示信中强调：“各县处理离婚案件应特别慎重，不能机械地搬用婚姻自由原则，援引‘感情不合’条文，良以陕北乃经济文化落后之区，落后之妇女常因爱富嫌贫，每借口感情不合欲离穷汉，另适高门，致令穷人有再娶之难，且减少其家庭劳动力，影响生产及生活之改善；并有不走正道之妇女滥用婚姻自由，随便恋爱乱打游击朝婚暮离，视同家常便饭者；并有离了婚前妻不走男人再娶，老百姓谓之‘大小老婆’者；并有想离就离者；并有父母图了聘金挑拨女、婿感情，促女离婚另嫁者。此皆由于对离婚采取绝对自由所致。”[②]

由于感情因素的难以把握，实践中对之处理过于保守，主要是劝说抑制，又走向了另一个极端：“由于买卖婚姻发展之盛，老百姓特别是老年人和男青年，对离婚接受不了，加上司法机关对一些离婚处理得亦不适当，致使家庭婚姻问题出了好多命案，1944 年至 1945 年上半年边区共发生命案 202 起，因奸杀及离婚未遂而自杀之案件就有 106 起，占命案总数的 52.48%。三边分区的此类命案占分区发生命案总数的 73.6%。”[③]因此，边区高等法院又下达指示信，要求下级司法机关在处理时要把握好限度，这个限度就是不致发生事端，即命案：“关于夫妇感情不合请求离婚的案件，如认为实在不能共同生活者，应由区公署介绍至县司法处处理，切勿片面劝说制止，免生

---

① 徐安琪：“有无和好可能：夫妻感情是否破裂的判断标准”，人大复印资料，《民商法学》2001 年第 2 期，第 18 页。

② 《边区政府、高等法院、赤水县司法处关于处理早婚、买卖婚姻及离婚问题的呈、命令、指示信》，全宗 15—33。

③ 榆林市中级人民法院：《榆林地区审判志》，陕西人民出版社，1999 年，第 64 页。

意外事端。”①而此处的意外事端是指因婚姻纠纷处理不当致发生命案。上述指示信中举有一例：一名男子因妻子患精神病，数次向区乡政府请求离婚不准，便勒死其妻。

李莲自13岁时与赵怀珍结婚，到提出离婚，经过了10余年。到延安后亦曾有1年多风平浪静的日子，包办买卖不是真正的理由，丈夫的打骂也是由于她提出了离婚要求，而且这种打骂行为也未造成严重后果。那么，李莲提出离婚的真正原因是什么呢？李莲13岁与丈夫结婚，7年离别，不仅感情淡漠，也缺乏夫妻之间长期生活中形成的默契。不难看出，李莲夫妇的婚姻是典型的传统婚姻，他们之间的感情至多是“和睦等于不吵嘴，相爱等于不打老婆”式的传统婚姻的感情标准。② 7年之间，或许她经济上只能依靠男方家庭以维持生活，或许她没有与外界接触的机会，总之她过着一个传统的中国妇女、一个小媳妇的循规蹈矩的生活。初到延安的李莲正是这样一副模样，裹着小脚，盘着发髻，而且囊中羞涩（为置办一套被褥，卖掉了两身衣服）。到延安后，李莲坚决不愿回去，与其说是为了与丈夫双栖不离，不如说是延安生活的吸引力，她要求放脚剪发（案卷中说，赵怀珍即令放脚剪发。这种语气和说法，正说明妇女连决定自己头发的式样和是否裹脚的权利都没有。当然，发髻和小脚是封建时代为人妇的外在标志，也是这桩婚姻的传统性符号和家庭地位的体现），改变自己的形象，显示出她向往自由、平等以及摆脱旧式婚姻、主宰自己命运的强烈愿望，正如费孝通所说：“在社会变迁急速的时代，各个人的个性变异较大。”③这种心理的巨变使她与丈夫之间产生了隔膜，而温情脉脉的第三者的介入使这种隔膜裂变成了婚姻危机。可以说，从李莲走出家门，婚姻的危机就开始了。李莲先进了制药厂，后来

① 《边区政府、高等法院、赤水县司法处关于处理早婚、买卖婚姻及离婚问题的呈、命令、指示信》，全宗15—33。

② 费孝通：《乡土中国 生育制度》，北京大学出版社，1998年，第148页。

③ 同上书，第155页。

又进了卫生学校学习，后又到过被服厂，也当过保姆。她不仅有了与他人平等相处交流的机会，有了学习的机会，生活上不再依附于丈夫，还有了进入别人家庭，近距离的感受进步妇女的婚姻家庭生活的机会。[①] 经济独立打破了由来已久的家庭关系格局，为婚姻观念的更新奠定了基础，而社会交往的扩大导致人际关系的复杂化，使原本简单牢固的婚姻纽带变得脆弱，婚姻的裂痕由此渐生，婚外恋就在这样的情况下发生了。当然，最根本的，仍然是延安新生活的吸引和示范作用以及离婚制度的诱导作用。

虽然在李莲身上发生的巨大变化，被当时的主流话语（政府命令、军方信件，以及判决书等）认为是源于丈夫的恩赐，但实际上是剧烈的社会变革在李莲身上的折射。在李莲迅速变化的同时，赵怀珍几乎还停留在传统丈夫的角色中。他只是普通战士，经济拮据，对待妻子的方式简单粗暴，为了挽救自己的婚姻，除了依靠组织之外，还使用了强迫、甚至暴力手段：强迫接回，不许外出，关禁闭、绑缚等，但种种努力不仅没能奏效反而使李莲更为反感。在诉状及法庭的询问中，李莲多次表示了强烈的离婚愿望，如"离婚如有不成，我愿坐 10 年高等法院，坚决不与他见面"；"不，绝不与他在一起住了，我死，死在明处，再也不与他住一起了！不，不，不。"[②]因此，一审延安市地方法院以感情无法恢复及虐待判决离异。

第三者在整个案卷中出现很少，但从中仍不难窥见两人的密切交往。教导大队的信中说："有边区制药厂的工人石延芳用钱物勾引李莲，使她感

① 一般是给工作较繁忙的工作妇女当保姆，这种对于他人生活的近距离了解，使处于贫困的、缺乏感情的婚姻中的农村妇女产生了强烈的改变婚姻现状的念头，这也是引发离婚的原因之一。如张雪林与张万荣离婚一案，提起离婚的张雪林在西北局当保姆；李桂花与孙桂林婚姻纠纷一案，李桂花在第二保小当保姆；赵祥治与刘凤兰、汶漪因妨害婚姻等罪及婚姻纠纷一案，女方为保姆。全宗 15—30。又如王玲与雷风成离婚案，提起离婚的王玲，也是在军委三局九分队当保姆。《边区高等法院编制：陕甘宁边区判例汇编》，全宗 15—26。

② 李莲诉状（二），1942 年 9 月 20 日；延安市地方法院推事与李莲、赵怀珍第一次谈话笔录，1942 年 10 月 8 日。《边府、审判委员会、中央教导大队、延安市法院、刘景范等 1942 年关于李莲与赵怀珍离婚一案的判决书、命令、请示、批答、谈话笔录》，全宗 2—723。

到赵怀珍同志是一个战士，金钱物质远不如他。”而且，在法院调解之后，李莲仍不服从，“与石延芳的关系更密，对赵怀珍则采取不理态度。”赵怀珍在法庭询问中也说：“我想感情不好的原因，恐怕是有人挑拨，因为她的包袱里有3本课本上是石延芳的（光华厂的）名字。1本书上是石延芳的章，1封信是石延芳给她的，上面写的是：‘你的身体怎样？有什么困难，告诉我，我帮助你’等语。从前，光华厂的一个大师傅说她礼拜六、礼拜天都要去。”①

石延芳到底给了李莲什么样的物质诱惑，我们无从得知，但就感情而言，石延芳的作法与赵怀珍形成了鲜明的对照。一起学习，信函往来，温情脉脉的关心，借书行为（在物质贫乏的延安，书籍必定是珍贵之物），还有两人在一起的许多日子。可以说，在这起纠纷中，婚外恋带着真实浪漫的感情。然而，对于导致家庭秩序濒临破坏的婚外情，边区的法律和舆论都难以宽容。与赵怀珍的离婚纠纷期间，正是李莲怀孕直到孩子出生的一段时间。虽然负有身孕以致到最后因孩子出生失去了做保姆的工作，而暂居卫生处，生活也缺乏长期保障，但李莲仍拒绝回到丈夫身边。至于那个第三者，由于尚未造成严重的后果，政府批答中要求对其予以严厉警告和批评教育。

对于同一个婚姻，同一份感情，从一审的感情破裂到二、三审的感情一贯甚好，并不是由于认定的事实有变，而是感情认定的标准和判决的出发点发生了变化。边区高等法院以及边府审委会判决书所称的“双方感情和好”，“夫妇感情一贯甚好”依据的仍然是费孝通所指的传统标准。边区二、三审司法机关作这样的判断并不是排斥感情，而是出于保护军婚的特殊需要。军人在婚姻中本来已经处于弱势，战争带来的长期分离与潜在的危险使这种地位进一步加剧，这与军人为国家的奉献不相称，法律对军婚的倾斜体现了国家和政府平衡婚姻双方地位的努力。这两种截然不同的判决结果

① 《边府、审判委员会、中央教导大队、延安市法院、刘景范等1942年关于李莲与赵怀珍离婚一案的判决书、命令、请示、批答、谈话笔录》，全宗2—723。

不仅凸现了司法在法律与现实之间的两难境地，还显示了战争环境对司法产生的巨大影响。

（三）婚姻中的虐待

婚姻中的暴力行为，当时被称为打架或打骂。“从中国传统文化的角度来看，婚姻暴力存在的合法性是得到广泛认可的。在我们的文化中，有很多传统文化和习俗是支持并允许男性，特别是丈夫对妻子‘合情合理’地使用暴力的。”①传统家庭中丈夫打骂妻子的现象很常见，在边区，所谓的虐待主要指暴力行为。前已述及，婚姻中丈夫对妻子的打骂行为不构成离婚的理由，只有虐待行为（严重的打骂）才是婚姻解除的条件之一。边区高等法院在邓凤英与孙钱柜婚姻纠纷案选编意见中说：“家庭夫妇为农村经济机构组织的重要成份，不得因口角打骂细故，遽行离异，致动摇农村经济基础。”薛长荣与薛李氏婚姻纠纷案判决中说：“查打骂被上诉人，亦仅提出今年6月18、21、23日打了3次，尚未成伤……显非虐待或完全不管被上诉人之生活。”②但是，如果丈夫打骂行为经常发生，给女方造成伤害或经常的暴力行为已使女方难以忍受，有致意外事件发生的可能时，婚姻便会被解除。在高文兰与艾云山婚姻纠纷案中，③艾云山为现役军人，两人从小由父母包办订婚，1945年正月结婚。婚后男打女骂，数次闹离婚，均被劝解。1945年7月因艾云山打伤高文兰，兵站送到地方法院处理。地方法院因艾云山为现役军人，严厉训诫，未判离异。高文兰不服，上诉边区高等法院，边区高等法院对双方予以训诫后驳回上诉。后又因艾云山对高捆锁、毒打、禁闭，造成严重伤害，高文兰再次起诉到边区高等法院，艾云山仍坚决不离婚，高文兰说：“现在公家是让我活，就给离婚。不让我活，就死算了。”兵站亦认为：“这次

① 刘梦：《中国婚姻暴力》，商务印书馆，2003年，第26页。
② 《边区高等法院编制：陕甘宁边区判例汇编》，全宗15—26。
③ 《边区高等法院1946年刑、民事案件判决书汇集》（之二），全宗15—30。

务要具体解决，如此拖下去恐出人命等情。”边区高等法院才判决离异，艾云山因犯故意伤害罪，被判处劳役1月。生命危险似乎成了处理婚姻案件的无形界限。1947年边区高等法院关中分庭的报告中说：“现在各县在农村中，对女人有少数人虐待、打骂，引起感情意志不合，使有些女人曾向政府要求离婚，在我们态度上采取了万一不行时（有人命危险），才准其离婚。这种案件处理后，在农村中很多思想落后的百姓，对这种做法不同意。但对婚姻条例在执行上，一般的采取这样态度还可执行通，而在军队上，就很难执行通，或完全执行不通，结果引起军队对政府不满，军政之间的关系有些不融合。”①在魏章有与李桂芳婚姻纠纷中，妻子遭到毒打，据该区区政府检验，上身有血疤，下身腿胯到膝盖都有黑青色一片；申兰英与曹惠成婚姻纠纷中，申兰英三四次请求离婚未遂，有过服毒自杀的企图，曹惠成因离婚打刀准备行杀，判决书认为：“若强使其继续下去，不但对双方本人及将来家务上无所裨益，反而影响双方各自对劳动生活之努力，更有发生其它危险之可能，所以判决婚姻关系解除。”②相反，在李莲案中，边区高等法院与边府审委会认为：虽有打骂、禁闭行为，但赵怀珍既已认错，并称以后不再打骂，则夫妻一时之吵闹不构成离婚条件，判决维持婚姻关系。

由此可见，司法机关在实践中既不是刻板地执行法律，也不是无原则地向传统习惯妥协，而是在边区的法律与社会之间，尽可能平衡，在个人权利保护与国家民族战争之间，尽可能兼顾。用当时的话说，就是“具体问题具

---

① 《边府、三边、绥德、关中分区关于贯彻人权保障与尊重司法机关、发检察条例的咨文，命令及司法工作总结与清监报告等》，《高等法院关中分庭：47年6月至48年11月1年来司法工作总结报告》（1949年1月25日）。全宗2—1455。

② 民事判决书第12号、第25号，《边区高等法院1946年刑、民事案件判决书汇集》（之二），全宗15—30。

体处理”。①

四、“关门主义”政策的后果

李莲离婚案中，延安市地方法院一审判决离婚是在1942年10月19日，边区高等法院二审判决维持婚姻关系是在同年的11月23日，边府审委会三审维持二审判决是在同年的12月9日。仔细分析一下李莲离婚诉讼中三次判决的时间，就会发现这桩离婚纠纷正好发生在抗属离婚“关门主义”政策出台的前后。

边区抗属众多，由于从众心理的作用，一个普通的婚姻纠纷也会影响到相近或相同处境的人们，从而产生更大的社会影响。李莲提出离婚后，在其夫赵怀珍所在的中央教导大队，“有好几个战士的老婆对他们都不好，看不起，想离婚。”为此，中央教导大队在1942年7月20日请示边区政府，希望通过组织关系调动李莲工作，给赵怀珍夫妇恢复感情的机会。信中特别强调后果的严重性：“自这一问题发生后，我赵怀珍同志对此非常气愤，精神上极感痛苦，且表现悲观失望，即其他战士闻此亦莫不发生同感，于是有说：‘今天咱们当兵的，不但没资格结老婆，就是有了老婆，也居然会被别人夺去，这还有什么前途吗？’等怪话，因此，此种事发生在今天的部队，的确是有莫大影响的。若不适当解决，最后是会发生问题的。”边区政府在随后的批字第237号批答中措辞严厉：“赵怀珍之妻李莲无理要求离婚，并不服地方法院判决及市妇联劝告，执迷不悟，一意胡闹，本府决予严厉纠正，已照你们来函的建议，命令财厅转令鞋袜工厂，对李莲行动加以注意监视，并于你们

① 《陕甘宁边区判例汇编》处理婚姻案件的说明：“凡是一切结婚离婚问题，总的方面都是以不违背政府颁布的婚姻法为原则，而一面则也按照边区社会的实际情况，具体问题具体处理之。”《边区高等法院编制：陕甘宁边区判例汇编》，全宗15—26。

前往接回时尽力协助劝告李莲服从政府命令，同时对边区制药厂工人石延芳违法破坏他人家庭行为，亦予严厉警告，希即派员偕同赵怀珍及市妇联工作同志，共同前往财厅工厂接回李莲，施以说服教育，使其恢复夫妻正常关系为盼。”随后，边区政府为此专门给李莲所在单位的上级机关财政厅下达了战字第 414 号命令，要财厅迅速转令鞋袜工厂对李莲加以注意监视，并于该队或其夫赵怀珍前往工厂接回李莲时，恳切劝告李莲服从政府命令，勿再执迷不悟。其中称：“抗日军人家属无一定条件，绝不许可离婚”；“本府认为抗属无理取闹的离婚之风气，必须加以严厉纠正，以维革命秩序。”[①]而曾予判离的一审司法机关延安市地方法院，在后来的工作报告中也检讨：“婚姻案件，过去处理欠慎重，一时感情不好，夫妇稍有斗殴判离，甚至抗属离婚亦偏重于婚姻自由，影响军政关系，如判李莲（案）与左润（案）判决离婚，[②]军队大为不满，群众呼声：‘边区什么都好，就是离婚不好。’”[③]

这些社会舆论实质上体现了司法对军队稳定的至关重要性。所以，当时关于抗属离婚的专门法虽未颁布，但由于抗属离婚案件增多以及司法处理中的宽松原则，使抗属离婚风气不仅有愈演愈烈之势，而且影响到军心稳定和社会秩序的安定。婚姻自由与婚姻稳定、个人利益与民族利益的冲突十分尖锐。因而，李莲案在这样一个特殊时期，并不是普通的个案，所以这一案件的判决影响的也不仅仅是双方当事人，而是一大批抗属。边区政府领导人及众多政府部门对此案的关注和干预正是因为深切地认识到了这一点。李莲案终审后仅一月，《陕甘宁边区抗属离婚处理办法》就颁布，可能正是边区政府缓解抗属离婚与稳定军队之间的紧张关系的尝试和努力。

---

① 《边府、审判委员会、中央教导大队、延安市法院、刘景范等 1942 年关于李莲与赵怀珍离婚一案的判决书、命令、请示、批答、谈话笔录》，全宗 2—723。

② 左润与王银锁由父母包办订婚，王银锁要参军，左润不愿，要离婚，延安地方法院以左润不到结婚年龄与父母包办两条理由判决婚约无效。《边府审判委员会、高等法院 1942 年关于王银锁与左润离婚案的判决书、命令、上诉书、笔录等》，全宗 2—721。

③ 《延安市地方法院一年来司法工作报告》（自 32 年起至 33 年上半年止），全宗 15—232。

在终审之前，虽有数次调解，但李莲坚决不回家，所以单靠一纸终审判决书，最终能否维持这桩婚姻，我们不得而知。在特殊时期，严格限制抗属离婚的做法，稳定了军心，支持了长期抗战。但同时也产生了较大的负面影响，这些影响从两个方面显现出来：

首先，无数妻子包括受婚约约束的准妻子们为抗战付出了青春和家庭幸福的巨大代价。成千上万的妇女在遥遥无期的等待中艰难度日。据1945年的统计，"根据清涧店子沟与新社区两个乡的调查，两个乡共有抗属38家，共19家发生了问题，这19家中抗日军人3年内不通音信的4人，9年内不通音信的15人，其他未发生问题的19家都是3年以内未通音信的"；"另外与抗日军人订婚，军人未回，而女方已超过法定结婚年龄5年的各县都有，清涧有50余人，延长有24人，这仅是有统计的两个县份。"①边区人民法院1949年的司法总结报告对此进行了反思："在抗战意义上是收到一定效果的，但在男女平等与婚姻自由上是值得考虑的。边区1944年至1945年9月1年零9个月的命案统计198件，其中与离婚直接有关的即有81件，占总数41%弱。当然，这不能完全归罪于婚姻问题的'偏差'或'处理不妥'，只能看作有关系。"②而"三边分区的此类命案占分区发生命案总数的73.6%。"③这些令人触目惊心的统计数字中显示了在个人利益与国家利益发生激烈冲突时，因国家缺乏适当的调整手段，导致了事态的畸形发展。

其次，"关门主义"政策一方面助长了某些抗日军人的违法行为，另一方面也使得边区的婚姻形态更为复杂。处于社会急剧变革和战争时期的边

---

① 《边区的婚姻问题》，作者不详，《陕甘宁边区妇女运动文献资料》（续集），内部资料，陕西省妇联，1985年，第369页。

② 《边区人民法院司法工作总结报告》，全宗15—213。

③ 榆林市中级人民法院：《榆林地区审判志》，陕西人民出版社，1999年，第64页。该书的统计数据与档案中的有差别："1944年至1945年上半年全区共发生命案202起，因奸杀及离婚未遂而自杀之案件就106起，占命案总数的52.48%。"此处的"全区"当指边区，数字之差别，原因不明。

区，新旧婚姻观念并存，而战争的长期性和对抗属离婚自由的过度抑制大大加剧了原有的复杂局面。为了解决战士返乡后失去家庭的问题，有的地方采取了一些合理的方法，如积极的说服教育，或是“三家订约，替战士负责，像固临县参议会通过，抗属再婚后，由婆、娘、新夫三家，共同负责，为回来的战士另娶老婆”。但少数军人则采取了非法手段，如抢婚，抗日军人在返乡后得知妻子或未婚妻已另嫁而司法机关又不能解决时，常常武力抢婚。如清涧史有才之未婚妻，经过解除婚约与人结婚，史回来后，携带武器抢回；延长何钦均的儿子，从前方回来，发现老婆与人结婚，纠合退伍军人 20 余人，抢了回来；固临某战士未婚妻，与人结婚，已生三子，该战士以炸弹威胁女方跟他回来；延川冯德善的儿子，去年由前方回来，联合村内自卫军，抢回他已改嫁的老婆。[①] “前方抗战回来没有了女人?!”“我们前方打仗不怕，还怕县政府?!”几乎成了前方归来武力抢婚的军人的普遍心理，而战争导致的心理和行为的扭曲已非个别现象，“延署各县都有抢婚的情形”。在离婚女人的眼泪和军人的武力之间，司法机关无奈地选择了军人：“县政府没有办法，只好判决归当兵的。”

在留守的抗属方面，同样出现了不少反常行为。如前所述，除了通过政府或家庭的退婚另嫁之外，还有自己逃婚另嫁的。如清涧店子沟安生再，1929 年结婚，1933 年参加红军离乡，其妻不安于室，同一个人跑了。安生再的哥哥找回后，县政府判决该妇女回安家，途中再次逃跑。又有所谓的“临时招夫”：“像延长刘富的儿子，36 年从军，其媳在家常向刘富要丈夫，刘无奈，给招了个男子，说明儿子上午回来，招夫下午就走”；“清涧新社区胡遵良 1932 年结婚，1935 年从军，杳无音信，其妻已 34 岁，在家中吵闹不休，男方叔父设法招了一个姓刘的来，并且还生了一个娃。1943 年胡遵良回来，刘

---

① 上述诸案例中，冯德善之子案，见“边区的婚姻问题”，作者不详，《陕甘宁边区妇女运动文献资料》(续集)，内部资料，陕西省妇联，1985 年，第 372—373 页。其他均出自为《边区推事、审判员联席会议发言记录》(七)，全宗 15—82。

姓人就赶快背上行李走了。事后给了姓刘的一些粮食衣被等，和平解决，小娃娃由女人带大仍归刘姓。”此外还有通奸行为（当地称“打游击”），生下孩子则悄悄弄死等。[①]

对抗属离婚倾向于“关门主义”，意味着即使严格限制抗属离婚的特别法基本处于虚置状态。由于对抗属离婚所可能导致的复杂后果的担忧，抗属离婚法既没有被宣传更没有被执行。当时即有人撰文指出：“因而群众特别是抗属们认为政府对于抗属的离婚问题是‘关了门’的，同时政府工作人员从未敢在农村中，公布关于抗属离婚的条例”。[②] 边区妇联会 1949 年 1 月的《陕甘宁边区执行婚姻政策的检讨及今后意见（草稿）》回顾道：“军属离婚、解约均应有一定年限限制，见 1943 年边府公布之抗属离婚处理办法，但此法并未见付诸施行。”[③]

表面上，“关门主义”政策所确立的离婚标准，与法律的理性背道而驰。抗属们抱怨：“花开能有几日红”；“绿叶等成红叶，红叶等成黄叶”。[④] 战争导致抗属的婚姻生活名存实亡，而司法刻意维持这种名存实亡的婚姻关系。人们当时已经认识到抗属的婚姻与战争一样残酷无情。实践中，军人无视法律大闹公堂、暴力抢亲而带来的社会安全的隐忧、不符合军人愿望的判决难以执行，种种因素促成了“关门主义”政策的形成。司法档案表明：在数百万军人浴血奋战，为国家、为民族作出了无私奉献的同时，他们的妻子和准

---

① “边区的婚姻问题”，作者不详，《陕甘宁边区妇女运动文献资料》（续集），内部资料，陕西省妇联，1985 年，第 368—369 页。

② “边区的婚姻问题”，作者不详，《陕甘宁边区妇女运动文献资料》（续集），内部资料，陕西省妇联，1985 年，第 374 页。

③ 《边区、妇联会关于土地典当纠纷、旧债纠纷、探买问题原则，婚姻条例及修正草案，债权债务讨论，继承法讨论及处理办法，抗属离婚办法修正草案及执行婚姻政策的总结及今后的意见》（1943 年 9 月 14 日至 1949 年 1 月），全宗 2—1454。

④ 《边区、妇联会关于土地典当纠纷、旧债纠纷、探买问题原则，婚姻条例及修正草案，债权债务讨论，继承法讨论及处理办法，抗属离婚办法修正草案及执行婚姻政策的总结及今后的意见》（1943 年 9 月 4 日至 1949 年 1 月），全宗 2—1454。

妻子们付出的牺牲同样悲壮而又惨烈！

边区在抗战时期对于抗属离婚的立法与司法实践表明，在人类历史发展的长河中，在特殊的战争环境和条件下，当私益与公益发生冲突时，司法被推到了风口浪尖：在难于选择之处进行选择。“关门主义”政策表明，边区高等法院在当前利益和长远利益发生激烈冲突时，选择了后者。这种选择，在经受了严峻考验的同时，践行了司法的远大理想和崇高目标。

第七章　新民主主义司法道路之探讨

边区高等法院致力于开辟一条适合边区实际，有效解决纠纷，推动社会发展的司法道路，新民主主义司法应运而生。在这一过程中，马锡五审判方式得到推行，民间调解受到广泛重视，司法的方向与价值同样成为热议的话题。本章主要从宏观上对边区高等法院进行考察，揭示影响和制约司法道路发展的主观和客观因素，立足于现实环境和条件，对当时的司法实践进行描述和分析，对曾经发生的司法理念讨论，进行回顾、反思和评价。

第一节　马锡五审判方式的再认识

一、　核心特点

在分析马锡五审判方式产生的原因、进而分析其作用之前，我们必须先弄清楚，什么是马锡五审判方式，或者更具体地说，马锡五审判方式的核心特点是什么。

《马锡五审判方式》一书，在马锡五审判方式产生的历史背景中，简要地论述了抗日根据地的社会政治制度、法院组织与任务及主要的诉讼原则和审判制度；对马锡五审判方式的主要特点，从政治路线、立场上进行了深刻的分析。[①] 有学者将其作为大众化司法确立的标志，即边区新型司法制度理想的表现形式，讨论了马锡五审判方式产生的政治背景（中国问题特殊化、群众路线等）、边区的特殊环境和条件、马锡五其人其事及马锡五审判方式的推行，也是主要从政治机构组织方面去论述。[②] 也有学者认为马锡五审判方式的核心是调解，并从体制转换的背景与困境中理解马锡五审判方式的产生，从共产党的权力组织技术等功能上，分析马锡五审判方式，从社会学、政治学的角度来诠释以调解为核心的马锡五审判方式。[③] 还有学者主要从民事诉讼的模式上来分析马锡五审判方式形成的制度背景和历史命运。[④] 总而言之，现有研究成果对马锡五审判方式的诉讼形式特征、其产生的社会与司法背景及其在司法实践中的作用等问题，论述与分析还远远不够。

在核心特点这个问题上，马锡五审判方式推广之时就存在不同的看法，马锡五自己的论述前后也有变化。如 1944 年 3 月 3 日《解放日报》的社论将马锡五审判方式的特点总结为三点：一、深入调查；二、在坚持原则、坚决执行政府政策法令，又照顾群众生活习惯及维护其基本利益的前提下，善于利用群众中的权威人物，进行合理调解；三、诉讼手续简单轻便，采用座谈式

① 张希坡将马锡五审判方式的主要特点归结为四点：（一）一切从实际出发，实事求是，客观、全面、深入地进行调查研究，反对主观主义的审判作风；（二）认真贯彻群众路线，依靠群众，实行审判与调解相结合，司法干部与人民群众共同断案；（三）坚持原则，忠于职守，严格依法办事；廉洁奉公，以身作则，对下级干部进行言传身教；（四）实行简便利民的诉讼手续。见张希坡：《马锡五审判方式》，法律出版社，1983 年，第 41—54 页。

② 参见侯欣一：《从司法为民到为民司法——陕甘宁边区大众化司法制度研究》，中国政法大学出版社，2007 年，第四章，第 181—257 页。

③ 强世功："权力的组织网络与法律的治理化——马锡五审判方式与中国法律的新传统"，《北大法律评论》2001 年第 2 辑，第 1—61 页。

④ 范愉："简论马锡五审判方式——一种民事诉讼模式的形成及其命运"，《清华法律评论》1999 年第 2 辑，第 221—231 页。

审判方法。[①] 1945年1月13日《解放日报》发表的《新民主主义的司法工作》一文，将马锡五审判方式总结为八点：

(一)走出窑洞到出事地点解决纠纷；(二)深入群众，多方调查研究；(三)坚持原则，掌握政策法令；(四)请有威信的群众做说服调解工作；(五)分析当事人的心理，征询其意见；(六)邀集有关的人到场评理，共同断案；(七)审案不拘时间地点，不影响群众生产；(八)态度恳切，使双方乐于接受审判。[②] 1944年边区高等法院的工作报告中提倡马锡五审判方式，认为其特点是"走出窑洞，深入农村，调查研究，依靠群众，掌握政策，照顾人情，调解为主，审判为辅，解决问题，不拘形式"。[③] 1945年的推事、审判员联席会议更是众说纷纭。[④] 1946年边区司法考察中谈到什么是马锡五审判方式时，马锡五认为有三个方面，即尊重群众的意见、就地审理、定期巡回审判。[⑤] 但是

---

① 张希坡:《马锡五审判方式》，法律出版社，1983年，附录"马锡五同志的审判方式"，第75—79页。

② 转引自张希坡:《马锡五审判方式》，法律出版社，1983年，第41页。

③ 《1942年至1944年两年半工作报告》，全宗15—193。

④ 参考《边区推事、审判员联席会议发言记录》(八)，全宗15—83;《边区推事、审判员联席会议发言记录》(九)，全宗15—84。

⑤ 由于对马锡五审判方式有许多误解，笔者将马锡五这次的详细论述摘抄如下:"第一，尊重群众的意见。"对于民事案件的审理，司法工作人员必须征求当地群众的意见，务使判决既合法理，又为当地舆论所赞助，常使群众的意见与法律结为一，这样的判决往往能得到当事人双方的心悦诚服。至于刑事案件，虽然也重视群众的意见，在群众的帮助下发现最重要的证据，但是基于群众不是法律专家，不熟悉侦察技术，易被假象迷惑，所以是有条件的采用，即必须以政策法令做根据，以科学的检查技术加以审查证验，以决定是否采用。"就是说，我们审案件时，要采用当地舆论，对刑事案件是十分慎重的，对民事案件则是尽量采纳的。"第二，"就地审理"。由于边区行政区域辽阔，人民常常要到数百里外的法庭中进行诉讼，虽然不收一切讼费，及允许口头诉讼，但"化盘费、误农时，还是当事人很大的负担，更不用说对证人了"。具体做法是，一个推事，一个书记，带上笔墨案牍，走到任何一个乡村，便可以就地开庭了。当然对于重大而且复杂的案情，还是不采用这种方式，就必须在法院中进行较精密的处理。第三，定期巡回审判。已经起诉的案件可以派出法官就地审理，针对很多乡民怕出远门、怕花费，受冤抑也不愿起诉，或初审不公也不愿上诉等，建立巡回法庭，"由各级法院推事或庭长定期出巡，遍历农村，使受冤抑者可随时随地申诉，免除一切的困难障碍"。以适应农村的环境，顾到人民的便利。"边区的司法制度——与马锡五审判方式的创造人的晤谈"，《在中共解放区人民身体财产所得到的保障——陕甘宁边区司法及保安制度考察记》，全宗15—66。

1949年马锡五在延大做报告，学生问及马锡五审判方式的内容时，马锡五的回答则是“就地审判，不拘形式；深入调查研究，联系群众，解决问题”①。不过，广为流传的特点是1944年边区高等法院编的司法通讯第一期总结的三个特点，即“深入农村，调查研究；就地审判，不拘形式；群众参加，解决问题”②。

面对这么多的观点与看法，笔者将其分门别类，总结概括为以下三点：③

第一种观点，马锡五审判方式的核心特点是调解。自从马锡五审判方式诞生以来，这种观点就已经存在。在1945年边区推事、审判员联席会议上就有人提出来，认为马锡五审判方式就是判决与调解的结合。④ 这种观点的不足之处是：首先，调解制度在边区的普遍实施是在马锡五审判方式产生之前。早在1941年11月的第二届参议会上，林伯渠在其《陕甘宁边区政府对边区第二届参议会第一次大会的工作报告》中，就已经提出“人民司法机关对能以调解方式解决问题的案件，可以进行调解”⑤。1943年6月8日由李木庵签署发布“要求高等分庭及各地方法院县司法处等实行调解办法改进司法作风、减少人民讼累”的指示信，谈及“从过去经验上的调查研究觉

---

① 《人民法院马锡五在延大关于司法工作中几个问题的报告》(1949年)，全宗15—151。

② “第一期司法会议总结摘录”，《边区高等法院编：司法通讯一、二期》，全宗15—60。在1945年12月边区高等法院代院长王子宜在联席会议上的总结中也谈到这三个特点，见《王子宜院长在推事、审判员联席会议上“关于司法工作的总结”和座谈会研究司法工作提纲》，全宗15—71。

类似的还有王怀安的观点，即马锡五审判方式的核心是“深入农村，调查研究；依靠群众，解决问题；就地解决，不拘形式”。孙琦：“王怀安先生访谈录”，《环球法律评论》2003年夏季号，第175页。

③ 为了便于分析，笔者将许多人的许多观点重新排序分类，将同类观点合并，不同观点分解出来，因而，一个人可以同时主张几种不同的观点。

④ 金凤岐的发言，“马锡五的方式究竟是怎么样的，就是调解和审判的结合，收到指示后才了解了，这个东西把事情弄清问题解决了，这就是判决与调解的结合。”所以他认为可以将巡回审判与马锡五审判方式结合起来使用。《边区推事、审判员联席会议发言记录》，全宗15—73。强世功也持这种观点，参见强世功：“权力的组织网络与法律的治理化——马锡五审判方式与中国法律的新传统”，《北大法律评论》2001年第2辑，第1—61页。

⑤ 《陕甘宁边区政权建设》编辑组：《陕甘宁边区参议会》(资料选辑)，中共中央党校科研办公室发行，1985年，第251页。

得，我们边区今后的司法工作作风有革新的必要。就是不要专以听断为能事，而是要以能替诉讼人民解决实际纠纷问题，从而调解，使得双方当事人平气息争，减少讼累为主要任务"①。而且，根据《陕甘宁边区判例汇编》之例言可知，在倡导马锡五审判方式之先，早已倡导调解。② 而马锡五 1943 年初兼任边区高等法院陇东分庭庭长之前，未有承担司法工作的经历，在其兼任边区高等法院陇东分庭庭长之后，才开始与司法接触，③其解决的封捧儿案，是在 1943 年 3 月底 4 月初巡视时受理的。④ 真正倡导马锡五审判方式则是 1944 年 3 月《解放日报》社论报道之后的事情。其次，根据对审判员任君顺的描述及任君顺自己的陈述，可知马锡五审判方式与调解不是一回事，马锡五审判方式是改变在办公室审案、判决的方式，主张深入农村，就地调查、就地审判。⑤ 不过马锡五审判方式的核心特点不是调解，不等于说马锡五审判方式不使用调解的方式结案，也就是说，调解与直接依据法律条文

---

① 边区推行调解的详细论述，参见本章第二节。

② "自从政府提出了调解政策后，继之，又强调地提出学习马锡五的审判方式。调解工作，则成了司法工作中的被重视的主要工作方式，民事案件，我们是采取调解的，就是刑事案件，除汉奸、反革命比较严重者外，我们也是采取调解的办法。理论上的根据，可以一言蔽之曰：为了减少诉讼，利于生产，团结各阶级，利于争取抗日战争的胜利。"《边区高等法院编制：陕甘宁边区判例汇编》例言，全宗 15—26。

③ 关于马锡五的任职经历，参考本节稍后对马锡五的个人简介。

④ 参见张希坡：《马锡五审判方式》，法律出版社，1983 年，第 23 页、第 26—28 页。

⑤ "把马锡五审判方式推行到各县司法工作中去，"已变为实际。"如延安市地方法院已把这方式当作一种经常应用的制度，赤水审判员任君顺运用这方式，在前半年解决了八、九件案子，都得到群众的好评，使他成为关中分区司法工作中优秀的干部。他能勇敢地承认自己的缺点，认为过去工作中的主要缺点，是在把案件稍微弄清楚后，要拿到办公室来判决，而现在掌握新的方针，转变新的作风后，就能更加注意调查研究，耐心地调解说服……他如新宁县裁判员崔士杰，淳耀县裁判员任连峰，绥德县司法处推事白炳明，陇东分庭推事石静山，都是马锡五审判方式的实行者。关中张副专员，合水王县长，也都深入农村或调解旧案，或解决新争。"《1942 年至 1944 年两年半工作报告》，全宗 15—193。

又任君顺"不但学习上积极，而且还能改进自己的工作，比如报上发表了林主席的'关于司法工作的改进'、'马锡五的审判方式'和郭怀德和海清等人关于司法工作的文章，他都读过多遍，他读了这些文章后，他马上下乡改变了自己过去在办公室内的审判方式。"《模范工作者任君顺、崔士杰及民间调解模范朱启明同志的材料》，全宗 2—681。

判决是两种不同的解决纠纷的方式，都可以在就地审理或庭审的时候使用，马锡五在审判的典型案例中使用过调解，同时也使用过判决。①

第二种观点，马锡五审判方式的核心特点是群众路线。② 笔者认为，马锡五审判方式的特点是作为一种司法审判方式本身的特征，以区别于其他的审判方式，群众路线只是一个政治术语，不具有法律审判方式上的独特性，边区当时的很多制度、措施都具有群众路线的特点，如土地革命等。我们只能说马锡五审判方式是群众路线在司法中的体现，顶多只能说马锡五审判方式之特点的总精神是联系群众。

第三种观点，马锡五审判方式的核心特点是就地审判，这也是笔者的观点。③ 主要理由是：首先，这是一种审判方式，是一个审判形式的特点。能够也经常与其他审判方式相提并论，如张希坡在提到群众路线的审判方式时，提到三种审判方式，即公审制、就地审判、巡回审判。其次，这一特点能够涵盖其他特点，具体分析，则可以说：走出窑洞、深入农村，是其就地审判地点特征的体现；就地调查研究，是其地点特征带来的优势，也是就地审判的目的之一；群众参加，请有威信的群众做说服调解工作，邀集有关的人到场评理，共同断案是以就地调查研究为目的；审案不拘时间地点，解决问题，不影响群众生产，是就地审判的主要目的；坚持原则，掌握政策法令，则是就

① 马锡五所审理的封彦贵、张金才破坏婚姻案，是一个刑事案件，征询群众意见，采用公开审理、判决的方式结案。而在合水县丁、丑两家土地争讼案、王治宽企图霸占王统一场院地基案中，马锡五受理案件后，派石推事去审理，都是采用调解的方式。参考《本院司法工作举例》，全宗 15—186，及张希坡：《马锡五审判方式》，法律出版社，1983 年，第 26—40 页。

② 张希坡：《马锡五审判方式》，法律出版社，1983 年，第 44—47 页。

③ “就地审判是陕甘宁边区的经验，创始人是马锡五，故称为‘马锡五审判方式’”，见陈端洪：“司法与民主：中国司法民主化及其批判”，《中外法学》1998 年第 4 期，第 34—44 页。又“马锡五审判方式又叫‘巡回审理、就地办案’”。见何柏生：《论新中国独创的法律制度》，《法学》1997 年第 11 期，第 10—14 页。但是，在上述文章中，都未展开论述。笔者发现，在边区的许多档案中，巡回审判与就地审判的关系不明确，而且经常混用，所以有巡回审判与就地审判混合的倾向。鉴于巡回审判是一个有系统的制度体系，在边区由于诸多原因，并未真正实施过，所以在这里对巡回审判不作过多的论述。

地审判的依据。张希坡认为就地审判的基本特点是:“审判员走出法庭,深入农村,调查研究,不拘形式,就地审判,在群众协助下解决问题。”[①]可以说将其所主张的马锡五审判方式的特点都基本包括了进去。最后,在1945年的边区推事与审判员联席会议上,并提的审判方式有法庭审判、马锡五审判方式、群众大会公审。[②] 可以说,在这里将马锡五审判方式与法庭审判相对比,二者最大的区别就是审判地点的不同,一个是在法庭审判,一个是在出事地点审判,即就地审判。

基于以上分析,笔者认为马锡五审判方式独特的核心特点是就地审判,而就地审判的目的有两个:一个是就地调查研究,注重证据收集、了解风俗民情和群众意见、宣传教育;一个是就地解决问题,不影响群众生产。

二、 产生的社会背景

这里首先介绍一下边区的产业结构,说明农业在边区生存中的重要地位,接下来分析由于诸多因素的影响,边区农业生产和供给之间脆弱的平衡遭到破坏,整个边区面临着生存的困境,也可以说是面临生存的危机,在这种境况下,具体到马锡五管辖的陇东分区,这种困境更是有过之而无不及。即:相对于全国,边区是个贫弱区,而陇东又是边区内的贫弱区。正是在这种背景下,相对于其他分区而言,作为陇东分区的专员,马锡五要面对的问题更为严重,也更为迫切。

(一) 边区农业第一的产业结构

在边区的经济建设中,农业占据着不可替代的首要位置。抗战时期的边区建设坚持“抗战第一的军事建设,农业第一的经济建设,干部教育第一

① 张希坡:《马锡五审判方式》,法律出版社,1983年,第22页。

② 《边区推事、审判员联席会议发言记录》(八),全宗15—83。

的文化建设”;“继续发展经济,是一切建设的根本。全部经济建设中,农业第一。”[①]工业十分落后,在边区政府成立前,工业品完全依赖外部输入。边区政权成立以后发展起来的工业,主要是满足基本的日常生活需要,如纺织厂、制药厂、制革厂、精盐厂、肥皂厂、造纸厂、铁木厂、被服厂、面粉厂等,且主要是公营工业,由政府、机关、部队、学校举办。1944 年是边区工业迅猛发展的一年,公营工厂达到 130 家,职工人数 7330 人,私营工厂从事纺织、煤炭、造纸、盐业工人 4258 名。而边区当时的人口约 143 万人。边区的商业有三种形式,公营商业、合作商业和私营商业。其中公营商业承担了边区重大的经济任务。[②] 边区民众主要从事的职业是农业生产。

边区粮食生产面临的另一个严重威胁,即频繁的自然灾害。与全国其他地区相比,边区所受灾害次数之多、危害之严重相当惊人,由于地处内陆高原,边区气候变化急剧,常年发生旱、涝、冰、冻、霜、虫等灾害,“最可虑者,寒霜夏秋为害,四月霜侵,嫩苗尽萎,八月霜霏,收皆秕粟”。其中又以旱灾危害最大,当地自古就有“三年一小旱,五年一大旱”的说法。

(二) 供给与需求的严重失衡

恶劣的生存环境、笨拙的生产工具,[③]以及长期的社会动荡,导致了边

---

① 林伯渠:《边区建设的新阶段——陕甘宁边区政府对边区第三届参议会的报告》(1946 年 4 月 4 日),《陕甘宁边区政权建设》编辑组:《陕甘宁边区参议会》(资料选辑),中共中央党校科研办公室发行,1985 年,第 531—534 页。

② 严艳:《陕甘宁边区经济发展与产业布局研究》(1937—1950),中国社会科学出版社,2007 年,第 107—115 页、第 47—50 页。

③ “这里农民用的生产工具,都是最原始的。在这方面,革命前同现在根本没有区别,而且其中大部分是革命前遗留下来的……这些农具,除‘铧’须经常购买外,其余的均可自己制造修理”;“革命以来,生产工具并无进步,而且有些地方还损坏了一些。但这对于独立小生产者的农民,并不十分重要。他们的生产,第一,是靠天(所谓‘靠天吃饭’),天灾才是他们的致命伤;第二,是靠勤苦(所谓‘勤俭起家’);第三,就是靠牲畜肥料。简单与原始的生产工具,在他们的生产中,占着比较不重要的地位。”参考张闻天,《神府县兴县农村调查》(1942 年 2 月 18 日—1942 年 4 月 12 日),人民出版社,1986 年,第 9—11 页。由此可见其生存的艰辛。

区农民在粮食生产上的低效，而低效的粮食产出使边区粮食短缺现象十分严重，在“三边”之一的靖边县，每年依靠外部输入的粮食占总消耗量的1/3。甘肃省缺粮额也高达40.7%，“每年邻省青海输入粮食其数颇巨”。边区的农业生产已经陷于“低水平的生产—低水平的消费—低水平的生产”的停滞状态，它所能完成的仅仅是使承载于其上的人群勉强“活”下去。[①]

抗战初期，边区的财政政策是休养民力，许多的支出是靠国民政府发给八路军的军饷、国民政府的赈济，[②]以及国内外的捐款，群众负担轻，征募公粮少，一般农民基本上没有什么负担。自1940年以后，情况发生急剧变化，首先，边区的非生产人口急遽增多，移民和难民大量流入。“皖南事变”前后，国民党用重兵包围边区。为了保护边区，从前线调回部分八路军。边区党政机关、军队、学校等非生产人员达到10万人左右，难民和移民到1945年达266619人。[③] 其次，是财政收入锐减。在1937年到1940年的外援占边区财政收入约50%到85%，1940年达7550855元法币，占年财政收入的70.50%，可见当时外援是边区财政来源的主要部分。[④] 但至1940年10月起，国民党停止发给军饷，同时实行断邮，使一切外援中断。[⑤] 最后，国民党的军事包围和经济封锁，使边区与外界的流通极大受阻，1941年边区财政

---

① 赵刚印：“陕甘宁边区大生产运动的历史背景及意义”，《宁夏大学学报》2005年第4期，第49页。

② “陕北旱灾，兼及甘边，职区所辖除肤施（即延安）一带秋收较好外，其余保安、靖边、定边、盐池、环县一带，灾情甚重，民众维艰。钧会恫瘝在抱，去年春荒曾蒙拨款救济，铭感无尽，现值旱灾，嗷嗷待哺，仰恳钧会立沛甘霖，拨款救济，灾黎幸甚，抗战幸甚！陕甘宁边区政府主席林伯渠、高自立代阳叩。”注释中说明“阳，即七日。”《陕甘宁边区政府给国民政府主席、蒋委员长、孔院长、中央赈委会的电——为呈报陕甘宁边区旱灾情况恳祈拨款赈济由》（1939年10月7日），《陕甘宁边区政府文件选编》（第一辑），档案出版社，1986年，第383页。

③ 严艳：《陕甘宁边区经济发展与产业布局研究》（1937—1950），中国社会科学出版社，2007年，第61页。

④ 黄正林：《陕甘宁边区乡村的经济与社会》，人民出版社，2006年，第199页。

⑤ 参考张希坡：“抗战时期延安雷击事件的启示”，《法学杂志》1992年第3期，第33—34页。

经济遇到极端严重的困难。[①] 李鼎铭称此时的边区正处在生死存亡的时刻，建议政府开发资源、避免浪费。[②] 在这种艰难的条件下，农民的负担在日渐加重，雷击事件就是一个很好的说明。[③]

由于种种原因，打破了边区原有的脆弱平衡，导致供给与需求的严重失衡。这也是边区大生产运动兴起的原因。林伯渠 1941 年在参议会上的政府工作报告，可以反映出当时的困难和努力方向，希望通过政府贷款扶助等发展生产，争取自给。而“在发展生产方面，首先是发展农业，在这里主要的是不违农时，扩大耕地面积，改良耕作技术并奖励和帮助移民”。[④]

具体到马锡五所辖的陇东分区，其情况又是什么样的呢？没有更好，只有更坏，这是由陇东的特殊的地理位置决定的。

---

① 严艳：《陕甘宁边区经济发展与产业布局研究》（1937—1950），中国社会科学出版社，2007 年，第 61 页。

又“在支出方面，主要是军费和教育费，另外是经济建设的投资。收入与支出的对比，过去因为八路军的帮助，是可以平衡的，前去两年且有盈余。今年因为入少出多的关系，造成了财政的赤字”。见林伯渠《陕甘宁边区政府对边区第二届参议会第一次大会的工作报告》（1941 年 11 月 8—9 日），《陕甘宁边区政权建设》编辑组：《陕甘宁边区参议会》（资料选辑），中共中央党校科研办公室发行，1985 年，第 256 页。

② “所有抗战建国的工作，都离不开经济。我们处在资源薄弱的地方，又加上连年灾荒，经济的困难，达于极点。但是无论如何困难，我们抗战建国的事不能不做。因为处在生死存亡的时候，人人都应该毁家纾难，把中国救下再说别的事。但是在这种状况之下，对于经济必须要有整个的计划，一方面开发资源，一方面避免浪费，趁我们的力量，做我们的事，务使经济常有余力。我们看到，应当发展的事，就去发展，应当充实的事，就去充实，自然抗战建国都能成功。若是我们没有整个的计划，常常入不敷出，处于经济压迫之下，将来政府与人民交困，前途的危险，何堪设想？”“李鼎铭副议长就职演说”（1941 年 11 月 7 日），《陕甘宁边区参议会》（资料选辑），中共中央党校科研办公室发行，1985 年，第 241—242 页。

③ 秦立海：“‘雷击事件’促成大生产运动”，《文史博览》2005 年第 21 期；还可参考张希坡：“抗战时期延安雷击事件的启示”，《法学杂志》1992 年第 3 期，第 33—34 页。

④ 林伯渠：“陕甘宁边区政府对边区第二届参议会第一次大会的工作报告”（1941 年 11 月 8—9 日），《陕甘宁边区政权建设》编辑组：《陕甘宁边区参议会》（资料选辑），中共中央党校科研办公室发行，1985 年，第 253—254 页。

(三) 陇东的地形与灾荒

陇东分区成立于1940年4月,8月将已存在的庆环分区并入陇东分区,陇东辖区包括华池、环县、曲子、合水、庆阳、镇原。之后,在边区时代陇东分区在行政规划上没有大的变动。[①] 因为华池和环县的地貌、气候等在陇东属于比较有代表性的地区,同时马锡五在该地开始其就地审判的实践,所以笔者以陇东的环县和华池两地为例,进行分析。

环县地处陇东最北部,按地理位置、地形特点及成因等因素综合分析,环县可分为三部分,西部掌地丘陵沟壑区,主要由梁状山脉和梁间"U"形谷地组成。北部梁峁丘陵沟壑区,主要由峁状丘陵组成,其次还有梁峁状残塬和小的川、掌地,耕作条件差,风蚀沙化严重。南部残塬丘陵沟壑区,以残塬间布为主要特征,沟壑和梁峁仍占主体,为本县主要农业区。中部环江河谷区,河谷地貌,地势平坦,土质肥沃,气候温和,有灌溉条件,发展种植业潜力较大。环县以农业为主,但是土壤养分含量低,基本上无水利建设,县内较大规模的水利建设始于1955年。[②]

环县的气候表现为大陆性气候,日照充足,光能资源丰富;气候温凉干燥,无霜期短;干旱少雨,灾害频繁。降水由东南向西北逐渐减少,雨水多集中在7、8、9三月,多以大暴雨形式出现,导致雨水分布极度不均,加上蒸发量大、土壤质地疏松保墒差、湿度小等,造成旱涝频繁,常常处于干旱状态。风多、风力强,春季多偏北风,盛夏冰雹频繁,每年程度不同,均有出现。[③]

因此环县是一个灾害频仍的地区,自然灾害较多,主要有旱、冻、雹、风、

---

① 严艳:《陕甘宁边区经济发展与产业布局研究》(1937—1950),中国社会科学出版社,2007年,第23—34页。

② 《环县志》编纂委员会编:《环县志》,甘肃人民出版社,1993年,第2—3页、第9页、第76—77页、第118—119页。

③ 同上书,第10—11页。

虫、水等灾。经常发生、危害性最大者为旱、冻、风、雹灾。边区时期的灾情主要有：1941年4月6日晨，严重霜冻。9—10日，大风毁全县麦苗约3/4。1941年7月4日上午，狂风夹杂冰雹，历时两个多小时，雹大如核桃，积约3寸。受灾区域，东西约10公里，南北约10公里。1943年，春旱，狂风不绝，瘟疫流行。1943年9月7日，环县降大雨，山洪暴发，洪德、山城受灾最重。同月曲子镇遭水灾，洪水淹没房屋，居民损失惨重。1943年10月12日，车道、毛井、虎洞区连遭雹灾，共损失庄稼34018亩，专员马锡五亲往灾区慰问。1944年7月上旬，环、曲两县连降暴雨，灾情严重。1945年秋，阴雨连绵，山洪时发，继之雹打、霜冻。夏历8月初8，曲子县所辖之合道、天子、八珠、本钵等区，连遭雹灾，毁庄稼16557亩（土桥未统计），死牛20头，羊88只。环县冻灾严重。1949年夏历6月12、14两日，曲子县连遭雹袭，大如鸡蛋，小如纽扣，积约3寸。26日，暴风雨骤起，夹杂冰雹，拔树毁田。①

华池县属于陇东分区的东北角，情形稍微比环县好一点，但也好不到哪里去。

华池地貌属陇东黄土高原残塬丘壑类型。境内塬、梁、峁呈自南向北发育的地貌状态，残塬、山脉、川台、沟壑兼有。残塬占总面积0.91%，川区占4.84%，丘陵山区占94.25%。全县总土地面积576.45万亩，其中耕地94.39万亩，占总土地面积的16.37%。其中川台地12.97万亩，占耕地总面积的13.74%；塬地4.12万亩，占耕地面积的4.36%；山地77.30万亩，占耕地总面积的81.90%。在耕地中，水地2.80万亩（保灌面积2.58万亩），旱地91.59万亩。总体而言，华池县耕地土壤瘠薄，养分不足，有机质含量低。以地域分布而论，县东部土壤养分稍好，中南部次之，西北部最差。②

在气候方面，华池地处内陆，因受青藏高原、蒙古高原及大气环流影响，

① 《环县志》编纂委员会编：《环县志》，甘肃人民出版社，1993年，第53—60页。

② 《华池县志》编纂委员会编：《华池县志》，甘肃人民出版社，2004年，第78—85页。

为半湿润、半干旱气候过渡区，属北温带大陆性季风气候。因此华池县水汽来源缺乏，加之森林与植被分布不均，地势北高南低，沟多谷深，地形复杂，故形成县内降水东多西少、气温南高北低的差异。当地气候总的特点是：阳光充裕，温凉干燥，降雨偏少且不均，冬长夏短，霜期较长，自然灾害频繁。主要灾害有旱灾、暴洪、霜冻、冰雹、风灾、病虫鼠害。旱灾是华池县第一大灾，在旱、冻、雹、洪、风、病、虫等十数种灾害中，其危害比例占53.2%，重旱年占70%—80%。暴洪是由暴雨引发的洪涝灾害。华池虽属于干旱山区，降水不丰，但季节分部极不均匀，常常发生暴雨、山洪。暴洪常淹没农田，冲毁水坝、房屋、道路等，造成人畜伤亡，给国民经济带来很大损失。霜冻是由于华池纬度较高，又属高寒山区，无霜期较短，常常秋霜早来，春霜晚去。霜冻是华池的主要灾害之一，成灾比例约占16%。冰雹也是华池重要灾害之一，成灾比例是8%。风灾在历史上也有记载。病虫鼠害，发生频繁，危害性强。

在边区时期华池发生的灾荒主要有：1933年6月19日，华池降特大暴雨，山洪暴发，水淹悦乐街道，山塌地陷，人畜皆有伤亡；八月庆阳昼夜大雨，东、西二川洪水大涨。1940年6月28日，华池胶泥崾岘降雹；6月30日、7月17日华池县数次降冰雹、暴雨。冰雹打死脚户一人，雷电击死牛3头，洪水冲去毛驴6头。1943年春，华池晚霜并降雹。1943年秋，陇东各分区连降冰雹，华池县柔远、温台、悦乐区之糜谷、荞麦、蔓豆等被砸7/10以上。1944年麦收前，华池元城区降雹，大如鸡卵，426户、1878人受灾，死牛23头、骡1匹、羊120只，县政府拨救济粮38石。1944年秋，华池县降霜特早，山、川区秋禾受冻严重，荞麦多无收成。二将川、豹子川荞麦绝收，糜子受灾3成。1945年春，华池县连续北风，春旱，小麦“风干”青枯。1945年夏，华池县元城、白马等区蚜虫、黄鼠等为害。1945年秋，怀安遇雹，大如鸡蛋。1945年，早霜，继之风雪，除蚕豆外，多无收获，荞麦绝收。1947年，华池县10个乡降雹，毁庄稼12000亩，损失粮食1081.8石。1947年8月，早霜、冰雹，秋田绝收1139亩。1948年4月1日，晚霜约铜钱厚，杀死秋苗、麦子，加上黄疸（锈病），全县损失80%。1948年夏，麦子起黄疸生虫子，减产40%。①

由地形和灾荒直接带来的影响就是人烟稀少，交通不便。即使是现在很多地方还是如此，据2006年《陇东报》题为《张志一在环县调研时要求努力提高群众生产生活水平》一文中还提到："环县自然条件差，农民居住分散，存在许多急需解决的问题，如集雨集流、农电入户、乡村道路等群众吃水、用电、行路问题。"②更不用说边区时候的人口分布与交通了。

陇东当时的生活水平，还可从1947年9月2日陇东专员公署发布"严禁敌方奢侈品进口的命令"中反映出来，当时所谓严禁进口的奢侈品包括：各种纸烟卷烟、各种迷信品、各种酒（包括果子、汽水）、各种洋糖、各种首饰面粉、各种发油脂膏、各种洋鞋洋袜、各种绸缎和麻织品、各种镜子玻璃、各种罐头海菜、各种玻璃衣带梳、各种洋碗脸盆碟子、各种手电筒，及其他非必需品。准许进口的货物是：土布、市布、洋布、斜布；棉花纱线、火柴、颜料、犁铧、药品、文具印刷器材，及其他必需品。③

边区的地理位置和自然资源决定了边区的产业结构，边区的产业结构决定了边区以农业为主，天灾决定了边区居民与边区政府生存的艰辛；④而供给与需求之间的严重不平衡，决定了边区政府对农业的极度重视。加之交通不便，人口分散，使得边区的诉讼成本提高，除了路上的盘缠之外，还

---

① 《华池县志》编纂委员会编：《华池县志》，甘肃人民出版社，2004年，第85—99页、第101—107页。

② "张志一在环县调研时要求努力提高群众生产生活水平"，《陇东报》2006年12月25日第1版。

③ 庆阳档案馆藏，陇东分区专员公署全宗，卷106，本署关于金融贸易整顿财粮、食盐运送统销、牲口税征收、严禁敌方奢侈品的通知。

④ 如果条件不艰辛，国民政府也不会轻易放弃，任凭共产党去发展壮大。陇东地区的西峰位于陇东最大的塬——董志塬——上，是高原上的平原，在边区时代，一直属于国民政府的管辖区域。

有时间的代价，加重了诉讼的负担，也严重影响了生产。在个人诉讼与社会生产、个人权利与边区生存之间，产生了冲突与张力。陇东的落后交通、旱地耕作、频繁灾害，使得这一冲突更加明显，也更加剧烈。发展农业、不违农时，对经济发展提出了艰巨任务的同时，也对司法工作提出了挑战。①

三、依托的司法环境

边区司法实践的困境主要有两方面，一个是刑讯逼供的问题，一个是边区政府制定的法律与地方风俗民情的张力。这是两个持久存在，又迫切需要解决的问题。

（一）刑讯逼供在边区的普遍存在及其成因

早在1940年就发现司法秩序混乱，一些机关、团体、学校及个人发生侵害人民权利的事情，如圈占土地，践踏庄稼，砍伐树木，私擅逮捕拷打及各种威吓压迫人民之犯法行为。另外，司法机关、保安科刑讯逼供的现象也很严重。因此，1940年边区政府、边区高等法院联合发布《建立司法秩序，确定司法权限》的训令，明确规定人民无私擅逮捕审问及处罚犯人之权；机关学校或社团不准捆绑、吊打、禁闭任何人犯，亦不准擅自判刑；乡区政府所逮捕之人犯，必须连同证据及有关材料解送上级政府或司法机关处理，不得在乡

① “我们审判案子是要有根据的。我看这根据有两方面：一方面是我们党的政策和政府的法令，再就边区人民的实际生活：一是生产，一是战争。”《边区高等法院雷经天、李木庵院长等关于司法工作检讨会议的发言记录》，全宗15—96。

不违农时在陕甘宁边区尤其重要，事关收成之大事。“‘不违农时，谷不可胜食也’，我到北方才感到这句话意义的严重。南方温热期长，虽然下种要及时，但迟几天同样可以成熟，北方就不然。去年我们种的洋柿子、大辣椒，都未黄熟，就遇到了霜天，萎了。”《谢觉哉日记》（上卷），人民出版社，1984年，第404页。

区政府拘留至24小时以上；县政府裁判员受理一切民刑诉讼案件，负责审判；县政府裁判员不得使用刑讯。[①]

1941年边区高等法院对各县司法工作的指示中仍然在强调："我们在边区必要做到真正尊重人民的权利，边区就不会再有对群众打骂威吓，任意拘捕捆绑，滥用刑讯以及随便砍伐树木、侵占土地房屋、敲诈勒索的事件发生，这样才能够真正地建立革命的秩序，至于破坏革命秩序违犯法律行为的罪犯，必须要拘捕处罚的，这完全是属于司法的职权范围。"同时强调，审判员在审理案件时，要"采取解释说服及探问方式，绝对的禁止使用刑讯。诱骗谩骂，亦不许可。传讯审问没有得到具体的口供，则搜集各种切实的证明。既无口供，又无证据，也不能够提出充分犯罪的理由，无论如何重大的案件，亦不能凭空定案"[②]。

刑讯的主要原因，除司法惯习之外，主要有两方面：一个是由于缺乏仔细的实地调查研究，另一方面是边区专业化程度低，侦察技术缺乏，从而导致对口供的依赖性增大。这些情况在1945年的时候还存在，如一桩窃布案，因王六那里有哥老会的组织，就怀疑是他干的，保安科将他扣起来后，就拷打，打到受不了，就有口供下来，王六乘机逃跑之后，就将平时与王六较好的师张锁等吊起，拷得相当厉害，手成了残废，不能动，只有一个大拇指可以动一下。审判员问拷打的人为何拷打至此，回答说他有二流子习气，结下的人不大正派。当审判员问师张锁他的手如何时，他说"新民主主义的政府打成这样的"[③]。在司法人员当中有些人认为只要有口供就是千真万确了，比如过去在清涧，有一个土匪案件，就是因为片面相信口供，采用刑讯逼供，造

① 《边区政府、高等法院关于建立司法秩序、确立司法权限的联合训令》，全宗15—10。
② 《边区高等法院对各县司法工作的指示》，全宗15—11。
③ 《边区推事、审判员联席会议发言记录》(一)，全宗15—76。

成了冤案。[①] 甚至有相信鬼告状的事情，陈述这一情况的审判员认为缺乏调查研究是一个比较严重的问题。[②]

（二）边区政府制定的法律与地方风俗民情的张力

这个问题在许多方面都有反映，如土地典权等。这里暂举争议最大的婚姻问题来说明二者之间的巨大张力。边区实行男女平等，婚姻自由，禁止买卖婚姻。但是边区买卖婚姻由来已久，买卖婚姻屡禁不止。至老百姓对这买卖婚姻有两种不同见解：本地人认为"女子在家要吃要穿，临出门还要赔些啥，所以应该卖"。客户认为"女子也是儿女，起码要顶半个子，订的亲，以后两亲家还有个拉扯，一卖就卖断啦"。当时居统治地位的是前一种意见。婚姻条例规定婚姻自由，但是边区女性在总人口中所占比例很低，离婚多是由女方提出，提出离婚的多是穷苦的群众，离婚后男方再婚相当困难，"这样弄下去（指离婚）将来就是干部有女人，有钱的人有女人，穷人没有女人"[③]。不准离，则会出现很多的人命案。[④]

司法机关陷入了两难困境之中，要合理地解决这些问题，就必须到当地去了解具体的各种社会原因、群众的观点，寻求妥当的解决方法。

（三）马锡五的个人魅力

有了以上的客观需要，不一定就能产生解决的办法，还需要一个精明能干、勇于发现问题、大胆创新、解决问题的实干家。从马锡五的个人简历和

① 《边区推事、审判员联席会议发言记录》（三），全宗 15—78。关于这方面的案件还很多，可参考《边区推事、审判员联席会议发言记录》（四），全宗 15—79；《边区推事、审判员联席会议发言记录》（八），全宗 15—83；《边区推事、审判员联席会议发言记录》（十），全宗 15—85，等等。

② 《边区推事、审判员联席会议发言记录》（八），全宗 15—83。

③ 《边区推事、审判员联席会议发言记录》（三），全宗 15—78；《边区推事、审判员联席会议发言记录》（四），全宗 15—79。

④ 《边区高等法院关于司法工作存在问题的报告》，全宗 15—199。

其从政经历中，我们可以看到马锡五本人的特别之处，明白为什么他这样的人会成为边区新型审判方式的创始人。①

1.马锡五的简历

马锡五是陕西保安（志丹）县人，县立模范小学毕业后，因家境贫寒辍学外出谋生。曾在油坊当过学徒，做过小商贩，在国民政府里当过职员，到军阀部队当过排长。1930年春结识刘志丹，开始革命生涯，曾与刘志丹踏勘南梁山区，为创建以南梁为中心的边区革命根据地提供了依据。此后历任南梁游击队、西北反帝同盟军、红十六军之军需。1935年加入中国共产党，1934年5月至1936年4月，历任陕甘边区革命军事委员会供给部长、陕甘省苏维埃政府粮食部长、经济部长和省苏维埃政府主席，陕甘宁省苏维埃政府主席。从南梁根据地的成立，再到边区苏维埃的成立，马锡五都与刘志丹并肩作战，负责军需或负责供给。1937年10月任边区政府庆环专员公署专员兼曲子县县长。1940年春起任陇东专员公署副专员、专员。1943年3月兼任边区高等法院陇东分庭庭长，因其对华池封捧儿婚姻案的审理，将其审判方式称为马锡五审判方式，被广泛学习。1946年任边区高等法院院长。1949年之后，历任最高人民法院西北分院院长兼西北军政委员会政治

---

①　我们可以说，就地审判并不是什么新鲜的、首创的审判方式，在清朝这种制度就已经存在，《钦定大清会典》卷56农忙停讼条，《集成续初》续11典记载："若查勘水利界址等事，现涉争讼，清理稍迟必致有妨农务者，即令州县亲赴该处审断速结，不得票拘至城，或至守候病农，其一切呈诉无妨农业之事，照常办理，不许藉称停讼，任意稽延，仍令该管官巡道严密申报，据实参处。"苏维埃政府于1932年6月9日公布之《裁判部暂行组织及裁判条例》第12条，各级裁判部可以组织巡回法院，到出事地点去审判，比较有重要意义的案件可以吸收广大的群众来场旁听。1942年《陕甘宁边区民事诉讼条例草案》第4条："司法机关得派审判人员流动赴事件发生之乡市，就地审理，流动审理时，审判人员应注意当地群众对于案情意见之反映，为处理之参考。"1942年1月颁布的《陕甘宁边区行政督察专员公署组织暂行条例》第13条规定，专员应亲自轮流巡视各县。马锡五正是在巡视华池县时，碰上并处理封捧儿婚姻案，真正将这一制度与群众路线联系起来，落到实处，并解决了问题。虽然如此，并不能因此否定马锡五的贡献。

法律委员会副主任、最高人民法院副院长等职。①

2.与哥老会的交道

哥老会的起源与发展，学界有许多不同的观点。② 在边区时代哥老会已经遍布陕甘，陕甘宁哥老会是为了应付残酷的自然与社会环境而出现的、以“互助”为目标的民间秘密结社，已广泛地渗透到社会各阶层中。特别是从20世纪20年代末到30年代初，西北地区肆虐的大饥荒使农村经济解体，村民们为了获得生存保障，更加积极地加入哥老会。③

1936年6月陕甘宁省苏维埃政府成立，马锡五任主席。他积极发动群众支援红军进行西征战役，并深入环县、曲子地区做哥老会工作，巩固发展陇东革命根据地。是年8月，马锡五在河连湾特邀庆阳、环县、西峰、三岔等地哥老会大爷开会，到会80余人。马锡五以红帮大爷身份参加，并在会议传达中华苏维埃共和国临时中央政府对哥老会的政策，与会代表李荣、许某做了大会发言。决定成立“中华江湖抗日救国会”，并设立陕甘宁省哥老会招待所，广招各地积极抗日的龙头大爷及江湖爱国好汉。会议期间，省政府设宴招待与会全体代表。④

3.环县叛乱的善后处理

1939年，环县发生土匪武装叛乱事件。庆环地委、专署和军分区，根据党中央和毛泽东的指示，迅速粉碎了这场武装叛乱。平叛以后，由马锡五去

① 《华池县志》编纂委员会编：《华池县志》，甘肃人民出版社，2004年，第1071—1081页、第1164页；《中国共产党历史大辞典》（总论・人物），第116页。

② 参考吴善中：“从咽噜到哥老会”，《扬州大学学报》1994年第4期，第35—39页；[韩]尹恩子，“哥老会起源问题研究综述”，《清史研究》2002第1期，第106—113页。

③ [韩]朴尚洙：“20世纪三四十年代中共在陕甘宁边区与哥老会关系论析”，《近代史研究》2005年第6期，第134—162页。

④ 参考《环县志》编纂委员会编：《环县志》，甘肃人民出版社，1993年，第54页；《庆阳地区志》第一卷，第72页；《中国共产党历史大辞典》（总论・人物），第116页。关于中共与哥老会的关系，还可参考[韩]朴尚洙：“20世纪三四十年代中共在陕甘宁边区与哥老会关系论析”，《近代史研究》2005年第6期，第134—162页。

做善后工作。马锡五经过调查研究，发现俘虏当中，多数是当地被叛匪裹胁的农民。马锡五就对他们采取区别对待的方针：对匪首和罪恶严重的叛乱分子，坚决予以惩办；对于被裹胁的农民，则免除刑事处分，教育后释放，命其回家生产，并通知其所在地政府，教育群众，不要歧视这些人。对于生活困难者，要给予救济。这种处理办法，既惩罚了叛乱首恶，又挽救了被裹胁的农民，争取了他们的家属亲友，对于安定社会秩序、加强生产起到了积极的作用。①

4.封捧儿婚姻案的审理

华池县温台区四乡封家园子居民封彦贵之女捧儿，于1928年许与张金才之子张柏儿为妻。1942年边区聘礼大增，封彦贵企图赖婚，以“婚姻自主”为借口，要解除婚约，一面却以法币2400元、硬币48元，将捧儿暗许与张宪芝之子为妻，被张金才知悉告发，经华池县判决撤销封彦贵与张宪芝两家之婚约关系。1943年2月，捧儿赴赵家坬子钟聚宝家吃喜酒，遇见过张柏儿，表示愿与其结婚。同年3月，封彦贵又以法币8000元，硬币20元，哔叽4匹，将捧儿另许配朱寿昌。张金才知悉后，纠集张金贵等20余人，于深夜将捧儿抢回成婚。封彦贵起诉，经华池县判决张金才徒刑6个月，张柏儿、封捧儿婚姻无效。当时封、张两家均不同意，附近群众亦不满意。马锡五同志赴华池巡视工作，受理了该案。他首先询问区乡干部及附近群众，了解了一般舆论趋向，并派平日与封捧儿相近的人与其谈话，再亲自征求她的意见，知道她不愿与朱姓结婚，遂协同华池县有关工作人员举行群众性的公开审理，并征求群众的意见。群众一致认为：“封姓屡卖女儿捣乱咱政府婚姻法令，应受处罚；张家黑夜抢亲，既伤风化，并碍治安，使四邻害怕，以为盗贼临门，也应处罚，否则以后大家仿效起来，还成什么世界。”群众认为一对少年夫妇，不能给拆散。马锡五遂判决：张柏儿与封捧儿双方自愿结婚，按

① 张希坡：《马锡五审判方式》，法律出版社，1983年，第23—24页。

照婚姻自主原则，其婚姻准予有效；对张金才、张金贵处以徒刑，封彦贵科以苦役。①

表面看来，“马锡五所审理的案件，或者说是那些给他带来巨大声誉的案件，大都是案情较为简单，所需要的法律方面的知识并不太多，主要是一些政策性的问题和生活的经验。”②但是在笔者看来，在当时的特殊环境、特殊的司法背景之下，这些案件并不容易处理。在边区完整的法律体制还未建立，又意图通过新的法律规定来改变原有习惯，且尚无丰富的司法经验的情况下，如何处理法律与风俗人情、民间习惯之间的矛盾，又能为当时的民众所接纳，这是一个难题。就拿本案来说，买卖婚姻、抢婚都是边区政府之法律所禁止的事情，禁止抢婚还比较容易实行，买卖婚姻则在界定“买卖”和对之禁止的执行上，都有相当大的难度。在当时的情境下，马锡五处理这个案件的合理之处，不仅在于其对封彦贵和张金才等给予一定处罚，更在于，其就地调查研究，深入了解当事人、群众的意见，排除了买卖婚姻、抢婚等婚姻成立中的障碍因素，判决封捧儿和张柏儿婚姻有效。从而形成了合理的、乐于为人所接受的解决方案。马锡五因此被称为“马青天”，马锡五审判方式也因此在边区大力推广。

以往从未涉足司法的马锡五，正是因为封捧儿等案件的处理、马锡五审判方式的产生与宣传，从此与边区司法结下了不解之缘。

四、发挥的实际作用

马锡五审判方式诞生后，解决了一系列司法实践中遇到的难题，主要包括：

---

① 《本院司法工作举例》，全宗15—186。

② 侯欣一：《从司法为民到为民司法——陕甘宁边区大众化司法制度研究》，中国政法大学出版社，2007年，第215页。

（一）便于法庭收集证据

深入当地调查研究，方便取证，易于发现案件的实情，尤其在涉及婚姻、土地侵占等复杂案情时，更是如此：

首先，在书面材料和实际调查之间有一定的差距。在就地审判时，可以就地取证，很方便询问证人，弄清事实真相。这是书面证明材料无法代替的。① 否则，事发地点与法庭相距七八十里，在道路崎岖、依靠步行的时代，"坐堂问案"的法官搞清事实是一件相当困难的事情。

其次，由于边区土地改革实施的程度不一，地区差异很大，产权难以确定，土地侵占案件频繁发生，解决的难度大。因而，进行实地考察，鉴别地契的真假，是解决案件纠纷的关键。定边县有 个叫王弄的人，原先只有二十几垧地，见这个地方的地好，以后要涨价，就花 3 年的时间，把自己的地和别人的地步量完，然后开始说他的地原是多少，现是多少，找他的地邻把地要回来。由于他把自己的地、别人的地长多少步宽多少步、东至什么地方、西至什么地方，说得一清二楚，别人对自己的地也不太清楚，一听他说的和实际相符，就给他拿去一些。还通过别人争地的时候，从中挑拨，等地弄到手，他说那地也有他的份。长期下来，共赖了二百垧地，人称"赖地英雄"。最后，真相在就地审判时被查出来，王弄说："谁知道现在政府做官跑到地头来做官呢？我本想要赖 300 垧地呢，我 3 年的工夫白花了，我想赖 300 垧地呢！"还说，"你不来，他们无论如何搞不出我这样多的地来。"②

最后，对于一些偷盗、婚姻案件，通过当地民众的实地调查，可以了解当事人的状况、案件的背景、发生过程，有助于作出合理的判决。③

---

① 《边区推事、审判员联席会议发言记录》（九），全宗 15—84。

② 《边区推事、审判员联席会议发言记录》（六），全宗 15—81。

③ 《边区推事、审判员联席会议发言记录》（三），全宗 15—78。

（二）省时省钱，利于当事人生产、生活

边区地处黄土高原，当事人一般与地方法院或司法处比较远，离第二审机关——边区高等法院分庭——更远，虽然法庭不收诉讼费，但来回的路费已经花费不少，如果案情复杂，涉讼时间较长，住店钱更是一笔巨大的开销。到头来往往误了生产、赔了家产。就拿交通比较方便的延属分区来说，张宗保和三寡妇争继承权的案子，三寡妇到延安的路费加上住店费就要花两百万。张宗保等到延安也要花二三十万，把案子搞清楚也要 20 天或一个月左右。把路费、住店费、误工费加在一起，是一项颇大的支出。所以，穷苦的人有冤也不会到延安上诉。[①] 对于交通落后、地势崎岖的其他分区来说，更是如此。

（三）充分了解当地的民情风俗

了解民间的风俗民情，为判决或调解，及进一步制定合理的政策法令提供充分的资料。如典卖土地，陕北的风俗一般是“典地千年活，卖地笔下死”。当时边区的法律曾一度规定，赎地最长期限为 30 年。由于与当地风俗冲突太大，不得不调整，如 1943 年 9 月规定，“典当时效的处理，有约定者从其约定，无约定者，从民间习惯。”[②]在婚姻问题上，边区存在招夫养夫的风俗，主要是由于前夫有病，没有劳动力，生活不能维持，妻子不愿抛弃丈夫，因而招了第二个丈夫。严格按边区的婚姻条例，这属于重婚，是违法行为。但是在事实上，又难以禁止，最后只要能相安无事，政府也不会主动

---

① 该卷中三寡妇雇的“驾□子”，可能是一种交通工具，因原文手写，难以辨识。《边区推事、审判员联席会议发言记录》（九），全宗 15—84。

② “关于土地典当纠纷处理原则及关于旧债纠纷处理原则”，《边区高等法院编制：司法工作一览表》，全宗 15—25；《边区各县有关风俗习惯的调查材料》，全宗 15—57。

干涉。①

（四）教育群众，推行边区政府的政策法律

在了解当地的习惯之后，根据群众的反应，正确适用法律。如张宗保和三寡妇争继承权的案件，审判员就地调查，发现过去的习惯是男子有继承权，女子很少有继承权，同时民众当中也有能接受女子继承权的，根据这种现状，对女子继承权做详细的解释，不仅使得双方当事人明白女子继承权是怎么一回事，而且使其他民众在这个问题上有了更多的认识。② 同时通过就地审判，增强地方干部对政策法律的了解，提高地方干部解决纠纷的能力。

（五）提高政府在群众中的威信

深入乡村调查解决案件，给群众带来许多便利。过去政府除非重大的人命案，大老爷才会跑去，而现在不重要的案件就到乡村去审理、调解，群众就会认为现在这个政府才是人民的政府，使政府在群众中的威信大有提高。③

以上各点可以看出，马锡五审判方式所主张的就地审判不仅仅解决了当时所面对的现实生存和司法实践的困境，在某种程度上，还提高了政府的威信，使政治上的群众路线在司法实践中找到了突破口。马锡五审判方式开始被大肆宣传，在边区广泛实施。但是这种审判方式虽然有优点，也有其适用的条件。

---

① 《边区各县有关风俗习惯的调查材料》，全宗 15—57；《边区推事、审判员联席会议发言记录》（四），全宗 15—79；《边区推事、审判员联席会议发言记录》（七），全宗 15—82。

② 《边区推事、审判员联席会议发言记录》（九），全宗 15—84。

③ 《边区推事、审判员联席会议发言记录》（三），全宗 15—78。

五、 适用的外部条件

马锡五审判方式并不是万能药，并不是任何情况下都能够有效实施。在边区的特定环境和客观条件下，马锡五审判方式有一定的有效性，但也有其局限与不足。

首先，马锡五审判方式并非适合所有审判员。马锡五能够很顺利地解决许多别人难以解决的问题，恐怕与其地位与威信有关。在当时，很多的案子一经县长或县委书记调解，本来不满意的，也说看在县长或县委书记的面子上也就算了。[①] 也就是说，同样的解决方案，不同的人提出来时，会有不同的效果，何况马锡五是陇东分区的专员。而边区审判员、推事待遇低、级别低，所以常常给人的感觉是不管用，最终还是要告到政府里的县长或主席那里才觉得踏实。[②] 另外，在1945年审判员只能对1年徒刑、5石米以下的案件进行判决，其他案件即使当场就地弄清了事实，经过请示方能判决。所以当时的审判员认为，马锡五审判方式由负责人运用比较好实施，尤其是行政负责人。[③] 而且，在实行马锡五审判方式时，至少一个审判员，一个书记员，在比较严重的刑事案件中还需要一名法警。由于司法人员短缺，如果下乡调查，就地审判，就会出现法庭无人，甚至有的地方司法处除县长兼任处长之外，就只有一个推事或审判员，书记员还是从其他科室临时借用的。不仅如此，司法人员还要参加各种生产、动员、学习等，事极多人特少，导致没

---

① 《边区推事、审判员联席会议发言记录》，全宗15—73。

② 《边区高等法院检查工作报告》，全宗15—159；《边区推事、审判员联席会议发言记录》（八），全宗15—83；《边区推事、审判员联席会议发言记录》（四），全宗15—79。

③ 《边区推事、审判员联席会议发言记录》，全宗15—73。

人到农村去深入调查的现象。[①] 而且，审判员与当事人近距离接触，尤其就地食宿会产生很多问题，如行贿受贿。由于案件的审理不是一时半会儿就能解决，审判人员与当事人单独接触的机会比较多，更确切地说，当事人会向审判员行贿。某些人绊倒在所难免。

其次，马锡五审判方式并不适合所有的案件。重大复杂的案件，就地审理不能解决问题。就地审判的一大益处是就近在群众当中进行调查，找出相关的证据，这对于民间的许多争端如婚姻、土地案等，会有很大的帮助。但是许多重大的案件，尤其是有预谋的杀人案当中，许多的事件发生在普通民众的常规视线之外，需要靠先进的侦察技术和严密的逻辑推理，进行审判。但这对于边区来说，无异于天方夜谭，很多人命案件在发现时，就被当地行政官员将尸首先行埋葬。即使现场没有被破坏，在司法人员就地调查时，由于司法经验短缺、侦察技术落后，常常会不了了之。就地调查、就地审判并没有多大的效果。[②] 在这个问题上马锡五自己也承认，对于重大而且

---

① “关中分厅有多少法警呢，以前没有法警，到去年7月20日开司法会议的时候才提增法警的问题，到年底(才解决)。赤水以前也没有法警，到去年才开始有法警一个。其次，我们关中每县提审一共有几个人，法警二人和看守员一人、审判员一个、书记员二人就行了。分庭应该有三个人(法警看守人除过)，两个书记员、一个推事。一个书记员，到下边去调查材料，了解下面的情况。因为人员的缺少，我们分庭对下边调查巡视都不够。比如，我自到关中做司法工作以来，我只到下边去过三次：一次是有工作一定要下去，其余两次是因下边的请求到下面去的。因此，我提议□□□书记员，这样就可以了解下情，县上也应有三个人，才能应付工作。”《边区推事、审判员联席会议发言记录》(四)，全宗15—79。司法干部的短缺，由此可见一斑。另外，还可参考：《边区推事、审判员联席会议发言记录》(五)，全宗15—80；《边区推事、审判员联席会议发言记录》(六)，全宗15—81；《边区推事、审判员联席会议发言记录》(四)，全宗15—79；《边区推事、审判员联席会议发言记录》(三)，全宗15—78。

关于司法人员的生产任务，还可以参考《边区高等法院拟制干部劳动暂行条例》，全宗15—08。

② 一桩人命案，被怀疑为因奸谋命，就是在众说纷纭当中，无从断起，最后不了了之。《边区推事、审判员联席会议发言记录》(六)，全宗15—81。

复杂的案件，还是不采用这种审判方式，必须在法院中进行较严密的处理。[①] 对于所谓的狡猾的犯人，马锡五审判方式没有用。就地审判对于某些特定的地方实施起来比较困难。如人烟稀少的地方，所谓“遍野荒山，双方争执，都无证据，问四邻，邻不知”。[②] 有的知情人不愿意做证人。有的则主动作证，同时存在做虚假证据的可能性。[③] 另外，就地审判时常常召集地方的乡村干部及有威望的人参加，如士绅，但是当被认为是一种权力的时候，就会出现腐败和权力的滥用，某些干部、士绅在背后出主意，会使得案件调查时不易搞清楚。[④]

由此可见，马锡五审判方式有待冷静反思和不断改进的地方还很多，并不是一种一劳永逸的万能药。

面对马锡五审判方式的诸多优点，以及如此多的质疑，在1945年边区推事审判员联席会议上，针对马锡五审判方式，边区高等法院的代院长王子宜的总结为：

> 什么是马锡五的审判方式，我们认为马锡五审判方式【有】三【个】特点：一、深入农村，调查研究；二、就地审判，不拘形式；三、群众参加，解决问题。三个特点的总精神是联系群众，调查审讯都有群众参加，竭力求得全面正确，是非曲直摆在明处，然后把调查研究过的情形在群众中进行酝酿，使多数人认识上一致，觉得公平合理，再行宣布判决。既

---

① “边区的司法制度——与马锡五审判方式的创造人的晤谈”，《在中共解放区人民身体财产所得到的保障——边区司法保安制度考察记》，全宗15—66。

② 《边区推事、审判员联席会议发言记录》（六），全宗15—81。

③ 《边区推事、审判员联席会议发言记录》，全宗15—73；《边区推事、审判员联席会议发言记录》（五），全宗15—80；《边区推事、审判员联席会议发言记录》（八），全宗15—83；《边区推事、审判员联席会议发言记录》（九），全宗15—84。

④ 《边区推事、审判员联席会议发言记录》（五），全宗15—80。

合原则又近人情，不仅双方当事人服判，其他事外人也表示满意，此即“马青天”之所由来。我们提倡马锡五审判方式，是要求学习他的群众观点和联系群众的精神，这是一切司法人员都应该学习的，而不是要求机械地搬用他的就地审判的形式。因为任何形式是要依具体情况和具体需要来选择的。对有些同志认为马锡五审判方式“只能使用于落后地区”、“只能负责人使用”、“只能使用于很少案子上”，尤其是“在法庭内就不合宜”、“苏维埃时代已经有过的”等等，这些说法，都是或多或少地拘泥在马锡五方式的形式方面，而不是接受他的群众观点和联系群众的精神。至于群众观点和联系群众的精神，那么，不管是农村或城市，不论是上级人员还是下级人员，都完全可以，而且应该区分适用之。①

可以看出，在当时的司法界对马锡五审判方式的使用是有选择的，不拘泥于就地审判的形式，重在实践其群众观点和联系群众的精神，实实在在为群众解决问题。事实上也是这样的，当时做审判员的王怀安曾说，他自己就没有采用过马锡五的方式，只是在窑洞坐庭审案。②

在现代，很多的学者对马锡五审判方式的批判，一种是因为马锡五审判方式被教条化后产生的不良后果，如不论是否需要，以就地审判为荣的风

① 《王子宜院长在推事、审判员联席会议上“关于司法工作的总结”和座谈会研究司法工作提纲》，全宗15—71。

② “可以说，马锡五的审判成为当时条件下最好的为人民服务的、便民的审判方式。但这种类似‘包公式’的审判方式现在看来并不可取，就在当时也并非每个个案都采取此方式。我就没有采用过马锡五的方式，只是在窑洞坐庭审案。司法、行政合一，控、审合一，又没辩护人的审判制度缺乏监督、制约的机制，运行的前提是法官必须都是清官。这种方式是人治，是不宜再作为一种制度来宣扬和推广的，它只是战争时期的临时措施。在当时这种方式之所以特别受群众欢迎，一是因为方便群众，确确实实地为人民解决问题，为人民服务；二是当年党风好，干部清廉，这样才能公正审判。那种方式在今天只有它的便民精神和清廉作风仍然可贵，但作为制度已不可取。”见孙琦：“王怀安先生访谈录”，《环球法律评论》2003年夏季号，第175页。

气,甚至将群众路线的审判方式发展为批斗会,把群众观点作为审判量刑的标准。[①] 另外,还有的学者认为马锡五审判方式已经过时,等等。笔者认为马锡五审判方式之所以遭到如此多的非议,主要是在于将马锡五审判方式的适用范围无限扩大,成为一种政绩评价标准,或将其变成一场群众运动。[②]

马锡五审判方式虽然不是万能的,也不是完全的无能,如果避免将其教条化、政治化,在当今的基层司法中还能起到相当大的作用。

第二节　边区的民间调解

一、 概念与范围

民间调解是指基层群众、民众团体和基层政府通过调解手段,化解和解决纠纷的活动。"民间调解可使大事化小,小事化无;可使小事不闹成大事,无事不闹成有事。增加农村和睦,节省劳力以从事生产。"[③]民间调解既不

---

① 徐付群:"1957 年后法制建设滑坡现象探析",《教学与研究》1997 年第 5 期,第 29—33 页,第 64 页。

② 这个过程可以从刘巧儿系列文艺作品中看出来,"与古元版画以及当时的'司法解释'相比,'刘巧儿'系列的一个突出特点是人物逐渐具有了阶级属性,婚姻也开始向阶级性转换。婚姻与爱情不再是个人私事,而被纳入阶级斗争的话语秩序,完全暴露在党和群众的监督管理之下。新的婚姻和新的爱情既赋予个人追求幸福生活的权利,又对之加以限制。'刘巧儿'开始具有追求爱情的主动性,事实上这是'刘巧儿'系列的最后版本——评剧电影《刘巧儿》——的重要主题之一,也即所谓的'婚姻自主';但在择偶标准上,阶级的含义凸现出来,'劳动人民'和不劳而获的'地主'形成对立,'自主'在某种程度上就意味着在这二者之间进行选择,而最终的答案预先已经设定。"吴雪杉:"塑造婚姻",《读书》2005 年第 8 期。

③ 王定国、王萍、吉世霖编:《谢觉哉论民主与法制》,法律出版社,1996 年,第 136 页。

同于民间自行调解,[①]也不同于司法调解和人民调解。司法调解是审判机关在诉讼程序中,依据职权,根据特定的程序调解解决纠纷的活动。[②] 人民调解包括了民间调解和司法调解两个方面。[③] 从组织形式上看,边区的民间调解大致包括三类:其一是基层群众的调解,其二是民众团体的调解,其三是乡、区、县政府的调解。

二、形成与发展过程

边区的民间调解,大致经过了两个发展阶段:1943 年 6 月 11 日,边区政

① "民间自行调解就是群众自己解决自己的纠纷,不经过专门的调解机构。1943 年6月11 日《陕甘宁边区民刑事调解条例》第 4 条规定:调解之进行,'由双方当事人各自邀请地邻、亲友……到场评议曲直,就事件情节之轻重利害提出调解方案,劝导双方息争。'这种以双方自愿为原则,经由当事人可信赖的、在群众中享有威望的人物(劳动英雄、公正人士等)所进行的调解,曾在陕甘宁边区广为推行,取得了良好的效果。绥德西直沟村由于郭维德等调解工作做得好,数年间没有人打官司,成为民间自行调解的模范村。"张希坡等:《中国革命法制史》,中国社会科学出版社,2007 年,第 443—444 页。区分民间自行调解和民众团体调解的提法,将民间调解的范围严格限制在了地邻、亲友等范围,例如,1948 年 8 月 6 日,边区高等法院发布的《加强民间调解,推行劳役交乡执行,法官下乡就地审判,有益增加生产支援前线》的指示信中,就将"民间调解、区乡政府调解、群众团体调解"并列。但是,如果将民间调解的范围确定为"群众自己解决自己的纠纷,不经过专门的调解机构。"那么,民众团体调解和政府调解都符合这一特征:他们都非专门的调解机构,调解和解决纠纷仅仅是其职能的一部分。

② 谢觉哉认为,马锡五审判方式最大的特点,是审判与调解结合,"是审判,也是调解。这种方式的好处,政府和人民共同断案,真正实行了民主;人民懂了道理,又学会了调解,以后争讼就会减少。"王定国、王萍、吉世霖编:《谢觉哉论民主与法制》,法律出版社,1996 年,第 137页。司法调解依据职权进行,《陕甘宁边区民刑事调解条例》第 11 条规定:"法庭以职权依据本条例之规定进行调解;或指定双方当事人的邻居、亲友在外从事调解。"

③ "各抗日根据地民主政府在确立和加强人民司法工作的同时,一开始就大力扶植和推广各种形式的人民调解。……从严格意义上,人民调解作为我国特有的法律制度,正是在抗日战争时期形成和发展起来的。对当时各抗日根据地政府颁布的专门条例和指示所作的分析表明,调解的组织形式大体有以下四种,即民间自行调解,群众团体调解,政府调解和法院调解。"张希坡、韩延龙主编:《中国革命法制史》,中国社会科学出版社,2007 年,第 442—443 页。

府制定并公布了《陕甘宁边区民刑事件调解条例》，边区高等法院颁布了一系列指示信，民间调解在各地得到了广泛的推行，涌现出了一批调解英雄。司法调解中出现了审判与调解结合的马锡五审判方式。司法机关提出了“今后各审判人员办案的成绩即以每月案件调解成立的多少列为考绩标准之一”① 等政策措施，在推行民间调解的同时，制订乡村公约，强化村民自我约束和自我管理。② 在《谢觉哉日记》中收集了张家圪崂村村民公约，全面体现了村民自治的精神。③

1945 年 12 月 29 日，边区高等法院王子宜院长在边区推事审判员联席会议上的总结中，提出了关于司法调解的政策，限制司法调解的适用范围，是发展的第一阶段。1948 年 9 月 2 日，边区高等法院发布了《加强调解，劳役交乡执行，法官下乡就地审判以发展生产》的指示信，即安字第 3 号，提出了新的调解原则，各地进行了民间调解的调查和总结，重新推行司法调解，扩大了司法机关对民间调解的指导力度，至边区建制撤销，是民间调解发展

① 《边区高等法院关于加强调解、劳役交乡执行，法官下乡就地审判以发展生产的指示信》，全宗 15—14。

② 边区高等法院在如何办理三届参议会关于司法提案的指示信中，指出：“为普遍减少人民讼累，以免耗费时间、劳力、资财于讼争。同时以乡村和睦之实益及讼争之实害教育人民，故须订人乡村公约以各种方法宣传教育。切实做到减少讼累，增强生产即以调解为主判决为辅，配合边区实际情况改进司法部门工作。”《边区政府、高等法院关于建立司法秩序、确定司法权限的联合训令》，全宗 15—10。

③ 该“村民公约”内容如下：一、全村人，勤生产，丰衣足食，生活美满。二、不吃烟，不赌钱，人人务正，没个懒汉。三、不吵嘴，不斯斗，邻里和睦，互相亲善。四、多上粪，仔细拨，人畜变工，大家方便。五、秋地翻，锄四遍，龙口夺食，抢收夏田。六、婆姨们，多纺线，不买布匹，自织自穿。七、多栽树，多植棉，禾苗树木，不许糟践。八、识字班，好好办，不误生产，又把书念。九、抗工属，优待遍，吃的又饱，穿的又暖。十、公家事，认真干，公粮公款，交纳在先。十一、生产事，议员管，服从检查，接受意见。十二、好公约，要实现，谁不遵守，大家惩办。见《谢觉哉日记》（上卷），人民出版社，1984 年，第 471 页。

的第二阶段。①

(一)第一阶段

1943年以前,"在群众里头,还没有造成一个广泛的群众运动,把群众发动起来,解决纠纷。还是在案子发生以后,由乡、区一直转到县上,如果不行则司法处、一科。"②1943年6月12日,边区政府制定并公布了《陕甘宁边区民刑事件调解条例》(以下简称《条例》)。对民间调解给予了特别的规范和肯定:

首先,《条例》第1条规定:"提倡民间调解纷争,减少诉讼";第11条规定:"系属法庭之案,得由法庭以职权依据本条例之规定进行调解,或指定双方当事人之邻居或亲友或民众团体在外从事调解。"从而肯定了民间调解的地位。通过司法机关指定双方当事人的邻居或民众团体调解纠纷,实现司法与民意的沟通和交流,司法对民间调解的肯定和支持,推动民间调解的发展。不仅立法中强调对纠纷的调解,强调民间调解的运用。司法实践中,对民间调解也给予了充分的关注:"近来逐渐注意到调解,并有将流动审判(即

---

① 杨永华、方克勤认为,边区调解制度的发展,经历了三个阶段:"第一阶段,从1937年7月陕甘宁边区政府成立到1943年6月《陕甘宁边区民刑事件调解条例》公布以前";"这时的调解的原则不明确,调解的范围较狭窄,调解的程序不完备,调解的形式不健全,整个调解制度处于初级阶段";"第二阶段,从1943年6月《陕甘宁边区民刑事调解条例》的公布到1947年3月蒋胡军队进攻边区以前";"经过四年来在实践中的探索,不断地总结提高,取得了比较符合规律的认识,使这个时期的调解工作走上了法律化、制度化的阶段";"第三阶段,从1948年4月光复延安到1950年5月陕甘宁边区建制撤销";这一时期,"重新解释了调解的原则,使之科学化,并且特别强调,在调解工作中,要发动群众,调查研究,适当照顾经济贫穷的群众,合理解决纠纷。"详细的论述,参见杨永华、方克勤:《陕甘宁边区法制史稿·诉讼狱政篇》,法律出版社,1987年,第189—193页。侯欣一也将陕甘宁边区的"人民调解制度的推行",分为三个阶段:1943年至1944年上半年为第一阶段;1944年下半年至1945年底为第二阶段;1946年以后为第三阶段。参见侯欣一:《从司法为民到人民司法——陕甘宁边区大众化司法制度研究》,中国政法大学出版社,2007年,第274—279页。

② 《边区推事、审判员联席会议发言记录》(三),全宗15—78。

巡回审判)与调解结合应用者,亦有着重民间调解,批交区乡政府与地方人民调解者,如绥德、陇东皆实行上述两种调解。"①

其次,《条例》第2条规定:凡民事一切纠纷均应厉行调解;凡刑事,除明确列举的各罪不许调解外,其他各罪均得调解。② 调解范围最大的特点在于,排除了对危害国家和社会利益的犯罪的调解,排除了对故意杀人及掳人勒赎等严重侵害个人利益的犯罪的调解,排除了对习惯性犯罪(即惯犯)的调解,将刑事案件的调解,严格限制在某些侵害个人利益犯罪的范围内。

再次,《条例》第3条规定:民事及得许调解之刑事,其调解之方式为:(一)赔礼、道歉,或以书面认错;(二)赔偿损失或抚慰金;(三)其他依习惯得以平气息争之方式,但以不违背善良风俗及涉及迷信者为限。另外,《条例》第4条、第5条和第6条分别规定:调解的主体可以是双方当事人的地邻、亲友、民众团体,也可以是乡(市)政府、区公署,或县(市)政府,还可以是司法机关。调解可以在案件的侦察、审判、上诉和执行程序的所有环节进行。调解方式最大的特点,是将调解作为解决纠纷的首选途径予以推行,将调解作为贯穿所有纠纷解决环节的重要方式。

最后,《条例》第8条规定:"如已系属司法机关有案者,应由双方当事人另写一份和解书共同签名盖章(或捺指印),送司法机关请求销案。"根据边区高等法院的规定,销案的具体程序为:"法庭查核调解内容条件,当事人对

---

① 《边区政府、高等法院关于建立司法秩序、确定司法权限的联合训令》,全宗15—10。

② 《陕甘宁边区民刑事案件调解条例》规定,不适用调解的范围包括:"(1)内乱罪;(2)外患罪;(3)汉奸罪;(4)故意杀人罪;(5)盗匪罪;(6)掳人勒赎罪;(7)违反政府法令罪;(8)贪污渎职罪;(9)妨害公务罪;(10)藏匿人犯及湮灭证据罪;(11)破坏货币及有价证券罪;(12)伪造公文印信罪;(13)破坏社会秩序罪;(14)伪证罪;(15)公共危害罪;(16)破坏交通罪;(17)伪造度量衡罪;(18)妨害农工公益罪;(19)烟毒罪;(20)其他有习惯性之犯罪。"另外,1943年8月28日,边区高等法院发布了"执行本年七月边参常驻会政府委员会联席会议通过的司法提案"的指示信,认为:"伤害罪、妨害自由罪、妨害家庭罪、妨害婚姻罪、侮辱罪、掠诱及和诱罪、妨害名誉罪、妨害风化罪、妨害私人秘密罪、侵占私人财物罪、诈欺罪、赃物罪、恐吓罪、遗弃罪、诬告罪、毁损罪,以及其他受害主体属于私人之犯罪等。这些案件均可试行调解。"

于调解内容履行完或有担保可能履行而无翻异者，案内被告人如在押时，可问明受害人及调解人意见。予以保释销案。”[①]调解成立，视为案件和解，司法机关应将原案准予撤销。

过分强调民间调解的作用，尤其司法机关不适当地强调司法调解的适用，导致了严重的后果：第一，多次重复调解，增加了纠纷的处理环节，降低了纠纷解决的效率，背离了调解的初衷：“先由双方邻居亲友调解，不成，经过乡、区、县各行政部门，又调解不成，始得移请司法机关处理，将所有材料并为移交，若有新的发现，须续为移交，最后司法机关进行调解，又不成立时，始予以判决。”[②]这些做法，导致的后果是：“老百姓说：‘事情发生了，你们不给解决，非要调解，在调解的时候，先经过乡调解，再经过区调解，再经过县调解，分区调解……’是在调解的时候乡不一定有时间把人家打发回去，过几天再来调解，在乡调解不了到区，区说现在没有时间，过几天再来调解，等到区不能调解又到县……，一直这么三番五次的搞，问题也解决不了。”[③]第二，在调解协议的效力上，规定：“如初次调解承诺后，复又翻异者，亦可再次进行调解，以后各司法机关的司法人员对于应行调解的案件，不经过调解程序，遽行判决，致令当事人挟气不服，来上级上诉者，上级仍须将原案发回原审机关更行处理，解决问题。”[④]对调解协议的性质缺乏明确的定位，对调解协议的效力没有进行必要的肯定，民间调解在化解纠纷中的作用，大打折扣。第三，某些类型的纠纷，并不适合调解解决。不加区分地调解所有纠纷，机械调解，不仅不能有效消除纠纷，而且导致深层的社会矛盾：“在民间发生了诬赖的案件调解就不合适，因为一调解总有一方让步。一让

① 《边区高等法院关于加强调解、劳役交乡执行，法官下乡就地审判以发展生产的指示信》，全宗15—14。

② 《边区政府、高等法院关于建立司法秩序，确定司法权限的联合训令》，全宗15—10。

③ 《边区推事、审判员联席会议发言记录》（六），全宗15—81。

④ 《边区高等法院关于加强调解、劳役交乡执行，法官下乡就地审判以发展生产的指示信》，全宗15—14。

步，那个赖地的就占了上风，被诬赖的就吃了亏，特别是土地案子发生这样的情形非常多，老百姓发生了事情不管乡、区、县都是这样。”①

在1945年10月18日—1945年12月29日召开的边区推事审判员联席会议上，对调解进行了反思。王子宜院长在大会总结中指出：“民国三十二年六月，边区政府提出调解政策，并公布调解条例，这是正确的，因为民间纠纷有很多是可以调解的，并且应该按照自愿的原则加以调解，以减少人民中不必要的诉讼。但对调解有些过分强调，如条例上规定民事，‘厉行调解’，一部分刑事，‘均须调解’。如后来笼统地提出‘调解为主，审判为辅’。而边区高等法院在自己的指示信中规定‘调解是诉讼必经程序’，‘调解数字，作干部考绩标准’，更是不适当的”；规定“今后县政府一科也可以不再担负调解责任。”②会议上，李木庵对王子宜的总结，提出了不同的意见和建议，“法庭不调解一项。此层是值得斟酌的，因为调解制度是社会政策。在民事案件中，各国都是提倡和解的，民事诉讼法上都有关于和解的专章规定。因为有的案子以调解为宜。例如地方上双方都成群众性的案子，发生后，当事人一时愤气，来到法庭打官司，这时法官就不宜即时直率判决，使败诉的一方结仇挟恨，激成其他是非，就要以进行调解为宜，或指定适当人调解，经过调解人劝导，双方觉醒，归于和平，调解结果成立，就可消除地方无穷祸害。”③李木庵的意见，对正确对待调解（包括民间调解），具有重要的作用。但是，从1946年开始，司法调解不再受到重视，民间调解失去了司法调解的有效支持，陷入了低谷。

在民间调解发展的第一阶段，立法机关的推动功不可没。民间调解通

---

①　《边区推事、审判员联席会议发言记录》（六），全宗15—81。

②　《王子宜院长在边区推事、审判员联席会议上的总结报告》（1945年12月29日），全宗15—70。

③　李木庵：“对司法会议总结的几点意见”，《王子宜院长在边区推事、审判员联席会议上的总结报告》（1945年12月29日），全宗15—70。此处的“司法会议”即边区推事、审判员联席会议。

过立法规范和参议会的外部推动，在解决积压的各类纠纷中，发挥了一定的作用。民间调解作为一种独立的解决矛盾和纠纷的途径，离不开司法调解的配合，尤其离不开司法机关的支持。否则，调解协议不能受到司法机关的保护，民间调解与司法调解之间缺乏互动与支持，民间调解就无法发挥应有的作用。

（二）第二阶段

1948 年 8 月 6 日，边区高等法院发布了《加强民间调解，推行劳役交乡执行，法官下乡就地审判，有益增加生产支援前线》的指示信。提出："发动群众，调查研究，不论民间调解，区乡政府调解，群众团体调解，要将是非曲直弄清，都须经过周密的调查与详细的研究，而要调查的真实，调解的适当，主要的应依靠当地积极而公正的群众，没有他们的积极参加与帮助是不会搞好的"；"写调解书作为凭证，凡经群众调解成立之重要案件，应有调解书，凡经过区乡政府，群众团体调解成立之案件（尤其是土地案件），最好都有调解书，作为日后凭证。"①指示信对民间调解所达成的协议的性质，没有作出实质性说明。但是，对调解协议的"凭证"性质的强调，对肯定和保护民间调解，是一个明显的发展。

1948 年 9 月 2 日，边区高等法院发布了《加强调解、劳役交乡执行、法官下乡就地审判以发展生产》的指示信（安字第 3 号），认为："各级司法机关都应当将领导此工作当作本身主要业务之一，首先利用一切机会教育区乡政府及群众团体工作人员，使他们了解这是为人民服务的具体工作，任劳任怨，负责进行；同时，讲清调解原则和办法，帮助解决疑难"；"不拘形式地进行群众审判和确实解决问题，根据不同案情或以调解解决或以审判解决；或

---

① 《边区高等法院关于加强调解、劳役交乡执行，法官下乡就地审判以发展生产的指示信》，全宗 15—14。

组织人民法庭审理或邀请群众参加,法官自己审理,这种工作方式,不仅可以减少群众时间的浪费,而且足以教育群众,又教育司法工作人员本身。”①指示信不仅注意到民间调解和司法调解的关系,而且试图通过司法调解和民间调解的结合,提高纠纷的解决效率,保证纠纷解决的效果。

1948年12月12日,边区高等法院给黄龙高等分庭转洛川县司法处的批答中,强调:“在这半年多来,的确各区调解了不少的纠纷,已取得群众拥护,但有些区乡个别同志,在调解纠纷中发生使用肉刑(如绑吊打、“坐飞机”、烧红铡背烙人)给人判罪、科罚金等严重的错误行为,如不立即纠正,势必脱离群众。”②司法机关及时发现并纠正民间调解中发生的各种偏向,保证了民间调解的健康发展。

在第二阶段,边区高等法院的推动成为民间调解逐渐推广的动力。边区的民间调解,虽然未能对调解协议的性质和调解协议的效力,作出明确的规定,实践中没有处理好民间调解和司法调解的互动关系。但是,边区确立了民间调解的原则和具体的范围,标志着民间调解逐渐成熟。调解制度的执行,在解决民间纠纷中,发挥了积极的作用。

三、 主要类型

(一) 基层群众的调解

基层群众的调解,具体是指纠纷双方的亲邻、地方上有威信的士绅,以

① 《边区高等法院关于加强调解、劳役交乡执行,法官下乡就地审判以发展生产的指示信》,全宗15—14。

② 《黄龙分庭调解工作总结和赵志清在洛川了解有关司法工作材料及高等法院的批答》,全宗15—492。

及基层组织的负责人等积极主持参与民间纠纷的解决。① 谢觉哉对群众组织的调解，曾经作出过详细、客观的说明：边区“号召劳动英雄、有威信的老人、绅士等参加调解——不一定要当村主任、村长。会调解、调解有成绩的人，应当受到政府的奖励和群众的尊敬，要选拔调解英雄，因为他们为人民做了好事。90%以上甚至100%的争执，最好都能在乡村中由人民自己解决。”②

基层群众的调解，在实际的社会生活中，在纠纷解决中，占有什么地位？如上所述，谢觉哉对基层群众自己解决纠纷，寄予了厚望。但是，实际生活中基层群众自己解决纠纷的比例如何？强世功的判断是：“从司法统计的资料看，每年由区乡公署调解的案件占很大的比例，真正由群众自己调解的案件实际上很少。”③对照边区高等法院司法档案资料，强世功的判断，令人怀疑：

第一，民间调解与司法调解是两个不同的系统，强世功所引用的“司法统计的资料”，可能包括了区乡公署调解的案件，当然未能包括基层群众自己调解的纠纷。由此得出结论说，“真正由群众自己调解的案件实际上很少”，结论不能成立。

第二，即便强世功本人，也对边区基层群众通过调解了结了大量纠纷的

① “在民间调解实践中，参与调解工作的有劳动英雄、有威望的公正人士、公正绅士、德高望重的长者、主持公道的老人，此外还有四邻、亲友、户族长老等。……主持民间调解的这些人，其所以能够从群众中涌现出来，一般具有以下条件：一是为人正直，有和事的历史，在群众中有影响；二是有调解的经验和说理的能力；三是本人对调解感兴趣，热心为群众办事；四是家庭生活不甚苦难，有条件从事这项义务工作。”杨永华、方克勤：《陕甘宁边区法制史稿·诉讼狱政篇》，法律出版社，1987年，第207页。这里所指的“民间调解”，仅系狭义而言，既没有包括民众团体，也没有包括村主任、村长等调解人员。

② 王定国、王萍、吉世霖编：《谢觉哉论民主与法制》，法律出版社，1996年，第136页。

③ 强世功：“权力的组织网络与法律的治理化——马锡五审判方式与中国法律的新传统”，载强世功编：《调解、法制与现代性：中国调解制度研究》，中国法制出版社，2005年，第223页。

事实,给予了关注:“比如绥德西直沟村主任郭维德是当时有名的调解英雄,在他的调解下,这个村子几年来没有人到乡政府打官司,从而成为民间调解的模范村。”[①]在类似西直沟村的地方,能够说“真正由群众自己调解的案件实际上很少”吗?

第三,基层群众自己调解解决纠纷的方式,既然是灵活的纠纷解决形式,当时只强调纠纷的解决及其效果,文字的记录并未受到重视。就边区高等法院发布的文件看,也只强调重要的纠纷,尤其是土地纠纷,需要制作调解书。1942 年边区高等法院关于“三边分区志丹县川口区五、六乡民间调解的调查材料”中,认为:“政府或群众团体虽然调解了很多纠纷,惟无笔录存查”。[②] 说明当时调查研究人员也已经注意到,基层群众的调解,虽然数量并不小,但没有纳入到有效的统计之中。从 1945 年 10 月边区高等法院司法档案《边区高等法院关于延安市南区调解工作概况》看,南区 1 至 9 月份大约受理了民事纠纷 393 件,调解了 305 件。调查人员强调:“以上这个数字的获得,是从市府一科等单位调解登记簿上摘下的,所以称它为可考的,但其中由于区乡人员的调动,和平时工作的忙碌,所以各单位未能认真的登记,从上表的说明上可以看得很清楚,称它极不完全也是从此说的。”[③]说明基层群众的调解,当时很大部分并没有纳入书面的统计数据当中。

1. 地邻和亲友的调解

基层群众的调解,尤其是地邻、亲友的调解,在民间纠纷的解决中,发挥

---

① 《边区政府、高等法院关于建立司法秩序、确定司法权限的联合训令》,全宗 15—10。农村中推行调解的好处,包括:“(1)能够在农村,便利调查,有老百姓有干部容易商量;(2)便利于人民,老百姓的问题很快可以解决。你要是把不明白的案件搞在上面,就要叫原、被告来,问不明白找证人,这个证人不明白又叫那个证人,事情明白了,但时间弄长了耽误了生产。”而且,“农村干部很多,他们生长在这个地方,一些事情他们一定是知道:发生前的情况,以及发生后的演变,详细的焦点他们都知道,有时是亲眼见过的,对事情了解是没有问题。”《边区推事、审判员联席会议发言记录》(五),全宗 15—80。

② 《三边分区、志丹县等有关审判方式、调解工作调查、清理监所等材料》,全宗 15—221。

③ 《边区高等法院关于延安市南区调解工作概况》,全宗 15—202。

着重要的作用。民事纠纷的特点，是与当事人生活息息相关。地邻、亲友与双方当事人在地域、感情和生活习俗等方面，有着天然的联系。“事件纠纷之真象，最易明了者为肇事所在地之群众，先由邻居亲友调解，再由乡村有信仰的人员调解，自易解决问题，若忽略此点，则当事人互为扩大，互自掩蔽，真象隐没，审判往往不能解决问题。且拖延时日，有加重纠纷之可能。因此，提倡普遍建立调解制度，减少人民讼案，实为必要。”①

基层群众能够在纠纷发生的第一时间到达现场，对纠纷的发生原因、纠纷的解决途径的了解和判断，他们具有其他任何调解主体无法替代的优势：“讼事之起，多在村乡，其纷纠之远因、近因、是非、曲直，自以乡村知之最悉，亦以村乡调解为最易。”②基层群众的调解，符合民事纠纷解决中对效率和节约的要求，也比较容易满足当事人对纠纷解决结果的预期。

谢觉哉认为：“最主要是群众自己调解，因为他们对事情很清楚，利害关系很密切，谁也不能蒙哄谁。占便宜、让步，都在明处。”③大量的纠纷，由他们调解解决，既有必要，也完全可以实现。

2.村主任、村支书的调解

村主任、村支书等基层群众自治组织，以及村级调解委员会，在民间纠纷的调解中，发挥了重要作用。他们以自己独特的身份，运用自己独到的生活经验和处世哲学，娴熟的调解技巧，活跃于各类纠纷的调解过程之中。例如，绥德西直沟村郭维德，被作为调解英雄广泛宣传时，年仅27岁。他参与调解纠纷的活动，主要是通过积极、主动的介入，在矛盾和纠纷没有激化的情况下，通过预防有效解决。这也正是基层群众解决纠纷的优势和特点。而且，作为自卫队排长、村主任、除奸主任等特殊身份，也为其动用必要的资源提供了便利，为其积极主动介入纠纷的解决，提供了符合道德和舆论的身

① 《边区政府、高等法院关于建立司法秩序，确定司法权限的联合训令》，全宗15—10。

② 同上。

③ 王定国、王萍、吉世霖编：《谢觉哉论民主与法制》，法律出版社，1996年，第136页。

份与条件。①

典型案例之一:哑巴被哨兵击毙案

事实:1943 年正月初四日晚上,在义合东门外闹秧歌,西直沟常士海的哑巴儿子(二十多岁)也来看秧歌,路过炮训一队门口时,哨兵疑为坏人,问干什么的,连问三声不答,叫他站住也不听,这时哨兵向空连放二枪,想把他吓住,谁知哑巴转身向山坡跑去,哨兵认为真是坏人无疑,瞄准一枪,将哑巴打死,哑巴家中知道后就大哭大闹,不答应了。

调解经过:郭维德赶紧劝他们,说:"别闹了,人已经死了,闹也活不成了,人家哨兵不知他是哑巴,疑是坏人趁闹社火,企图抢夺,把他打死,这也不能怪人家。"郭维德要求受害人的家属,先把尸首抬回去,"事情有我,反正不叫你们吃亏",这样解释了一回,尸首才抬回去了。接下来,他就到了炮训一队队部。队长、指导员对这事很抱歉,愿意买点木头出棺材钱;他又到区政府,和区长进行了沟通。之后,他就协同常士海给哑巴买的棺材衣服,花了三千多元法币才劝说着把人埋了。事后他和队长、指导员商量着开了个群众大会,首先由他登台报告这次调解情形,并说:"这次咱哑巴被打死,不能怪人家哨兵,埋的又不错。"接着指导员上台说了许多抱歉的话,事情算是完了。

效果:郭维德根据案件的特殊情节和性质,持有特殊立场,促成了纠纷的调解解决。案件发生地炮训一队门口,以及案件发生当晚闹秧歌的独特

① 在边区高等法院所收集的民间调解模范郭维德的材料中,对其身份、经历和事迹、经其调解的典型案例,进行了描述:"郭维德,现年 27 岁,住绥德县义合市第二行政西直沟村,……民国 30 年,郭维德当了本村的自卫队排长,31 年 7 月,他又被村民选为行政村主任,……遇有纠纷,他就主动地给他们调解,而调解的又公平合理,因此他的威信愈来愈大,调解纠纷的地区,也就由本村而推广到其他的行政村了,经他调解的案件,先后大小不下七八十件,没有一件调解不了与事后反复的,因此两年来,他村没有一起打官司的。……今年 5 月他又被选为市除奸主任。"《边区高等法院关于传达劳模大会司法模范工作人员的指示信及司法模范工作者党鸿魁、周玉洁、郭维德的材料》,全宗 15—132。

环境，受害人“哑巴”的身体残疾，成为造成事件的客观原因。但是，毕竟残疾人也需要受到社会的关爱，哑巴的死亡，也是“人命”事件。对受害人家属在物质上的帮助，公开场合由加害人进行的道歉，体现了加害方的责任。此案处理后，军民间的关系仍很好，“所以炮训一队走的时候，村民还贴标语欢送。”

典型案例之二：自动为邻村解决矛盾，及时纠正干部错误

事实：在第四行政村发生了一件事情，那村的自卫队排长宋上贤说，一个姓宋的婆姨骂了他，把宋婆姨叫到他们办公的地方，自卫队员郝思量又说宋婆姨和郝保林有（暧昧）关系，于是，把宋婆姨绑了起来，要开会斗争，并准备游街示众。宋婆姨羞愤交加，一句话也不说，双眼哭得红肿，把孩子也打发回去了，准备一死。其丈夫宋老汉也大嚷无脸再活，要寻死。

调解经过：郭维德恰好路过这里，认为村干部这样搞法不对，可能发生人命，马上就把村主任叫到一旁说：“区长逼死人命，还判了1年徒刑。”村主任明白了。他又劝说宋婆姨：“村干部年轻冒失，你得原谅他们。”“你娘家姓郭，咱们是一家子，如果再有人欺侮你，就是欺侮我，不用你说话，我就不答应。”一场风波终于平息。

效果：案件的发生地点是自卫队长办公的地方，自卫队员捆绑受害人的过激行为，出于对其队长的巴结和讨好。受害人在这一特定的场合，无法寻求外界的保护。郭维德敏锐地看到了问题的实质：如果违法行为不能得到有效制止，很有可能“逼死人命”，酿成严重后果。他通过区长逼死人命被判处1年徒刑的典型案例，说明问题的严重性。对受害人的同情和间接支持，缓和了受害人的情绪，改变了受害人的立场。①

① 郭维德强调：受害人娘家姓郭，与郭维德同姓的事实，其实是郭维德建立与受害人联系，争取受害人信任的手段，也是对受害人清白间接的肯定。如果再发生类似的冲突，郭维德表示自己首先不答应，这一态度，不仅明确表达了自己对案件的态度，同时显示了他在群众调解中使用的独特技巧。郭维德在当地的声望，足以对加害者产生压力，使之与受害人保持力量上的平衡，不致再惹是生非。

典型案例之三：用家庭会议方式解决夫妇间的纠纷

事实：1945年3月，义合开娘娘庙会，常向珍妻子的外甥前来赶会，向珍妻想拿家中分的肉来款待，因向珍没有在家，公婆要等向珍回来再吃，向珍妻很不高兴。第二天向珍回来了，正在一起吃肉时，向珍妻骂了起来，并说："你们亲戚来，可以吃好的，我的外甥来就不叫吃。"向珍就和她争吵起来。向珍妻跑到常永福家里，向珍持刀随后赶去，常永福把向珍抱住，向珍就照着常永福的手刺了一刀，常永福晕倒在地。

调解经过：郭维德知道后，就去调解，这时向珍手拿菜刀要砍自己，其父将他拖住，郭维德恐怕向珍还闹，就叫自卫队员把他绑起来，然后批评他说："你以前曾打架，用拳打过郝老婆和邵国珍。今天你想杀死你婆姨不算，你还刺伤好意拉架的人，你想想对不对？"当向珍认识到自己的错误，服理后，他又跑到常永福那里看了看伤，安慰了一番，叫向珍的哥哥买的膏药贴上。又叫向珍给永福道了歉。随后，郭维德就把向珍妻批评了一顿，说："提高女权，不是叫骂丈夫。"这时双方都要离婚，郭维德对向珍说："你不是有钱的，娶个婆姨不容易。"解说的双方没了意见，就给他们召集了个家庭会议，来了个自我检讨，向珍承认打人不对，向珍妻承认骂人不对，并各自声明今后要改，此事遂告完结。

效果：在案件发生的第一时间，郭维德就赶到了现场，并采取积极有效措施，防止了纠纷的激化。分清是非曲直是公正调解的前提，对双方当事人都有过错的纠纷，只有让当事人各自认识到自己的错误，并真心希望改正错误，才能从根本上消除矛盾，化解纠纷。自我检讨，向对方认错，本身构成有效的纠纷处理方式。村主任、村支书动之以情，晓之以理的纠纷调解方式，容易为双方当事人所接受。特定的身份，双方当事人所熟悉的语言，尤其是对双方当事人的了解，使调解方案具有针对性。调解人自觉不自觉地重视了纠纷调解后的效果反馈，也有助于防止纠纷的反复。例如，郭维德经过调解解决纠纷后，他总是跑到当事人家去说明："不这样不行，（调解意见是）大家的主张，办事须要公平，不能徇私情，你不要过意”，等等，以平其气。①

3.村级调解委员会的调解

由村民选举产生的调解委员会，在某些地方，对纠纷的化解，起到了积极的作用。例如，“去年七月，经乡政府召开李家渠村民大会，决定成立调解组，当场选定曹守宽、高登先、陈士俊三人负责。事后因高登先年老，并没有参与此项工作，只有曹、陈二人实行调解，遇大事互相商量，小事则单独处理，但今年以来，因陈士俊事多经常外出，大部纠纷均由曹守宽一人调解。”②

典型案例之一：曹二打窑纠纷

事实：曹二住的是李老汉的窑，在旁边又新打了一孔。李就挡住不让。不惟曹家不说好话，曹姓夫妇还把老汉骂了一顿，因而李老汉去找调解组，要他离开窑。

调解经过：曹守宽听了，把曹二叫去劝说：“你住人家的地方，不经人家的同意又随便打窑，为什么不说好话，还要骂人家？最好倒上一壶酒，弄上两个菜，把老汉请去，道个不是，说几句好话。”到晚上曹二就照这样一做，老汉气也消了，并且很喜欢的，让曹二再住下去。

效果：分清是非的基础上，让理屈者向对方赔礼道歉，并采用当地普遍接受的承担责任方式，易于消除矛盾，化解纠纷。

典型案例之二：家庭纠纷

事实：李文华系山西人，在李家渠住了十来年，去年弟弟同老母来找。今年正月给弟弟娶了老婆。因为他与同院的一个女人麻糊（是同居关系），一切东西都放在那女人房内，好像一家人，弟媳有些看不惯。今年五月，弟媳的父亲来探亲，弟媳到那女人房内舀面做饭，被他挡住，弟媳非舀不可，于

① 《边区高等法院关于传达劳模大会司法模范工作人员的指示信及司法模范工作者党鸿魁、周玉洁、郭维德的材料》，全宗15—132。

② 《三边分区、志丹县等有关审判方式、调解工作调查、清理监所等材料》，全宗15—221。

是两人就拉扯打闹起来。他把弟媳左臂打肿，弟媳将他的头上打了个小孔。

调解经过：曹守宽听说，马上去调解，并说："你们一母同胞，'烧得黑是柴，熬得黑是油'，你俩闹成这样，都受了伤，究竟打了谁？母亲跟着你们受累！"并劝兄弟先给老娘看酒，后给哥哥，同时看到。恐怕后来更闹出大事，也同意他们分居，结果老娘跟着哥，弟弟分得一袋谷子，把婆姨领出去另住了。

效果：兄弟俩闹矛盾，导致的是与其一起生活的母亲感到难堪。调解人要求挑起事端的弟弟赔礼道歉，承担了责任。兄弟俩分家。母亲与条件较好的兄长一起生活，从根本上解决了纠纷。

（二）各种民众团体的调解

边区民众团体，主要包括各种社团组织，包括工会、商会、农会等行会组织，他们负有调解基层纠纷的任务，在纠纷解决中，起着重要的作用。"李家渠的调解种类可分为两种，即政府调解与民众团体的调解。民众团体有工会、商会、调解组。工会调解只限于工人与工人，厂方与厂方或工人与厂方之间的纠纷。商会调解，在调解组未成立之前，商会调解的问题比较多。不仅调解商户之间的买卖纠纷，即便农家纠纷或集市上发生争吵斗殴也有不少到商会解决的。自调解组成立后，民间纠纷即到调解组调解。"[①]

工会和商会等群众团体，调解纠纷的情形，1945 年 10 月《边区高等法院关于延安市南区调解工作概况》中，有明确的统计数据。[②]

从表 18 看，民众团体的调解，有比较详细的书面记录，也被纳入了调查统计当中，受到重视。而且，从统计数据看，工会和商会调解纠纷的数量，占有较大的比例。

---

① 《三边分区、志丹县等有关审判方式、调解工作调查、清理监所等材料》，全宗 15—221。

② 《边区高等法院关于延安市南区调解工作概况》，全宗 15—202。

表 18　延安市南区 1945 年 1 至 9 月民间调解数据统计表

机关名称	受理件数	调解件数	说明
市府一科	130	110	1—9 月
南区区署	86	56	1—8 月，内有一月没登记
南关乡	31	27	7 月 23 日—9 月 16 日
新市乡	30	27	1—8 月 13 日内一月没登记
南郊乡	24	22	7 月 23 日—9 月 16 日
工会	32	23	1—8 月 13 日
商会	60	40	4—9 月
合计	393	305	旧城乡不在内

1.商会的调解[①]

南区商会从 1945 年 4 月到 9 月，共调解了 40 件纠纷，这些纠纷中有简单的也有复杂的，但调解后商民们都认为很公道，当事人也都满意。

典型案例之一：天兴顺与公顺源杨维汗买纸烟纠纷

事实：4 月 12 日，杨维汗在天兴顺买了 130 条纸烟，言明每条 19500 元。天兴顺给打了发票，并派人给杨送纸烟。杨先回去，发现客人已走，回头又去天兴顺，半路上碰见送纸烟的人。杨说："把纸烟抬回去，客人走了。"抬纸烟的人也就抬回来了。杨到天兴顺仍这样说了一遍，并把发票要退回，后来天兴顺的掌柜回来说："把纸烟卖给你们了，与客人无关。"因此起了纠纷到商会请求解决。

调解经过：商会批评了杨维汗："这个发票是给你们号里打的，那你们就应负责，至于客人走与不走，这是你们的事情，做买卖的人，就是凭的信用。"同时又这样指出天兴顺的缺点："你们既然把货卖了，就不应把货抬回来。更不应接退回的发票。"这样的调解了三次，此事在杨负责 50 条的情况下，

① 《三边分区、志丹县等有关审判方式、调解工作调查、清理监所等材料》，全宗 15—221。

作为解决。

效果：这种调解方式，被称为“折中解决方式”，在双方都有过错的纠纷中，通过分担责任，化解纠纷。“折中”体现责任的大小、纠纷的起因以及过错程度。这种调解方式，也适用于难于分清双方责任的情形。

典型案例之二：伪造发票纠纷

事实：李东福同西安三个客人，在西安给军工局采购了货物，寄放在延安晋丰栈，由晋丰栈与军工局周科长达成了货款1800万元的协议。晋丰栈给军工局打了发票，周科长又给晋丰栈打了收货条据。但军工局长嫌货价太大，要降低价格才肯买。周科长与李东福商量领款的办法（此货有李的1/3），李就给打了一张假发票，多添了道轨600斤、水银15磅。由于被发现货、款不符，发生纠纷。

调解经过：商会为了慎重地调解这一纠纷，曾数次同西北财经办事处、市政府、公联会共同调解，最后军工局少给了200万元，由李东福负担100万元，三个客人负担100万元。此外，李东福在商会上受到批评，当场承认了错误。对周科长的处理，则由军工局研究决定。

效果：涉及重大问题时，联合数个组织，共同调解。调解的本质，是在事实清楚，权利义务关系明确后，双方能够尊重调解意见，履行自己的义务。调解组织的权威性，对纠纷的解决，具有促进作用。这种调解方式，被称为“伙合协商方式”。

2.工会的调解①

工会在处理劳资纠纷时，由其性质所决定，能够发挥独特的作用。

典型案例之一：劳资纠纷

事实：新新炭厂与工人订的契约是四六分成，挖出来的炭不过称，估计重量。炭里有石头，估计分量时要把石头除掉，卖炭由厂方负责，卖炭时由

① 《三边分区、志丹县等有关审判方式、调解工作调查、清理监所等材料》，全宗15—221。

工人帮助剥石头。厂方开始估计时还公道，日久渐渐作过低的估计，工人不同意，提到工会，说厂方剥削他们。

调解经过：工会提出：卖炭由工人负责，剥炭不要工人帮忙，单独雇个剥炭的，剥炭的工资由工人负责，剥炭人归厂方指挥。工人要剥炭，工资由劳资双方负责。双方同意照此解决。

效果：既然卖的是净炭，估计分量就成了影响买卖双方，以及劳资双方利益的重要环节。工会调解将卖炭行为由工人负责，由于工人在操作时人数众多方便相互监督，能够有效克服卖炭过程中的舞弊行为，维护公平交易，保护劳资双方的利益。

典型案例之二：打架纠纷

事实：联华厂炭工王继业吸食鸦片，欠下厂方10多万元。王继业病了，送入医院，王的妻子不等其出院就要搬走，因为她不知道欠账之事。被厂里的管理员拦住了，两个人争吵之间打起来。

调解经过：工会主任听说他们在打架，赶快跑去，告诉厂方，王继业来信同意他妻子搬走。并声明怪他还没来得及通知厂里，才会发生这样的误会。王继业之妻准备离开时，发觉身上带的发卡丢了，要管理员赔偿。工会主任调解不下，介绍到区上，区上又批回工会调解。工会主任给管理员说："男不给女斗，鸡不给狗斗，你是个男子汉，跟婆姨斗阵是你的错，不管发卡丢了没丢，你打了她也应该赔偿人家的损失，我看还是给她10000元。"双方均同意照此办理。

效果：男女之间发生斯打，将责任归结为男方。这种归责方法，符合中国农村长期以来的风俗习惯。区政府将纠纷批回工会解决，是因为工会在处理这类纠纷时，能够充分照顾到当地的习俗，化解纠纷。工会主任在调解过程中，根据纠纷发生的具体环境和条件，淡化了发卡是否丢失的事实，并提出了能够为双方接受的调解方案。

乔松山认为："群众团体为谋群众的利益，因此，须为群众解决纠纷，更加取得信仰。群众团体对群众争执事件，因事务或性质关系，洞悉情况，在法令习惯之下，易为合理解决，如商务账项纠纷、工人劳资纠纷，自以商会、工会调处为宜。”[①]而且，基层群众自治组织和群众团体的调解，方便乡区政府和周围群众监督，有利于纠纷的公正解决。[②]

（三）乡、区、县政府的调解

边区明确地将乡、区和县政府的调解，归到民间调解之中，称为政府调解。在1945年召开的边区推事审判员联席会议上，对区、乡政府所进行的调解是否属于民间调解进行了争论："一种意见认为，区、乡政府调解只能算做民间调解，这些同志看到区、乡处理往往采取强制的形式，以致违背政策和法律，迁就落后的习俗和封建迷信，这不能叫政府调解。也有的同志看到区乡政府处理民间纠纷数量大，感到不把它包括在民间调解之内，民间调解就微不足道了。另一种意见认为，区、乡政府处理纠纷，既非调解，又非审

① 《边区政府、高等法院关于建立司法秩序，确定司法权限的联合训令》，全宗15—10。实际上，群众团体在调解中，所总结的经验，非常值得关注："在经验上，他们也谈到这样几点：(1)为了彻底弄清楚谁是谁非，一般的纠纷（很小的问题例外），第一次不作解决，仅指出双方缺点，待调查后采用个别谈话，或找到一块解决，如数次调解不下的，就提到商会讨论。然后再行设法调解。(2)听了当事人的理由后，不能轻易表示自己的态度，因为随便说出一方缺点，易于助长另一方面，对进行调解就不利。(3)当调解将要成立时，应征求原被告解决意见，如双方意见出入很大或有出入的话，应再设法予以说通，才算了事。绝不能强制当事人服从自己的调解。"《边区高等法院关于延安市南区调解工作概况》，全宗15—202。

② "三边分区志丹县川口区五、六乡民间调解调查"中，收录了村调解人员没有公正调解纠纷，受到乡政府和群众监督的案例：做小生意的孙姓赊了自卫军王排长14封水烟，拿其中4封到窑店子出卖，被税局查出是私水烟，没收了。王排长要孙姓负责，两个人争执起来，找调解组曹二处理。因为王排长是公家人偏向王排长，曹二说："给谁手里没收的谁就倒霉。"孙姓不同意，去找王乡长，乡长查明私货原来是王排长的，姓孙的赊的时候不知道是私水烟，损失应该归王排长。处理结果为：姓孙的赊了14封水烟，卖了1封，被税局没收了4封，剩下的9封水烟乡政府没收了。又如，刘玉有在街上有间小房房，房屋一边有一堵小墙，刘玉有的邻家姓米，让刘玉有把墙拆了让他盖房，双方发生了争吵。商会会长李步才调解，硬要刘玉有把墙拆了让给姓米的。街上的人都看不过去，不让刘玉有给姓米的拆墙，刘玉有的墙才保住了。《三边分区、志丹县等有关审判方式、调解工作调查、清理监所等材料》，全宗15—221。

判，是一种特殊形式，调解不许强迫，区、乡处理并不完全按法律手续办事，应该说是一种特殊形式，为了与民间调解有所区别，不妨叫做区、乡政府处理。……经过讨论，取得了一致的意见，认为区、乡政府处理民间纠纷仍属于调解范围，应遵守双方自愿原则，不得加以强制，也不应有处罚权。”①从而确立了区、乡政府调解属于民间调解的性质。王子宜指出：“我们认为区、乡政府对民间纠纷的处理，基本上仍是调解性质。”②政府调解属于民间调解的性质，在边区的调解立法中，也有体现。《陕甘宁边区民刑事案件调解条例》第5条规定：“前条所列调解（指地邻、亲友或民众团体进行的调解）不成立时，得由当事人双方或一方申请乡（市）政府、区公署，或县（市）政府依法调解之。前项乡、区、县（市）各级政府，接受调解事件，必要时，得邀请当地各级机关人员及民众团体、公正士绅，从场协助调解。”说明政府调解属于民间调解的独特表现形式。

在某些县，县长也调解一些重大的纠纷。但县政府的调解，由一科负责。实践中，县政府一科主要负责对民间调解的领导和协调工作。县一科在收到案件后，可以进行调解，也可以根据情况，将案件介绍到司法处判决。在边区推事审判员联席会议上，对一科是否需要继续承担具体案件的调解任务，进行了讨论。鉴于一科工作繁忙，兼搞调解，往往使人民的纠纷长期拖延，不能及时解决，导致当事人的不满；一科调解不成，还要进行询问、笔录、讲道理、调解等程序，所不同者，一科没有判决权而已。因此，王子宜宣布：“今后一科不再直接从事调解工作。”③

政府处理纠纷的方式，可以是主动的，而且只能是调解。谢觉哉认为：

① 杨永华、方克勤：《陕甘宁边区法制史稿·诉讼狱政篇》，法律出版社，1987年，第218—219页。

② 《王子宜院长在边区推事、审判员联席会议上的总结报告》（1945年12月29日），全宗15—70。

③ 同上。

"乡政府、区政府、县政府,不仅应接受人民调解的请求,且要去找寻或调来调解。工作人员下乡,遇到事就调解。"①政府作为行政管理机关,与当事人有密切的联系。尤其区、乡政府熟悉当地的社会、经济和文化状况,在调解纠纷时具有许多优势:"在边区分散的农村中,区到县有百把里,乡到区也有数十里到百把里,经过区、乡政府处理,对于老百姓是方便的,他们宁愿要求区、乡政府解决,而不愿到县司法处。对于县司法处来说,假如没有区、乡政府的处理,则会忙不过来。所以区、乡政府处理,公私便利,应该承认它。"②政府所从事的纠纷调解活动,仍然属于民间调解的组成部分。乔松山认为:"各级政府管理民政的部门,对于群众的民事纠纷应负责调解,乡、区政府团体不用说,即县署及专署的第一科,边府的民政厅,也同样的要帮助人民解决纠纷事件;在乡、区政府与人民接近,而民政部门与乡、区政府有直接关系,了解民情,对群众纠纷事件之真象更易明了,进行调解较为方便有效。"③政府调解中,"县政府调解不如区、乡:一则老百姓免多走路;二则区、乡政府知道情况要多。"④

1.区、乡级政府的调解⑤

区、乡政府调解的主体是区长和乡长。作为地方政府组织,区、乡政府的调解往往带有一定的强制性。这种强制性增加了其权威性,同时增加了调解中所能够运用的独特的行政权力方式,以利于解决纠纷。当然,乡级调解中也容易导致调解中发生打骂行为,甚至刑讯逼供等现象。在延安市南区旧城乡,1944年到1945年10月期间发生的各种大小纠纷,计有250余件之多,除十余件因案情较大转至法院、公安局、区署处理外,其余都是乡长王

---

① 王定国、王萍、吉世霖编:《谢觉哉论民主与法制》,法律出版社,1996年,第136页。

② 《王子宜院长在边区推事、审判员联席会议上的总结报告》(1945年12月29日),全宗15—70。

③ 《边区政府、高等法院关于建立司法秩序,确定司法权限的联合训令》,全宗15—10。

④ 同上。

⑤ 《边区高等法院关于延安市南区调解工作概况》,全宗15—202。

兆义调解的。

典型案例之一:住房恐慌纠纷

事实:1945年旧历正月十五以后,旧城有个别机关和工厂,为了扩大生产的需要,不惜出高价租房子,因此,把房价抬得很高,如难民王宪保住芦姓的房子,当时就受到影响,比原租增高了三倍(原租是二升米),还要付现钱,致许多移难民、退伍军人发生住房恐慌,先后就有十余人来到乡府诉苦。

调解经过:王乡长除安慰保证有房住外,即到各租户了解情况,并给各房主进行说服解释工作,当时虽有个别房主承认了自己的做法不对,但还有个别房主说服不了。为了使问题彻底解决,王乡长在一次乡府干部扩大会上,邀请市参议员吴汉章老先生,和附近机关、工厂的同志参加。在这次会上,王乡长重新把优待移难民和帮助退伍军人建立家务的意义解释了一遍,并指出某些机关、工厂增高租额赁房子,致移难民、退伍军人发生住房恐慌的事实,讲罢即博得大家的谅解。原先增高租额赁房子的机关、工厂也一致表示自己的做法不对,并声言已赁的房子一律退回。

效果:对涉及当地机关和工厂的纠纷,尤其涉及对象比较多的情况下,乡政府出面,由其所具有的权威性,有利于纠纷的解决。而且,在涉及租房政策的问题上,乡政府的调解,带有解决纠纷与预防纠纷相结合的特点。

典型案例之二:债务纠纷

事实:王志斌在旧城开了一座磨坊,专靠替人磨面度日。1945年5月,有些机关和商店先后就给他交了六七石麦子,有的交了定钱。不料他把麦子卖了几石,拿这批钱做生意,结果生意亏了本,致负债很多。到了6月,忽然麦价狂涨,他更没有办法偿还,自己躲在外边也不敢回来,有的债权人报告乡政府要拿他的东西。

调解经过:王乡长不辞疲劳,给各债权人解释了半天,叫他们不要发脾气,也不要乱拿他的东西,由乡政府保证设法把王志斌找回来。他托付王的亲戚给王写信，叫他很快回来，才好解决。王接到信后，即星夜赶回延安，和王乡长商量处理办法。王乡长首先批评了他躲债的不对，并叫他在债权人面前承认错误。王在大家面前坦白自己的不对。此事终于在大家谅解下，帮助继续生产，限期还债。据调查，王志斌所负的300万元债，已还了近2/3。

效果：纠纷涉及数家债权人，真正解决纠纷，又需要相当的时间。在这种情况下，乡政府主持制定了切实可行的调解方案，促成纠纷的解决。而且，乡政府的调解，也在寻找债务人、促使达成调解协议方面，具有优势。

区、乡政府在调解民间纠纷时，除具有解决具体纠纷，监督基层群众和民间团体调解的功能外，还具有强化与补充法律政策的功能。① 在民间调解中，区、乡政府的调解实际上处于最关键和重要的位置。以延安市南区旧城乡王乡长的调解为例："首先表现出的就是他为人民和上级的负责精神，他从不草率地处理一宗事项"；"他每调解一件纠纷，总是细心地听取和客观地估计双方意见，然后经过大家商量，才肯提出自己的意见，所以经过他调解的纠纷，没一个人是不满意的"；"他在调解中不是以事就事，而能从问题的关键上彻底解决"。② 但是，作为区、乡政府的行政长官，区长和乡长不可能拿出太多的精力，处理民间纠纷。寄希望于区、乡政府解决大量的民间纠纷，不够现实。在及时查明事实、耐心说服双方等方面，受到时间和地域的

---

① 例如，对盗窃案件的处理，三边分区志丹县川口区五乡的政策是："对于惯窃及大的窃盗案送县处理"，"窃盗初犯给予批评，让其将赃物退还原主。有的初犯为了顾忌他的脸面，以个别批评的方法，不在群众中宣布。这是为了顾虑两个问题：第一是怕在群众中宣布了，激起他一不做二不休的想法，继续偷人；第二是有的人脸皮薄，若在群众中宣布怕走到自杀的路上。例如，王庄沟韩金魁偷了人家32000元，即未向群众公布，让他承认是拾来的，待他承认了，将钱交出之后，再个别对他谈，指出他的错误。"但是对于惯窃行为，则采取特别的方式进行惩罚："惯窃艾金山曾偷过人几次牲畜、布匹，有次在李家渠集上偷布被捉住了，送到乡政府。当时李家渠正唱戏，让他在戏台上当众坦白承认偷过人一些什么东西，保证以后不再偷人，坦白后放走。"《三边分区、志丹县等有关审判方式、调解工作调查、清理监所等材料》，全宗15—221。

② 《边区高等法院关于延安市南区调解工作概况》，全宗15—202。

限制，区、乡政府的调解效果，确实不能与基层群众的调解同日而语。

另外，有些区、乡成立了调解委员会。例如，三边分区志丹县川口区六乡，“为了节省民力，把事情更能适当解决，在去年 7 月村长联席会上，成立了调解委员会，当场选定 6 人组织之，9 月乡议会上又改选了一次。这些调解人员大部均系乡村干部，分布在各个行政村。”①

从表 19 看，调解委员会的成员，仍然是各村经常进行纠纷调解的人员。区、乡政府能够成功进行调解的基础，是村民自治组织。区、乡政府也希望通过成立调解委员会的形式，从具体的解决民间纠纷中脱身。毕竟在这个特殊的历史时期，在边区的独特环境与条件下，区、乡政府负有比调解民间纠纷更加重要的职能。

表 19　六乡调解委员会成立及改选一览表

民国三十三年七月至八月				
姓名	职别	住址	现任	备注
张德邦	正主任	张新庄	四行政村主任	
白玉朋	副主任	王家砭	文化主任	
杨步豪	委员	石家畔	县劳动英雄	
王步银	委员	仓庄	锄奸主任	
梁斌成	委员	刘庄	代耕主任	
民国三十三年九月改选后				
张德邦	主任	张新庄	代耕主任	
郝万良	委员	仓庄	二行政村主任	
白玉朋	委员	王家砭	三行政村主任	
白进海	委员	张新庄	四行政村主任	到地干班学习
王丕栋	委员	王家沟		

① 《三边分区、志丹县等有关审判方式、调解工作调查、清理监所等材料》，全宗 15—221。

2. 县政府的调解

与区、乡政府的调解相比，县政府调解民间纠纷时，受到的局限更大。由于文化程度、职业技能等方面的限制，区、乡政府仅仅是将纠纷介绍到县处理，缺乏详细对纠纷事实的书面报告，也缺乏收集证据的经验。面对事实不确定的纠纷，县政府所能做的就是将纠纷发回区、乡政府处理，或者委托区、乡政府对案件事实进行调查。但无论哪种处理方式，难免造成时间上的拖延。

有些县成立了调解委员会。例如，三边县政府调解委员会调解的典型案例包括：①

典型案例之一：轧死孩子赔偿纠纷

事实：刘玉奎用大车拉土，因为他不会赶大车，在鼓楼底下轧死了一个小孩子。

调解经过：县政府把刘玉奎押了起来，受害人弟兄四个只有这一个孩子。县政府准备给刘玉奎判刑。但受害人要求调解。县政府和一些进步人士来和解，被告出了一百万元边币的抚恤费，受害人要求将被告释放。政府说抚恤费是抚恤费，还要判决徒刑，受害人反对，说："算了，人家也吃了亏了。"

效果：拉土轧死孩子的纠纷，属于过失犯罪，需要给受害人赔偿损失，争取受害人的谅解。受害人一再反对给行为人判刑，主要原因在于判刑后民事赔偿将会落空。通过调解，能够使受害人的损失尽可能挽回，也能使受到破坏的社会关系尽可能得到恢复。

典型案例之二：土地买卖纠纷

事实：魏现功与周国真因为卖地发生了纠纷，他没有经过分庭，告到边

① 《边区推事、审判员联席会议发言记录》(六)，全宗15—81。

区高等法院，边区高等法院又批回来，让县上解决。

调解经过：三边县政府调解委员会召集了一些社会进步人士、商会的会长调解。在承认业已完成的交易协议有效的情况下，魏姓给周姓五垧好水地，周姓给魏姓两万边币。商会的会长和众人亲自到地里踏勘了地界。

效果：如果是判决，姓周的要把全部的地要回来，真的判回来他又买不起。调解是在两姓之间，进行了折中，纠正了原先交易的瑕疵，满足了双方各自的要求。

对涉及重大政策的纠纷，县政府的调解由于其所具有的权威性高，更容易准确把握政策，提出有针对性的调解方案，发挥其独特的作用。另外，县政府的调解，对其他形式的民间调解，具有示范和引导的作用。县政府调解的案件，以对特定政策的明确和具体解释为条件。只有如此，民间调解的不同形式相互之间，才能形成互补关系，发挥出最大的、整体的效益，形成民间调解的合力。

四、推行的动因

学者关于边区推行民间调解的原因的讨论，目前尚缺乏一致的看法。侯欣一认为："以往学术界在分析解释陕甘宁边区推行调解制度的原因时，其基本观点主要有二：一为适应精兵简政的需要；二为整风运动的产物。认为风行于20世纪40年代的延安整风运动，为人民调解制度的产生奠定了思想和作风基础；而为了适应艰苦环境的精兵简政运动，又使人民调解制度成为一种必然，即当政府的公共投入无法满足日益增多的纠纷时，只能寄希望于民间自我解决了。这些观点固然都有其合理性，但又是不尽全面的。笔者认为，人民调解制度的推行，既是出于与国民党政治斗争的需要，也是探索未来中国新型司法制度的结果，也就是说，人民调解制度的出现是长期制度考虑与短期行为共同作用的结果。”①

其实，民间调解的兴起，与客观上纠纷大量出现，已有的司法审判途径解决纠纷时表现出的效率低下，效果不佳，有直接的关系。民间调解发展的第一阶段，主要动因是来自社会的推动。立法机关强烈要求司法机关采取必要措施，及时解决积压的民间矛盾和纠纷，并发动群众解决民间纠纷。民间调解发展的第二阶段，主要动因是，司法机关在巨大的案件压力面前，需要寻求有效的解决途径。具体而言：

首先，边区是一个无论政治、经济、文化，正在发生巨大转折和变革的社会，1943年前后，这一变革尤其明显。社会变革必然导致大量的矛盾和纠纷。主要表现在：

第一，中国共产党倡导政治民主，实行土地改革，建立男女平等的新型社会。传统的伦理道德、人际关系、婚姻、家庭，处于变革之中。变革社会中，最大的特点是纠纷和矛盾突出。例如，“我们今天的法令规定禁止订婚，禁止童养媳，可是在下面老百姓中习惯了，都是订婚的”。② 由于币制等多

---

① 侯欣一：《从司法为民到人民司法——陕甘宁边区大众化司法制度研究》，中国政法大学出版社，2007年，第260页。持类似观点的强世功认为：“马锡五审判方式不再是针对‘精兵简政’这一具体环境的一次积极的司法尝试，而是针对共产党和国民党争夺合法性的一次政治实践；马锡五审判方式不在简单地作为调解这样的非话语实践，而是成为批判旧司法、确立新司法原则的一次尝试性的话语实践；马锡五审判方式不再是一套独立的司法技术，而是成为共产党贯彻其政策和原则的一套普遍使用的组织技术。”强世功：“权力的组织网络与法律的治理化——马锡五审判方式与中国法律的新传统”，强世功编：《调解、法制与现代性：中国调解制度研究》，第244—245页。

② “老百姓说‘地当千年活，地卖百世死’，所以过去老百姓当地很多，但是穷人把地当给别人就赎不回来。而边区现在经过革命，穷人声张起来了，有办法赎了，因在币制上有了变动，老百姓有钱了，所以他就要赎地。但当的时候，是用饷洋，只有几十元或100元，最多是200元。因此问题就发生了，一家要按原来的价说‘我那时是用的饷洋’。但一家就不按，而我们今天单行条例上也没有规定如何解决，所以很难处理。不知道究竟按怎样折合好。因此，今天也需要研究一下或者提交议会讨论，用明文规定。但是现在上面没有规定，我们怎样处理呢？是不是处理？处理大部分采取调解、说服、教育。所以这样，现在还存在的问题很多。”《边区推事、审判员联席会议发言记录》(六)，全宗15—81。

种原因，边区的物价飞涨，订婚时的彩礼也不断攀升，“现在老百姓有这样的认识：婆姨小小定下了，现在不来了，离了婚就再娶不起了”；出于经济利益的考虑，“一个女子许给了几家，因此引起抢婚”；离婚时“本来孩子小应该由母亲带去，但这样无论如何老百姓不愿意，因他的婆姨离婚了小孩子也没有了，再也娶不起一个婆姨就断后了。”①而且，由于观念、思想和社会规则的变化，传统社会中解决民间纠纷的途径和渠道，已经不能发挥作用。与中国其他地区一样，边区的民间调解，有着悠久的历史：“在社会习惯上，千百年来早已存在着张三失手打坏李四，王五出来和解的习惯，这是良好的习惯，叫做息事宁人，排难解纷。”②但是，20 世纪 40 年代初期的边区，一方面，传统的民间调解没有受到重视，“过去那样的说事人在乡间调解民事（纠纷），本来这些人很会调解民事（纠纷），有些问题他们也可以解决，比如贺仲清在乡间调解民事（纠纷）很有办法，现在他说：‘现在咱不行了，现在是新民主主义的政策，咱们还弄的了！……’现在这些人在乡间调解事件就很少。”另一方面，新政权建立后，强调国家和政府对社会的干预：“旧社会能自己了结事情，革命后一切经过政府”，③造成了司法机关在案件数量上的巨大压力。

第二，边区政府针对地广人稀，劳动力不足的问题，采取了移民政策，并“最主要的一个解决办法，是吸纳、安置流动到边区的难民”。1937 年至

---

① 《边区推事、审判员联席会议发言记录》（五），全宗 15—80。另外，观念变化引起的纠纷，诸如：“经过多年未曾起诉，现在猛然提出来，说：‘过去他们不讲道理，我没有钱打不起官司，我们现在渐渐地认识到政府是为老百姓办事的，诉讼又便利，我们能讲话讲道理了，过去只是有钱有势的人才能打官司’；或者‘过去存在的很多诉讼。穷人在统治政府下，有些问题根本解决的不适当。所以老百姓有冤无处申，到今天经过革命，老百姓说‘这才是咱们穷人翻身的时候，过去咱们不敢打官司，今天是民主政府，咱们到政府把道理讲清楚，你把约帐展开，我也把约帐展开，闹一个青红皂白，谁是谁非。’也有的是因经过革命，觉悟程度一天比一天提高，说：‘我们的政府是讲道理的，会把问题弄清楚，不像旧社会政府要面子’”。全宗 15—81。

② 马锡五：《答考察边区司法者问》（1946 年）。转引自杨永华、方克勤：《陕甘宁边区法制史稿·诉讼狱政篇》，法律出版社，1987 年，第 206 页。

③ 《边区推事、审判员联席会议发言记录》（三），全宗 15—78。

1945年边区移民、难民达到了63850户,266619人。① 另外,边区作为中国革命的中心,军事人口占相当比例,且流动频繁。1939年随着国民党顽固派进攻边区,1940年底,边区军事人口增至3.1万人;1944年1月至1945年6月,边区的军事人口共计3.2万余人。② 边区作为抗日战争时期中国革命的文化中心,是革命青年追求进步的圣地。流动人口数量的激增,密度增大,导致了土地资源的紧张,各种矛盾和纠纷,同时产生。以川口区五乡和六乡的情况对比为例:"五乡有18个自然村3个行政村,全乡共有779户,人口2985口。五乡的李家渠村有集市,人口较为集中,仅商户即有124户,全村人口1447口。"所以,"外来的居民多,乡谊关系浅,邻里不够和睦,遇事互不相让,以致发生争吵斗殴多";"李家渠位于交通大路,又有集市行旅很多,若遇集日商贩及附近二三十里路的农民到该村去赶集,因为集上人稠拥挤,往往因走路或买卖或讨债发生纠纷";"外来居民多为好吃懒做的半二流子,以卖茶饭摆小摊混日子。这些人多半不够务正,有的吸鸦片,有的卖淫,由于这些人不肯老老实实的生产,在李家渠发生的违法行为如窃盗、赌博、烟毒等也比其他村庄多。"相反,六乡的情况是:"六乡有4个行政村,21个庄子,515户,1784口人,除一户铁匠外,均为农户,故遇农忙时,纠纷很少,春冬较多,大部分为嘴角纠纷,……去年以前绝大部分经乡政府解决,今年二月干部会后,大部均由各村调解。"③

---

① 黄正林:《陕甘宁边区的乡村经济与社会》,人民出版社,2006年,第164页。移民和难民年度增长的情况,见该文表1"1937年至1945年边区移民、难民统计表"。

② 相关的详细统计数据,参见黄正林:《陕甘宁边区的乡村经济与社会》,人民出版社,2006年,第268页。陕甘宁边区部队、人口的情况,1944年12月5日毛泽东在"1945年的任务——在陕甘宁边区第二届参议会第二次大会上的演说"中,提到的数字为:"截至1944年11月止,这里有了65万八路军、新四军及其他人民抗日军队,有了200多万民兵,有了9000万被解放的人民。"参见毛泽东:"1945年的任务——在陕甘宁边区第二届参议会第二次大会上的演说",《陕甘宁边区参议会》(资料选辑),中共中央党校科研办公室发行,1985年,第452页。

③ 《三边分区、志丹县等有关审判方式、调解工作调查、清理监所等材料》,全宗15—221。

第三，抗战期间，边区的经济建设，取得了突飞猛进的发展。1941年11月8日，林伯渠在“陕甘宁边区政府对边区第二届参议会第一次大会的工作报告”中认为：“在农业生产上，发展的方针是增加粮食产量，发展畜牧，推广植棉。现在边区的耕地约有1600万亩，三年来开垦荒地约200万亩以上，每年的粮食产量亦在200万石以上。牲畜三年来增加了一倍以上。”①1944年12月25日，林伯渠在“边区民主政治的新阶段——陕甘宁边区政府对边区第二届参议会第二次大会的工作报告”中，指出：“农业方面，以耕地面积论，三年间军民垦地达200万亩以上。以植棉论，三年间从39000余亩扩展至315000余亩。”②1946年4月4日，林伯渠在“边区建设的新阶段——陕甘宁边区政府对边区第三届参议会的工作报告”中，指出：“农业上，截至去年，耕地面积扩大至15205553亩，较战前增长79.4%，植棉扩大至35万亩，较三十二年(即1943年)增长270.6%，牛驴繁殖至403920头，较战前增长200—300%，羊1954756只，较战前增长300%左右。”③1937年至1940年边区采取了“争取外援，休养民力”的政策。此后，“1941年至1945年，税收、行产贸易、公营企业等收入成为政府的主要财政来源。其中税收的主要来源就是以边区农村工商业发展为基础的。”④经济的发展，也必然导致各类纠纷和矛盾的出现。

边区政权存在和发展期间，如何有效解决不断出现的各类纠纷，成为边

① 林伯渠：“陕甘宁边区政府对边区第二届参议会第一次大会的工作报告”，《陕甘宁边区政权建设》编辑组：《陕甘宁边区参议会》(资料选辑)，中共中央党校科研办公室发行，1985年，第253页。

② 林伯渠：《边区民主政治的新阶段——陕甘宁边区政府对边区第二届参议会第二次大会的工作报告》，《陕甘宁边区政权建设》编辑组：《陕甘宁边区参议会》(资料选辑)，中共中央党校科研办公室发行，1985年，第421页。

③ 林伯渠：《边区建设的新阶段——陕甘宁边区政府对边区第三届参议会的工作报告》，《陕甘宁边区政权建设》编辑组：《陕甘宁边区参议会》(资料选辑)，中共中央党校科研办公室发行，1985年，第527页。

④ 黄正林：《陕甘宁边区乡村的经济与社会》，人民出版社，2006年，第100页。

区政府和司法机关不得不面对的客观问题和困难。

其次，在大量的、日益增长的民间纠纷面前，近代建立起来的诉讼模式，无法满足当时纠纷解决的客观环境和需要。1943年6月8日，边区高等法院发布了《令各高等分庭及各地方法院县司法处实行调解办法，改进司法工作作风，减少人民讼累》的指示信，指出："从前审判人员，是专以听断为能事的。其结果只是将受理的案件用一纸判决书送达当事人后，即为了事。如不服者，听其上诉。这成其为'推事主义'。将事情推了出去，就算完结。……在当事人因缠讼而耗时费财固然不利，即在司法机关案件未能减少，案牍频繁。这种专以听断为能事的司法工作作风，在实际上是没有什么利益的。"[①]1943年7月1日，边区高等法院在《加强调解，劳役交乡执行，法官下乡就地审判，以发展生产》的指示信中，认为：在新的形势下，"我们司法工作在群众中的全部实践，就应是减少纠纷和增进团结。对发生的纠纷，进行耐心的说理和实事求是的调解，使农村劳动力不作无谓浪费，求达集中全力提高生产的目的"；在审判和调解活动中，"要遵守政府政策法令，照顾民间善良习惯，就是说：既合人情又合法理。"[②]表面看来，这些解决纠纷的原则和要求，并不难实现。但是，纠纷解决途径的选择，还必须考虑到纠纷本身的性质，解决纠纷的效率要求，解决纠纷能够依靠的资源，当事人和社会能够支付的成本，以及司法活动所处的环境与条件。

《边区高等法院关于延安市南区调解工作概况》中，对各类纠纷发生的原因，进行了概括和说明："（一）债务方面：由于延市几年来商业的发展，许多农民卷入商行，或经营商业。他们没有多的经商经验，加之有些人因新商人道德不够，故在交易上往往发生很多纠纷。同时商情的变化，和边区情况及国内时局的演进是分不开的。如防旱备荒时和抗战胜利以后，债务问题

① 《边区高等法院关于加强调解、劳役交乡执行，法官下乡就地审判以发展生产的指示信》，全宗15—14。

② 《边区政府、高等法院关于建立司法秩序，确定司法权限的联合训令》，全宗15—10。

就发生的特别多。(二)婚姻方面:据大家谈,要求离婚最多的要算保姆、女工,因为她们从农村跑到延安以后,一方面思想较进步了,愿意永远参加公家。另一面,不离婚嘛,又不能解决性的问题。其次,还有些男女一方面行为不正派而要求离婚。再次,也有抗属因丈夫多年不回要求离婚的。也有个别干部因感情意志不合要求离婚的。(三)至于其他纠纷,那原因就多了,有为说闲话引起的,有为争几口气而发生的。但也有故意找茬子而引起的。”[①]这些纠纷的解决,既缺乏现成的解决模式,也缺乏相应的经验,增加了司法途径解决的难度,为民间调解提出了客观的要求。

再次,边区当时民间纠纷,具有独特的性质。大部分民间纠纷,都与人们的生产和生活息息相关,属于鸡毛蒜皮的小事:“一切讼争之起因,有为事实上迫不得已者,有为一时愤激而出此者,有趁机诈案者,有冀图报复宿怨者,有受冤抑请求昭雪者,而一经具讼,则劳人耗财,不论胜负,两无益处。语云:‘告人一状,十年不忘’。”[②]但是,这些纠纷如果得不到及时有效的解决,矛盾不能及时有效得到化解,往往演变为非正常死亡事件,甚至刑事案件:“根据现有材料和大家谈话中的说法,概括的可以分这样三类:最多的要算债务问题;其次婚姻问题;再次其他问题(包括打架、口角争执,甚至为吃一个西瓜等)。”[③]如果这些纠纷毫无节制地提交法院解决,再庞大的司法审判机关,也无济于事。通过诉讼解决这些纠纷的主要困难,不是法律和规范不够清楚,而是事实的真相:案件事实的调查,需要投入大量的人力;有些纠纷,有如清官难断的“家务事”,并非投入大量的人力,就能够有效解决。

边区的社会经济发展,地理环境与交通,以及当地群众的普遍文化状况,对纠纷解决的道路选择,具有实质性的影响:“边区政权建设工作,是处于下列各种情况中的:第一,战争的环境。临时动员工作多,组织机构常因

---

① 《边区高等法院关于延安市南区调解工作概况》,全宗 15—202。

② 《边区政府、高等法院关于建立司法秩序、确定司法权限的联合训令》,全宗 15—10。

③ 同①。

工作需要与情况变化而变动多。第二，交通不便利。上下级联系困难，上情难于下达，下情难于上达，机构不灵活，物资供应也困难。第三，政权工作经验少。一般的文化程度落后，多赖摸索创造，领导上单赖文字收效不大。"①所有这些因素，导致的是信息交流不畅，近代司法审判所必须具备的手段与条件，诸如律师的帮助，当事人的参与，受到很大的局限。法官唯一能够做到的就是深入案发现场，进行调查研究；长期以来，边区的经济、文化落后。当事人中，文盲所占的比例非常大。他们对纠纷解决，具有强烈的渴望，尤其在新的社会中，他们对政府寄予了厚望。能动的解决纠纷的诉求，与现代司法的被动性，产生了矛盾；边区地域辽阔，大部分属于山区，主要交通工具是毛驴，导致客观上交通很不便利，传统的农业社会，需要更多的劳动力直接投入到生产活动之中。所有这些，直接导致司法在解决民间纠纷时力不从心，在质量和效率上难尽人意。

变革社会中所发生的诸如规则的短缺，也必然造成裁判依据的模糊和裁判的困难。通过增加司法人员，有效解决民间纠纷的道路选择，既不能满足解决纠纷的成本要求，更不能满足解决纠纷的效率和公正要求。边区民间调解的兴起，是当时环境和条件下的现实选择。

---

① "陕甘宁边区政府第二次精兵简政实施方案纲要"(1942年6月10日第26次政务会议通过)，《陕甘宁边区政权建设》编辑组编：《陕甘宁边区的精兵简政》，求实出版社，1982年，第50页。既便司法干部下乡调查，由于和当地基层群众之间的疏离，往往无法得到真实的情况。所以，司法人员在调查时，不得不"适用群众的乱谈乱扯，去启示群众的发表意见。但是在群众发言过程中，作调查的人，不要作笔记。如果他看见你记，他不敢发言，恐怕叫他作证。总之，你收集调查材料，不要叫他发现你来是为了调查的，尤其人生地生的地方，当然有些干部他是知道，那是难以避免的。如果你记的话，知道了叫他作证明人，这样他就不干，害怕得罪人。"《边区推事、审判员联席会议发言记录》(五)，全宗15—80。但是，这种做法与司法的程序性、公正性之间，存在着明显的冲突。

五、 作用和效果

首先,中国传统社会所认同的,是基层社会的自治,充分发挥宗族的、乡约的、士绅的、村落基层组织的、各种行会、团体等民间权威人士的作用,通过民间调解,化解矛盾,解决民间纠纷。

近代司法大规模介入民间纠纷的解决,造成了危险的结果:由于国家规则与民间习俗的冲突或对立,造成司法裁判结果无法得到当事人甚至社会的认同,司法的危机由此产生:"你对老百姓的事情处理得好还没有什么,如果你把老百姓的事情处理坏了,那老百姓马上就会反应出来,所以我们看司法工作做得好不好就看群众的反应如何。"[①]在大量的纠纷提交法院,司法机关表现出无能为力的情况下,人们最终认识到:需要"把人们的思想引向在政府领导下,自己解决问题的轨道上来"。[②] 只有最大限度发挥基层群众自己解决纠纷的作用,才能保证纠纷的解决取得良好的社会效果。

民间调解的运用,照顾到了边区的社会状况,照顾到了边区的善良风俗习惯。在边区的风俗习惯中,不乏救济贫苦,抚恤残疾老幼等良好的、适应社会变革要求的内容。这些习惯与边区的社会经济发展,有密切的关系,在纠纷解决的过程中,对社区民意的了解,对当事人所处环境的了解,尤其是对当事人经济状况的了解,是变革社会中司法公正的应有之意。1948 年 12 月 1 日洛川县司法处给《各区署调解民间纠纷工作》的指示信认为:对民间纠纷,"各区应依增进团结,不浪费群众生产时间,迅速彻底的弄清是非,经

① 《边区推事、审判员联席会议发言记录》(三),全宗 15—78。

② 杨永华、方克勤:《陕甘宁边区法制史稿·诉讼狱政篇》,法律出版社,1987 年,第 207 页。西直沟村村主任郭维德的调解具有以下的优点:"(1)能站稳立场,大公无私,不怕麻烦。(2)善于团结群众与掌握群众路线。(3)能创造典型,利用典型,宣传典型,起积极教育作用。"全宗 15—132。

过群众就地给予适当调解。"①

其次，边区创立了纠纷的分类解决途径：提倡对民事纠纷和普通刑事案件，通过民间调解解决；严重的刑事案件，则通过司法审判解决。对"受害人主体属于私人之犯罪"进行调解，是立法机关和司法机关对边区特定环境、条件和刑罚目的所给予的独特关注。同时也是案件和纠纷分流处理，提高司法效率和审判质量行之有效的方法。

对犯罪的认识，必然影响到对犯罪的对策。刑事案件的调解，体现的是对行为人生活状况的关注和对受到破坏的社会关系的恢复。是通过被告积极的行为，使受害者得到心理和物质上的补偿，将对罪犯的改造和对社会的改造有机结合："在双方自愿的原则下，彼此息争止讼，受害的一方既可得到实益，加害的一方亦可免于处罚，不致耽误家里的生活事宜，而无形中便能增进社会的和平。"②

最后，边区进行了民间调解与司法审判互相促进、互相推动的尝试。"调解工作的深入发展，也有力地推动了人民司法建设，加强了干部和群众的法制观念和道德观念，在许多方面起到了移风易俗的作用，使抗日根据地成为全国范围内具有崇高社会风尚的典范。"③在新的历史环境和条件下，边区的各项事业，缺乏现成的经验或模式可供借鉴。"调解工作，……理论上的根据，可以一言蔽之曰：为了减少诉讼，利于生产，团结各阶级，利于争取抗日战争的胜利。"④民间调解在及时、有效地解决了大量矛盾和纠纷的同时，调解人员通过积极主动介入矛盾和纠纷的解决，最大限度地实现了预防纠纷，避免矛盾激化的功能。民间调解通过对边区风俗习惯的关注，沟通

---

① 《边区高等法院关于加强调解、劳役交乡执行，法官下乡就地审判以发展生产的指示信》，全宗15—14。

② 《陕甘宁边区司法纪要》（1944年下半年），全宗15—200。

③ 张希坡、韩延龙主编：《中国革命法制史》，中国社会科学出版社，2007年，第451页。

④ 《边区高等法院编制：陕甘宁边区判例汇编》，全宗15—26。

了规则形成与社会生活之间的联系。

第三节　两种司法理念的交锋

一、 背景及代表人物

司法大检讨事件发生在1943年初，正逢边区学习文件、思想检查刚刚结束，审查干部、清理队伍的抢救运动轰轰烈烈开始之际，在边区高等法院的36名司法干部中，竟发现了17名问题人士。在此之前，边区高等法院原院长雷经天于1942年6月9日，带职去党校学习，由李木庵做代院长。在1943年初，从党校学习回来的雷经天，首先从边区高等法院1942年的工作审查开始做起，认为这一年的工作犯了严重的错误，思想上闹独立、政治上的自由主义、业务上的教条主义、作风上的文牍主义、事务主义、官僚主义等，把李木庵在高等法院的工作重新评判，对朱婴等在边区的所作所为进行重新的审视，在延安整风、审干的背景下，一场轰轰烈烈的司法检讨开始隆重上演。[①]

---

①　关于此方面的政治背景资料可参考高新民、张树军:《延安整风实录》，浙江人民出版社，2000年；台湾陈永发:《延安的阴影》，中央研究院近代史研究所，民国七九年（1990年）。关于此次司法检讨的原因，除整风审干运动中反对主观主义、宗派主义、党八股及清除特务等影响之外，还涉及双方当事人之间，平时因意见不合而产生的恩恩怨怨，雷经天1942年带职去党校学习的原因，就是因为这些白区来的具有法律专业知识的人士，批评边区司法的游击主义作风，边区政府才决定让雷经天带职去党校学习，由李木庵任代院长，总理高等法院一切事务，并着手进行大幅度改革，在判决书的制作、法官的任用条件等方面都做了严格的限制，将许多知识文化层次很低的原有法官辞退，并将大量文化层次比较高的人培训为法官，赋以重任。1943年归来的雷经天及被辞退的人对这些举措极为不满，此时恰逢审查干部、清理特务的抢救运动轰轰烈烈开始之际，雷经天等首先将这些人清理出来，再对其工作进行详细批评。《边区高等法院雷经天、李木庵院长等司法工作检讨会的发言记录》，全宗15—96。

在有关边区司法制度的研究中，详细涉及1943年司法大检讨的成果当属侯欣一的专著《从司法为民到人民司法》。由于相关的研究刚刚开始，无论是研究角度，还是档案资料的使用，都存在进一步深入的必要。[①] 因此，笔者在此试图通过收集大量相关档案、资料，结合制度实践，从思想的角度，去考察争论双方在司法理念上具体详细的差别，进而分析这次交锋的深远影响。[②]

首先需要交代的是双方当事人及对此次交锋进行定夺的裁判者。在这里，可以用“工农干部”和“外来知识分子干部”来称呼双方当事人，其中前者主要是边区本地，或经过边区土地革命成长起来的干部，以工人农民为主，文化水平相对比较低，甚至是在边区普及教育、扫盲运动和干部教育中培训出来的干部，主要代言人为雷经天。后者主要是来自白区的知识分子，主要代表有李木庵、朱婴及鲁佛民等。双方的裁判者是谢觉哉、罗迈（即李维汉）、林伯渠，他们是当时边区司法、党政方面的主要领导人。[③]

笔者认为雷经天代表的是革命传统的司法理念，而李木庵等所代表的是西方现代的司法理念，主要原因有以下两个方面：

首先，双方的知识背景和成长经历不同。

雷经天（1904—1959）原名雷荣璞，在五四时期即投身学生运动，1923年考取厦门大学理科，翌年转学上海大夏大学，1925年加入中国共产党。他先后参加了北伐战争、广州起义和广西右江根据地的创建工作，曾任右江苏维埃政府主席。1935年，随军到陕北后，曾在中华苏维埃共和国中央政

① 侯欣一：《从司法为民到人民司法：陕甘宁边区大众化司法制度研究》，中国政法大学出版社，2007年。该书第三章的内容，主要从制度变革的角度论述此次改革。

② 本节仅就两种司法理念具体主张之重点内容的不同进行详细梳理，其中两种司法理念的其他不同，两种不同司法理念的具体实践以及批判检讨的过程，需进一步深入考察研究。

③ “工农干部”和“外来知识分子干部”的称号是雷经天在批判李木庵时所用的词语，同时通过司法工作检讨会上的发言记录，亦可知双方的代言人和当时的裁判者。详细内容参见《边区高等法院雷经天、李木庵院长等司法工作检讨会的发言记录》，全宗15—96。

府粮食部任科长。不久调到陕甘宁边区高等法院工作,先后任庭长、代理院长和院长。1942年6月9日,雷经天离职去党校学习,由李木庵代理边区高等法院院长。1944年1月1日,重新担任院长。1945年初,调任八路军南下第三支队政委。①

李木庵(1884—1959)原名李振坤,字典午,又名李清泉,1930年改用木庵,清末秀才。1905年从京师法政学堂毕业后任教,宣传革新观点。1911年辛亥革命后,任广州地方检察厅检察长,后被排挤离任,到北京、天津担任律师,筹组两地律师公会,在北京举办司法储才所。1922年在北京赋闲时,接受革命思想,参加国民革命运动。1925年夏,加入中国共产党,1940年冬被迫赴延安。1941年起陆续担任边区高等法院检察长、代院长。1943年司法检讨会议之后任陕甘宁边区参议会参议员、法律顾问和中国解放区行动纲领起草委员会委员。②

朱婴(1889.11—1970.7)曾用名辟安,1921年夏考入北京朝阳大学法律系。1924年加入国民党,次年加入共产主义青年团,后转为中国共产党党员。1938年2月,朱婴接受董必武关于在国民党区内办教育、推动抗日、输送青年赴延安的指示,回华容创办"东山中学"。不久受到华容县政府干涉和中统特务的破坏,被迫停办后,步行奔赴延安。到延安后不久,朱婴被安排到陕甘宁边区司法训练班任教务主任,旋改任边区高等法院秘书。1941年初改任边区政府秘书。1943年在司法大检讨中曾被批判,被定性为

---

① 廖盖隆:《中国共产党历史大辞典》(总论·人物),中共中央党校出版社,1991年,第565—566页;盛平:《中国共产党人名大辞典》,中国国际广播出版社,1991年,第771页;赵金康:"试论雷经天的司法思想",《史学月刊》2008年第10期,第56—60页。

② 桂阳县志编纂委员:《桂阳县志》,中国文史出版社,1994年,第780页;徐友春:《民国人物大辞典》(上),河北人民出版社,2007年,第454页;《雷经天同志的司法工作检讨及绥德县1944年司法工作总结报告》,全宗2—680;廖盖隆:《中国共产党历史大辞典》(总论·人物),中共中央党校出版社,1991年,第266页。

不可靠的人、特务分子。抢救运动过后，仍在边区高等法院秘书室工作。[①]

鲁佛民（1881—1944）名鲁琛，字献卿，佛民为其别号。1912 年冬季以优异成绩考入山东法政专门学校。1916 年，在济南联合山东法政专门学校的同学创办《公言报》。同时，经友人介绍，任职于山东高等检察厅。1917 年取得律师证书，开始挂牌经营律师业务，兼省立高小教员。1926 年 10 月，加入中国共产党。“七七”事变后，鲁佛民由北平转赴延安。不久，任边区政府教育厅秘书。1938 年春，调至边区政府秘书处，担任对外文件及法院重点案件的处理，并领导直属县的文卷保管等。1944 年 5 月 18 日病逝于延安。[②]

如前所述，雷经天是理科出身，参加革命后，多从事党政及军队工作，任职于边区高等法院之前，没有任何的法律知识与背景。而李木庵、朱婴、鲁佛民等都毕业于清末或民国时期著名的法政学校，并有着丰富的司法实践经验。由于从清末法制改革到中华人民共和国建立之前，西方现代法律制度与司法理念成为中国法学教育的主流与主导思想。[③] 所以李木庵、朱婴和鲁佛民受到西方现代法学的影响，其司法理念亦受西方现代司法理念的熏陶。

其次，主张的具体内容不同。在西方现代司法理念中，强调通过司法实现公正，司法公正的核心内容主要包括：司法独立、司法专业化、司法的统一

---

① 华容县县志编纂委员会：《华容县志》，中国文史出版社，1992 年，第 783—784 页；《边区高等法院雷经天、李木庵院长等司法工作检讨会的发言记录》，全宗 15—96；《边区高等法院关于延迟推事审判员联席会议的通知和王子宜院长的开幕词、林伯渠主席的讲话记录》，全宗 15—69。

② 济南史志编纂委员会：《济南市志》，中华书局，2000 年，第 358—359 页；盛平：《中国共产党人名大辞典》，中国国际广播出版社，1991 年，第 748 页。

③ 详细的讨论，参见孙晓楼等著、王健编校：《法律教育》（修订版），中国政法大学出版社，2004 年；吴永明：《理念、制度与实践：中国司法现代化变革研究》，法律出版社，2004 年。

性、司法程序的合理性、司法的权威性、司法的公开性等。[①] 在这些最基本的原则和理念上,李木庵、朱婴、鲁佛民等的观点是雷同的,只是每个人关注的侧重点稍有不同。

而在边区时期及之前的革命传统中,强调政府领导司法,强调司法的非专业化。[②] 雷经天及其他在革命中成长起来的工农干部,基于自身的经验与经历,都持守这种革命教义与传统。[③]

相对于中国古代传统的司法体制和近代的革命传统,最核心的、最有代表性的冲突当属西方现代司法理念中的司法独立,其次是司法专业化,在程序设计中的明显不同则表现在三审终审和二审终审方面。因此,结合已有的档案资料,本节就审级制度、司法独立和司法专业化三个问题进行比较详细的论述。

本节的主体结构为:首先,分别论述双方司法理念的主要不同所在,即审级制度、司法的地位、司法干部的任用条件及培训等。其次,当时裁判者的观点,即当时谢觉哉、罗迈、林伯渠等在这些争议上的观点,也可以说是当时的定论。最后是结语,即此次交锋在当代中国法律史中的深远影响及其意义。

---

① 关于现代司法理念的核心内容可概括为司法公正,但涉及司法公正的具体内容,学界有不同的观点,多数学者强调司法公正中的程序公正,但对于程序公正的内容,有不同的观点,如王利明认为程序公正包括司法独立、程序的合理性、程序的公开性、程序的平等性、程序的民主性、程序的便利性和及时性;有的学者认为,程序正义(或合法)与司法独立、司法专业化、司法伦理等内容并立,共同构成司法公正,贺卫方教授、熊先觉教授等持此种观点。无论持何种观点,司法独立、司法专业化、程序合理性等被认为是司法公正理念的核心。相关内容参考:王利明:《司法改革研究》,法律出版社,2000 年,第 49—53 页;“现代司法理念与审判方式改革”专家论坛,《山东审判》2004 年第 3 期,第 7—11 页;熊先觉、刘运宏:《中国司法制度学》,法律出版社,2002 年,第 14—16 页。

② 列宁对此亦有比较详细的论述,详细内容可参考张卫平等著:《司法改革:分析与展开》,法律出版社,2003 年,第 113—119 页。

③ 具体内容参考其后面的具体主张。

二、 主要的争论

（一）审级制度

在审级制度上，主要的争论是边区法院应该实行实质性的两级两审制，还是应该实行实质性的三级三审制，具体到边区的司法实践，则与边府审委会有密切关系，朱婴等据西方现代司法理念，为保障当事人的诉权，主张实行三级三审，在边区高等法院之上，在边区政府之内设立第三审机关——边府审委会。而雷经天等据革命传统与经验，认为在边区具体环境下，二级二审已经足够，反对设立三审机关。

雷经天在1941年《陕甘宁边区高等法院对各县司法工作的指示》中谈到边区的审级制度，认为边区采取形式上的三级三审制，第一级初审是地方法院，第二级复审是边区高等法院，第三级终审是最高法院。其中的最高法院是国民政府的最高法院，但边区实际上实行的是两级两审制，因为边区没有人会跑到国民政府的最高法院去上诉，形成所谓的形三实二，即形式上是三级三审制，实际是二级二审制。①

到了1943年，审级制度成为雷经天与朱婴争论的主要问题之一，即边区是否应该实行实质性的三级三审制。雷经天认为边区本身不需要国民政府那样的三级三审，二级二审已经足够。主要原因是，依据边区的司法组织，各县的裁判员或地方法院为第一审级，边区高等法院为第二审级。如果

---

① 《边区高等法院编制：司法工作一览》，全宗15—25。关于雷经天对陕甘宁边区审级制度形三实二的认识，还可参考赵金康："试论雷经天的司法思想"，《史学月刊》2008年第10期，第56—60页。不过此文由于未参考相关档案资料，因而没有提到雷经天是否赞成边区实行实质性的三级三审制。

二审出现问题，边区政府领导法院，有权审查和改正法院的判决。[①] 另外，边区当时不是和平的环境，是战争的后方，同时又要为群众解决诉讼问题，为慎重起见，两级两审足矣，不需要三级三审。[②]

总之，雷经天认为，鉴于边区处于战争环境，司法归政府领导，在政府一元化的领导和审查下，边区传统的二级二审制足以解决问题，避免审判错误，不需要三级三审，以避免劳民伤财。

朱婴在1941年1月由边区高等法院调到边区政府，在秘书处担任司法秘书的工作，处理上诉边区政府的民刑案件。当时由张曙时、李木庵、朱婴、鲁佛民等在边区成立的新法学会，在1941年的第二届参议会上提出建立三级三审制的提案，遭到否决。1942年7月，朱婴提出第二种意见得到林伯渠的支持，即在边区政府内设立专门的三审机关——边府审委会，凡第三审案件、行政诉讼案件及死刑复核等，均由边府审委会负责办理。委员长是林伯渠，李鼎铭、刘景范等为委员，朱婴为秘书。[③] 1942年8月22日，边区政府发布战字第446号命令，公布朱婴等草拟的《审判委员会组织条例》，增设秘书长一人，明确秘书长的主要职责是掌理边府审委会诉讼文件之草拟并保管印信。边府审委会的职权除上列事项外，另增一法令解释权，[④]朱婴为秘书长。[⑤]

通过总结朱婴自己的论述，朱婴主张建立第三审机关的主要理由有三

---

① 《高等法院雷经天院长关于司法工作检查情况和改造边区司法工作的意见》，全宗15—149。

② 《边区高等法院雷经天、李木庵院长等司法工作检讨会的发言记录》，全宗15—96。

③ 同上书；陕西省档案馆、陕西省社会科学院：《陕甘宁边区政府文件选编》（第六辑），档案出版社，1988年，第248—249页。

④ 陕西省档案馆、陕西省社会科学院：《陕甘宁边区政府文件选编》（第六辑），档案出版社，1988年，第314—315页。

⑤ 《边区高等法院雷经天、李木庵院长等司法工作检讨会的发言记录》，全宗15—96；《高等法院雷经天院长关于司法工作检查情况和改造边区司法工作的意见》，全宗15—149。

个：首先，有利于审判监督。在处理上诉边区政府的民刑案件时，发觉下级法院判决不当，只好仍发回原审法院重审，政府自己不能判决，因为政府是行政机关而不是司法机关，而当时的法院，凡遇政府批驳的案子，往往不能马上解决。其次，在第二届参议会时，新法学会曾提议设立第三级终审机关。最后，根据保障人权财权条例第23条，人民有按级上诉之权。所谓按级上诉，当然包括第三审在内。①

在雷经天看来，从1941年新法学会成立以来，张曙时、李木庵、何思敬、朱婴等一直提议设立第三审机关，在参议会上被拒后，作为边区政府秘书处的朱婴又屡次提出，最后终于通过了设立边府审委会的提议，同时通过修改其组织条例，及利用增加人员、建立法庭、经费单独预算、设立专任的推事、建立最高法院分庭等建议，使边府审委会逐渐离开边区政府秘书处、脱离边区政府，成为独立的机关；由朱婴当秘书长，实际管事的不是忙于政府工作的林伯渠或其他审委会的委员，而是朱婴。朱婴实际上篡夺了边区的司法权，是其有步骤地篡夺边区政权之阴谋的一部分。②

由以上论述可知，在审级制度上，雷经天要求具体问题的具体解决，坚持革命传统的司法理念，认为政府领导司法、政府审查司法工作，在战争情况下，为避免劳民伤财，迅速解决群众诉讼纠纷，在边区继续实行二级二审足矣，而朱婴等则考虑到司法的公正、效率及司法与行政分权的西方司法理念，依据实际需要，借鉴国民政府的审级制，主张在边区建立实质性的三级三审制。

---

① 《边区政府审判委员会秘书朱婴、毕珩的检讨会记录和有关材料》，全宗15—97。同时，笔者在查考档案时发现边区司法干部多为工农干部，文化水平相对比较低，有的甚至连判决书都不知该如何写，因此判决错误及不当的案件比较多。

② 《高等法院雷经天院长关于司法工作检查情况和改造边区司法工作的意见》，全宗15—149。

(二)司法的地位

在审级制度上,已经涉及司法之地位的问题,[①]关于这一问题,双方的争论主要涉及的是司法与行政的关系、司法系统内部的独立,朱婴等根据西方现代司法理念,主张司法独立,而雷经天等继承革命传统理念,主张行政领导司法,边区领导一元化,不允许法院闹独立。

朱婴的观点主要体现在朱婴提出的赴任条件中,即当边区高等法院院长雷经天,想将在边区政府内工作的朱婴,调到绥德地方法院做院长时,朱婴提出几个赴任条件:(1)绥德地方法院的工作不受边区高等法院管辖,实行审判独立,人民不服判决可以上诉。(2)地方法院审判的案件,地方政府不得干涉,法院与行政分区专署分开。(3)地方法院的干部,政府不能够任意调派工作。(4)绥德地方法院的司法经费独立,司法罚款由地方法院直接支配。(5)专门做法院的工作,不参加政府的任何会议。[②]

这些条件中不仅包括了法院与政府之间的独立,还包括了法院内部不同审级之间的独立,同时从司法干部的任用及调动自主、法院经费独立、工作时间的保证等方面,来全方位地保障司法的真正独立,是西方现代司法独立制度的翻版。

---

① 虽然在审级问题上亦涉及司法独立的问题,由于审级制度主要关注的是司法程序的合理性,用合理的审级制度来保障当事人的诉权,而司法独立主要侧重的是司法机关独立和法官独立审判以保障司法公正,同时,司法独立的理念会影响到整个司法体制的设计。所以笔者在这里将二者分别论述,亦可见司法独立的重要地位。

② 《高等法院雷经天院长关于司法工作检查情况和改造边区司法工作的意见》,全宗15—149。虽然在后来的检讨中,朱婴说这些条件是其提出的无理要求,为的是不到法院工作,尤其是到雷经天的部下工作,参考《边区政府审判委员会秘书朱婴、毕珩的检讨会记录和有关材料》,全宗15—97,但我们从这些条件中可以看出,这些条件并不是一时冲动,或仅仅是出于为难雷经天以达不去绥德的目的,而是一个有机的系统,是朱婴经过深思熟虑之后的慎重决定,并考虑到司法独立的方方面面,甚至可能希望在这些条件被应允之后,在绥德地方法院进行大幅度的司法改革。

在边区当时提出这些条件是一件石破天惊的事情。在雷经天看来，司法应受政府领导，朱婴如此的思想和行为是阴谋篡夺边区的司法权，是国民党派来的特务分子。雷经天在这个问题上的观点与边区以往的司法传统相一致，边区的司法传统承接了苏维埃时期的司法理念，即行政领导司法。如苏维埃政府于 1932 年颁布的《裁判部暂行组织及裁判条例》，1934 年颁布的《中华苏维埃共和国中央苏维埃组织法》，1937 年颁布的《由苏维埃到民主共和制度》和《行政专员以下各级政府组织的重新规定——中府办事处会议决定》，都规定司法在行政的领导之下。边区沿袭这一传统，1939 年颁布之《陕甘宁边区高等法院组织条例》第 2 条规定，边区高等法院受中央最高法院之管辖，边区参议会之监督，边区政府之领导；1941 年颁布的《陕甘宁边区县政府组织暂行条例》第 2 条规定，在地方法院未成立之县，设司法处；同时第 11 条又规定司法处掌理各项民刑案件，在县长领导下进行审判。①

雷经天的观点就是以上思想的传承和延续，在他看来这是理所当然、不需证明的真理，因此他主张，边区司法是受政府的领导，边区高等法院受边区政府的领导，各县司法处受该县政府领导。在政府一元化的领导下，边区政府发现边区高等法院有不对的，可令其重新审判。②

总结雷经天的一些正式宣讲，可推出此种主张的理论根据：首先，边区政权是完整的，政权领导即政府领导，司法是政权一部分，所以司法由政府领导。其次，法律是统治者的工具，为政治服务，司法工作也就是整个政权工作中的重要一环，司法自然不能独立于行政之外。最后，效率高。处于抗战时期，为了整齐便利和机动起见，在 1942 年高干会曾提出领导一元化，这

---

① 陕甘宁边区政权建设编辑组：《陕甘宁边区参议会》(资料选辑)，中共中央党校科研办公室出版，1985 年。

② 《边区高等法院雷经天、李木庵院长等关于司法工作检讨会议的发言记录》，全宗 15—96；《边区高等法院关于招待中外记者团的总结及问答记录》，全宗 15—61。

个原则贯彻到党政军各方面，而在政府机关，政府领导司法与上述的理论相合。[①]

由此可以看出，雷经天与朱婴等在司法的地位这一问题上，针锋相对。不过通过以上分析可知，雷经天关于司法地位的理念，只是沿袭了中共传统的司法理念，雷经天本人并未对此进行深入的分析与反思。而朱婴受西方现代司法理念的影响，从司法独立原则出发，为保证司法公正、合理，强调司法在审判、人事、经费等方面独立于边区政府。在整风之时，此问题涉及政治立场，因而雷经天认为，朱婴是特务，旨在阴谋夺取边区的司法权。

（三）司法干部的任用条件及培训

在司法干部方面的争议主要涉及的问题是，在司法干部的任用条件上是以专业为主导，还是以政治条件为主导，在司法干部的培训上，采用专门学院教育的方式，还是继续采用边区高等法院办短期培训班的方式。

雷经天的政治立场相当强，他认为司法是政权中的重要部分，负有保护政权的重大责任，因此司法干部的首要条件是忠诚于革命，其次才是业务的熟悉，业务能力可以在参加司法工作之后，慢慢培养。早在1941年5月，由于各县司法干部短缺，雷经天在边区高等法院对各县司法工作的指示中，曾列出挑选司法干部的五个条件：(1)忠实于革命事业；(2)奉公守法；(3)能够分析问题、判别是非；(4)刻苦耐劳，积极负责；(5)能看得懂法律条文及工作报告。然后经过边区高等法院办的司法干部训练班，就可以上岗。[②] 到了1943年司法大检讨的时候，雷经天的司法干部使用条件发生了一些变化，

---

① 《边区高等法院关于招待中外记者团的总结及问答记录》，全宗15—61；《边区高等法院拟制“论边区司法答客问”和“司法问题汇集”》，全宗15—58；赵金康：“试论雷经天的司法思想”，《史学月刊》2008年第10期，第56—60页。

② “陕甘宁边区高等法院对各县司法工作的指示”，《边区高等法院编制：司法工作一览表》，全宗15—25。

具体条件变为:(1)忠实于中国共产党;(2)坚定人民大众的立场;(3)决心为边区政权服务;(4)愿意为中国革命奋斗;(5)密切联系群众;(6)廉洁刻苦,积极负责;(7)奉公守法,持正不阿;(8)才干相当,品质正派。[①]

如果说前者还注意到与审判有关的专业水平与能力等条件,注重分析问题判别是非、懂法律条文及工作报告等能力,那么后者则更注重政治立场、政治路线,强调对党的忠实,强调阶级立场、联系群众,明显受整风审干的影响。[②] 同时,其中的暗含条件是经历过边区土地革命的洗礼与历练。因为通过分析边区法院中有问题的干部,如任扶中、王怀安、朱婴等,雷经天得出的结论是,这些外来的知识分子干部,没有经过土地革命的锻炼,90%以上是问题人士。因此,雷经天的干部使用原则是:工农干部尽可能培养和提拔,而对知识分子干部的提拔则需要经过慎重的考虑和长期的考验。[③]总之,对工农干部放心使用,对外来的知识分子则抱有极度的不信任,同时也是反对司法专业化的表现,用雷经天自己的话来说,"边区的司法干部都是从群众中产生出来的,也就是群众自己,不拘学历及资格,只要能忠实于革命及人民大众,就能取得人民的信仰。"[④]

在干部的使用上,李木庵认为自己初到边区时,主张司法干部必须具备的两个条件:文化程度,专业人才。在实际工作中,为了起草法律条文,需要法律专业人才,为了搞研究,需要文化程度高的人。后来之所以不再如此要求,是因为实际上办不到。因此在调用人员和使用的过程中重用、培养这些专业人才,如王怀安、白平舟、王刚等。[⑤]

---

① 《高等法院雷经天院长关于司法工作检查情况和改造边区司法工作的意见》,全宗15—149。

② 高新民、张树军:《延安整风实录》,浙江人民出版社,2000年。

③ 《边区高等法院雷经天、李木庵院长等关于司法工作检讨会议的发言记录》,全宗15—96。

④ 《边区高等法院拟制"论边区司法答客问"和"司法问题汇集"》,全宗15—58。

⑤ 《雷经天同志的司法工作检讨及绥德县1944年司法工作总结报告》,全宗2—680。

同样，朱婴在提出去绥德地方法院担任院长的条件之一就是派郭钢钟去当书记长，因为郭的文化程度较好；当听说要派孙敬毅与他同去时，朱婴认为，在和孙共事的半个月中，发现她对于公文法律都很生疏，身体又不好，因此不愿让孙敬毅与他同去。同时，不断地强调，在今后要提高干部的法律知识，重视业务研究，并继续开办司法训练班。①

鲁佛民来的更直接，在其《对于边区司法的几点意见》中，明确提出任用法律专业人才。主要理由是司法工作对于学识和经验要求标准很高，从学习期限，到法官考试，到实习候补，最后到成为一名正式的法官，整个过程对于司法人员的限制都很严。边区虽然不应仿效国民政府的那种严格限制，但不妨尽先试用从友区过来的专门人才，以收借才之效，同时专门人才可以用其所学。同时通过培训，培养有相当修养的高级司法干部。鲁佛民认为，如果因顾虑到外来人不可靠而不用，是因噎废食之谈，为实行进步的新民主主义，应该大胆一点，大量一点，反对关门主义。②

由此我们可以看出，雷经天的观点强调司法的非专业化，认为司法干部应出自群众，忠实于共产党、忠实于革命、立场坚定，注重的是其身份与成分。而李木庵、朱婴、鲁佛民等，基于司法专业化的思想，强调司法干部必须是经过专门培训的专业人才。正是由于对司法的地位、司法干部的任用条件等存在不同认识，导致双方在司法干部的培训上有着重大的差异。

在司法干部培训问题上，边区高等法院已有办短期培训班的历史。③雷经天和朱婴都主张进行司法培训，提高司法干部的素质，但二者所主张的具体培训方式存在较大差别。雷经天主张继续采用以往办短期培训班的方

① 《边区政府审判委员会秘书朱婴、毕珩的检讨会记录和有关材料》，全宗15—97。

② 《边区司法工作检查委员会工作检查纲要及工作报告》，全宗15—150。

③ 高等法院自身主办的短期培训班始于1938年，1943年雷经天关于司法干部培训的主张，也是基于当时的实践。关于当时高等法院主办的短期培训，还可以参考赵金康："试论雷经天的司法思想"，《史学月刊》2008年第10期，第56—60页。

式，而朱婴认为应采用专门学院教育的方式。

朱婴认为应该由中央设立专门的教育机关，如延大法学院。相对于当时边区高等法院办的短期训练班，这种培养方式的好处有四点：(1)教育权统一。凡是属于专门学科的教育，以后都应由中央领导，可以防止各个边区，或各个机关各自为政，与我党集中领导的作风不合。(2)法学理论的统一。新民主主义的法学理论不能脱离各法院的实际工作，但实际工作只能作为研究的资料，因此，要通过中央的分析整理与汰劣留良，才能得到系统的、完全正确的新民主主义法学理论。(3)加强教育的效率。学校规模大，设备齐全，有首长及专门学者的报告，同学甚多，在观摩切磋方面也得到很多的利益，与仅仅束缚在狭隘领域中的小训练班大不相同。(4)使得法院本身的工作精神集中。边区高等法院既要管审判又要管干部教育，势必使主要的工作受到影响。[①] 总之，司法干部的培训需要专业化的教育机关来负责。

雷经天认为，政府大批的、集中不断地培养很好，但是存在一些困难，就是教学用的旧东西不能密切联系社会和当今问题。而且这样培养不能救急，现在还是要保持老习惯，由边区高等法院自己来办培训班，教的是实际的东西，用必要的东西来教，学了就能用。[②]

在司法干部的任用条件和司法干部的培训上，双方关注的重点存在分歧，李木庵、朱婴等受司法专业化的影响，强调司法干部的专业条件，并从司法的长远建设与发展出发，主张由专门的教育机关培训司法人员，而雷经天承袭革命传统与经验，关注的是司法服务政权、边区司法工作当前的困难和

---

① 朱婴："司法教育应由中央领导案"，《边区政府审判委员会秘书朱婴、毕珩的检讨会记录和有关材料》，全宗15—97。在这些主张中两次强调中央领导，即边区政府的领导，表面看似乎是领导一元化主张，正如边府审委会属边区政府由主席林伯渠负责，实际上由朱婴负责一样，法学教育、法学研究两方面均有丰富经验的人，非朱婴莫属，最后实际的负责人还是朱婴自己。

② 《边区高等法院雷经天、李木庵院长等关于司法工作检讨会议的发言记录》，全宗15—96。

边区的具体环境，强调司法干部的政治思想与身份。

总之，通过以上论述可知，无论在审级制度、司法地位、司法干部的选任和培训等重大司法工作问题上，雷经天受革命传统和经验的影响很深，而李木庵等基于西方现代法律教育的背景，受西方现代司法理念的影响巨大，双方的观点与主张，有着重大的差别，甚至难以对话、彼此相轻，所有这些反映了两种司法理念之间的距离相差甚远。

三、 裁判者的观点

面对双方观点的不同与争议，边区的领导者如何看待、如何选择？当时司法、党、政三方面的当局代表人物分别是谢觉哉、罗迈、林伯渠，在此部分笔者将他们在此次检讨中针对这些分歧的表态与发言进行归纳分析，并论述雷经天的主张成为正统的司法理念之后，带来的人事、制度的改变。

（一）三位裁判者对所争论的各个问题的观点

在所有这些问题上，三位裁判者的观点虽然有一些细微的差别，但在大致方向上是基本一致的。分别论述如下：

1.审级制度

在审级问题上，针对边府审委会，虽然都持批评态度，但三人的看法不完全相同。

谢觉哉在其日记中对边府审委会的评论比较多，着眼于对其如何改进，提出了一些建设性意见。主要有以下几点：(1)在审级分工上，边府审委会不是审案的最好机关，审判的重点在第一审或第二审。(2)在主要工作方向上，边府审委会应着重对于第一、二审政策的领导、审判方法的指示，善于检讨与总结司法上的经验。(3)在干部任用上，过去边府审委会实际在靠不住的秘书手里，不对之处颇多。(4)在审判案件上，不注意调查诉讼当事人的经济状况;不够尊重区乡政府及其他党政负责人的意见;不是从实际出发而是从条文出发;缺乏真实替人民解决问题的心思;侦讯技术差。[1]

罗迈认为边府审委会是不要了,但相关案件拿给主席去审查也很困难,因此罗迈建议,由民政厅、保安处长和法院司法行政等人员经常会合处理,不一定要有成文的规定,实际上做了工作,就可以把工作做得更多更好。具体的哪些要取消,哪些要建立,由法院提出一个议案。[2]

林伯渠来得更干脆,说:"国民党的制度我们是不用的,三级三审,检察制度,审判委员会都不要了。"[3]这是一个极其明确的表态,也许是因为边府审委会的成立及其逐步发展的全过程,都是在林伯渠自己的批准之下发展出来的。

在审级制度上,可以看出谢觉哉在某种程度上还是用法律思维,对审级制度本身的完善和改进做了较多建设性的反思,提出了许多可行的改进意见,有助于司法体制的进一步完善。而罗迈则仅从解决问题的角度出发,建议民政厅、保安处、法院联合会谈来解决,完全出于一个外行人的角度来看待司法问题,根本未意识到这里面的潜在陷阱及将会带来的实际麻烦。无论如何,雷经天关于废除边府审委会的主张,最后被采纳。

2.司法地位的问题

对这个问题,谢觉哉、罗迈说得较多,林伯渠没有具体地谈,也许是因为林伯渠的发言是在李木庵、雷经天、谢觉哉、罗迈之后,前面的讨论对此问题基本形成一致意见,就是边区司法不能独立,行政领导司法,实行领导一元化。

---

① 《谢觉哉日记》,人民出版社,1984年,第531页。

② 《边区高等法院雷经天、李木庵院长等关于司法工作检讨会议的发言记录》,全宗15—96。

③ 同上。

罗迈认为判决独立是不可能的事情，要独立只是出庭的时候不受干涉，但判决是断不能独立的。有些案件要请示党团、请示西北局，甚至请示毛主席、请示中央，根据上面所定的处理方向，去调查收集资料。民主集中制要从政府贯彻到法院，由法院贯彻到分庭推事。审判的对错由上面统一审核，以保证党的全部领导。①

谢觉哉试图在司法独立与罗迈的观点之间寻求一种安全的妥协方案，谢觉哉认为，司法独立在旧民主主义司法中有其好处，但是司法独立在人民的政权下其好处就消失了，在边区实行独立反而会有坏的表现，如司法和行政不协调，司法同政府政策配合不够，司法和人民脱节。因此认为今后边区的具体做法应该是，行政领导司法，县长兼司法处长，行政专员兼分庭庭长，边区政府领导边区高等法院。同时法院的命令要经政府主席署名，由法院院长负责颁布。法院处理的重大案件、死刑案件，必须同政府商量，从而使得司法同行政统一起来。②

总之，在当时，谈司法独立就是闹政治独立，这是一个大是大非的问题，在整风运动的风口浪尖之上，没有人敢轻易发表完全支持司法独立的意见，雷经天的观点理所当然地成为当时司法工作中的正统思想。

---

① 《边区高等法院雷经天、李木庵院长等关于司法工作检讨会议的发言记录》，全宗15—96。

更有意思的是南汉宸接着罗迈所说的话，即“这样是好的。比如米脂的土匪案子，我们主张要杀，朱英（婴）怎样判决的呢？他就说不杀，愈杀愈多，他说你看黄花岗七十二烈士不是愈杀愈多吗？他妈的！他把土匪当作黄花岗烈士，把我们当成满清黑暗的统治者。真是岂有此理”。

关于朱婴自己对这方面的论述可参见朱婴：“对于各县司法工作的意见”，《边区政府审判委员会秘书朱婴、毕珩的检讨会记录和有关材料》，全宗15—97。

② 《边区高等法院雷经天、李木庵院长等关于司法工作检讨会议的发言记录》，全宗15-96。谢觉哉的这些发言，是其对罗迈之前讨论中的提议的回应，罗迈提议打破国民政府之推事审判、庭长不能过问的做法，县政府司法机关处死刑的案件，无论如何，一定要通过县长的核准，边区高等法院一定要经过院长，处死刑的一定要经过边区政府主席的核准。

3.司法干部任用的条件和培训

谢觉哉认为，关于培养干部的问题，雷经天讲得很好。罗迈认为经常办训练班也不必要，须办短期训练班，学习党的政策法令。在任用干部上，审案的推事主要用边区的地方干部，因为他们懂得人民的生活，至于外面来的知识分子，如果不是特务、是好的，最好是先当书记员，然后再当推事。林伯渠认为，提拔干部要注意群众路线。[①]

总之，在这次交锋过程中，对于审级制度、司法独立、司法干部的任用条件和培训上，以雷经天为代表的工农干部的革命传统思想占了上风，成为正确的司法理念，而以李木庵、朱婴、鲁佛民为代表的外来知识分子的西方现代司法理念受到批判，从而在司法实践中产生了一些变动。

（二）司法实践中的变动

在人事方面，李木庵申请辞职。[②] 1944年1月李木庵辞去代院长职务，雷经天为边区高等法院院长。边区对李木庵还是比较客气的，鲁佛民由于年老生病，于1944年病逝，免去一劫。但对朱婴、王怀安等就不这么客气了，用罗迈的话说“这些人都是坏人”，[③]是改造、拯救的对象，原有的职务自然被撤销。

在制度上，1944年就都开始有所变化。主要体现在政府的文件、1944年4月边区高等法院拟制“论边区司法答客问”和6月接待中外记者的总结

① 《边区高等法院雷经天、李木庵院长等关于司法工作检讨会议的发言记录》，全宗15—96。

② 《边区高等法院雷经天、李木庵院长等关于司法工作检讨会议的发言记录》，全宗15—96。

③ “新法学会办训练班，那些人把你和张老当成旗帜，现在证明了那些人都是坏人，如孙晓时、王怀安等，学疗人命案他们也是有组织地搞的，他们拿你们作旗帜，用国民党的一套，来反对边区，这些人都是坏人——罗迈同志插话。”见《雷经天同志的司法工作检讨及绥德县1944年司法工作总结报告》，全宗2—680。

及问答记录，现归纳如下：(1)边府审委会取消，1944年2月16日陕甘宁边区政府发布战字第849号“边区审判改为二级审”命令，边区政府委员会第四次会议已决定边区司法审判改为二级制，边府审委会着即取消，以后凡民刑诉讼，均以边区高等法院为终审机关。① (2)在司法独立问题上，边区政权是整个的，政权领导是政府领导，司法是政权一部分，所以司法应当受政府领导，在司法领域实现领导一元化。②(3)在干部的任用和培训上，主要是使用从群众中出来的地方干部，不拘学历及资格，只要能忠实于革命及人民大众就行。在培训上，除过去边区高等法院办过的司法训练班以外，延大设立法学院，不久延大又改为设司法系。③

四、 深远影响与意义

以上分析不难看出，这次激烈的检讨，在整风审干的背景下，以雷经天为代表的工农干部的革命传统理念，成为正统、正确的官方观点，并且在人事和制度上，都发生了倾向性的改变，而李木庵、朱婴、鲁佛民等代表的西方司法理念遭到批判与否定。但是，这次交锋的影响是深远的。主要表现在以下几个方面：

首先，在思想上，开始在后来的司法实践中认真思考二者的利弊。如主持司法工作的谢觉哉在后来反思中，认为虽然司法太独立不好，但是又回到司法行政不分的状态，给司法工作带来许多不便。④

其次，随着整风审干运动的结束，1945年边区高等法院代院长王子宜

---

① “陕甘宁边区高等法院对各县司法工作的指示”，《边区高等法院编制：司法工作一览表》，全宗15—25。

② 《边区高等法院关于招待中外记者团的总结及问答记录》，全宗15—61。《边区高等法院拟制“论边区司法答客问”和“司法问题汇集”》，全宗15—58。

③ 《边区高等法院拟制“论边区司法答客问”和“司法问题汇集”》，全宗15—58。

④ 《谢觉哉日记》，人民出版社，1984年，第469页。

在边区司法工作总结中，强调边区司法体制建设，其具体内容大量采纳了外来知识分子的主张，且很多制度的设计、方案的起草都是由李木庵来主持。具体表现有：1.提出独立审判的主张，认为“司法机关必须独立进行审判，是有助于法律的执行，有助于人权物权的保障。”并提出一套意见保障司法独立。2.任用司法干部的标准是：“(1)学习并掌握法律，熟悉社会风俗习惯。(2)弄清是非轻重，不冤屈人。(3)执法公正无私，做事勤劳慎重，勇于改正错误。(4)切实为人民解除纠纷，对犯错误的采取治病救人态度，切实教育改造。”开始将业务水平和能力放到了首要位置。3.在司法干部的管理上，认为司法工作属专门技术工作，司法干部不能轻易调动，如有必要调动时，须先征得边区高等法院之同意。①

再次，可以从1945年的推事审判员联席会议中，窥见其影响之一斑。此次会议从1945年10月31日起至1945年12月7日结束，长达72天，保留有比较完整的记录。② 在此次会议中重新提出了法院与政府的关系等问题。

最后，从延大司法班的建立及其课程亦可看出这次交锋的影响深远。在边区高等法院办司法训练班的同时，延大设立法学院，不久延大又改设司法系。③ 其课程分为业务课、政治课、文化课，业务课以边区现行政策法令为主，并批判地接受旧法律在历史上和技术上的经验。在时间安排上，业务课占66%。④ 由此可见其对专业课的重视，在某种程度上也反映了边区对司法专业化的认识开始提高。

---

① 虽然当时提出审判员独立审判不受干涉，只是从分工的角度来谈司法独立，“审判人员愈是能够忠实的依法判案，即愈是能够向人民代表大会负责，向边区政府负责，向所有人民负责，这个独立是政权工作的分工，要独立自主地执行任务，正是不能缺少的。”《王子宜院长在推事、审判员联席会议上“关于边区司法工作的总结”及座谈会研究司法工作提纲》，全宗15—71。

② 《边区推事审判员联席会议延属分区小组会议记录》，全宗15—75。

③ 《边区高等法院拟制“论边区司法答客问”和“司法问题汇集”》，全宗15—58。

④ 《边区高等法院编制：“司法通讯”一、二期》，全宗15—60。

总而言之，在这次激烈的、运动斗争式的交锋中，虽然以雷经天为代表的革命传统理念占据上风，而李木庵等所代表的西方司法理念遭到批判与否定，从而使某些司法人员开始对司法独立等避讳不言，唯恐自己犯错误，[①]但 1945 年边区高等法院代院长王子宜的边区司法工作总结，1945 年的推事审判员联席会议及延大司法班等，却昭示着李木庵等主张的西方现代司法理念在边区法制建设中的影响与复苏。

不仅如此，两种司法理念的这次交锋对于当今法治建设仍有重大意义。如：当今中国大陆应继续实行两审终审还是实行三审终审？[②] 司法独立是否必要？如必要，如何实行？法官的专业化已成为一个公认的司法原则，但法官选任与制度保障仍然是一个难题。总之，在革命传统的司法理念与西方现代司法理念之间如何取舍，是 1943 年司法大检讨中所面对的问题，中华人民共和国成立后，这一问题同样无法回避，无论是法制建设，还是“文化大革命”中废除公检法、法律院校的做法，在某种程度上，反映了两种不同司法理念的消长。在当今日益全球化的法治建设中，在革命传统与西方现代的司法理念之间，在具体内容上如何取舍，仍然是当今中国大陆需要面对的难题，而边区这次司法大检讨无疑为我们提供了宝贵的教训与经验。

---

① “有一个人来到司法处讨论土地问题，我说你找县委□□□□，他到了县委那里去了。县委以后就问我，为什么□□土地问题的人你叫他到我们这里来呢？我说：‘你们对这个问题最清楚，所以叫他到你们这里来。’我的心理是不是这样的呢！不是的，我们本想处理这些事情，但又恐怕他们说你闹独立性。”《边区推事、审判员联席会议发言记录》(八)，全宗 15—83。

② 在当今此问题仍有争议，支持两审终审者认为“三级终审制拖延了时日，不利于及时制裁各种违法犯罪分子，也不利于解决多种案件纠纷，”而且三级终审会“造成不必要的人力、财力和物力的浪费。”陈业宏、唐鸣：《中外司法制度比较》，商务印书馆，2000 年，第 174—175 页。支持三审终审者认为，现行的二审终审导致大量案件在中级法院审结，最高法院在审判经验与理论研究方面缺乏实践素材，未能有效实施最高法院的审判监督功能，而且由此设立的再审制度，又导致案件再审没完没了，与审级监督、一事不再理等司法原则相违背，损害司法的权威，消磨当事人的年华。高子武：“现代司法制度与现代司法理念”，载万鄂湘主编：《现代司法理念与审判方式改革——全国法院第十六届学术讨论会获奖论文集》，人民法院出版社，2004 年，第 137 页。

结语：边区高等法院的司法成就及其影响

边区高等法院在特定历史时期和特殊的历史条件下，面对当时的司法环境和社会现实，主张法制建设应当从改造社会、治理社会的目标出发，以解决中国社会问题为中心，紧密关注边区特殊的社会条件和环境。边区高等法院进行了体现综合性、创造性、恢复性等为特色的司法活动，对法律的功能定位、法律与社会的互动，以及人际关系的改善，进行了探索和尝试。在边区法制的建立、形成及发展中，边区高等法院起到了连接立法目的和社会现实的桥梁作用。经过十多年的摸索、发展，尤其是国共合作背景下孕育成长起来的边区高等法院的司法实践及其经验，不仅是革命法制发展历程与经验的凝结，为新中国司法制度的起步安放了一块基石，也为中国当代的司法改革提供了历史经验。

一、 尊重传统文化的综合性司法

边区高等法院确立了综合性司法的目标，通过特别的司法机关内部设置和多样化的司法活动，追求综合社会治理目标，“我们的司法方针是和政治任务配合的，是要团结人民，保护人民的正当权益。越是能使老百姓邻里和睦，守望相助，少打官司，不花钱，不误工，安心生产，这个司法工作就算做得好。”①

① 习仲勋：“在绥德分区司法会议上的讲话——贯彻司法工作的正确方向”，西北五省区编纂领导小组、中央档案馆编：《陕甘宁边区抗日民主根据地·文献卷》（下），中共党史资料出版社，1990年，第180页。

所谓特别的司法机关内部设置，是指根据战时的生产需要，加强生产机关和生产环节，迎接特殊环境对司法的挑战。所谓多样化的司法活动，是指在完成审判活动的同时，采取一系列措施，提升司法效率，追求良好的司法效果。

综合性司法重视司法在社会治理中的作用，注重法律效果和社会效果的统一。边区司法的领导人谢觉哉十分强调立法和司法实践中辨证对待经验的重要性，强调司法工作必须立足于对历史传统的正确认识和对现实环境与条件的准确把握，理论联系实际。他认为："人类智慧由历史积累而来，个人的创造，小得可怜。而且其创造也必然根据历史的经验，凭空的创造，不可能也不会有。有这样的人，对于昨天的中国'漆黑一片'，今天的中国'若明若暗'，各种常识知道很少，于是有的自以为创获，不知前人不仅已有而且已经批判过了。有的强调今天特殊情形，蔑视过去经验，不知在这一经验上，过去的还适用。"①综合性司法要求在尊重传统和立足现实的基础上，正确对待继承司法经验与开拓创新的关系，根据历史的经验和现实的需要，开展司法活动。

边区的司法活动，充分考虑了中国传统文化在边区的延续和影响，以及边区特定的生活环境和战争需要。中国从秦朝确立郡县制以来，直至清末，地方上采取行政与司法合一的模式，行政长官兼理司法。地方上司法与行政合一的模式，最大的特点是能够发挥综合的社会治理功能，符合效率原则。这种体制不强调某一部门的独立，强调的恰恰是司法作为地方政权组成部分，发挥宏观和综合的作用。

边区高等法院为了完成综合性的司法职能，内部组织包括审判部门、检察部门、看守所与监狱、司法行政部门等，体现了司法权力的集中和统一特点。审判虽然系边区高等法院的重要职能，但人员的设置上，审判人员仅仅

① 《谢觉哉日记》(下卷)，人民出版社，1984年，第861页。

占很少的比例。[①] 生产杂务、生产劳作、生产工作等人员所占比例最高,其次是警卫人员和行政人员。边区高等法院在完成了审判职能的同时,完成了边区司法人员培训、生产自救、安全保卫等重要职能,完成了特定时期司法承载的各种必须的任务和使命。

为了保证司法活动的效果,边区高等法院采取了多样化的司法活动,体现综合性司法的需要。边区高等法院通过民事习惯调查,促使审判人员了解风土民情,思考法律与风俗习惯的关系,提高司法活动的效能。边区高等法院从正确适用法律的角度,编撰判例,补充成文立法的不足,指导边区的司法活动。从提高干部的文化水平和专业理论水平出发,通过灵活多样的形式,尤其是通过短期的培训,通过在职的学习,提高司法人员的政策水平,完成了对司法人员的培训和教育活动,提高案件的审判质量。仅在1942年,边区高等法院帮助立法机关和政府起草了10余个法律草案,并要求基层法院结合各地情况认真讨论,有针对性地提出建议,为立法机关和政府决策服务。边区高等法院要求各级司法机关在贯穿调解原则的同时,积极参与对民间调解组织的指导,司法调解和民间调解互动,提高民众法律意识和司法人员认识水平,追求崇高的社会治理目标。[②]

建国初期司法机构设置和司法机关的内部组织,也体现了综合性特点。中央司法机关具有自己独特的性质和定位,1949年9月27日中国人民政治协商会议第一届全体会议通过的《中华人民共和国中央人民政府组织法》第5条规定:"中央人民政府委员会组织政务院,以为国家政务的最高执行

---

① 1942年6月9日的统计数据显示:边区高等法院共计379人(包括在押犯人等),其中,推事2人,书记员2人。李木庵代理高等法院院长后,进行了加强审判工作的改革,也仅仅是将推事增加到4人,书记员增加到9名而已。《雷经天院长离职去中央党校学习向李木庵代院长移交的档案图书财产清册和干部名册》(1942年6月9日),全宗15—117。

② "调解工作的深入发展,也有力地推动了人民司法建设,加强了干部和群众的法制观念和道德观念,在许多方面起到了移风易俗的作用,使抗日根据地成为全国范围内具有崇高社会风尚的典范。"张希坡等:《中国革命法制史》,中国社会科学出版社,2007年,第451页。

机关;组织人民革命军事委员会,以为国家军事的最高统辖机关;组织最高人民法院及最高人民检察署,以为国家的最高审判机关及检察机关。"地方各级司法机关则强调作为政权的组成部分,服务于社会治理。1950 年 11 月 3 日"政务院关于加强人民司法工作的指示"指出:"人民的司法工作如同人民军队和人民警察一样,是人民政权的重要工具之一。因此,各级人民政府必须切实领导和加强这一工作,并采取必要办法,使人民司法制度在全国范围内有系统地逐步建立和健全起来"。[①] 1951 年 9 月 3 日中央人民政府政务委员会第 12 次会议通过的《中华人民共和国人民法院暂行组织条例》(下称《人民法院暂行组织条例》)第 10 条第 2 款规定:"各级人民法院(包括最高人民法院分院、分庭)为同级人民政府的组成部分,受同级人民政府委员会的领导和监督。省人民法院分院、分庭受其所在区专员的指导。"根据该法第 32 条、第 33 条和第 34 条的规定,最高人民法院的分院、分庭,在其所辖区域内执行最高人民法院的职务,受最高法院的领导和监督,其判决为终审判决,但重大或疑难案件应报最高法院审查处理。

司法机关从事审判的依据,除法律法令外,还包括新民主主义的政策。司法的任务之一,是为立法提供实证的材料和准备:"目前,我们国家新的法律还不能力求完备,但如基本大法中国人民政治协商会议共同纲领及中央人民政府委员会、政务院、最高人民法院及其他机关所发布的许多法律、法令、指示、决定,都是人民司法工作的重要依据。"[②]根据《人民法院暂行组织条例》,人民法院的目的在于"巩固人民民主专政,维护新民主主义的社会秩序,保卫人民的革命成果和一切合法权益。"其职责在于审理民刑事案件,并"以审判及其他方法,对诉讼人民及一般群众,进行关于遵守国家法纪的宣

① 中央人民政府法制委员会编:《中央人民政府法令汇编》(1949—1950),人民出版社,1952 年,第 179 页。

② 同上书。

传教育。”一审县级人民法院还负有调解民事及轻微刑事案件，管辖公证及其他法令所规定的非诉事件及指导所辖区域内的调解工作等职责。1954年制定的《中华人民共和国人民法院组织法》（下称《人民法院组织法》）规定：“人民法院的任务是审判刑事案件和民事案件，并且通过审判活动，惩办一切犯罪分子，解决民事纠纷，以保卫人民民主制度，维护公共秩序，保护公共财产，保护公民的权利和合法权益，保障国家的社会主义建设和社会主义改造事业的顺利进行”；“人民法院用它的全部活动教育公民忠于祖国，自觉地遵守法律。”谢觉哉将其总结为惩办、保护、教育三种职能。①

中国传统司法通过特殊的机构设置，将地方各级司法机关的活动，纳入地方治理的整体环节之中，在农耕文明条件下，这种综合性的司法，有助于更好地实现社会效果。在社会改革和转型时期，结合司法的特殊任务和纠纷的特点，如何发挥司法在社会治理中的作用，充分体现基层司法的特殊性，边区的成功探索，为我们提供了一个全新的视角。

二、 立足社会现实的创造性司法

边区地形复杂，交通不便，人口分散，诉讼案件的处理速度迟缓，成本高昂。加之农业生产是解决边区巨大的人口生存压力的最主要方面，为了“不违农时”，如何以便捷的、迅速的方式解决诉讼案件，成为边区司法面对的难题。

谢觉哉对国民政府的立法进行了深刻的反思，提出了尖锐的批评：“看国民政府现行民法，不只是和广大工农无关，而且并不都是中国的资产阶级所需要。中国资产阶级如是指城乡将本求利从事工商的生产者，他们还不

① 谢觉哉：“做任何工作都要想一想”（1962年4月10日），《谢觉哉文集》，人民出版社，1989年，第1095页。

定需要这样繁杂的条例。如是指将来发展够了的现代化的资产阶级，也许要带些中国的特点，把外国的照抄，岂能尽合他们的脾胃。这些法文的起草者并非中国资产阶级的代表，而是不甚了解中国现实、贩卖外货的留学生，只能写出这样的文件。”对现实的立法进行批判和分析，以法律调整的领域和目标作为分析和观察的视角，注重法律调整的目的性，重视法律功能的发挥，反对脱离实际生活的照抄照搬，国民政府的“刑法较现实，内乱罪、外患罪章，合乎卖国政府的需要，但公共危害罪章，几处说到决堤防害矿厂、自来水、电车等，却不知道决堤淹没农村田园的罪恶，这些人以为天下就只有他们住惯了的城市圈子。”①反思立法者的身份、立场和经历，反思立法的价值取向，从提高法律的质量，到改善司法的功能，使立足于社会现实的边区司法，具有了明显的创造性。

习仲勋提出了“走出衙门，深入乡村”的号召，认为：“司法工作，如果不从团结老百姓、教育老百姓方面着眼，只会‘断官司’、‘写判决书’的话，即使官司断得清楚，判决书写得漂亮（实际上不可能办到），则这个断官司和判决书的本身，仍将是失败的，因为它和多数人民的要求相差很远。”②“多数人民”的要求，是司法能够以较小的成本、较高的效率，公正、合理地解决矛盾和纠纷，要求司法活动解决矛盾和纠纷而非制造矛盾纠纷。要求司法在社会治理中扮演积极的角色，在法律适用和纠纷解决之间，优先实现纠纷解决的功能。要求通过具体的司法活动，为社会提供明确的行为规则和引导。

实践中，边区的各级法院立足于实际，对如何公正、有效地解决诉讼案件，进行了广泛的探索。边区高等法院及时总结和提炼边区广大司法人员的经验，马锡五审判方式脱颖而出：强调司法为民，司法便民，允许口头形式

① 《谢觉哉日记》（下卷），人民出版社，1984年版，第1091页。

② 习仲勋：“贯彻司法工作正确方向——在绥德分区司法工作会议上的讲话”，西北五省区编纂领导小组、中央档案馆编：《陕甘宁边区抗日民主根据地·文献卷》（下），中共党史资料出版社，1990年，第181页。

起诉,法官下乡到案发地点调查事实真相,虚心听取群众的意见和建议,在案件判决中尊重当地风俗习惯。这种审判方式不仅有利于查清案件事实,公正解决纠纷,而且节约了当事人的诉讼时间和经济成本。由于纠纷解决过程中重视调解,判决结果听取、参考了当地群众的意见,容易得到舆论和道德的支持。马锡五审判方式最大的特点,是关注到了程序价值与实体价值的矛盾和冲突。与近代西方国家的程序公正,与中国传统司法中注重实体公正的情形,形成了强烈的反差。如果说程序价值的实现条件是发达的律师职业的话,边区并不具备这一条件,也不可能在短期内具备这一条件。如果程序公正需要当事人完成证据收集、辩论等诉讼环节,边区人民的文化水平、经济状况无法达到这一要求。通过就地审判、巡回审判等方式,不仅解决具体的、特定的纠纷,而且有利于教育群众,宣传法律,移风易俗,改造社会。司法活动并不局限于以具体个案的标准和尺度衡量案件处理结果的妥当性,司法人员从社会角度而非仅仅从法律角度,从具体纠纷的解决和类似纠纷的预防等宏观方面,实现公正价值。

建国初期,清理积案成为司法机关面临的重要课题。1950 年 10 月 13 日政务院、最高人民法院"关于人民司法机关迅速清理积案的指示":"各级人民政府须认真领导清理积案工作,必要时应从其他机关抽调一批干部,临时协助工作;并酌量案件性质,邀请有关机关、团体分别协助处理(如反革命、婚姻、劳资、工商债务等案件,得由公安、妇联、工会、财经部门或工商局协助处理)";"试行由机关团体推选代表参加陪审的制度和在机关团体内部试行同志审判会推行调解公断工作,以及实行巡回审判、就地审判,开展区村调解与司法宣传教育等工作。"①动员社会力量参与矛盾和纠纷的解决,边区的传统得到了肯定和延续。

---

① 中央人民政府法制委员会编:《中央人民政府法令汇编》(1949—1950),人民出版社,1952 年,第 178 页。

另外,“马锡五审判方式”对新中国诉讼制度发展产生了重要影响。1950年,政务院发布“关于加强人民司法的指示”,要求人民司法机关在处理人民争讼时,应尽量采取调解的办法以减少人民讼争,另一方面司法机关在工作中应力求贯彻群众路线,推行便利人民、联系人民和依靠人民的诉讼程序和各种审判制度。①《人民法院暂行组织条例》及《人民法院组织法》均规定人民法院审判案件除在院内审判外,应视需要实行就地调查、就地审判、巡回审判等,并要求省县级司法机构设置问事代书机构,以方便人民诉讼。1953年第二届全国司法会议决议,要求为了便利人民诉讼,设立巡回法庭或人民法院分庭:“为了克服人民法院的残存的衙门作风,便于依靠群众,就近进行调查,使案件得到迅速和正确的处理,并免使当事人‘劳民伤财’,县人民法院应派出巡回法庭到各区巡回审判”;“省辖市人民法院如果案件过多或辖区较大者,可设人民法院分庭,以便利人民诉讼。”还要求“各级人民法院,特别是基层人民法院,应建立与加强人民接待室和值日审判工作,在院长的领导下,解答人民疑难,处理人民来信,代写诉状,代录口诉,并处理不甚复杂、无须很多调查当时即可解决的案件。”②

司法程序和审判方式必须立足于社会现实,只有具备较强的针对性,才能实现司法活动的有效性。在农村地区,具体纠纷的解决,社会矛盾的预防,群众法律意识的提高,通过“坐堂问案”的审判方式无法实现。只有走出法庭,深入群众,才能充分发挥司法的建设性功能,促进司法与社会的良性互动。

---

① 中央人民政府法制委员会编:《中央人民政府法令汇编》(1949—1950),人民出版社,1952年,第180页。

② 中央人民政府法制委员会编:《中央人民政府法令汇编》(1953),人民出版社,1955年,第97—98页。

三、 改善人际关系的恢复性司法[①]

边区的恢复性司法强调消除产生矛盾纠纷的社会原因,强调矛盾纠纷的彻底解决。一方面通过各种调解方式,化解矛盾纠纷;另一方面通过对罪犯的思想改造,使其转变认识和观念,成为社会建设的积极力量。通过改善人际关系,进一步达到改善社会风尚和社会关系的目的。

边区高等法院通过要求基层司法机关积极指导民间调解,大力推动政府调解和司法调解,从根本上消除矛盾,化解纠纷,造福人民。正如边区高等法院的领导人李木庵所指出的那样:"调解民刑案件之方法:一、详查细讯,明其真情,明其曲直,明其根源;二、以理开导,以理折服;三、晓以利害,劝以是非,态度和平,始终如一;四、耐心说服,容人醒悟,寓教育感化之意于处理案件中,使归结于和解一途。"[②]

边区高等法院通过对普通刑事案件的调解,使受害人得到最大限度的补偿,使轻刑犯免于入狱,节约了狱政管理的资源,保证了刑罚适用的效果。边区高等法院于 1943 年 6 月 8 日指出:刑事案件调解的优点是:"比较徒处加害人以苦役徒刑,拘取其自由。一方减少社会上生产劳动力,一方增加双方仇恨,此于刑事政策上是有极大关系的,我们审判人员要研究此项政策,对于上列得以调解的刑事被告人,要留心考察其品质、知识、职业、生计等。如其平日是务正业,并非恶劣或二流子之类,而其家庭生计又全赖此一人维

---

① 恢复性司法不同于传统的惩罚性司法,指通过恢复性的程序和处理方式,修复被告人、被害人及社区之间的关系。相关的研究参见:彭海青:"论恢复性司法",《中国刑事法杂志》2004 年第 3 期,第 83—91 页;杜宇:"司法观的交战:传统刑事司法 VS 恢复性司法",《中外法学》2009 年第 2 期,第 215—235 页;Gordon Bazem Ore, Mark Umbreit:"四种恢复性司法模式之比较",封利强译,《西部法学评论》2010 年第 3 期,第 111—127 页;徐桂芹:"恢复性司法:从惩罚走向和解——处理犯罪问题的新视角",《东岳论坛》2010 年第 1 期,第 184—190 页,等等。

② 张世斌主编:《陕甘宁边区高等法院史迹》,陕西人民出版社,2004 年,第 36 页。

持者,偶一触犯刑事,可以利用调解方式进行调解,不必遽科以刑罪。如伤害罪由加害人赔偿被害人损失,或给以医药费或给以抚慰金并向被害人道歉认错。又如初犯窃盗罪,要加害人返还赃物,如赃物已消失,不能全部返还者,则令其依价返还,并令其向被害人悔过,如此办理,在被害人可恢复其损失而获到实益,在加害人自知错误能以自新以后不至再犯。如系累犯无改善希望或与被害人无实益者,自应依法制裁,毋庸调解,全在法官斟酌实际情况,得受害人的同意以及刑事政策上的灵活运用,分别办理。"[①]刑事案件的调解中,取得受害人同意,其实是缓和加害与受害双方对立情绪,通过被害人谅解,修复被犯罪行为破坏了的人际关系的重要方面。

边区高等法院推行人本化的监狱管理模式,对恢复性司法的实现具有重要的意义。人本化的监狱管理模式,是指将罪犯作为"人"来对待,通过教育改造,矫正其思想,转变其观念,使之回归社会,过上正常人的生活。

恢复性司法在中华人民共和国成立后得到了延续。《人民法院暂行组织条例》及《人民法院组织法》均明确规定县级人民法院对民事案件及轻微刑事案件可以进行调解,"指导调解"是人民法院的职责之一。1954 年 3 月 12 日政务院颁布的《人民调解委员会暂行组织条例》,对调解组织的目的、主体及方法加以制度化,要求"由人民代表选举政治面貌清楚、为人公正、联系群众、热心调解工作者"遵照政策法令调解,利用生产空隙,倾听当事人的意见,深入调查研究,弄清案情,以和蔼耐心的态度,说理的方式,进行调解。调解成立后,加以登记;必要时发给调解书;违背政策法令的人民法院应予以撤销。

司法调解也在不断的实践和总结中得以完善,并收到了良好的社会效果。1957 年最高人民法院在对几个基层人民法院试行刑民事案件审判程

---

① 《边区高等法院关于加强调解,劳役交乡执行,法官下乡就地审判,以发展生产的指示信》(1943 年 6 月 8 日至 1948 年 9 月 8 日),全宗 15—14。

序总结检查情况的通报中指出:“对轻微刑事自诉案件和民事案件的审理都注意了在双方当事人自愿的基础上,从加强团结,有利生产的目的出发,根据政策、法律、法令进行调解,民事案件经过调解而达到双方和解息讼案件占有较大的比重,有的婚姻案件的调解上,创造了很多新的经验,这都是好的。”①

新中国将回归社会作为罪犯改造的目的,运用严格管理、强制劳动、文化教育等手段,对罪犯实行改造。1950 年 7 月,政务院、最高人民法院“关于镇压反革命活动的指示”中即提出:“对于一般的反动分子、封建地主、官僚资本家,在解除其武装,消灭其特殊势力后,仍须依法在必要时期内剥夺他们的政治权利,但同时给以生活出路,并强迫他们在劳动中改造自己,成为新人。”②1950 年政务院“关于加强人民司法工作的指示”指出:对于犯罪者要实行“惩办与教育结合”原则,“对破坏国家的建设和财产及破坏社会秩序和侵害人民正当权益的犯罪者,必须给以惩罚,只有惩罚才能使他们认罪,只有在他们认罪之后,才能谈到教育改造。教育只能结合着惩罚来进行,片面地强调‘教育改造’是不对的;在惩罚认罪之后,忽视教育改造工作,也是必须纠正的。”③改造罪犯的目的,在于根除其犯罪思想,使其掌握正当的谋生手段,养成劳动习惯,最终回归社会。这一目的在相关的法令中得以详尽体现,1954 年 9 月 7 日公布的《中华人民共和国劳动改造条例》第 4 条规定:实行“惩罚管制与思想改造相结合,劳动生产与政治教育相结合”的方针。该法第 26 条规定:“对犯人应当经常地有计划地采用集体上课、个别谈话、指定学习文件、组织讨论等方式,进行认罪守法教育、政治时事教育、劳

① 最高人民法院研究室编:《中华人民共和国最高人民法院司法解释全集》(1949.10—1993.6),人民法院出版社,1997 年,第 698 页。

② 中央人民政府法制委员会编:《中央人民政府法令汇编》(1949—1950),人民出版社,1952 年,第 175 页。

③ 同上书,第 179—180 页。

动生产教育和文化教育，以揭发犯罪本质，消灭犯罪思想，树立新的道德观念。”为贯彻劳动改造政策，政务院于1954年9月7日颁布了《劳动改造罪犯刑满释放及安置就业暂行处理办法》，规定：为了让出狱者能够顺利融入社会重新开始正常的生活，根据其自愿，留队就业，或给以介绍职业，在劳改农场附近划出部分土地，组织集体生产，建立新村。而在地广人稀地区就业的，在其能自给时，由民政部门用移民办法协助他们把家属接来，就地安家立业等。

无论民间调解、政府调解还是司法调解，都重视矛盾纠纷的预防和化解，重视人际关系的修复和改善，有利于纠纷的彻底解决。刑罚执行中，注重思想、观念转变，劳动改造，充分发挥了刑罚的教育功能，效果良好。通过刑罚的执行重新塑造人，对建立新型的社会，具有重要的意义。

另外，边区高等法院的领导人，在新中国司法制度创建中发挥了极其重要的作用。早在1948年9月26日成立的华北人民政府，“是中国共产党为准备建立新中国而进行的一次政权建设的成功实践，是由革命根据地政权向新中国政权的过渡形式。”①华北人民政府主席董必武、司法部部长谢觉哉、华北人民法院院长陈瑾昆、监察院副院长张曙时等，②均来自陕甘宁边区。新中国建立后，董必武、谢觉哉曾先后担任最高人民法院院长，陈瑾昆、马锡五、王怀安等曾先后担任最高人民法院副院长，李木庵曾担任司法部副部长，马锡五、张曙时、雷经天则曾分别担任最高人民法院西北分院、西南分院和中南分院院长，其中多人兼任中央人民政府法制委员会委员及政治法律委员会委员。可以说，边区高等法院及司法界为新中国司法制度的创建起到人才摇篮的作用。

---

① 阎书钦：《论华北人民政府的成立、特点及其对新中国政权体制的探索》，《当代中国史研究》1999年第5—6期，第151页。

② 一度曾邀请李木庵任法院副院长，李因病未能任职。见《谢觉哉日记》（下卷），人民出版社，1984年版，第1254页。

附录

表20 陕甘宁边区的法制研究机构一览表

机构名称	成立时间 撤销时间	负责人	主要成员	任务
选举法起草委员会①	1937.4—1938.3	蔡树藩	蔡树藩、周景宁、谢觉哉、肖劲光、郭洪涛、董必武、王观澜。	制定特区选举法
组织法起草委员会	1937.4—1938.3	谢觉哉	谢觉哉、蔡树藩、林伯渠、黄亚光、周兴。	起草特区行政基本法
陕甘宁边区法令研究委员会②	1938. 3. 15成立		雷经天、李景林、朱开铨、辛兰亭、王兆相。	
陕甘宁边区地方单行法规起草委员会	1938. 8. 26成立	主任高岗 副主任雷经天	高岗、雷经天、曹力如、李六如、李景林、高敏珍、齐华、莫文骅、鲁佛民。	起草选举、土地、劳动、婚姻等单项法规

① 选举法起草委员会、改变行政系统方案起草委员会见"陕甘宁边区抗日民主根据地大事记",西北五省区编纂领导小组,中央档案馆:《陕甘宁边区抗日民主根据地·回忆录卷》,中共党史资料出版社,1990年,第512页。

② "边区法令研究委员会"、"边区地方单行法规起草委员会"、"法制室"、"新法学会"、"司法工作研究委员会"分别见陕西省档案馆编:《陕甘宁边区政府大事记》,档案出版社,1990年,第15、20、116、175、200页。

续表

陕甘宁边区法制室	1941. 9. 15成立	主任张曙时	鲁佛民、李木庵等。	1.关于边区适用法律之建议及草拟事项；2.关于边区各种单行法规之审查修正事项；3.关于外国法律之翻译事项；4.关于法学杂志之编辑出版事项。
中国新法学会	1941.6.8—1943.12		李木庵、张曙时、鲁佛民、朱婴、何思敬等13人。	
陕甘宁边区司法工作研究委员会	1943.11—1945.8	主任李木庵	张曙时、雷经天、刘景范、周兴、李维汉、周玉洁、赵通儒。	
陕甘宁边区司法委员会①	1944.2	主任谢觉哉	罗迈、李木庵、雷经天、唐洪澄、周玉洁、刘秉温、叶季壮、王子宜。	
边区政府宪法研究会②	1945.10.22	林伯渠	谢觉哉、何思敬、李木庵、张曙时、齐燕铭等。	研究、起草宪法

① “陕甘宁边区抗日民主根据地大事记”，西北五省区编纂领导小组，中央档案馆：《陕甘宁边区抗日民主根据地·回忆录卷》，中共党史资料出版社，1990年，第577页。

② 谢觉哉日记中记载“宪法研究会”系由林伯渠发起，以开会形式研究问题，多时人数达60人。见谢觉哉1945年10月22日日记，《谢觉哉日记》(下卷)，人民出版社，1984年，第848页；10月30日日记，第857页；11月20日—21日、23日等日记，第869—870页。

表21 陕甘宁边区中共领导组织一览表

名称	时间	书记	常委	
中共陕甘宁边区党委会	1937.5.1成立	郭洪涛	高岗、林伯渠、吴亮平、王达成、刘长胜、李建贞。	中共中央指定
中共陕甘宁边区第一次党代会①	1937.5.15	郭洪涛	组织部长王达成、副部长张邦英;宣传部长吴亮平,副部长刘澜涛;统战部长王涛,秘书长高克林等。	
中共陕甘宁边区第二次党代会	1939.11.13—1939.12.17	高岗	副书记、统战部长王观澜,秘书长崔曙光,组织部长陈正人、副部长张邦英,宣传部长王若飞、副部长李卓然等。	
陕甘宁边区中央局②	1940.9.11	高岗	肖劲光、谢觉哉等。	中共中央政治局会议决定
中共西北中央局	1941.5.13	高岗	副书记谢觉哉,组织部长陈正人、副部长张邦英,宣传部长李卓然,统战部长高岗(兼)、张曙时,民运部长贾拓夫,秘书长任作民,工委高长久,青委高朗山,妇委白茜,党务委员会崔田夫。	委员有高岗、王世泰、张邦英、林伯渠、谢觉哉、陈正人、肖劲光。

① 边区第一、第二次党代会情况见李忠全:《陕甘宁边区两次党代会概况》,中共盐池县党史办公室编:《陕甘宁边区概述》,宁夏人民出版社,1988年,第102—103,105页。

② "陕甘宁边区中央局"、"中共西北中央局"、"边区政府党组委员"分别见西北五省区编纂领导小组,中央档案馆:《陕甘宁边区抗日民主根据地·文献卷》(下),中共党史资料出版社,1990年,第524,528—535页。

续表

中共西北中央局	1943.1.6	高岗	林伯渠、贺龙、陈正人、贾拓夫。	同时决定，林伯渠为政府党团书记。
中共西北中央局	1945.9.28		高岗、林伯渠、贺龙等7人为常委。	
边区政府党组委员	1945.12.15		林伯渠、谢觉哉、刘景范、贾拓夫、罗迈、霍维德、惠中权、周兴、王子宜。	前5人为常务干事。
中共西北中央局	1945.10	彭德怀	副书记习仲勋	
中共西北中央局		习仲勋	副书记马明方	
中共西北中央局	1949	第一书记彭德怀	第二书记贺龙，第三书记习仲勋。	
中共西北中央局	1950.2	第一书记彭德怀	第二书记习仲勋，第三书记马明方，副书记马文瑞，常委贾拓夫、张稼夫、汪锋、赵伯平。	1954.4撤销

表22　陕甘宁边区历届参议会议长及议员名录

名称	时间	议长	副议长	常驻议员
第一届参议会	1939.1.17—1939.2.4	高岗	张邦英	高岗、张邦英、毛齐华、崔田夫、陈伯达、周民安、路子亮、王观澜、高述先。

续表

第二届参议会	1941	高岗	安文钦、①谢觉哉	高岗、安文钦、谢觉哉、李丹生、乔松山、任绍亭、王锡成、刘培基、崔田夫。秘书长南汉宸、副秘书长刘景范。
第三届参议会	1946	高岗,代理议长习仲勋(1949年2月8日后)②	谢觉哉、安文钦	高岗、谢觉哉、安文钦、习仲勋、刘培基、曹力如、高愉庭、房文礼、霍仲年、蔡丰、谷莲舫、杜洪源。秘书长刘景范、副秘书长王子宜。

表23 陕甘宁边区政府机关组成人员名录(1939年2月第一届参议会选举之前)

名称	机构设置	负责人
西北办事处(1935.11)③	主席	博古(秦邦宪)
	财政部	林伯渠
	粮食部	邓发
	土地部	王观澜
	国民经济部	崔田民
	劳动部	邓振询
	教育部	徐特立
	司法内务部	蔡树藩,1937年后为谢觉哉。
	工农检查局	罗梓明

① 副议长之一为李鼎铭,因李鼎铭又被选为政府副主席,故而辞去副议长职,由安文钦替补。

② 陕西省档案馆编:《陕甘宁边区政府大事记》,档案出版社,1990年,第315页。

③ "陕甘宁边区抗日民主根据地大事记",西北五省区编纂领导小组,中央档案馆:《陕甘宁边区抗日民主根据地·回忆录卷》,中共党史资料出版社,1990年,第501页。

续表

陕甘宁边区政府(1937.9.6)	主席	林伯渠
	副主席	张国焘
	主席团	秦邦宪(博古)、董必武、徐特立、谢觉哉、郭洪涛、马明方、高岗
	秘书处长	伍修权
	财政厅长	林伯渠兼
	民政厅长	马明方
	教育厅长	徐特立(1938.1.20后为周扬)
	建设厅长	刘景范
	保安处长	周兴(副处长杜里卿)
	八路军后方留守处主任(1938年1月后为留守兵团司令部)	肖劲光
	边区保安司令部司令员	高岗(周兴为副司令员)
1937.12.13调整	主席	林伯渠
	副主席	张国焘
	主席团	习仲勋、徐特立、刘景范、马明方、高岗

表 24 陕甘宁边区政府机关及组成人员名录(1939 年首届参议会以后)①

名称	机构设置	负责人
陕甘宁边区政府②(1939年第一届参议会选举)	主席	林伯渠
	副主席	高自立
	委员会	林伯渠、高自立、周兴、王世泰、周扬、曹力如、刘景范、阎红彦、雷经天、霍维德、马锡五、王兆相、贺晋年、李子厚、乔钟灵
	民政厅	厅长高自立(兼)
	财政厅	厅长张幕尧(代),副庭长艾楚南
	教育厅	厅长周扬
	建设厅	厅长刘景范
	秘书处	秘书长曹力如
	保安处	处长周兴
	保安司令部	司令员高岗(兼)
	粮食局	局长曹胜祥
	审计室	主任曹力如(兼)
	高等法院	院长雷经天
(1940.10.12 边区政府命令调整)		
	秘书处	秘书长谢觉哉

① 中国科学院历史研究所第三所编辑:《陕甘宁边区参议会文献汇辑》,科学出版社,1958 年。《陕甘宁边区政权建设》编辑组:《陕甘宁边区参议会》(资料选辑),中共中央党校科研办公室,1984 年。

② 宋金寿、李忠全主编:《陕甘宁边区政权建设史》,陕西人民出版社,1990 年,第 152 页。

续表

	建设厅	厅长高自立(兼),副厅长曹力如
	民政厅	厅长刘景范(兼)
	粮食局	局长谭生彬
	银行	行长曹力如
陕甘宁边区政府(1941年第二届参议会选举)①	主席	林伯渠
	副主席	李鼎铭
	主席团	林伯渠、萧劲光、徐特立、白茜、那苏滴勒盖(蒙)、安文钦、范文澜、柳湜、张邦英、任绍亭、李丹生、马国潘、刘培基、靳体元、贺连城、杨本荣、高岗、谢觉哉、李鼎铭
	政府委员	高自立、南汉宸、肖劲光、贺连城、刘景范、马明方、柳湜、霍子乐、那苏滴勒盖、毕光斗、萧筱梅、高步范、杨正甲、马生福(回族)、高崇珊、徐特立。因18名政府委员中(加上主席、副主席)共产党员占8名,徐特立退出,非党人士白文焕替补
	高等法院院长	雷经天
	民政厅	厅长刘景范,副厅长唐洪澄
	财政厅	厅长南汉宸,副厅长霍维德
	教育厅	厅长柳湜,副厅长贺连城
	建设厅	厅长高自立,副厅长霍子乐
	秘书处	秘书长周文

① 宋金寿、李忠全主编:《陕甘宁边区政权建设史》,陕西人民出版社,1990年,第233页。

续表

	保安处	处长周兴
	保安司令部	司令员兼政委高岗,副司令王世泰
	民族事务委员会	主任委员赵通儒
	法制室	主任委员张曙时
陕甘宁边区政府(1946年第三届参议会选举)	主席	林伯渠(代主席刘景范)
	副主席	李鼎铭、刘景范
	政府委员	林伯渠、李鼎铭、刘景范、贺连城、马济川、毕光斗、王世泰、霍维德、王子宜、霍祝三、唐洪澄、霍子乐、刘文卿、阿拉并巴音(蒙)、杨正甲、蔡登宵(回)、李仲仁、魏民选、靳体元
	高等法院	院长马锡五,副院长乔松山
	民政厅	厅长刘景范,副厅长唐洪澄
	财政厅	厅长霍维德,副厅长黄静波
	建设厅	厅长霍子乐,副厅长惠中权
	教育厅长	厅长贺连城,副厅长赵伯平
	办公厅	秘书长王子宜,副秘书长常黎夫
	保安处	处长周兴,副处长刘秉温、赵苍壁
	保安司令部	司令员王世泰,副司令员阎揆要。
1949.2边区常驻议员、政府委员及晋绥边区代表联席会议后①	主席	刘景范(代)

① 宋金寿、李忠全主编:《陕甘宁边区政权建设史》,陕西人民出版社,1990年,第472—473页。

续表

	政府委员	新增王维舟、贾拓夫、武新宇、周兴、王达成、白如冰、赵秉彝、黄亚光、江隆甚、惠中权、高士一、任谦、蒋崇璟、苏资琛、喻杰。加上原有委员16人,共31人
	秘书处	秘书长王达成,副秘书长常黎夫
	民政厅	厅长王子宜,副厅长章夷伯
	财政厅	厅长白如冰,副厅长刘墉如
	教育厅	厅长贺连城,第一副厅长江隆基,第二副厅长赵仲池
	农业厅	厅长霍子乐,第一副厅长惠中权,第二副厅长丁仲文
	公营企业厅	厅长蒋崇璟,第一副厅长吴生秀,第二副厅长陈志远
	交通厅	厅长高士一,副厅长高登榜
	工商厅	厅长喻杰,第一副厅长史唯然,第二副厅长刘卓甫
	公安厅	厅长周兴,第一副厅长赵苍璧,第二副厅长李启明
	人民法院	院长马锡五,副院长乔松山
	人民银行西北区	经理黄亚光,第一副经理王磊,第二副经理张宝藩
	西北财经分会	主任贺龙,副主任贾拓夫
	人民监察委员会	刘景范(兼)
	少数民族事务委员会	杨明轩(兼)
	抚恤委员会	主任王子宜,副主任刘耀山

征引、参考文献[①]

一、出版史料集录

1.《陕甘宁边区政权建设》编辑组:《陕甘宁边区参议会》(资料选辑),中共中央党校科研办公室,1985年。

2. 韩延龙、常兆儒:《中国新民主主义革命时期根据地法制文献选编》(1—4卷),中国社会科学出版社,1981—1985年。

3. 西北政法学院法制史教研室编:《中国近代法制史资料选辑 1840—1949》(1—3辑),西北政法学院法制史教研室印,1985年。

4. 甘肃省社会科学院历史研究室:《陕甘宁革命根据地史料选辑》(1—3辑),甘肃人民出版社,1981—1983年。

5. 西北五省区编纂领导小组、中央档案馆:《陕甘宁边区抗日民主根据地·文献卷》(上、下),中共党史资料出版社,1990年。

6. 西北五省区编纂领导小组、中央档案馆:《陕甘宁边区抗日民主根据地·回忆录卷》,中共党史资料出版社,1990年。

7. 陕西省档案馆、陕西省社会科学院:《陕甘宁边区政府文件选编》(1—14辑),档案出版社,1986—1991年。

8. 彭光华主编:《人民司法摇篮 中央苏区人民司法资料选编》(内部资料),赣州市中级人民法院,2006年。

9. 陕甘宁边区财政经济史编写组、陕西省档案馆:《抗日战争时期陕甘宁边区财政经济史料摘编》(1—9卷),陕西人民出版社,1981年。

10. 陕甘宁革命根据地工商税收史料编写组、陕西省档案馆:《陕甘宁革命根据地工商税收史料选编》(1—10册),陕西人民出版社,1985—1988年。

---

① 说明:本书主要参考资料分四个部分:1.公开结集出版的史料;2.原始档案资料;3.专著;4.论文。因本书第一章有详细的研究回顾,涉及绝大多数参考论文,因而不再列出。

11.《陕甘宁边区政权建设》编辑组:《陕甘宁边区的精兵简政》(资料选集),求实出版社,1982年。

12. 艾绍润主编:《陕甘宁边区法律法规汇编》,陕西人民出版社,2007年。

13. 谢觉哉:《谢觉哉日记》(上、下卷),人民出版社,1984年。

14. 董必武:《董必武法学文集》,法律出版社,2001年。

15. 李维汉:《回忆与研究》(上、下册),中共党史资料出版社,1986年。

16. 毛泽东:《毛泽东选集》(1—5卷),人民出版社,1991年。

17. 中共延安地委统战部、中共中央统战部研究所编:《抗日战争时期陕甘宁边区统一战线和三三制》,陕西人民出版社,1989年。

18. 王定国、王萍、吉世霖编:《谢觉哉论民主与法制》,法律出版社,1996年。

19. 陕西省妇联:《陕甘宁边区妇女运动文献资料》(续集),内部资料,陕西省妇联编印,1985年。

20. 张闻天:《神府县兴县农村调查》(1942年2月18日—1942年4月12日),人民出版社,1986年。

21. 中国科学院历史研究所第三所编辑:《陕甘宁边区参议会文献汇辑》,科学出版社,1958年。

二、档案史料

第1全宗

1—36:《1937年关于司法工作的指示信、条例草案、命令》

1—37:《中央司法部关于司法工作的条例、指示、训令等》

第2全宗

2—674:《边府关于设立法律讲习班简章,税务罚款不得移作司法罚款,改进司法工作,成立绥德地方法院的指令》

2—676:《边府审判委员会、县司法处组织条例、军民诉讼、民刑事调解条例、死刑判决执行程序规定、成立司法工作研究会的命令、指示》

2—679:《边府关于审判改为二级审,在各分区、县设立看守所,召开司法会议,案件处理报告表、命令、指示等》(1944年2月12日至1944年8月10日)

2—680:《雷经天同志的司法工作检讨及绥德县1944年司法工作总结报告》

2—681:《模范工作者任君顺、崔士杰及民间调解模范朱启明同志的材料》

2—713:《边府审判委员会、高等法院关于刘晋绅、薛钟灵与王志成因买卖土地案

的处理过程命令、判决书来往文书》

2—721:《边府审判委员会、高等法院 1942 年关于王银锁与左润离婚案的判决书、命令、上诉书、笔录等》

2—723:《边府审判委员会、中央教导大队、延安市法院、刘景范等 1942 年关于李莲与赵怀珍离婚一案的判决书、命令、请示、批答、谈话笔录》

2—1454:《边区、妇联会关于典当纠纷、旧债纠纷、探买问题原则、结婚条例及修正草案,债权债务讨论,继承法讨论及处理办法,抗属离婚办法修正草案及执行婚姻政策的总结及意见》(1943 年 9 月 4 日至 1949 年 1 月)

2—1455:《边府、三边、绥德、关中分区关于贯彻人权保障与尊重司法机关职权,发检察条例的咨文、命令及司法机关工作总结与清监报告,为米脂县二届参议会上所讨论的提案的呈文及边府的批答》(1945 年 2 月 28 日起至 1949 年 1 月 25 日止)

第 15全宗

15—8:《边区高等法院拟制干部劳动暂行条例》

15—10:《边区政府、高等法院关于建立司法秩序,确定司法权限的联合训令》(1940 年 8 月)

15—11:《边区高等法院对各县司法工作的指示》

15—14:《边区高等法院关于加强调解、劳役交乡执行、法官下乡就地审判以发展生产的指示信》

15—17:《边区高等法院关于诉讼手续问题的训令、指示信》(1941 年 12 月 13 日至 1945 年 5 月 7 日)

15—21:《边区政府、高等法院关于各县司法处办理杀人案件的程序及注意事项的通令、指示信》

15—25:《边区高等法院编制:司法工作一览》

15—26:《边区高等法院编制:陕甘宁边区判例汇编》

15—27:《边区高等法院汇编:判案实例括录》

15—28—1:《边区高等法院 1938 年至 1944 年刑事案件判决书汇集》(一)

15—28—2:《边区高等法院 1938 年至 1944 年刑事案件判决书汇集》(二)

15—29:《边区高等法院 1946 年刑、民事案件判决书汇集》(之一)

15—30:《边区高等法院 1946 年刑、民事案件判决书汇集》(之二)

15—33:《边区政府、高等法院、赤水县司法处关于处理早婚、买卖婚姻及离婚问题的呈、命令、指示信》

15—40:《陕甘宁边区政府主席谢觉哉、甘泉县司法处等关于处理司法工作中一些问题与高等法院的来往函件》

15—43:《清涧县政府、绥德地方法院等关于处理婚姻案件的呈和本院的批答》

15—57:《边区各县有关风俗习惯的调查材料》

15—58:《边区高等法院拟制"论边区司法答客问"和"司法问题汇集"》

15—60:《边区高等法院编制:"司法通讯"一、二期》

15—61:《边区高等法院关于招待中外记者团的总结及问答记录》

15—66 :《在中共解放区人民身体财产所得到的保障——边区司法保安制度考察记》

15—69:《边区高等法院关于延迟推事、审判员联席会议的通知和王子宜院长的开幕词、林伯渠主席的讲话记录》

15—70:《王子宜院长在推事、审判员联席会议上的总结报告》(1945 年 12 月 29 日)

15—71:《王子宜院长在推事、审判员联席会议上"关于边区司法工作的总结"和座谈会研究司法工作提纲》

15—73:《边区推事、审判员联席会议发言记录》

15—74《习仲勋在推事、审判员联席会议上的讲话记录》(1945 年 12 月 30 日)

15—75:《边区推事审判员联席会议延属分区小组会议记录》

15—76:《边区推事、审判员联席会议发言记录》(一)

15—77:《边区推事、审判员联席会议发言记录》(二)

15—78:《边区推事、审判员联席会议发言记录》(三)

15—79:《边区推事、审判员联席会议发言记录》(四)

15—80:《边区推事、审判员联席会议发言记录》(五)

15—81:《边区推事、审判员联席会议发言记录》(六)

15—82:《边区推事、审判员联席会议发言记录》(七)

15—83:《边区推事、审判员联席会议发言记录》(八)

15—84:《边区推事、审判员联席会议发言记录》(九)

15—85:《边区推事、审判员联席会议发言记录》(十)

15—86:《边区推事、审判员联席会议大会讨论问题记录》

15—88:《雷经天院长在边区参议会上关于司法工作的报告及改造边区司法工作的意见》

15—90:《边区高等法院有关刑事政策及业务研究讨论会记录和报告》(1946 年8

月 5 日)

15—95:《边区高等法院雷经天院长关于检查领导作风的总结报告》

15—96:《边区高等法院雷经天、李木庵院长等关于司法工作检讨会议的发言记录》

15—97:《边区政府审判委员会秘书朱婴、毕珩的检讨会议记录和有关材料》

15—98:《边区高等法院组织条例、编制表和启用印信迁移地址的函》

15—100:《边区高等法院精简工作总结和整编名册》

15—105:《边区人民法院关于建立新的司法组织机构与培养司法干部的意见及为确定司法组织机构加强法治的提案》

15—108:《边区高等法院关于撤销所属组织机构和编制问题的通令、编制表》

15—109:《边区政府高等法院关于成立各分区高等法院分庭及裁撤地方法院的组织条例命令及绥德、关中分庭的呈》

15—110:《边区政府、高等法院、绥德专署等关于绥德专署、延安市、庆阳、新正县成立地方法院及启用印信的呈、命令》(1941 年 9 月 16 日—1949 年 8 月 26 日)

15—111:《边区高等法院、晋西北行署、绥德地方法院等关于组织机构成立、撤销和领导关系问题的呈、命令、批答函》

15—112:《边区人民法院、大荔分庭、延安地方法院等关于组织机构成立、合并问题的呈、函》

15—114:《边区政府、绥德、关中、三边高等分庭关于启用印信的呈、命令》

15—115:《边区高等法院关于颁发印信的命令及绥德高等分庭、庆阳县司法处等启用印信的呈》(1945 年 1 月 15 日—1946 年 6 月 20 日)

15—117:《雷经天院长离职去中央党校学习向李(木庵)代院长移交的档案图书财产清册和干部名册》(1942 年 6 月 9 日)

15—120 :《边区高等法院档案图书移交清册和人员名册》(1946 年 5 月 3 日)

15—128:《边区人民法院(高等法院)关于干部任免问题的呈和陕甘宁边区政府的命令、批答》

15—132:《边区高等法院关于传达劳模大会司法模范工作人员的指示信及司法模范工作者党鸿魁、周玉洁、郭维德的材料》

15—133:《边区政府、高等法院关于干部训练学习问题的呈、指示、通知》

15—140:《边区人民法院人员名册及调宁夏、陕北、甘肃司法干部名册》(1949 年 12 月 13 日)

15—149:《高等法院雷经天院长关于边区司法工作检查情况和改造边区司法工

作的意见》

15—150:《边区司法工作检查委员会工作检查纲要及工作报告》

15—151:《人民法院马锡五在延大关于司法工作中几个问题的报告》(1949 年)

15—152:《马锡五关于边区政府工作报告的几点意见和对本院各部门工作问题的了解材料》

15—154:《鲁佛民、朱婴等同志对边区司法工作的几点意见》

15—156:《高等法院:两年半来陕甘宁边区司法工作》(1940 年 2 月)

15—159:《边区高等法院检查工作报告》

15—184:《边区各县司法处 1938 年至 1943 年破坏抗战案件汇编》

15—185:《 陕甘宁边区高等法院 1942 年工作计划总结》

15—186:《本院司法工作举例》

15—187:《高等法院 1941 至 1942 年工作报告》

15—189:《1942 年司法工作报告》

15—190:《边区高等法院书记室:陕甘宁边区司法概况》

15—193:《1942 年至 1944 年两年半来工作报告》(1944 年 9 月 30 日)

15—199:《边区高等法院关于司法工作存在问题的报告》

15—202:《边区高等法院关于延安市南区调解工作概况》

15—203:《高等法院 1946 年半年工作计划》

15—205:《边区高等法院:自苏维埃时期起至 1948 年 12 月整司法工作总结报告草稿》(1948 年 12 月 10 日)

15—212:《边区人民法院司法工作报告》(1949 年 10 月)

15—213:《边区人民法院司法工作总结报告》(1949 年 7 月 27 日)

15—214:《边区人民法院 1949 年工作简报》

15—221:《三边分区、志丹县等有关审判方式、调解工作调查、清理监所等材料》

15—232:《延安市地方法院 1943 年至 44 年司法工作报告》

15—281:《志丹县司法处 1944 年 1 月到 1945 年 6 月司法工作报告》

15—492:《黄龙分庭调解工作总结和赵志清在洛川了解有关司法工作材料及高等法院的批答》

15—512:《边区高等法院看守所 1939 年工作总结》(1939 年 12 月)

15—517:《边区高等法院看守所 1942 年度半年工作总结》

15—519:《边区监狱 1948 年下半年月份工作报告及人犯统计表》

15—527:《边区高等法院 1943、44 年生产检查总结》

15—543:《毛主席、边区高等法院关于判决黄克功因逼婚未遂、枪杀刘茜案的材料》

15—544:《中央司法部、高等法院关于判决前第四军军长许世友、刘世模等人拖枪逃跑一案材料》

15—545:《关于判决何比秀、袁定五等贪污渎职、组织逃跑案的材料》

15—547:《关于判决匪首郭友堂、宋太等结伙劫掠公路上汽车、抢劫枪支案件材料》

15—548:《靖边政府关于高恩祥、王风仁等侦探军情、勾结土匪一案的呈文及边区高等法院的批答》

15—578:《关于李克仁放弃职守脱离革命擅自收回已经分配的土地放纵买卖婚姻违反边区法令案全案材料》

15—641:《关于王光胜受汉奸指使搞特务活动、破坏边区及抗战一案全案材料》

15—685:《关于党德庵、李荣春企图活动新兵逃跑一案全案材料》

15—707:《关于判决吴占福杀人抢劫案的审讯笔录判决书布告》

三、专著

1.杨永华、方克勤:《陕甘宁边区法制史稿·诉讼狱政篇》,法律出版社,1987年。

2.杨永华:《陕甘宁边区法制史稿·宪法政权组织法篇》,陕西人民出版社,1992年。

3.杨永华主编:《中国共产党廉政法制史》,人民出版社,2005年。

4.张希坡:《马锡五审判方式》,法律出版社,1983年。

5.张希坡、韩延龙主编:《中国革命法制史》(上、下),法律出版社,1988年、1992年。

6.张希坡、韩延龙主编:《中国革命法制史》,中国社会科学出版社,2007年。

7.张希坡主编,韩延龙、杨永华副主编:《革命根据地法制史》,法律出版社,1994年。

8.张希坡:《中国法制通史》(第十卷:新民主主义时期),法律出版社,1998年。

9.张希坡:《革命根据地的工运纲领和劳动立法史》,中国劳动出版社,1993年。

10.张希坡:《中华人民共和国刑法史》,中国人民公安大学出版社,1998年。

11.张希坡:《革命根据地经济立法》,吉林大学出版社,1994年。

12.张希坡:《中国婚姻立法史》,人民出版社,2004年。

13.侯欣一:《从司法为民到人民司法——陕甘宁边区大众化司法制度研究》,中国政法大学出版社,2007 年 4 月。

14.黄正林:《陕甘宁边区乡村的经济与社会》,人民出版社,2006 年。

15.黄正林:《陕甘宁边区社会经济史》(1937—1945),人民出版社,2006 年。

16.延安市中级人民法院审判志编委会编:《延安地区审判志》,陕西人民出版社,2002 年。

17.榆林市中级人民法院:《榆林地区审判志》,陕西人民出版社,1999 年。

18.焦朗亭主编:《陕西省志·审判志》,陕西人民出版社,1994 年。

19.肖周录:《延安时期边区人权保障史稿》,西北大学出版社,1994 年。

20.严艳:《陕甘宁边区经济发展与产业布局研究》(1937—1950),中国社会科学出版社,2007 年。

21.谢振民编著,张知本校订:《中华民国立法史》(上、下册),中国政法大学出版社,2000 年。

22.翟学伟:《中国社会中的日常权威》,中国社会科学出版社,2004 年。

23.何勤华主编,王立民副主编:《法律史研究》(第一辑),《法律史研究》(第二辑)中国方正出版社,2004 年、2005 年。

24.阮晏子主编:《法理学与法史学 问题点与文献源》,中信出版社,2004 年。

25.法苑精萃编辑委员会编,《中国法史学精萃》(2001—2003 年卷),高等教育出版社,2004 年。

26.邹育理主编:《中国法律期刊文献索引》(2001 年),《中国法律期刊文献索引》(2002 年),《中国法律期刊文献索引》(2003 年),法律出版社, 2002 年、2003 年、2004 年。

27.中国法律史学会主办,韩延龙主编:《法律史论集》(第 5 卷),法律出版社,2004 年。

28.苏力:《也许正在发生 转型中国的法学》,法律出版社,2004 年。

29.李智勇:《陕甘宁边区政权形态与社会发展》(1937—1945),中国社会科学出版社,2001 年。

30.倪正茂主编:《法史思辨——2002 年中国法史年会论文集》,法律出版社,2004 年。

31.陈光中主编:《中国司法制度的基础理论专题研究》,北京大学出版社,2005 年。

32.徐忠明:《思考与批评:解读中国法律文化》,法律出版社,2000 年。

33.《谢觉哉传》编辑组:《谢觉哉传》,人民出版社,1984 年。

34. 韩大梅:《新民主主义宪政研究》,人民出版社,2005 年。
35. 秦燕著:《清末民初的陕北社会》,陕西人民出版社,2000 年。
36. 黄宗智:《中国乡村研究》第四辑,社会科学文献出版社,2006 年。
37. 胡民新、李忠全、阎树声著:《陕甘宁边区民政工作史》,西北大学出版社,1995 年。
38. 林秀雄:《婚姻家庭法之研究》,中国政法大学出版社,2001 年。
39. 秦燕、胡红安:《清代以来的陕北宗族与社会变迁》,西北工业大学出版社,2004 年。
40. 刘梦:《中国婚姻暴力》,商务印书馆,2003 年。
41. 费孝通:《乡土中国 生育制度》,北京大学出版社,1998 年。
42.《环县志》编纂委员会编:《环县志》,甘肃人民出版社,1993 年。
43.《华池县志》编纂委员会编:《华池县志》,甘肃人民出版社,2004 年。
44. 甘肃省庆阳地区志编纂委员会编,卢造钧总编:《庆阳地区志》第一卷,兰州大学出版社,1998 年。
45. 陕西省档案馆:《陕西省档案馆指南》,西北大学出版社,1998 年。
46. 高新民、张树军:《延安整风实录》,浙江人民出版社,2000 年。
47. 强世功编:《调解、法制与现代性:中国调解制度研究》,中国法制出版社,2005 年。
48. 倪正茂主编:《批判与重建——中国法律史研究反拨》,法律出版社,2002 年。
49. 朱鸿召:《延安文人》,广东人民出版社,2001 年。
50. 王跃生:《十八世纪中国婚姻家庭研究:建立在 1781—1791 年个案基础上的分析》,法律出版社,2000 年。
51. 苏盈等编著:《陕西省志・档案志》,陕西人民出版社,1991 年。
52. 房成祥、黄兆安主编:《陕甘宁边区革命史》,陕西师范大学出版社,1991 年。
53. 赵金康:《南京国民政府法制理论设计及其运作》,人民出版社,2006 年。
54. 张世斌主编:《陕甘宁边区高等法院史迹》,陕西人民出版社,2004 年。
55.《董必武年谱》编纂组:《董必武年谱》,中央文献出版社,1991 年。
56. 湖北省社会科学院编:《忆董老:第一辑》,湖北人民出版社,1980 年。
57. 邓力群主编:《毛泽东逸事》,中央民族大学出版社,2003 年。
58. 刘世军:《近代中国政治文明转型研究》,复旦大学出版社,2001 年。
59. 雷云峰主编,张宏志副主编:《陕甘宁边区大事记》,三秦出版社,1990 年。
60. 傅郁林:《民事司法制度的功能与结构》,北京大学出版社,2006 年。

61. 杨殿升、张金桑主编:《中国特色监所制度研究》,法律出版社,1999 年。

62. 蒋立山:《法律现代化——中国法治道路问题研究》,中国法制出版社,2006 年。

63. 姚莉:《反思与重构——中国法制现代化进程中的审判组织改革研究》,中国政法大学出版社,2005 年。

64. 韩秀桃:《司法独立与近代中国》,清华大学出版社,2003 年。

65. 吴永明:《理念、制度与实践 中国司法现代化变革研究》(1912—1928),法律出版社,2005 年。

66. 辛国恩等:《毛泽东改造罪犯理论研究》,人民出版社,2006 年。

67. 余伯流、凌步机:《中央苏区史》,江西人民出版社,2001 年。

68. 郑瑞法主编:《法院现代化建设战略研究》,人民法院出版社,2007 年。

69. 盛平主编:《中国共产党人名大辞典》,中国国际广播出版社,1991 年。

70. 徐友春主编:《民国人物大辞典》(上),河北人民出版社,2007 年。

71. 廖盖隆主编:《中国共产党历史大辞典》(总论·人物),中共中央党校出版社,1991 年。

72. 桂阳县志编纂委员会:《桂阳县志》,中国文史出版社,1994 年。

73. 华容县县志编纂委员会:《华容县志》,中国文史出版社,1992 年。

74. 济南市志编纂委员会:《济南史志》,中华书局,2000 年。

75. 孙晓楼等著,王健编校:《法律教育》(修订版),中国政法大学出版社,2004 年。

76. 王利明:《司法改革研究》,法律出版社,2000 年。

77. 熊先觉、刘运宏:《中国司法制度学》,法律出版社,2002 年。

78. 张卫平等著:《司法改革:分析与展开》,法律出版社,2003 年。

79. 陈业宏、唐鸣:《中外司法制度比较》,商务印书馆,2000 年。

80. 万鄂湘主编:《现代司法理念与审判方式改革——全国法院第十六届学术讨论会获奖论文集》,人民法院出版社,2004 年。

81. [美]柯文:《在中国发现历史——中国中心观在美国的兴起》,中华书局,2002 年。

82. [美]D. 布迪、C. 莫里斯著:《中华帝国的法律》,朱勇译,江苏人民出版社,1995 年。

83. [美]马克·赛尔登:《革命中的中国:延安道路》,魏晓明,冯崇义译,社会科学文献出版社,2002 年。

84. [美]孔飞力著:《叫魂——1768 年中国妖术大恐慌》,陈谦、刘昶译,上海三联出版社，1999 年。

85.［美］博西格诺等著：《法律之门》，邓子滨译，华夏出版社，2002 年版。

86.［美］劳伦斯·傅利曼著：《二十世纪美国法律史》，吴懿亭译，（中国台湾）商周出版社，2005 年。

87.［美］唐布莱克著：《社会学视野中的司法》，郭星华译，法律出版社，2002 年。

88.［美］诺曼邓金：《解释性交往行动主义》，周勇译，重庆大学出版社，2004 年。

89.［瑞典］达格芬·嘉图著：《走向革命》，杨建立、朱永红、赵景峰译，中共党史资料出版社，1987 年。

图书在版编目(CIP)数据

新中国司法制度的基石：陕甘宁边区高等法院：1937—1949 / 汪世荣等著. —2 版. —北京：商务印书馆，2018
（民国时期审判机关研究丛书）
ISBN 978 - 7 - 100 - 15873 - 2

Ⅰ. ①新… Ⅱ. ①汪… Ⅲ. ①陕甘宁抗日根据地—法院—法制史—1937-1949 Ⅳ. ①D926.22

中国版本图书馆 CIP 数据核字(2018)第 032711 号

民国时期审判机关研究丛书
新中国司法制度的基石
——陕甘宁边区高等法院
(1937—1949)
第二版
汪世荣 刘全娥 王吉德 李 娟 著

商 务 印 书 馆 出 版
（北京王府井大街 36 号 邮政编码 100710）
商 务 印 书 馆 发 行
北京市艺辉印刷有限公司印刷
ISBN 978 - 7 - 100 - 15873 - 2

2018 年 8 月第 1 版 开本 787×960 1/16
2018 年 8 月北京第 1 次印刷 印张 25½ 插页 3
定价：89.00 元

毛泽东给雷经天的信

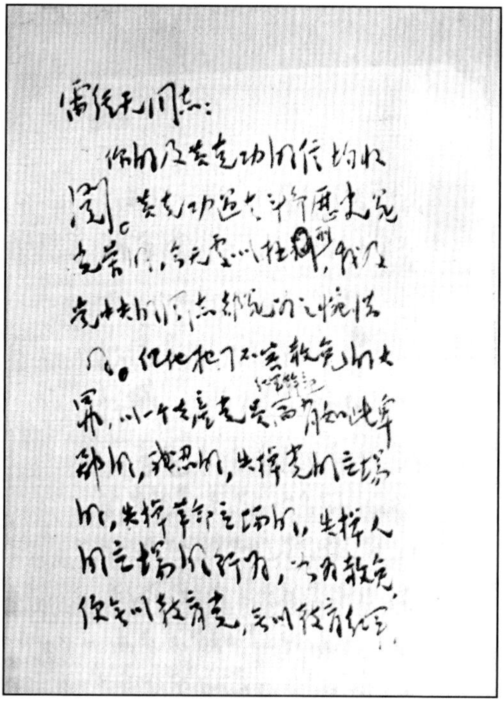

雷经天同志：

你的及黄克功的信均收阅。黄克功过去斗争历史是光荣的，今天处以极刑，我及党中央的同志都是为之惋惜的。但他犯了不容赦免的大罪，以一个共产党员、红军干部而有如此卑鄙的，残忍的，失掉党的立场的，失掉革命的立场的，失掉人的立场的行为，如为赦免，便无以教育党，无以教育红军，

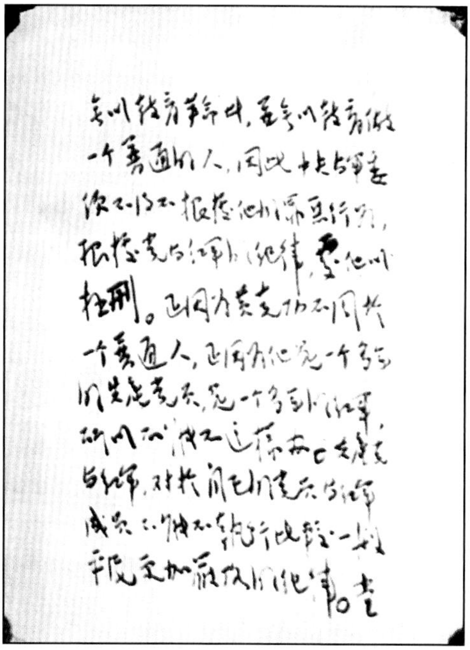

无以教育革命者，并无以教育做一个普通的人。因此中央与军委便不得不根据他的罪恶行为，根据党与红军的纪律，处他以极刑。正因为黄克功不同于一个普通人，正因为他是一个多年的共产党员，是一个多年的红军，所以不能不这样办。共产党与红军，对于自己的党员与红军成员不能不执行比较一般平民更加严格的纪律。当

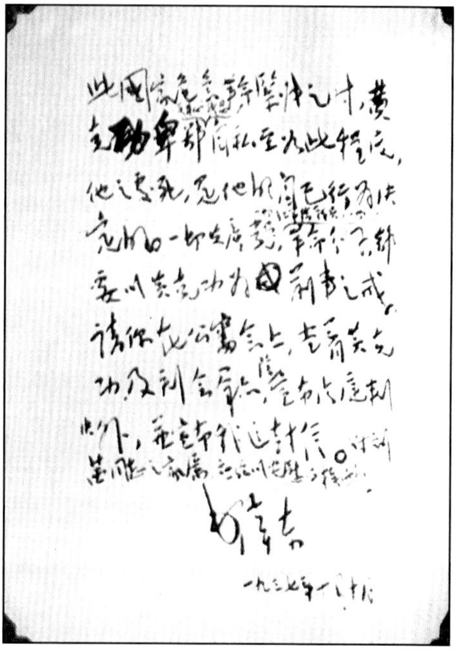

此国家危急革命紧张之时，黄克功卑鄙无耻残忍自私至如此程度，他之处死，是他自己的行为决定的。一切共产党员，一切红军指战员，一切革命分子，都要以黄克功为前车之戒。请你在公审会上，当着黄克功及到会群众，除宣布法庭判决外，并宣布我这封信。对刘茜同志的家属，应给以安慰与抚恤。

毛泽东

一九三七年十月十日

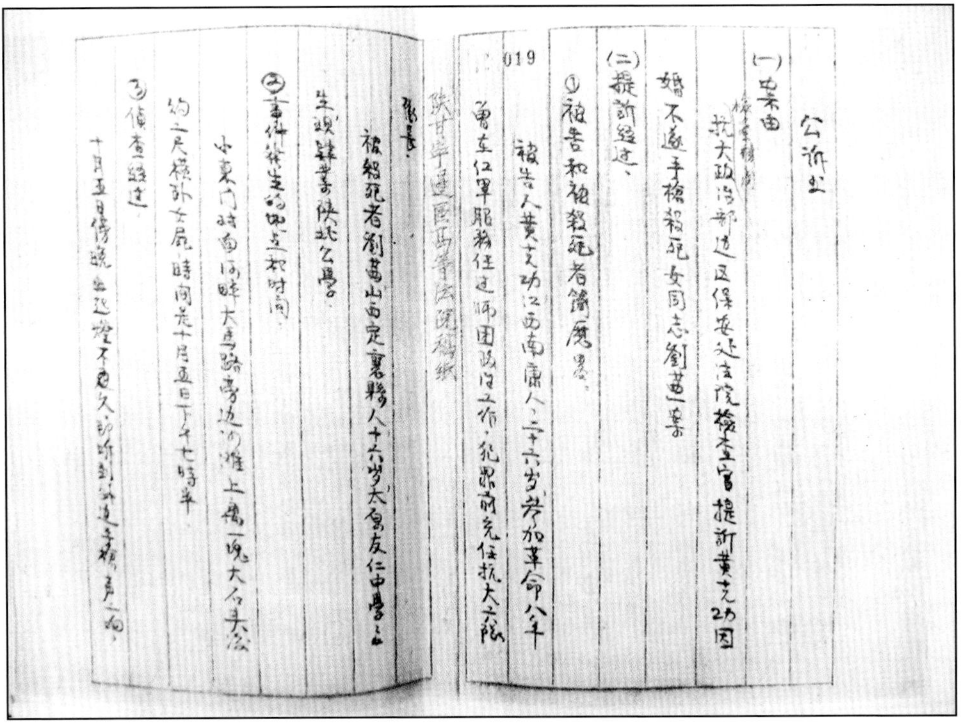

公诉书

（一）案由

抗大政治部、边区保安处、法院检察官提诉黄克功因逼婚不遂，手枪杀死女同志刘茜一案。

（二）提诉经过

①被告和被杀死者简历

被告人黄克功，江西南康人，二十六岁，参加革命八年，曾在红军服务任过师团政治工作，犯罪前充任抗大六队队长。

被杀死者刘茜，山西定襄县人，十六岁，太原友仁中学之学生，肄业陕北公学。

②事件发生的地点和时间

小东门外面河畔大马路旁边河滩上离一块大石头约二尺横卧女尸，时间是十月五日下午七时半。

③侦查经过

十月五日傍晚……不久，即听到河边手枪声二响，

陕甘宁边区高等法院稿纸

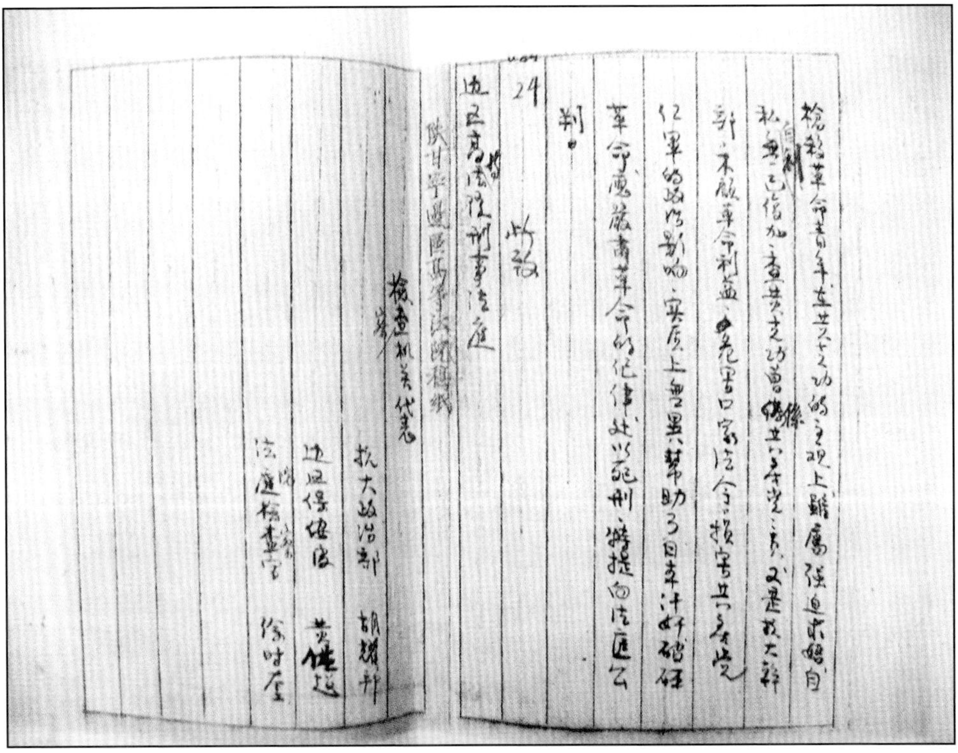

检察革命青年黄克功的主观上虽属强迫求婚自私自利……查黄克功曾参加二万五千里长征，又是抗大干部，不顾革命利益，危害党纪法令，损害共产党红军的政治影响，实质上无异帮助了日本汉奸破坏革命，应严肃革命的纪律，处以死刑，特提向法庭公判。

此致

边区高等法院刑事法庭

检察机关代表

抗大政治部 胡耀邦

边区保安处 黄佐超

法庭检察官 徐时奎

陕甘宁边区高等法院稿纸

黄克功案公诉书

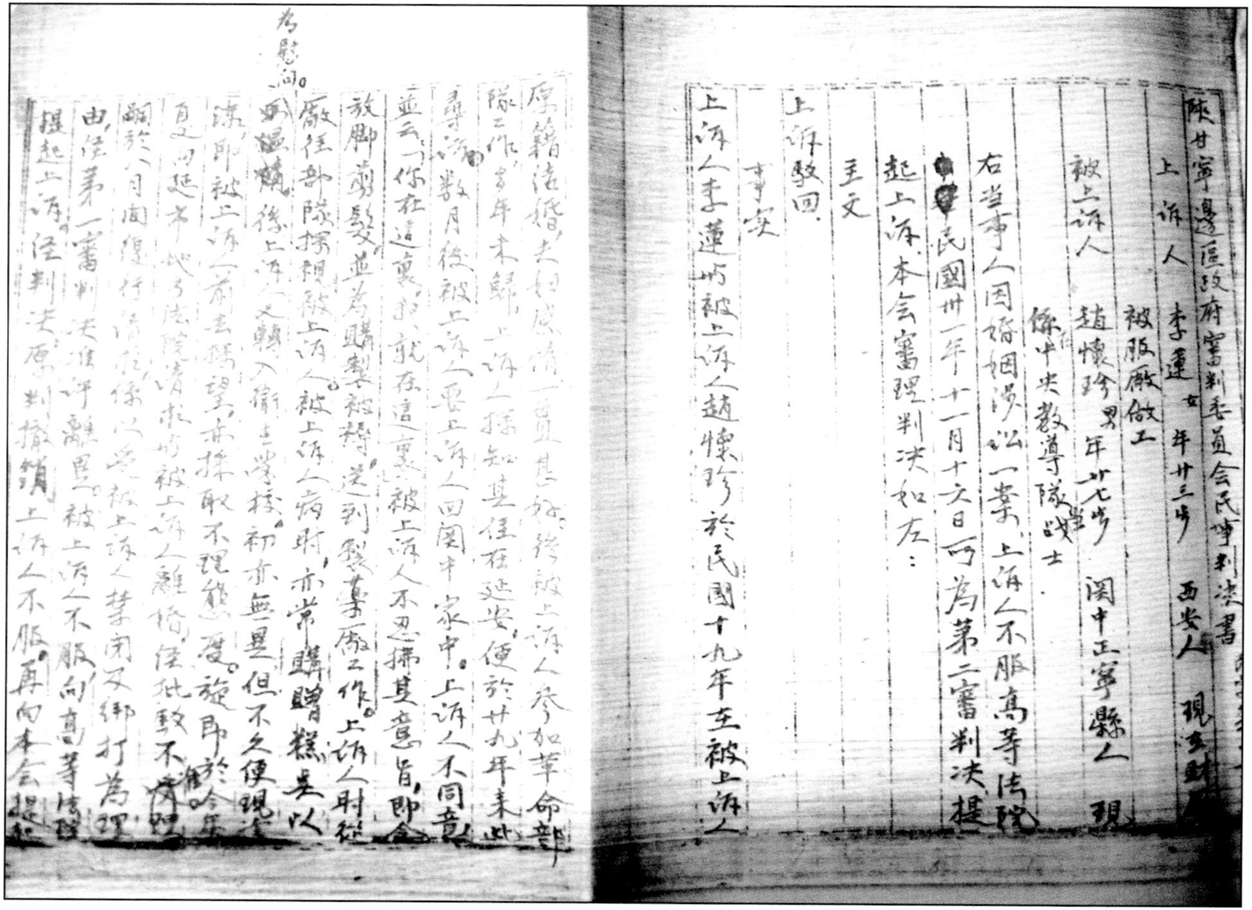
陕甘宁边区政府审判委员会民事判决书

上诉人 李莲 女 年卅三岁 西安人 现在
被服厂做工

被上诉人 赵怀珍 男 年廿七岁 关中正宁县人 现
系中央教导队战士

右当事人因婚姻涉讼一案，上诉人不服高等法院
中华民国卅一年十一月十六日所为第二审判决，提
起上诉，本会审理判决如左：

主文

上诉驳回。

事实

上诉人李莲与被上诉人赵怀珍于民国十九年在被上诉人
原籍结婚，夫妇感情一向甚好。后被上诉人参加革命部
队工作，多年未归，上诉人探知其住在延安，便于廿九年来此
寻访，数月后被上诉人要上诉人回关中家中。上诉人不同意，
并云"你在这里，我就在这里"。被上诉人不忍拂其意旨，即介
绍[illegible]放脚剪发，并为购制被褥，送到制药厂工作。上诉人时从
敝任部队探视被上诉人，被上诉人病时，亦常购赠糕点以
为慰问。
慰问。嗣缘被上诉人又转入卫生学校，初亦无异，但不久便现
冷淡，即上诉人前去探望，亦採取不理态度。旋即于今年
夏，向延市地方法院请求与被上诉人离婚，经批驳不准，
嗣于八月间复行请求，系以受被上诉人[illegible]打为理
由，经第一审判决准许离异。被上诉人不服，向高等法院
提起上诉，经判决原判撤销，上诉人不服，再向本会提起

陕甘宁边区审判委员会判决书（李莲案）

陕甘宁边区高等法院旧址

（延安龙湾山　权新广摄）

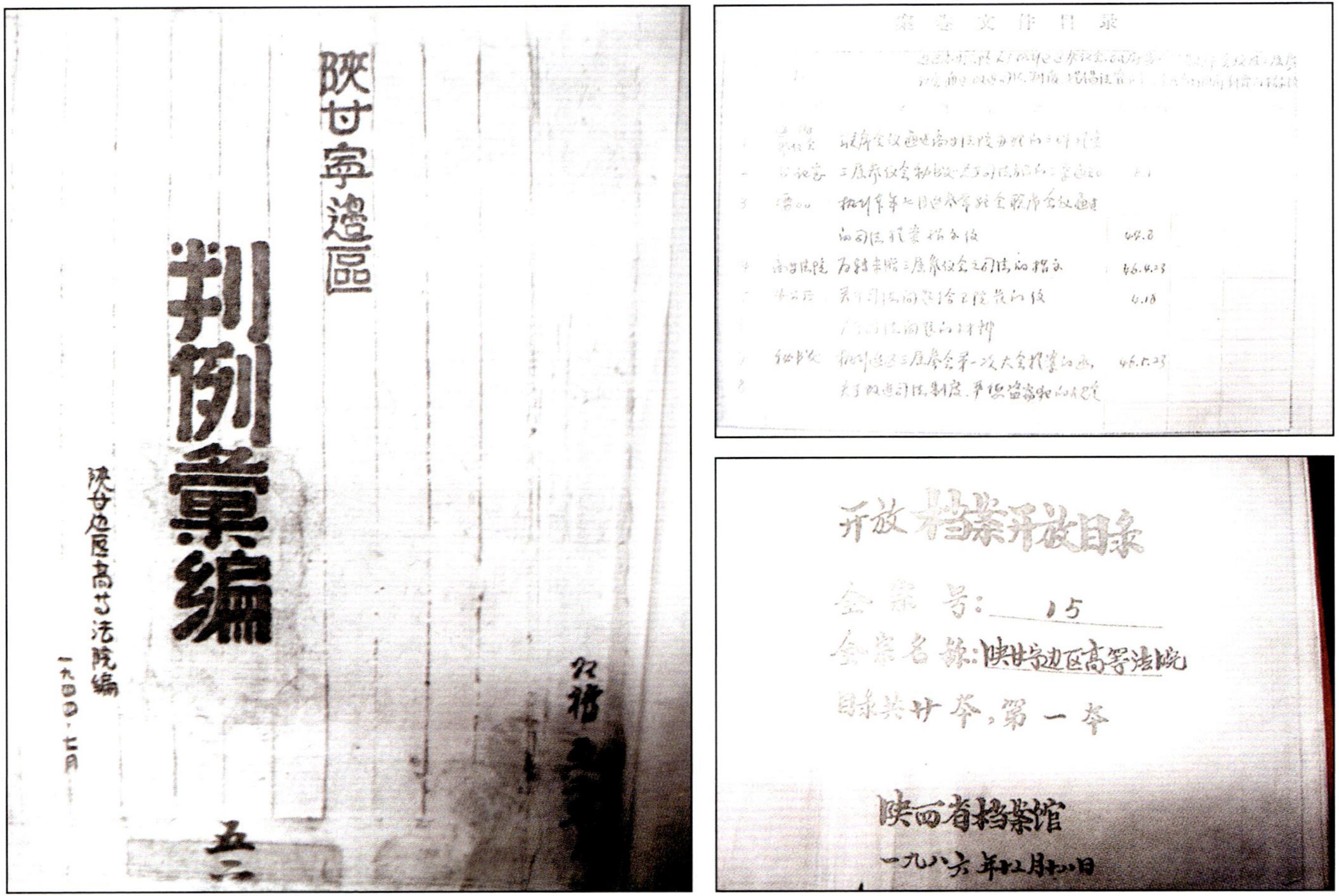

陕甘宁边区判例汇编片段

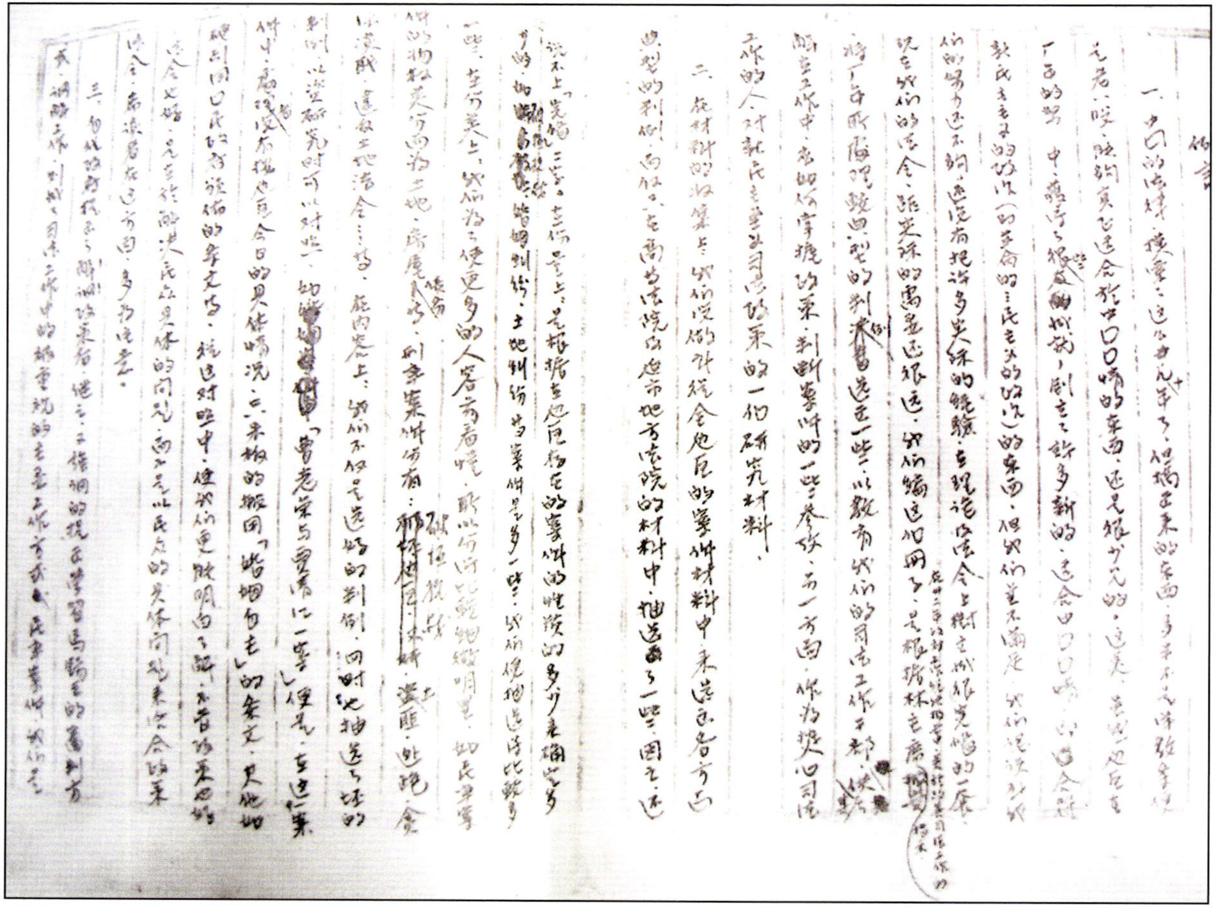

陕甘宁边区判例汇编例言